Sascha Gebauer
Hugo Greßmann und sein Programm der Religionsgeschichte

Beihefte zur Zeitschrift für die alttestamentliche Wissenschaft

Herausgegeben von
John Barton, Reinhard G. Kratz, Nathan MacDonald,
Sara Milstein, Carol A. Newsom und Markus Witte

Band 523

Sascha Gebauer

Hugo Greßmann und sein Programm der Religionsgeschichte

—

DE GRUYTER

ISBN 978-3-11-066762-2
e-ISBN (PDF) 978-3-11-066965-7
e-ISBN (EPUB) 978-3-11-066774-5
ISSN 0934-2575

Library of Congress Control Number: 2019956331

Bibliografische Information der Deutschen Nationalbibliothek
Die Deutsche Nationalbibliothek verzeichnet diese Publikation in der Deutschen National-
bibliografie; detaillierte bibliografische Daten sind im Internet über http://dnb.dnb.de abrufbar.

© 2020 Walter de Gruyter GmbH, Berlin/Boston
Druck und Bindung: CPI books GmbH, Leck

www.degruyter.com

MIX
Papier aus verantwor-
tungsvollen Quellen
FSC
www.fsc.org
FSC® C083411

Vorwort

Die vorliegende Studie wurde im Wintersemester 2017/18 von der Philosophischen Fakultät der Universität Potsdam als Dissertation angenommen und für den Druck überarbeitet.

Mein Dank gilt in erster Linie Prof. Dr. Rüdiger Liwak, der die Dissertation angeregt hat und sie als Doktorvater geduldig begleitet hat. Seine Unterstützung und wertvollen Ratschläge haben wesentlich zur Entstehung dieser Arbeit beigetragen. Ohne seine beständige Ermutigung und Hilfe wäre sie nicht zum Ziel gelangt. Außerdem möchte ich Prof. Dr. Johann Ev. Hafner in Potsdam für die Übernahme des Gutachtens sowie für seine kritischen Anregungen und die freundliche Aufnahme in das Doktorandenkolloquium danken.

Ein besonderer Dank gilt ferner Prof. Dr. Peter Welten, der mich bereits als studentische Hilfskraft an der Humboldt-Universität zu Berlin für Leben und Werk von Hugo Greßmann begeistert hat. Der Austausch mit ihm und seine freundschaftliche Beratung sind mir bei der Arbeit an dieser Studie besonders wichtig geworden.

Der Deutsche Verein zur Erforschung Palästinas hat mir mit einem Reisestipendium dankenswerterweise die Sichtung des Nachlasses von Hugo Greßmann in Jerusalem ermöglicht.

Danken möchte ich darüber hinaus Prof. Dr. Markus Witte und Prof. Dr. Dr. Bernd Schipper an der Theologischen Fakultät der Humboldt Universität zu Berlin für die fachliche Begleitung und die freundliche Aufnahme in die alttestamentliche Sozietät, ebenso deren Mitgliedern und den Weggefährten an der Berliner Fakultät für ihre Diskussionsfreude und wertvollen Hinweise. Matthias Müller (Berlin) hat mit großer Akribie die Korrekturarbeiten für die Druckfassung übernommen.

Schließlich möchte ich den Herausgebern der „Beihefte zur Zeitschrift für die alttestamentliche Wissenschaft" für die Aufnahme dieser Studie in die Reihe und den Mitarbeiterinnen und Mitarbeitern des Verlags Walter de Gruyter für die freundliche Betreuung bei der Vorbereitung der Publikation danken.

Berlin, im Oktober 2019   Sascha Gebauer

https://doi.org/10.1515/9783110669657-001

Inhalt

Einleitung

Ausgangspunkt für die Beschäftigung mit Person und Werk Hugo Greßmanns war die Aufarbeitung einer 1992 an der Theologischen Fakultät der Berliner Humboldt-Universität wiederentdeckten Sammlung von etwa 1.500 Glasplattendias mit Photographien aus dem Vorderen Orient, die Greßmann teils selbst angelegt, teils von professionellen Photographen für den Gebrauch an der damaligen Friedrich-Wilhelms-Universität erworben hat.[1] Die Photographien geben nicht nur einen seltenen Einblick in die Topographie, Architektur und Bevölkerung Palästinas um die Wende vom 19. zum 20. Jahrhundert, sondern zeigen zugleich den typischen Blick des westlichen Forschers dieser Zeit auf die Geschichte der eigenen und der benachbarten Religionen.[2] Schnell entstand bei der Sichtung der Bilder der Entschluss, den Wissenschaftler Hugo Greßmann genauer zu beleuchten und seine Tätigkeit als Palästinaforscher in den größeren Kontext seiner wissenschaftlichen Laufbahn einzuordnen.

In der neueren Forschungsliteratur finden sich nur in wenigen Randnotizen Hinweise auf das Wirken von Hugo Greßmann, obwohl er Anfang des 20. Jahrhunderts zu einer führenden Figur der sogenannten Religionsgeschichtlichen Schule aufsteigt und die religionsgeschichtliche Forschung maßgeblich mitprägt. Grundlage für die Aufarbeitung seiner fast dreißigjährigen Forschungstätigkeit in der vorliegenden Studie sind 17 Bücher, etwa 90 Aufsätze und zahlreiche Lexikonartikel, die Greßmann als Autor bzw. Herausgeber veröffentlicht hat. Einen detaillierten Einblick in die Arbeitsweise und Persönlichkeit Greßmanns geben die 244 unveröffentlichten Briefe aus der Korrespondenz mit Hermann Gunkel, die in dessen Nachlass in der Universitäts- und Landesbibliothek Sachsen-Anhalt in Halle (Saale) erhalten sind. Hinzu kommen zahlreiche Briefe und Dokumente in den noch unaufgearbeiteten Archiven der Verlage J.C.B. Mohr (Paul Siebeck) und Vandenhoeck & Ruprecht, die in der Staatsbibliothek zu Berlin gelagert sind. Der persönliche Nachlass Greßmanns, der für die vorliegende Studie ebenfalls gesichtet wurde, liegt im Deutschen Evangelischen Institut für Altertumswissenschaft des Heiligen Landes in Jerusalem. Ausgewertet wurden darüber hinaus eine Reihe von Dokumenten und Akten unter anderem aus dem Universitätsarchiv Gießen, der Niedersächsischen Staats- und Universitätsbibliothek Göttingen, dem Archiv der Humboldt-Universität zu Berlin und aus privatem Besitz.

---

1 Ein erster Überblick findet sich bei Vieweger, „Hugo Gressmann".
2 Die Ergebnisse der fünfzehnjährigen Beschäftigung mit der Bildersammlung sind veröffentlicht in Gebauer, Liwak und Welten, *Pilger*.

https://doi.org/10.1515/9783110669657-002

Die vorliegende Arbeit hat zum Ziel, die angesprochene Lücke in der Forschungsgeschichte zu schließen und Greßmanns Programm der Religionsgeschichte zusammenfassend darzustellen. Dafür ist ein vorwiegend biographischer Ansatz gewählt, der Greßmanns Forschung nachzeichnet und an ausgewählten Stationen die Wirkung und Rezeption innerhalb der Wissenschaft beleuchtet. Gleichzeitig wird nach der Entwicklung seines religionsgeschichtlichen Ansatzes gefragt. Der Aufbau orientiert sich an der chronologischen Abfolge seiner Veröffentlichungen. An einigen Stellen ist es allerdings notwendig, von der zeitlichen Folge abzuweichen, um übergreifende methodische Linien aufzuzeigen. Die Einordnung in den wissenschaftshistorischen Kontext erfolgt mit dem Fokus auf der Profilierung von Greßmanns Methodik in ihren Eigenarten und Besonderheiten.

1 Die Anfänge: Wissenschaftliche Qualifikationen

Hugo Greßmann gehört zu den bedeutendsten Vertretern der Religionsgeschichtlichen Schule, die sich Ende des 19. Jahrhunderts und Anfang des 20. Jahrhunderts mit dem Anspruch formiert, die Ausrichtung der damaligen historisch-kritischen Theologie zu verändern. Durch ihre starke historische Fokussierung im Umgang mit den biblischen Quellen befindet sich die neue Strömung in Frontstellung zur traditionellen „positiven Theologie". Gleichzeitig kommt es zunehmend zu Spannungen mit der streng literarkritisch arbeitenden Richtung um Julius Wellhausen, deren Vertreter der Nutzung von außerbiblischen Quellen, ikonographischem Material und Religionsvergleichen zurückhaltend gegenüberstehen.

Um die Wende zum 20. Jahrhundert tritt innerhalb der Religionsgeschichtlichen Schule eine neue Forschergeneration hervor, die bereit ist, die religionsgeschichtliche Arbeit offensiv voranzutreiben und stärker in den wissenschaftlichen Diskurs einfließen zu lassen. Dazu gehört eine Popularisierungsbewegung durch neu gegründete Wissenschaftsreihen, Zeitschriften und Lexika. Diese „zweite Generation"[1] kann an die Erfolge der vorangegangenen Generation anschließen, steht nun allerdings unter dem Druck, die religionsgeschichtliche Forschung durch neue Impulse weiterzuentwickeln. Zu den jungen Studenten gehört Hugo Greßmann, der sich schon sehr früh für den Bereich der Religionsgeschichte begeistert.

In einer Stellungnahme zu seiner ersten Dissertationsprüfung 1899 fasst Greßmann seine Schul- und Universitätsbildung zusammen, gibt einen Überblick über seine Studienlaufbahn und beginnt dabei wie folgt:

> Ich, Hugo Gressmann, bin am 21. März 1877 zu Mölln in Lauenburg geboren, wohnte aber bald darauf in Reinfeld und hernach in Travemünde. Dort ging ich bis zu meinem neunten Lebensjahr in die St. Lorenzknabenschule und kam danach auf das Katharineum zu Lübeck, wo ich 1896 das Reifezeugnis erlangte.[2]

---

1 Eißfeldt, „Religionsgeschichte Schule", 1898.
2 Greßmann, Lebenslauf in den Unterlagen zur Dissertation, SUB Göttingen, Dekanatsakten der Philosophischen Fakultät, 184b, 40. Greßmann wurde als Sohn eines Bahnhofsverwalters geboren, das Katharineum in Lübeck hat vor ihm schon Wilhelm Bousset besucht. Weitere biographische Angaben bei Smend [d.J.], *Alttestamentler*, 173; überarbeitet: ders., *Kritiker und Exegeten*, 560–568. Eine kurze Würdigung zum hundertsten Geburtstag Greßmanns bei Thiel, „Zum 100. Geburtstag". Ausführlicher zum Wirken Greßmanns auch Witte, „Hugo Gressmann".

https://doi.org/10.1515/9783110669657-003

Greßmann nimmt das Theologiestudium 1896 in Greifswald auf. Zum Wintersemester 1897/98 wechselt er nach Göttingen und ein Jahr später nach Marburg. Für
das Studium semitischer Sprachen kehrt er nach Göttingen zurück. Es ist
Friedrich Giesebrecht (1852–1910) in Greifswald, der Greßmanns Interesse am
Alten Testament weckt und ihn ermutigt, eine entsprechende Preisschrift bei der
Göttinger Fakultät einzureichen. „So kommt es, daß meine Privatstudien seit dem
zweiten Semester im Großen und Ganzen fast nur auf das Alte Testament gerichtet waren, in dessen Verständnis ich vor allem durch Smend und Wellhausen
wesentlich gefördert bin",[3] rechtfertigt er sich in seinem Antrag zum Lizentiat.
Am 21. Juni 1899 besteht Greßmann sein Examen mit „cum laude" (gut) und geht
nach Kiel, um dort Arabisch und Äthiopisch zu studieren.[4] Seit der Studienzeit in
Göttingen hält er engen Kontakt zu Wilhelm Bousset (1865–1920), der dort Neues
Testament lehrt und zur „kleinen Göttinger Fakultät"[5] der Religionsgeschichtler
gehört. Mit ihm ist Greßmann durch den Schwarzburgbund verbunden, dessen
verschiedenen Burschenschaften er seit seinem Studium in Greifswald ange-
hört.[6] Als „Philister"[7] steht Bousset Greßmann mit Rat und Tat zur Seite. Mit ihm
bespricht er die Entwicklungen der Studentenverbindung Franconia,[8] aber auch
seine eigenen Zukunftspläne: „Ich muß notwendig jetzt noch 2 Jahre studieren,
da sonst mein Wissen Halbwissen bleibt",[9] vertraut er dem väterlichen Freund
an.

Um sein Studium in Kiel zu finanzieren, stellt sich Greßmann der Preisaufgabe der Theologischen Fakultät über den Menschensohn, womit ein Vorstel-

---

3 Greßmann, Antrag zur Dissertation, SUB Göttingen, Dekanatsakten der Philosophischen Fakultät, 184b, 40.
4 Greßmann an Bousset, undatiert (um 1900), SUB Göttingen, Cod. Ms. W. Bousset 49, Br. 3.
5 So Troeltsch, „Göttinger Fakultät". In seinen Erinnerungen an den Freund und Kollegen Wilhelm Bousset beschreibt Ernst Troeltsch die Zeit der Gründung einer „kleinen Fakultät" an der
Universität Göttingen durch eine Gruppe junger Theologen. William Wrede, Alfred Rahlfs, Wilhelm Bousset und Hermann Gunkel finden sich noch unter dem Eindruck von Albrecht Ritschl
(1822–1889) in Göttingen zusammen, gehen dann aber ihren eigenen Weg. Ihr Ansatz besteht in
einer konsequenten historischen Arbeitsweise, die schließlich auch religionsvergleichende, soziologische und psychologische Elemente aufnimmt. Vgl. Lüdemann, „Die ,Religionsgeschichtliche
Schule' und die Neutestamentliche Wissenschaft", 9–13. Eißfeldt, „Religionsgeschichtliche
Schule", zählt Greßmann zur zweiten Generation der Religionsgeschichtlichen Schule. Zur Religionsgeschichtlichen Schule insgesamt Lüdemann, Die „religionsgeschichtliche Schule"; Lüdemann und Schröder, Die religionsgeschichtliche Schule; Lüdemann und Özen, „Religionsgeschichtliche Schule". Zu Bousset: Verheule, Wilhelm Bousset; Merk, „Wilhelm Bousset".
6 Zu Boussets Aktivitäten in der Burschenschaft „Germania" Özen, „Göttinger Wurzeln", 47–51.
7 Greßmann an Bousset, undatiert (um 1900), SUB Göttingen, Cod. Ms. W. Bousset 49, Br. 1/1.
8 Greßmann an Bousset, undatiert (um 1900), SUB Göttingen, Cod. Ms. W. Bousset 49, Br. 1/1.
9 Greßmann an Bousset, undatiert (um 1900), SUB Göttingen, Cod. Ms. W. Bousset 49, Br. 3/2.

lungskomplex berührt ist, der ihn bis zur Arbeit an seinem Buch über den *Messias* (1929) beschäftigen wird.[10] Seine Preisschrift wird allerdings abgelehnt und die anschließende Beratung mit Otto Baumgarten ausführlich mit Bousset thematisiert:

> Du kennst ja meine schnoddrige Art und Weise. Ich habe z. B. gesagt: von einem „Idealmenschen" redete ich nicht gerne; denn das schmeckte zu sehr nach dem Rationalismus und der höheren Töchterschule u. a. m. Man hat mir dies, was für mich nur Freude an einem guten Witz bedeutet, als „unverschämt" ausgelegt, Oldenberg[11] soll sogar das Wort „süffisant" gebraucht haben. Baumgarten hat mir nun mit Recht klar gelegt, wie sehr ich mir dadurch schadete. Er meinte, es sei immer noch besser, die Fakultät erkläre: Die Arbeit fällt nicht unter unsere Kritik; denn sie behandelt das Thema nicht – als etwa ½ Preis mit dem Hinzufügen: „trotz der salopen, unwissenschaftlichen Selbstgenügsamkeit und der beweislosen Conjecturenjägerei". Im letzten Fall sei für mich, wenn nicht vielleicht jetzt schon, die Habilitation hier in Kiel unmöglich. Baumgarten aber wünscht dies.[12]

Es ist schließlich August Klostermann (1837–1915), der Greßmann auf das Gebiet der Kirchenväter bringt, damit er dort eine theologische Dissertation anstrebt.[13] Dank der Förderung durch ein Stipendium im Jahr 1902 kann Greßmann dieses Projekt angehen und beschließt, die religionsgeschichtliche Arbeit über den Menschensohn vorerst ruhen zu lassen und seine Zwischenergebnisse Bousset anzubieten: „Willst Du Deine Studien fortsetzen und willst Du die Arbeit machen? Ich bin gern bereit, Dir mein Material zur Verfügung zu stellen. Du kannst es eher, Du hast ja nichts zu fürchten, wenn Du eine solche Studie machst."[14] Doch schließlich wird Greßmann selbst das Thema wieder aufnehmen und bis zu seinem Lebensende die Spuren der Menschensohnvorstellung in der Religionsgeschichte weiterverfolgen.[15]

---

10 Greßmann an Bousset, undatiert (um 1900), SUB Göttingen, Cod. Ms. W. Bousset 49, Br. 3/2.
11 Hermann Oldenberg (1854–1920) wurde 1889 auf den Lehrstuhl für Sanskrit in Kiel und 1908 als Indologe nach Göttingen berufen, vgl. Bechert, „Hermann Oldenberg".
12 Greßmann an Bousset, 22.1.1901, SUB Göttingen, Cod. Ms. W. Bousset 49, Br. 5/1.
13 S. u. 1.2.
14 Greßmann an Bousset, 22.1.1901, SUB Göttingen, Cod. Ms. W. Bousset 49, Br. 5/6.
15 S. u. 2.1.

1.1 Philosophische Dissertation (1899)

Mit der Teilnahme an einer Preisaufgabe der Göttinger philosophischen Fakultät 1897/98 beginnt das literarische Schaffen Hugo Greßmanns.[16] „Die in Jes 56–66 vorausgesetzten zeitgeschichtlichen Verhältnisse sollen untersucht werden", so lautet die Aufgabenstellung.[17] Greßmann, der gerade an die Göttinger Universität gewechselt ist, nimmt diese Herausforderung an. Ermutigt wird er dabei, wie bereits erwähnt, von Friedrich Giesebrecht, der den Studenten aus der Greifswalder Zeit kennt.

In seiner Untersuchung setzt sich Greßmann im Wesentlichen mit der von Bernhard Duhm (1847–1928) aufgestellten These über Tritojesaja auseinander.[18] Schon in dieser ersten wissenschaftlichen Arbeit lassen sich charakteristische Züge erkennen, die die Methodik Greßmanns, aber auch seine Persönlichkeit ausmachen. Besonders auffällig ist das von ihm gewählte Motto der Preisschrift, das er für die Druckfassung beibehält: „Sei ein Schwätzer – und siehe, alle Schwierigkeiten verschwinden!"[19] Der Gutachter Julius Wellhausen urteilt in der Gesamtbewertung: „Der mit dem frechen Motto hat Judiz."[20]

Seine scharfe Zunge und sein gelegentlich provozierendes Auftreten behält Greßmann zeit seines Lebens bei. Allerdings ist der Leitspruch der Arbeit keineswegs zufällig gewählt, er zeigt vielmehr den Wortwitz und die weitreichende Gelehrsamkeit Greßmanns. Er ist aus der letzten Schrift Søren Kierkegaards entnommen, wo er Schmerz, Empörung, aber auch Spott des dänischen Philosophen in der Auseinandersetzung mit der Kirche seines Landes zum Ausdruck bringt.[21] Greßmann gibt hier, wie gelegentlich auch an anderen Stellen, einen kurzen

---

16 Eine kurze Würdigung der Arbeit findet sich bei Smend [d.J.], *Alttestamentler*, 174 f.; ders., *Kritiker und Exegeten*, 563.

17 Smend [d.Ä.], *Festrede*, 33. Als Erläuterung war angegeben: „Die bezeichneten Kapitel des Buches Jesaja scheinen von anderer Hand herzurühren als Jes. 40–55, sie scheinen vor allem jüngeren Ursprungs zu sein. Mehrfach ist die Meinung geäußert, dass sie in Judäa geschrieben sind und die Verhältnisse illustrieren, unter denen die Gemeinde des zweiten Tempels sich nach langen Kämpfen konstituierte. In diesem Falle würden diese Kapitel die theils unsicheren, theils lückenhaften Nachrichten der Bücher Esra und Nehemia sowie die nachexilischen Prophetenbücher in bedeutsamer Weise ergänzen."

18 Vgl. Duhm, *Jesaja*. Details dieser Debatte können hier nicht erläutert werden, in Grundzügen stimmt Greßmann Duhms Entdeckung einer nachexilischen Abfassung der Kapitel Jes 56–66 zu, hält im Gegensatz zu ihm jedoch die Abfassung durch einen einzelnen Autor für unwahrscheinlich.

19 Greßmann, *Verhältnisse*, Titelblatt.

20 Vgl. Smend [d.J.], *Alttestamentler*, 174.

21 Kierkegaard, *Augenblick*, 147.

Einblick in sein Seelenleben, indem er die Schwierigkeiten andeutet, unter denen die „kleine Göttinger Fakultät"[22] zu bestehen hat. Schon früh schließt sich Greßmann der überschaubaren und doch recht inhomogenen Gruppe an, die sich der neuen religionsgeschichtlichen Methode verschrieben hat.[23] Dadurch bekommt er bald die Anfeindungen zu spüren, die von verschiedenen Seiten gegen die religionsgeschichtliche Arbeitsweise erhoben werden.[24] Umso erstaunlicher ist es, dass die Gutachter Julius Wellhausen (1844–1918) und Rudolf Smend (1851–1913), die in Opposition zur Religionsgeschichtlichen Schule stehen, dem jungen Hugo Greßmann den Vorzug vor der zweiten Arbeit des Wettbewerbs geben, die August Marahrens (1875–1950) eingereicht hat.[25]

Einige Punkte der wissenschaftlichen Abhandlung Greßmanns sollen hier kurz erläutert werden, da sie für sein folgendes Schaffen von Bedeutung sind und seinen religionsgeschichtlichen Ansatz und den Bruch mit der zeitgenössischen Exegese deutlich machen. Bereits formal ist der nahezu vollständige Verzicht auf Anmerkungen sehr auffällig.[26] Greßmann setzt die Literatur zur Diskussion über Tritojesaja als bekannt voraus und verweist übersichtshalber auf den Kommentar zu Jesaja von August Dillmann (1823–1894), der im selben Jahr in der sechsten, von Rudolf Kittel (1853–1929) überarbeiteten Auflage erschienen war. Andere Autoren werden meist nur dann angeführt, wenn Greßmann ihnen widerspricht, oft mit wenig Respekt vor den Autoritäten der Wissenschaft. Duhms Erklärung zu Jes 57,14 sei „als zu gekünstelt zu verwerfen",[27] Franz Delitzschs (1813–1890) Interpretationsergebnisse könne er nirgends im Text wiederfinden,[28] Dillmanns Herleitungen aus Jeremia fehle die Grundlage[29] und auch Carl Heinrich Cornills (1854–1920),[30] Willem-Hendrik Kosers (1843–1897) und Bernhard Stades (1848–1906) Positionen[31] bleiben nicht unwidersprochen. Der damals 21-Jährige geht nicht nur ausgesprochen selbstbewusst vor, er setzt der bisherigen wissenschaftlichen Diskussion auch pointierte eigene Hypothesen entgegen. Darin zeigt

---

22 Troeltsch, „Göttinger Fakultät".
23 S. u. 5.2.
24 Bezeichnend ist das Schicksal Gunkels an den preußischen Fakultäten, s. u. 5.2.2.
25 Bei der Würdigung der zweitplatzierten „lobenswerthen Arbeit" anerkennt die Kommission den „rühmlichen Fleiss" der Untersuchung, der Verfasser lasse „aber bei der Exegese öfter die nöthige Präcision vermissen", zudem lasse „die Darstellung mehrfach zu wünschen übrig" (Smend [d.Ä.], *Festrede*, 20).
26 Siehe Smend [d.J.], *Alttestamentler*, 174.
27 Greßmann, *Verhältnisse*, 11.
28 Greßmann, *Verhältnisse*, 7.
29 Greßmann, *Verhältnisse*, 10.
30 Greßmann, *Verhältnisse*, 29.
31 Greßmann, *Verhältnisse*, 15.

sich eine Eigenart Greßmanns, die in der späteren wissenschaftlichen Tätigkeit weitere, zum Teil recht eigenwillige Blüten treiben wird. Dennoch liegt es Greßmann fern, der „Schwätzer" zu werden, gegen den er mit Kierkegaard soviel Abneigung empfindet.[32] Stets ist ihm die Vorläufigkeit seiner Überlegungen und Hypothesen bewusst, was er in seinen Untersuchungen immer wieder deutlich macht. Wo er allerdings nach genauer Abwägung die Argumente auf seiner Seite sieht, verteidigt er seine Position auch gegen die vorherrschende Gelehrtenmeinung mit großem Nachdruck.

Entscheidend für den Gang seiner Untersuchung zu Jesaja ist der Entschluss, die zeitgeschichtlichen Verhältnisse am Ende der biblischen Schrift zu beleuchten. Hier wird Greßmanns Zugehörigkeit zur Religionsgeschichtlichen Schule deutlich, da er sich vornehmlich auf eine streng historische Untersuchung der Texte, also auf eine Erklärung aus den geschichtlichen Zusammenhängen stützt.[33] Schon bei den ersten Versen stellt er die Vorläufigkeit seiner Hypothesen heraus und erklärt: „Eine genaue Datierung ist bei diesem Abschnitt so gut wie bei allen folgenden – es sei dies hier ein für alle mal gesagt – unmöglich."[34] Er weiß, dass sich die verschiedenen Strömungen mangels Vergleichstexten aus der nachexilischen Zeit kaum rekonstruieren lassen, so dass eine exakte zeitliche Einordnung ausgeschlossen ist; trotzdem steht für ihn am Ende der Untersuchung eine nachexilische Verfasserschaft der Schlusskapitel des Jesajabuches außer Frage.[35] Gleichzeitig lässt es Greßmann auf den Versuch einer Einordnung ankommen, indem er bei jedem zu untersuchenden Abschnitt die Frage nach dem wahrscheinlichsten historischen Kontext stellt. Dabei nutzt er alle ihm zur Verfügung stehenden Mittel und situiert die Texte in die Zeit von der ersten Rückkehrwelle aus dem Exil[36] über den Wiederaufbau des Tempels[37] bis zur wiederhergestellten Gemeinde, die nun mit der Proselytenfrage ringt.[38]

Zur Untersuchung gehört aber nicht nur die Beschäftigung mit der biblischen Religionsgeschichte, sondern auch die Bemühung, durch den Vergleich mit der Kultur und Religion der Nachbarvölker Licht in das Dunkel der jüdischen Ge-

---

32 Vgl. Smend [d.J.], *Alttestamentler*, 176; ders., *Kritiker und Exegeten*, 562.
33 Lüdemann, „Die ‚Religionsgeschichtliche Schule‘ und die Neutestamentliche Wissenschaft", 9–11. Lüdemann nennt in Bezug auf das Neue Testament vier Merkmale der Religionsgeschichtlichen Schule: (1) radikal-historisch, (2) religionsvergleichend, (3) soziologisch und (4) psychologisch.
34 Greßmann, *Verhältnisse*, 6.
35 Greßmann, *Verhältnisse*, 30.
36 Greßmann, *Verhältnisse*, 4.
37 Greßmann, *Verhältnisse*, 5.
38 Greßmann, *Verhältnisse*, 27.

schichte zu bringen.[39] In Jes 65,11 sieht Greßmann die Nennung der Götter גד und מני als Hinweis auf nicht-exilische Verfasserschaft, da die Gottheiten in Babylon nicht belegt seien, wohl aber in Palästina und Syrien.[40] Besonders interessant sind im Zusammenhang der vergleichenden Forschung Greßmanns Bemerkungen zur Sozialgeschichte des Volkes Israel.[41] Sehr eingehend widmet er sich dem „religiöse[n] und soziale[n] Riss, der sich durch die Gemeinde hindurchzog",[42] und entwirft ein detailliertes Bild der nachexilischen Gemeinde. Den „Psalm"[43] Jes 63,7–64,11 nutzt er, um einen Blick auf die Gefühlslage der Bevölkerung zu werfen: „Augenblicklich sind vielmehr nur Elend und Not an der Tagesordnung."[44] Schließlich gehen seine Hypothesen so weit, dass er aus der Heilsansage Jes 60,10–18 „[v]on dem Ideal [...] auf die Wirklichkeit schließen"[45] möchte und die Stadt ohne Mauern in einem schlechten Verteidigungszustand sieht, in deren Innerem Gewalt und Streit herrschen und die von außen angegriffen wird. Die Bevölkerung sei hilflos und arm, so dass auch das Heiligtum ohne Ausschmückung und Opfer auskommen müsse.[46] Zudem vermutet er, dass „der alte Aberglaube",[47] Greßmanns Lieblingsthema, durch seine Verbreitung weiterhin große Teile der Volksfrömmigkeit prägt. Greßmann versucht, den Resten dieses „Aberglaubens" nachzugehen.

Für dieses umfassende Bild der nachexilischen Gesellschaft zieht Greßmann zusätzlich psychologische Gesichtspunkte heran,[48] um die Verfasserschaft weiter einzugrenzen: „Ein solches Phantasiegemälde ist psychologisch besser aus den tief gedrückten elenden Jahrzehnten nach dem Exil erklärlich als aus dem Exil selbst."[49] Mehr noch vertieft er sich allerdings in das Seelenleben des vermeintlichen Autors bzw. der Autoren und stellt zum offenkundigen Zusammenhang von

---

39 Ein Beispiel für das oben genannte zweite Merkmal der Religionsgeschichtlichen Schule: „religionsvergleichend" (vgl. Anm. 33).
40 Ähnlich auch Duhm, *Jesaja*, 434; Dillmann, *Jesaja*, 522f. Ein Plädoyer für eine zeitgeschichtliche Einordnung dieser Götternamen aus der gegenwärtigen Forschung bei Ruszkowski, *Volk*, 97.
41 Ein Beispiel für das dritte der genannten Merkmale, das „soziologische Element" (vgl. Anm. 33).
42 Greßmann, *Verhältnisse*, 7.
43 Greßmann, *Verhältnisse*, 21. Vgl. Fischer, *Jahwe*, 256: „Volksklage mit hymnischer Einleitung, erweitertem Geschichtsrückblick und Sündenbekenntnis".
44 Greßmann, *Verhältnisse*, 21.
45 Greßmann, *Verhältnisse*, 16.
46 Greßmann, *Verhältnisse*, 16.
47 Greßmann, *Verhältnisse*, 8.
48 Vgl. Lüdemann, „Die ‚Religionsgeschichtliche Schule' und die Neutestamentliche Wissenschaft", 20: „Einbeziehung religionspsychologischer Überlegungen".
49 Greßmann, *Verhältnisse*, 16.

Jes 62,10 – 12 zu deuterojesajanischen Texten fest: „Ein Autor schreibt sich nicht selber so aus";[50] vielmehr sei dort und schon in Jes 60 alles „lauter deutero-jesajanisches Mosaik" und zeuge von „Gedankenarmut".[51] Im Vergleich der ty-pischen Redewendungen wird die Unmöglichkeit der deuterojesajanischen Ver-fasserschaft der Schlusskapitel deutlich, denn „er kann sich unmöglich selbst so abgeschrieben haben, dass er eigenes Citat umbiegt oder gar verballhornt."[52]

Bei seiner Untersuchung kommt Greßmann seine Begabung zugute, sich in die Denkweise der alttestamentlichen Autoren in ihrer jeweiligen Zeit hineinzu-versetzen, was sicher eine Perspektive darstellt, die er bei seinen Lehrern der Religionsgeschichtlichen Schule ausgebildet hat. Gleichzeitig verfügt er aus sei-nem Studium der orientalischen Sprachen über eine umfangreiche philologische Kenntnis, so dass er nach ausführlicher Untersuchung von Jes 60 und seiner Abhängigkeit vom deuterojesajanischen Text Jes 54 urteilen kann: „Dort ein be-geisterter Dichter, hier ein nüchterner Nachahmer, dort echte, wenn auch über-schwängliche poetische Gedanken, hier in poetische Form gehüllte Prosa. Dort ist auch von der Liebe und Gnade und dem unverbrüchlichen Friedensbunde Jahves die Rede, hier nur von Ruhm, Wohlfahrt und Machtstellung des Volkes."[53] Eine Sprachstatistik mit einer Auswahl prägnanter Ausdrücke befindet sich im Anhang der Arbeit und untermauert Greßmanns Auffassung zusätzlich, nachdem er sich in der Untersuchung selbst bereits abschließend festgelegt hat. Andere zeitge-nössische Autoren konzentrieren sich in ihren Studien nahezu ausschließlich auf die literarkritische Untersuchung der Kapitel und ihrer Verbindungen zum Rest des Jesajabuches.[54] Greßmann selbst äußert gegen diese Verfahrensweise Vor-behalte: „Ob alle Abschnitte in Jes. c. 56 – 66 von demselben Verfasser herrühren, ist kaum zu entscheiden. Sich bei so kleinen Bruchstücken, wie sie hier vorliegen, allein auf sprachliche Unterschiede zu verlassen, ist sehr misslich."[55]

Knapp sechs Jahre nach Duhm modifiziert Greßmann mit seiner Untersu-chung dessen These zu Tritojesaja dahingehend, dass er eine Fortschreibung des deuterojesajanischen Buches durch mehrere Autoren für wahrscheinlich hält.[56]

---

50 Greßmann, *Verhältnisse*, 18.
51 Greßmann, *Verhältnisse*, 29. Dort ausdrücklich gegen Carl Heinrich Cornill.
52 Greßmann, *Verhältnisse*, 31, mit ausführlichen Belegen.
53 Greßmann, *Verhältnisse*, 29 f.
54 Vgl. Zillessen, „Tritojesaja". Er nimmt ausdrücklich Greßmanns Tabelle auf und führt sie weiter fort (235). Im Vergleich zu Greßmanns Arbeit besteht seine Untersuchung nahezu aus-schließlich aus umfangreichen Wortstatistiken und detaillierten Vergleichen, kommt aber im Wesentlichen zum selben Ergebnis (275).
55 Greßmann, *Verhältnisse*, 26.
56 Greßmann, *Verhältnisse*, 26.

Diese Auffassung hat sich gerade in der Diskussion des ausgehenden 20. Jahrhunderts über Jes 56 – 66 weitgehend durchgesetzt.[57] Greßmann geht sogar so weit, probeweise Jes 60 direkt nach Jes 54 zu lesen,[58] ohne dabei allerdings ein Urteil über die redaktionsgeschichtliche Entwicklung geben zu wollen, sondern lediglich um den Bruch zwischen beiden Abschnitten zu dokumentieren, der trotz der Ähnlichkeiten besteht.[59]

Die von Greßmann vorgelegte Untersuchung zu den Schlusskapiteln des Jesajabuches belegt seine frühe Verwurzelung in der Religionsgeschichtlichen Schule. Mit historischen, religionsvergleichenden, soziologischen und psychologischen Erörterungen untermauert er seine Thesen. Es überwiegt ein sprachgeschichtlicher Ansatz, der textkritische und literarkritische Entscheidungen bereits voraussetzt, ein methodisches Charakteristikum, das Greßmann in der Zukunft noch verstärken wird. Die Göttinger Kommission würdigt die Arbeit aufgrund ihres „selbständigen Urtheils" und vor allem wegen des großen Verständnisses für den Sprachgebrauch im untersuchten Text.[60] Dem Theologiestudenten Greßmann wird der erste Preis zuerkannt. Er reicht die Arbeit schließlich 1900 als Dissertation an der Philosophischen Fakultät in Göttingen ein.

1.2 Theologische Dissertation (1902)

Seine Sprachbegabung gestattet Greßmann in der Folgezeit einen Ausflug auf das Gebiet der Kirchengeschichte. Nach dem Abschluss des theologischen Examens in Kiel erfährt er vom dortigen Alttestamentler August Klostermann, dass die Kirchenväter-Kommission der Königlich-Preußischen Akademie der Wissenschaften bei der Erstellung ihrer monumentalen Reihe „Die griechischen christlichen Schriftsteller" (GCS) noch Wissenschaftler für die Bearbeitung von Ausgaben der Kirchenväter sucht.[61] Sogleich richtet Greßmann einen Brief an den Vorsitzenden, Adolf von Harnack, stellt sich kurz vor und erklärt selbstbewusst:

---

57 Höffken, *Jesaja*, 93 – 100.

58 Vgl. dazu den Versuch von Steck, *Studien*, 119 – 166, die Kapitel Jes 60 – 62 als eine erste Fortschreibung zu Deuterojesaja zu lesen.

59 Greßmann, *Verhältnisse*, 29.

60 Smend [d.Ä.], *Festrede*, 21.

61 Zum ganzen Projekt der Kirchenväter-Kommission vgl. Rebenich, *Mommsen*, 129 – 326, sowie Harnack, *Protokollbuch*. Klostermann hatte sich 1900 bereit erklärt, für GCS die folgenden Schriften Eusebs zu edieren: *Onomasticon*, *Theophania*, *Contra Marcellum* und *De ecclesiastica theologia*. Vgl. Harnack, *Protokollbuch*, 120 f.

Ich stelle mich Ihnen zur Verfügung für eine arabische oder syrische oder äthiopische Arbeit. Doch ist es für mich wesentlich, daß die Arbeit nicht allzu lang ist, da mir zunächst nur 1½ Jahre für die Wissenschaft frei sind. Es liegt mir auch daran, daß die Arbeit möglichst bald erscheint. Ich weiß nicht, was Sie noch für Themata zu vergeben haben. Wenn ich einen Wunsch aussprechen darf, so wäre mir am liebsten eine für die Religionsgeschichte wichtige Schrift [...].[62]

Nach einem kurzen Briefwechsel steht das Thema fest: Greßmann wird die *Theophania* von Euseb übersetzen und kritisch edieren. Der Text ist zu großen Teilen lediglich in einer syrischen Fassung überliefert, von der zu diesem Zeitpunkt nur eine englische Übersetzung von 1843 vorliegt,[63] die erhebliche Probleme aufwirft. Sogleich macht sich der frisch promovierte Wissenschaftler an die Vorarbeiten zu seiner Edition, in deren Zusammenhang er zunächst eine Rezension der 1901 erschienenen Übersetzung der „Kirchengeschichte" des Euseb aus dem Syrischen von Eberhard Nestle (1851–1913) verfasst. Sein vernichtendes Urteil, es wäre „besser gewesen, Nestle hätte die nur ungern ertheilte Zustimmung zum Druck verweigert",[64] stützt sich hauptsächlich auf eine Kritik der Übersetzungsmethode. Eine interlineare Übersetzung hält Greßmann für unangemessen, da sie höchstens für Kenner der syrischen Sprache verständlich sei, die aber ebenso gut auch den originalen Text heranziehen könnten. Allen anderen bleibe der Text unverständlich, der durch eine solche Übersetzung verschleiert werde. Mit zahlreichen Beispielen untermauert Greßmann seinen Standpunkt und stellt mit Blick auf seine eigene Arbeit fest: „Hoffentlich werden uns nicht noch mehr solche Texte in dieser Weise zugänglich gemacht."[65]

In einem Brief an Harnack macht er das Schicksal seiner weiteren Untersuchungen von der Frage nach der Übersetzungsmethode abhängig und weigert sich strikt, eine Interlinearübersetzung anzufertigen: „Sollte dies dennoch der Fall sein, so müßte ich auf eine Übersetzung von Eusebs Theophanie verzichten."[66]

Damit ist nicht nur eine Kritik an der Nestle'schen Arbeit formuliert, sondern zugleich indirekt ein Einwand gegen die Arbeit der Kommission erhoben. Greßmann tut allerdings gut daran, diesen Punkt vor Arbeitsbeginn zu klären, bevor ein Methodenstreit sein Vorhaben zunichte macht. Harnack ist bekannt für seine kritische, fast ablehnende Haltung gegenüber der Religionsgeschichtlichen

---

62 Greßmann an Harnack, undatiert (vermutlich Anfang 1901), BBAW, Kirchenväter-Kommission Nr. 4.
63 Lee, *Eusebius*.
64 Greßmann, Rez. Nestle, *Kirchengeschichte*, 641.
65 Greßmann, Rez. Nestle, *Kirchengeschichte*, 641.
66 Greßmann an Harnack, 24.6.1901, BBAW, Kirchenväter-Kommission Nr. 4.

Schule.[67] Bereits zwei Jahre zuvor hat die polemisch geführte Debatte zwischen Paul Wendland (1864–1915) und Paul Koetschau (1857–1939) zu dessen Übersetzung der Schrift „Gegen Celsus" von Origenes zu einer Auseinandersetzung geführt, die sowohl den Ruf der Kritiker als auch den der Kommission gefährdete.[68] Bemerkenswert ist daher Greßmanns Selbstbewusstsein, mit dem er der Kirchenväter-Kommission, insbesondere aber auch Harnack gegenübertritt.

Die kurze Stellungnahme Greßmanns zeigt nicht nur seine Prinzipientreue, sondern zugleich die Gewissenhaftigkeit, mit der er seine Arbeit auszuführen gedenkt, und sein methodisches Verständnis: „Selbstverständlich soll sie [scil. die Übersetzung] wortgetreu sein, d. h. sie muß jedes Wort ausdrücken",[69] allerdings gehe es darum, zunächst die Absicht des Verfassers zu verstehen, was die Sichtung aller Handschriften und Übersetzungen nötig mache.

Wie andere Kollegen vor ihm plant Greßmann, seine Vorarbeiten in der dafür vorgesehenen Reihe der „Texte und Untersuchungen zur Geschichte der altchristlichen Literatur" (TU) zu veröffentlichen,[70] auch um anderen Mitarbeitern die Möglichkeit zu geben, noch vor der Edition von den Vorarbeiten zu profitieren.[71] Dies hat ihm Harnack bereits zugesagt, und Greßmann informiert ihn über

---

67 Vgl. etwa seine Rektoratsrede vom 3. August 1901, in der er sich gegen die Einrichtung religionsgeschichtlicher Lehrstühle an der Theologischen Fakultät wendet: „Wie soll man nun der Theologischen Facultät zumuthen, alle diese Studien, d. h. nicht weniger als die gesammte Sprachwissenschaft und Geschichte, in ihre Mitte aufzunehmen? Weist man ihr aber nur die von Sprache und Geschichte losgelöste Religionsgeschichte zu, so verurtheilt man sie zu einem heillosen Dilettantismus" (Harnack, *Aufgabe*, 9 ff.).
68 Vgl. die detaillierte Darstellung bei Rebenich, *Mommsen*, 190 ff. Die Debatte führt schließlich zur Frontstellung zwischen Harnack und Ulrich von Wilamowitz-Moellendorf (1848–1931), die Harnack als Angriff auf die theologische Orientierung der ganzen GCS empfindet und als einen Kampf zwischen Theologen und Philologen innerhalb der Kommission betrachtet (193). Als Konsequenz wurde in der Folgezeit jede Arbeit vor dem Druck durch die Kommission geprüft.
69 Greßmann an Harnack, 24.6.1901, BBAW, Kirchenväter-Kommission Nr. 4.
70 Die in TU erscheinenden Bände dienen als Ersatz für die nicht verwirklichte Kommentarreihe der GCS und erläutern durch philologische Untersuchungen und textkritische Studien die Textedition. Die Reihe schließt als Neue Folge an die seit 1882 von Harnack zusammen mit Oskar von Gebhardt (1844–1906) herausgegebene Reihe an, vgl. Rebenich, *Mommsen*, 173.
71 Greßmann an Harnack, 9.10.1901, BBAW, Kirchenväter-Kommission Nr. 4: „Ich weiß nun nicht, ob überhaupt schon an den ersten drei Schriften [Eusebs] gearbeitet wird oder nicht, und wie lange es dauern mag, bis sie vollendet sind. Voraussichtlich wird es mir unmöglich sein, darauf zu warten. Daher habe ich mir gedacht, es sei am besten, wenn ich meine kritisch-exegetischen Studien zu Eusebs Theophanie vorher veröffentlichte. Ich würde darum meine Emendationen des syrischen und griechischen Textes der Kritik vorlegen, aus der dann hoffentlich auch noch Gewinn zu ziehen ist. Ferner würde ich die Stellen besprechen, die Lee falsch übersetzt hat, die anders übersetzt werden müssen, und einige Stellen, die ich anders auffasse. [...] Natürlich würde ich auch die sogenannten Einleitungsfragen zu lösen versuchen."

den Fortschritt seiner Untersuchungen durch regelmäßige Berichte. Offenbar war zunächst daran gedacht, dass Greßmann nur einen Teil der „Theophanie" bearbeitet, doch bereits nach kurzer Zeit erklärt Greßmann:

> Sollte es nicht praktizierbar und besser sein, die Herausgabe von Eusebs Theophanie einem einzigen Bearbeiter anzuvertrauen? Wir Semitisten sind ja auch des Griechischen nicht ganz unkundig und ich glaube, daß ein Nichtsemitist auch bei einer wortgetreuen Übersetzung nur schwer wird beurteilen können, ob der Übersetzer wirklich einen anderen griechischen Text vor sich hatte, oder ob die Abweichung auf einer freien Umschreibung beruht, also der Unterschied nur scheinbar ist. Herr Dr. Klostermann wird übrigens, wie ich glaube, gern bereit sein, mir die Bearbeitung der Theophanie allein zu überlassen.[72]

Der ausschlaggebende Punkt lässt sich nicht mehr rekonstruieren, aber Greßmann übernimmt schließlich die gesamte Bearbeitung der „Theophanie" und kann nach einem knappen Jahr die Fertigstellung seiner Vorarbeiten unter dem Titel „Textkritische und exegetische Studien zu Eusebs Theophanie" an Harnack vermelden.[73] Im gleichen Schreiben teilt Greßmann mit, dass er die Arbeit an der Theologischen Fakultät der Universität Kiel als Dissertation eingereicht habe. Die Verteidigung der Arbeit findet am 19. Juli 1902 („mittags 12 Uhr") statt.[74]

Greßmanns Leistung besteht im Wesentlichen darin, den griechischen Urtext der „Theophanie" zu rekonstruieren und umfangreiche Textvergleiche mit griechischen Parallelen anzustellen. Gerade die Aufstellung eines syrisch-griechischen Registers ist für die Rekonstruktion verlorener Passagen von großem Wert. Trotzdem bleibt Kritik an der unscharfen Trennung zwischen wortgetreuer und sinngemäßer Übersetzung nicht aus.[75] Andererseits hat der Theologe Greßmann sich schon frühzeitig die Mithilfe des Philologen Wendland[76] gesichert und kann in dieser Hinsicht auf dessen Unterstützung hoffen. Die Vorarbeiten finden offenbar das Wohlwollen der Kirchenväter-Kommission, und so verzeichnet das Protokollbuch für die Sitzung im Frühjahr 1903 die offizielle Beauftragung Greßmanns mit der Übersetzung der „Theophanie", allerdings mit dem Zusatz, ein „[v]ertrauliches

---

72 Greßmann an Harnack, 24.6.1901, BBAW, Kirchenväter-Kommission Nr. 4.
73 Greßmann an Harnack, 11.4.1902, BBAW, Kirchenväter-Kommission Nr. 4.
74 Protokoll der Inaugural-Dissertation, 35, SUB Göttingen, Dekanatsakten der Philosophischen Fakultät, 184b, 40. Die Thesen zur Disputation zeigen Greßmanns klares theologisches Profil, wenn er gleich zu Anfang erklärt: „Die Problemstellung Wellhausens betreffend die Abfassungszeit des Psalters ist falsch", oder in der siebten These: „Als erste Pflicht eines Predigers in unseren Stadtgemeinden müssen Apologetik und Polemik gelten" (ebd.).
75 Ryssel, Rez. Greßmann, *Studien*, 141. Karl Viktor Ryssel (1849–1905) lobt allerdings ausdrücklich die detaillierte und genaue Arbeit Greßmanns, besonders das Wortregister (140).
76 Greßmann, *Studien*, X und Nachtrag.

Schreiben an Wendland, Greßmann's Fähigkeiten in Griech[isch] betreff[end]"[77] zu verfassen. Die Antwort fällt wohl positiv aus und bereits ein Jahr später erscheint die Edition der „Theophanie" als Band 11,2 in der Reihe der „griechischen christlichen Schriftsteller". Die beiden Arbeiten zeigen mit ihren detaillierten Rekonstruktionsversuchen erneut Greßmanns Geschick für sprachliche Phänomene und sein Talent, auch über den Text hinaus nach der Autorenintention zu fragen.[78]

Greßmanns Arbeiten zu Euseb werden überaus freundlich aufgenommen. Lediglich zur Datierung der „Theophanie" gibt es gelegentlich abweichende Auffassungen.[79] Insbesondere die Entscheidung für eine an der Intention des Autors orientierte Übersetzung findet die Zustimmung der Fachwelt, auch wenn gelegentlich Greßmanns Übersetzungsfähigkeiten kritisiert werden.[80] Auch der vorab gescholtene Eberhard Nestle bemängelt zwar zahlreiche „Äußerlichkeiten",[81] verzichtet dann aber auf eine allzu detaillierte Besprechung und auch auf eine Erwiderung auf die von Greßmann vorgelegte Rezension seiner eigenen Übersetzung von Eusebs „Kirchengeschichte". Großzügig erklärt er im Blick auf Greßmanns Arbeit und in Anlehnung an Sokrates: „was ich geprüft und verstanden habe, ist gut; was ich nicht geprüft habe, von dem glaube ich, daß es gut sei."[82] Zu seinem Vorschlag, die griechischen Bruchstücke ergänzend in den deutschen Text einzufügen, hatte Greßmann schon in der Vorarbeit Überlegungen angestellt und Harnack von einer solchen Edition abgeraten: „die griech[ischen] Bruchstücke in die deutsche Übersetzung an die betr[effende] Stelle einzureihen, möchte ich von vornehrein aus ästhetischen Gründen ausschließen. Reinlichkeit ist die erste Pflicht des Philologen, und ein Mischmasch von Griech[isch] und

---

77 Harnack, *Protokollbuch*, 125.
78 Vgl. nur Greßmann, *Theophanie*, XIX: „Eusebius hat es nicht übel verstanden, seine frühere viel zu weitschweifige und darum teilweis [*sic*] langweilige Arbeit so zu kürzen und stilistisch zu glätten, daß sie das Interesse des großen Laien [scil. Konstantin] wohl zu erwecken vermochte. Wahrscheinlich aber war sie nicht nur für ihn, sondern auch für ein größeres Publikum zurechtgemacht, das vielleicht ebenfalls wenig Geschmack für die wissenschaftliche Theophanie besaß und sich lieber mit einer populären und gedrängten Darstellung befaßte." Vgl. auch Burkitt, „Translation", 63.
79 Greßmann datiert die Abfassung der „Theophanie" in das Jahr 333 n.Chr., vgl. Greßmann, *Studien*, 39 – 42, und ders., *Theophanie*, XIII–XX. Dagegen Wallace-Hadrill, *Eusebius*, 52f., der die Abfassungszeit näher an das Lebensende des Euseb verlagert, und zwar um das Jahr 337 n.Chr. Andererseits hält Barnes, *Constantin*, 187, eine gleichzeitige Entstehung mit der letzten Überarbeitung der „Kirchengeschichte" um 325/26 n.Chr. für wahrscheinlich.
80 Vgl. Frankenberg, Rez. Greßmann, *Studien*, 12f.
81 Nestle, Rez. Greßmann, *Theophanie*, 1162. Insbesondere kritisiert er das fehlerhafte Titelblatt, aber auch die fehlenden griechischen Teile direkt neben dem deutschen Text.
82 Nestle, Rez. Greßmann, *Theophanie*, 1162.

Deutsch empfinde ich als unreinlich."[83] Als misslich wird von der Fachwelt allerdings die unklare Aufteilung zwischen dem Material in den Vorarbeiten und der Edition empfunden, da sich die beiden Werke besonders hinsichtlich der Einleitungsfragen notwendig ergänzen.[84] Diesen Missstand behebt die zweite Auflage, die allerdings erst nach 89 Jahren in der Bearbeitung von Adolf Laminski erscheint.[85] Darin ist der von Greßmann verfasste Text beibehalten, nur die Ausführungen zu „Inhaltsangabe und Charakteristika" sind komplett aus den Vorarbeiten übernommen. An der Entscheidung für eine fortlaufende Übersetzung hält auch Laminski fest, alles andere hätte eine völlige Umgestaltung der Edition bedeutet. Zudem sind einige Nachträge und ein paar wenige Gegenvorschläge zur Übersetzung angehängt. Bis heute ist Greßmanns Werk damit die einzige deutsche Übersetzung und Rekonstruktion der „Theophanie" des Euseb.

1.3 Habilitation: *Musik und Musikinstrumente* (1903)

Bereits in der Anfangszeit seines Wirkens wird Greßmanns enormer Arbeitseifer deutlich. Nur ein Jahr nach dem Abschluss der theologischen Dissertation reicht er an der Universität Kiel seine Habilitationsschrift unter dem Titel *Musik und Musikinstrumente im Alten Testament – Eine religionsgeschichtliche Studie* (1903) ein, während er zugleich noch an der Edition der „Theophanie" arbeitet. Mit der neuen Studie begibt sich Greßmann zurück auf das Gebiet des Alten Testaments und setzt seine Beschäftigung mit der Religionsgeschichte intensiv fort. Veröffentlicht wird die Arbeit in der Reihe der „Religionsgeschichtlichen Versuche und Vorarbeiten" (RVV), deren Gründung sich der Initiative des Religionswissenschaftlers Albrecht Dieterich (1869–1915) verdankt.[86] Dieterich engagiert sich nach seinem Ruf nach Gießen sehr stark im Bereich der Religionsgeschichte und ermutigt insbesondere junge Kollegen zu entsprechenden Forschungsarbeiten. Die neue Reihe, die er 1903 zusammen mit Richard Wünsch (1869–1915) ins Leben ruft, soll den Nachwuchswissenschaftlern eine Möglichkeit zur Veröffentlichung ihrer religionsgeschichtlichen Untersuchungen bieten, von der auch Greßmann Gebrauch macht.[87]

Greßmanns Studie sammelt das Material zum Thema Musik über die gesamte Breite des Alten Testaments. Sie ist ein sprechendes Beispiel für seine systema-

---

83 Greßmann an Harnack, 30.8.1903, BBAW, Kirchenväter-Kommission Nr. 4.
84 Kr. G., Rez. Greßmann, *Theophanie*, 1643.
85 Laminski, *Theophanie*.
86 Vgl. Wünsch, „Albrecht Dieterich", XXV.
87 Junginger, *Religionswissenschaft*, 42–43.

tische und akribische Arbeitsweise. Dennoch vermag sie die Fachwelt bei ihrem Erscheinen kaum zu begeistern und man merkt dem 32-seitigen Text die Hast an, mit der er offenbar geschrieben ist. Besonders bei den zahlreichen Hypothesen zur Namenserklärung verzichtet Greßmann vielfach auf eine detaillierte Begründung. „Die Arbeit ist klar geschrieben, zeigt eine ziemliche ausgebreitete Belesenheit und gesundes Urteil und hat das ganze in Betracht kommende Material verarbeitet. Eine eigentliche Bereicherung unserer Kenntnisse bedeutet sie nicht",[88] urteilt der Rezensent Wilhelm Nowack (1850 – 1928).

1.3.1 Aufbau und Struktur der Studie

Greßmann untersucht im ersten Teil seiner Habilitation zunächst das Phänomen der Musik im Alten Testament und gibt einen Abriss zur religionsgeschichtlichen Entwicklung seit den prähistorischen Anfängen, muss jedoch anerkennen, dass diese selbstverständlich im Dunkeln liegen.[89] Dass die Musik „ebenso alt ist wie der Mensch überhaupt",[90] sei allerdings schon den Israeliten bekannt gewesen, weshalb er die Ursprünge in der Urzeit ansetzt, was er mit der Sage über Jubal (Gen 4,21)[91] verdeutlichen will. Mittels sprachgeschichtlicher Untersuchungen interpretiert Greßmann die Namen der Genealogie als „Qain, der ‚Schmied'"[92] und „Abel, der ‚Hirte'",[93] um die „Personifikation eines Standes"[94] nachzuweisen. Auf dieser Basis kann er Jubal (Gen 4,21) als „die Posaune in persona" deuten.[95]

Die „eintönige Langeweile"[96] des Beduinenlebens habe dazu geführt, dass es zur Ausprägung von allerlei Künsten, insbesondere der Musik kam. Greßmann

---

88 Nowack, Rez. Greßmann, *Musik*, 531. Vgl. dazu auch das Urteil von Adolf Büchler (1867–1939), wonach „der positive Gewinn trotz [Greßmanns] Beobachtungen ziemlich bescheiden ist" (Büchler, Rez. Greßmann, *Musik*, 1338).
89 Greßmann, *Musik*, 1.
90 Greßmann, *Musik*, 2.
91 Greßmann stützt sich hier auf die gattungsgeschichtliche Untersuchung durch Gunkel, *Genesis*, 47, der Bruchstücke einer alten Sage in Gen 4,20 – 22 identifizieren will.
92 Greßmann, *Musik*, 3. Die Übersetzung „Schmied" beruht auf arabischen Parallelen.
93 Greßmann, *Musik*, 3. In Anlehnung an Dillmann, *Genesis*, 92, identifiziert Greßmann הבל („Windhauch", Gen 4,2) mit יבל (Jabal, Gen 4,20) und kommt mit Hilfe von arabischen Parallelen und der Septuaginta zu der Bedeutung „Hirte".
94 Greßmann, *Musik*, 2.
95 Greßmann, *Musik*, 3 (יובל, „die Posaune"): „Man darf darum kaum zweifeln, daß Jubal, der Halbbruder Qains und Abels, die Posaune in persona ist, wie Aharon, der blutlose Schatten des Mose, nichts weiter als eine Personifikation des אָרוֹן, der Bundeslade."
96 Greßmann, *Musik*, 4.

stellt eine Genese der Entwicklung von Musikergruppen auf, aus denen sich der „Stand der Berufsmusiker"[97] gebildet habe, der bei der Kriegsführung (Organisation des Heeres) beteiligt gewesen sei, aber auch bei Kulthandlungen. Die letztere Funktion sei nach dem Exil durch die Leviten übernommen worden.

Daneben habe die Musik eine zentrale Rolle in der Zauberei gespielt. Dieses Thema ist für Greßmann von großer Bedeutung, da nach seiner Auffassung „die Zauberei in der ganzen Welt eben wegen ihrer allgemeinen Verbreitung und ihrer überall wesentlich identischen Form für ein uraltes Erbe der Menschheit"[98] gehalten werden müsse. In der Musik sieht er ein Hilfsmittel zur Vertreibung numinoser Mächte und stützt sich dabei auf Untersuchungen über arabische Bräuche, griechische Zeremonien, chinesisches Feuerwerk, abessinische Christen und katholische Glockenweihe. Weder zeitliche noch räumliche Abstände empfindet Greßmann als Hindernis bei seinen weitreichenden Spekulationen über mögliche Abhängigkeiten.

Er gesteht immerhin selbst ein, dass seine Theorien, wo „analoge Beispiele bei anderen Völkern nicht nachzuweisen sind",[99] als „reine Konstruktion" gelten müssten, wie etwa die Vermutung, der Schall der Trompeten in Jos 6 sei die Vorwegnahme des Lärms der zusammenbrechenden Mauern.[100] An einem hinter der Erzählung liegenden Ereignis in Form eines „historischen Erdbebens"[101] zweifelt Greßmann allerdings nicht. Eine Lösung in der Verbindung von Erdbeben und Lärm findet er in der Ethnologie. Auffällig sei nämlich eine Parallele zum Volksglauben auf Tobelo, wo sich die Bevölkerung bei einem Erdbeben wegen der Angst vor der Strafe der Götter der Musik als Kommunikationsmittel bedient habe. „Diese Erklärung beansprucht nicht mehr als eine Möglichkeit zu sein. Der Zusammenhang von Erdbeben und Lärmtrompeten mußte in der Überlieferung verdunkelt werden, weil jene Tatsache vergessen wurde."[102] Greßmann versucht im weiteren Verlauf, eine ursprüngliche Funktion der Musik zu rekonstruieren. Diese liegt nach seiner Meinung darin, „die Gottheit, die viel zu tun hat und am Ende anderswie beschäftigt ist",[103] aufmerksam zu machen und herbeizurufen,[104] was er mit einem Beispiel aus Samoa („nur ein Beispiel aus hunderten") belegen möchte. Außerdem versucht er, für die Posaunen bei der Bundesladenprozession

---

97 Greßmann, *Musik*, 4.
98 Greßmann, *Musik*, 5.
99 Greßmann, *Musik*, 7.
100 Greßmann, *Musik*, 8.
101 Greßmann, *Musik*, 8, im Anschluss an Klostermann, *Geschichte*, 100.
102 Greßmann, *Musik*, 8.
103 Greßmann, *Musik*, 9.
104 Greßmann, *Musik*, 9.

und den Trompetenschall am Sinai eine apotropäische Funktion nachzuweisen und in der Mischna alte Spuren eines „sympathetischen Regenzaubers"[105] zu belegen.

Andere Formen, wie das lautlose Beten oder Musik als Schmuck im Gottesdienst, sind nach Greßmanns Auffassung Erscheinungsformen eines „höheren und geistigeren Gottesbegriff[s]".[106] Auf dieser Entwicklungsebene nämlich „findet eine geistige Entladung durch die Musik statt."[107] Auf sprachlicher Ebene lasse sich dies etwa durch die Parallelisierung von μοῦσα, μάντις und μανία verdeutlichen, inhaltlich zeige sich eine „Wesensverwandtschaft der Musik mit der Dichtung und mit der Religion".[108] Schließlich sei für den Terminus נבא die Bedeutung „musizieren" nachzuweisen, so wie auch andere Beispiele aus den Chronikbüchern nach Greßmann die Parallele von Musik und gottesdienstlichem Handeln verdeutlichen.

Der zweite Teil der Studie ist den Musikinstrumenten gewidmet. Bei den Saiteninstrumenten werden nacheinander נֶבֶל, כִּנּוֹר und שַׁבְּכָא nach Etymologie und religionsgeschichtlicher Bedeutung untersucht. Dabei führt Greßmann alle Informationen an, die nach seiner Auffassung für eine Begriffsklärung hilfreich sind, und versucht, die dahinterliegende Vorstellungswelt zu erschließen. Ähnlich geht er bei den Blasinstrumenten vor, von denen er sich genauer mit Flöten und Trompeten auseinandersetzt. Bei Letzteren nimmt er einmal mehr auf arabische Wortbedeutungen Bezug, denn bei „der Etymologie vom Arabischen auszugehen, ist, wenn man das prinzipielle Recht auch nicht zugeben will, praktisch doch in diesem Falle allein möglich."[109] Die letzte Seite der Abhandlung ist den Schlaginstrumenten gewidmet.

1.3.2 Forschungsgeschichtliche Einordnung

Greßmann ist nicht der erste, der sich mit der Erforschung der israelitischen Musik befasst. Bereits seit den Kirchenvätern ist die Musik des Alten Testaments Gegenstand theologischer Untersuchungen, was insbesondere der Frage nach der Kultmusik und ihrer Bedeutung für die Psalmen geschuldet ist. Für die religionsgeschichtliche Untersuchung ist vor allem das Werk des jüdischen Gelehrten Joseph Levin Saalschütz (1801–1863) von Bedeutung. Saalschütz widmet sich als

---

105 Greßmann, *Musik*, 12.
106 Greßmann, *Musik*, 9.
107 Greßmann, *Musik*, 13
108 Greßmann, *Musik*, 13.
109 Greßmann, *Musik*, 30.

einer der ersten Forscher dem Vergleich mit Musikinstrumenten aus Griechenland, der Türkei und dem Orient. Er kommt dabei zu einem ernüchternden Schluss: „Nichts ist ungewisser als die Gestalt und Beschaffenheit der alten Instrumente der Hebräer, und es läßt sich von keinem einzigen der jetzigen Instrumente des Orients mit nur einiger Bestimmtheit behaupten, daß uns darin jene aufbewahrt seien."[110]

Durch die archäologischen Entdeckungen seit der Mitte des 19. Jahrhunderts und das zunehmende Interesse an religionsgeschichtlichen Vergleichen werden allerdings neue Fragestellungen zur Musiktheorie aufgebracht.[111] Dies betrifft insbesondere das Vergleichsmaterial aus den ägyptischen und mesopotamischen Funden, die bedenkenlos für die Illustration der biblischen Musik verwendet werden.[112] Es fehlt eine Bewertung der typisch israelitischen Musikgeschichte.[113]

Die Textgrundlage für Greßmanns Thesen ist äußerst dürftig. So stützt er seine Argumentation im Wesentlichen auf vergleichbare Entwicklungen in anderen Regionen, vornehmlich in Griechenland.[114] Sein methodisches Vorgehen entspricht damit den religionswissenschaftlichen Ansätzen seiner Zeit, indem er durch einzelne Vergleiche versucht, über Ähnlichkeiten und Unterschiede die analogen Entwicklungen zu rekonstruieren, ohne direkte Abhängigkeiten zu unterstellen.[115]

Hinzu kommt bei Greßmann allerdings das starke Interesse für psychologische Vorgänge, auch wenn er noch weit davon entfernt ist, die Psychologie als eine Methode systematisch in seine Arbeit einzubeziehen.[116] Da es erwiesen sei, dass die Musik „ebenso alt ist wie der Mensch überhaupt", schlussfolgert Greßmann ganz im Sinne der Völkerpsychologie: „Daher haben die Israeliten in richtiger Empfindung ihre erste Regung [scil. die Musik] in die Urzeit zurückverlegt."[117] Die Beschreibung Jubals als Personifikation der Posaune lenke etwa den Blick auf den Erfinder der Musik.[118] Die Entwicklung der Musik als Unterhaltungselement schreibt er dem langweiligen Hirtenleben zu[119] und die Entstehung von Berufsmusikern der straffen Organisation des Heeres, woraus sich schließlich

---

110 Saalschütz, *Geschichte*, 96.
111 Eine detaillierte Übersicht findet sich bei Wohlenberg, *Kultmusik*, 165 ff.
112 Vgl. etwa Benzinger, *Archäologie* (2. Aufl.), 237 ff.
113 Zur Kritik vgl. Wohlenberg, *Kultmusik*, 272 f.
114 Greßmann, *Musik*, 1.
115 Kippenberg, *Entdeckung*, 100 – 119.
116 Hier zeigt sich bereits der Einfluss der Völkerpsychologie aus den Arbeiten von Wilhelm Wundt, die Greßmann in der Folgezeit noch stärker aufnehmen wird. Siehe dazu unten 3.1.
117 Greßmann, *Musik*, 2.
118 Greßmann, *Musik*, 3 f.
119 Greßmann, *Musik*, 4.

der kultische Gebrauch ergeben habe.[120] Außerdem besteht nach Greßmann ein enger Zusammenhang der Musik mit der Prophetie, die durch musikalische Ekstase herbeigeführt werden könne. Der Musik eine beruhigende Wirkung zuzuschreiben, ist für Greßmann „modern gedacht",[121] dafür gebe es keine Belege. „Es ist häufig beobachtet worden, daß bei ekstatisch veranlagten Menschen eine morbide Anlage zu plötzlichen Störungen des normalen Seelenlebens zurückbleibt."[122] Die Beispiele des Elisa, des Königs Saul und verschiedener Prophetengruppen zeigen für Greßmann, dass Musik als Heilmittel eingesetzt wurde, welches durch Ekstase Linderung verschafft. Man wisse schließlich, „daß die Psyche des Südländers anders ist als unsere kalte, nordische Seele"[123] und sie daher auch für die stimulierende Funktion der Musik empfänglicher sei.

Die Betrachtung der Prophetie als eine Art Krankheit führt zu gewissen Schwierigkeiten bei der Bewertung der Propheten. Greßmann macht deswegen für die biblischen Schriftpropheten eine Ausnahme: „Man darf Elisa nicht nach der Art eines Jeremia beurteilen. Bei den großen und späteren Propheten tritt die Ekstase viel mehr in den Hintergrund, wenn sie auch nie völlig verschwindet."[124] Schließlich stellt er für die „echten Propheten"[125] fest, dass die Begeisterung bei ihnen ohne Hilfsmittel erfolge.

Greßmann weiß, dass seine Argumentation gelegentlich auf einer schwachen Sachgrundlage steht; er scheut sich aber nicht, mit Wahrscheinlichkeiten zu arbeiten, um die bestehenden Wissenslücken zu überbrücken.[126] Es ist gerade sein Verdienst, über die bloße literarkritische Betrachtung der Textstellen hinauszugehen und die Untersuchung auf eine breite Basis religionsgeschichtlicher Bezüge zu stellen. Bei seinem Lieblingsthema, der Magie, stützt er sich auf Vergleiche mit arabischen Parallelen, chinesischen Abwehrzaubern, katholischen Bräuchen und afrikanischen Riten, bis hin zu Beispielen aus Samoa.[127] Kritiker werfen ihm

---

120 Greßmann, *Musik*, 4 f.
121 Greßmann, *Musik*, 17.
122 Greßmann, *Musik*, 18.
123 Greßmann, *Musik*, 17.
124 Greßmann, *Musik*, 17 Anm. 6.
125 Greßmann, *Musik*, 16.
126 Greßmann, *Musik*, 1: „Wir müssen daher zufrieden sein, wenn wir die paar zufällig uns überlieferten Notizen zu einem mosaikartigen Bilde zusammenfügen können. Denn mit lebhaften Farben zu malen, müssen wir uns gemäß der Natur unserer Quellen versagen. Mitunter wird es von Nutzen sein, auf verwandte Erscheinungen anderer Völker, vornehmlich der Griechen, das Augenmerk zu richten."
127 Greßmann, *Musik*, 6 – 9.

deshalb vor, die Arbeit am Text zu vernachlässigen und stattdessen auf der Basis teils sehr weitläufiger Analogien vorschnell Mutmaßungen anzustellen.[128]

Im zweiten Teil der Arbeit über die Musikinstrumente bietet Greßmann eine ausführliche Wortanalyse der hebräischen Bezeichnungen verschiedener Musikinstrumente und verbindet dies ebenfalls mit zahlreichen Spekulationen zu religionsgeschichtlichen Parallelen.[129] Die Funktion der Instrumente spielt bei ihm dagegen kaum eine Rolle, sofern sich daraus keine Hinweise auf die Herkunft oder Ableitungen der Wortbedeutung ergeben. Seinen zahlreichen Hypothesen, dessen ist sich Greßmann allerdings bewusst, fehlt es an einer ausführlichen textgestützten Begründung. Dies mag die Folge seiner strengen Ausrichtung auf den religionsgeschichtlichen Aspekt sein.

1.3.3 Greßmanns religionsgeschichtlicher Ansatz

Für die religionswissenschaftliche Arbeit Greßmanns ist ein Vergleich mit ähnlichen Untersuchungen zu Musik oder Musikinstrumenten im Alten Testament bzw. in Israel aufschlussreich, die alle im Prinzip einen ähnlichen Aufbau aufweisen. Insbesondere ist hier die Arbeit Wellhausens von Bedeutung, gegen dessen Literarkritische Schule sich Greßmann abzugrenzen versucht. Wellhausen hatte bereits 1898 in einem englischen Kommentar zu den Psalmen eine ausführliche Erläuterung zu „Music and the Ancient Hebrews" gegeben, die sich stark auf den biblischen Text stützt und zur Erklärung ebenfalls zahlreiche religionsgeschichtliche Parallelen heranzieht.[130] Wellhausen verzichtet auf weitreichende Überlegungen zur Musikgeschichte, die den literarischen Quellen vorausliegt, und beschränkt sich nur auf einige Grundannahmen.[131] Greßmann sieht den Schwerpunkt seiner Arbeit stattdessen gerade in diesem Bereich und begnügt sich lediglich mit kurzen Erläuterungen zu den Musikinstrumenten und der entsprechenden Terminologie. Anders als Greßmann führt Wellhausen zudem zahlreiche altorientalische Parallelen an und beschäftigt sich mit ikonographischen Darstellungen von Musikinstrumenten, um die biblischen Berichte zu erläutern.[132] Deshalb trifft der Vorbehalt der modernen Musikwissenschaften gegen das „bis in

---

128 Büchler, Rez. Greßmann, *Musik*, 1338.
129 Vgl. unten Anm. 144 für ein Beispiel des spekulativen Vorgehens.
130 Wellhausen, „Music".
131 Wellhausen, „Music", 217.
132 Wellhausen illustriert seine Untersuchung mit 45 Darstellungen antiker und zeitgenössischer Musikinstrumente, während Greßmanns Habilitationsschrift keine einzige Abbildung enthält.

unsere Tage erhaltene Illustrieren der altisraelitischen/palästinischen Instrumente mit ägyptischem, babylonischem und griechischem ikonographischem Material"[133] wohl eher auf Wellhausens als auf Greßmanns Darstellung zu. Vergleicht man beide Arbeiten genauer, so wird rasch deutlich, dass Wellhausen eher einen deskriptiven Ansatz verfolgt.[134] Greßmann – immerhin der spätere Herausgeber der *Texte und Bilder zum Alten Orient*[135] – verzichtet auf jede Art von Illustration, macht dafür aber viele Analogien geltend, mit denen er freilich häufiger Gefahr läuft, in Einzelbeobachtungen zur religionsgeschichtlichen Entwicklung abzuschweifen.

Es zeigt sich hier bereits ein wesentlicher Grundzug in Greßmanns Methodik, mit dem er darauf zielt, die Vorstellungswelt einer Idee möglichst bis zu ihren Ursprüngen zurückzuverfolgen und ein in sich geschlossenes Erklärungsmodell aufzubauen. Sehr schnell greift er zur Klärung des religionsgeschichtlichen Horizontes auf außerbiblische Zeugnisse zurück. Gelegentlich neigt er dazu, biblische Angaben als historische Quellen auszuwerten und so ungewollt einen biblizistischen Ansatz zu vertreten.[136] Während er die Erwähnung von Jabal, Jubal und Tubal-Qain in Anlehnung an Gunkel[137] als eine Sage über den Ursprung der Kultur versteht,[138] hält er den Bericht vom Zug der Israeliten mit dem Zeltheiligtum oder von der Eroberung Jerichos für eine historische Quelle, sofern daraus der Gebrauch von Musikinstrumenten abzuleiten ist. Mit seinem Fokus auf dem kultischen Charakter des Umzugs mit „Posaunen" sieht Greßmann dagegen schon einige Entwicklungen der neueren Forschung voraus.[139] Den Zusammensturz der Mauern Jerichos will er von allerlei „Konstruktion"[140] befreien, um dahinterliegende psychologische, mythologische und theologische Vorstellungen zu verfolgen. Letztlich geht er aber von einem tatsächlichen Ereignis in Form eines historischen Erdbebens aus, welches den Anstoß zur Legendenbildung gegeben

---

133 Braun, *Musikkultur*, 6. Der Vorwurf richtet sich insbesondere gegen Greßmann und die Religionsgeschichtliche Schule. Braun unterstellt der Religionsgeschichtlichen Schule, dass sie mit dieser „heute veraltete[n] Einstellung lang anhaltende Vorurteile in die Musikwissenschaft ein[brachte]." Insbesondere kritisiert er Greßmanns Prämisse, die Kunst habe in Israel keine eigene Schöpfung erfahren, sondern sei dort immer nur rezipiert worden.
134 Ähnlich auch schon Benzinger, *Archäologie* (2. Aufl.), 245.
135 S.u. 2.3.
136 Vgl. zu diesem Problem Kratz, „Theologie", 316 ff.
137 Vgl. Gunkel, *Genesis*, 47.
138 Greßmann, *Musik*, 2.
139 Vgl. Noort, *Josua*, 171 f. Dort aber mit Hinweis auf die deutliche deuteronomistische Prägung des Textes, die Greßmann noch nicht sieht.
140 Greßmann, *Musik*, 7.

habe.[141] Wellhausen geht den Schritt zur Erklärung des jeweiligen Vorstellungs-komplexes nicht, sondern beschränkt sich auf den literarischen Befund und die Tatsache, dass in Bezug auf die Geschichte der hebräischen Musikkultur nur sehr wenige Fakten überhaupt vorhanden sind.[142] Bei den einzelnen Musikinstru-menten dient das ikonographische Material aus der Umwelt lediglich dazu, die Funktionsweise der in der Bibel erwähnten Musikinstrumente zu erklären. Greßmann dagegen konzentriert sich auf etymologische Erwägungen, um das Wesen und die Bedeutung des Ideenkomplexes zu verdeutlichen. Gegen Well-hausens deskriptiven Ansatz verfolgt er eine eher phänomenologische For-schung.[143] Dabei wird deutlich, dass der Erkenntnisgewinn für die Forschung nicht etwa im Verständnis der Funktionsweise und Bedeutung der Instrumente liegt, sondern vielmehr in der methodischen Erschließung von Wortverständnis und Wortfeldern und den dahinterliegenden Vorstellungskomplexen.[144] Dieses Vorgehen kann auf andere Bereiche mit einer schmaleren Textgrundlage ange-wendet werden, birgt aber stets die Gefahr von Spekulationen, vor denen der hypothesenfreudige Greßmann[145] jedoch nicht zurückschreckt. Die Unterschiede der jeweiligen „Schulen" werden in der Folgezeit noch deutlicher zu Tage treten, was besonders durch Greßmanns engagierten Einsatz für die Religionsge-schichtliche Schule zunehmend zu einer Verhärtung der Fronten führen wird.

Greßmanns Untersuchung zur Musik steht ganz unter der Prämisse, dass „die Kunst auf palästinischem Boden keine eigenartige Entwicklung gefunden hat. Israel ist nie ein magister artium geworden, seine welthistorische Größe ruht einzig und allein auf seiner Religion und Moral."[146] Da die Textbasis für ein

---

141 Zum Problem der Verbindung von historischem Ereignis und Deutung archäologischer Be-funde bei der Ausgrabung von Jericho vgl. Gebauer, „Menschen", 52f.; Weippert und Weippert, „Jericho", 107 f.; dazu auch die Übersicht bei Vieweger, *Archäologie*, 49 – 51. Greßmann ist auch an einer ätiologischen Deutung nicht interessiert, vgl. Noth, *Josua*, 40 – 43.

142 Wellhausen, „Music", 218.

143 Vgl. die Einteilung der klassischen Richtungen der Religionsphänomenologie bei Hock, *Einführung*, 56: (1) Deskriptive Religionsphänomenologie, (2) Typologische Religionsphänome-nologie, (3) Phänomenologische Religionsforschung.

144 Greßmann, *Musik*, 21 f. Er bringt נֵבֶל („Harfe", aber auch „Krug") mit נְבֵלָה („Leiche") in Verbindung, denn der „Leichnam" sei das Gefäß, ein „seelenloser Körper" (21). Eine Erörterung des Verhältnisses zwischen Seele und Körper von der Antike bis zum deutschen Sprachgebrauch („Bekanntlich ist das deutsche Leichnam aus lîh-hamo ‚das Hemd des Ich' entstellt" [22]) soll dann die Hypothese untermauern, dass der „Körper" das Instrument sei, das die Seele nutze. Auch Euseb verweise bereits auf die Analogie zwischen einem Musiker und seinem Instrument, um das Verhältnis von Logos und Mensch zu beschreiben (23). Zur Kritik Nowack, Rez. Greßmann, *Musik*, 532.

145 Vgl. Galling, „Nachwort".

146 Greßmann, *Musik*, 1.

umfassendes Gesamtbild der biblischen Musikkultur stark begrenzt sei, müsse es als methodisch gerechtfertigt, ja unausweichlich gelten, auf religionsgeschichtliche Parallelen zurückzugreifen, um biblische Texte zu erläutern und vor allem deren Genese zu verstehen.[147] Zugleich ist sich Greßmann der Vorläufigkeit seiner Hypothesen deutlich bewusst,[148] im Gegensatz zu anderen Forschern, die mit dem biblischen Text die letztgültige Interpretationshoheit der Musikkultur verbinden.[149] Vorzuwerfen ist Greßmann allerdings eine unzureichende Differenzierung zwischen zeitgenössischem Material und späteren Quellen, die bei ihm bis in die Gegenwart des 19. Jahrhunderts reichen. Hinzu kommt eine undeutliche Abgrenzung zwischen Hypothesen, die aus bloßen Analogien gewonnen werden, und Ergebnissen, die auf echten Abhängigkeiten beruhen, beispielsweise durch einen direkten kulturellen Austausch. Seine Schlussfolgerung ist schließlich geprägt von einer romantisch geprägten Sichtweise:

> Die Laienmusik hat von vornherein und durch die Jahrhunderte hindurch [...] stets denselben Sinn gehabt: in Freud und Leid das Leben der Menschen zu verschönen, und da die Religion denselben Zweck verfolgt, so ist ein Gottesdienst ohne Musik undenkbar [...]. Daneben wird die Musik schon früh an als Heilszauber gegen den Wahnsinn benutzt und nähert sich damit der künstlerischen Entwicklungsstufe. Denn wie Prophetie und Dichtung wird sie als Kunst aus einer enthusiastischen Erregung des Gefühls geboren und ist darum zugleich ein wertvolles Mittel, diese Ekstase hervorzurufen.[150]

Hier liegt die Stärke und zugleich die Schwäche des Greßmann'schen Ansatzes: Seine Interpretation ermöglicht eine Einordnung der Musik in das kulturelle Volksleben und zugleich ein besseres Verständnis desselben. Andererseits besteht jedoch die Gefahr, sich mit der Erklärung in spekulativen Auswüchsen zu verstricken und damit die Texte in einen Bedeutungskomplex zu pressen, der bei veränderter Ausgangslage in sich zusammenfällt. Herauszuheben ist, dass es Greßmann ausdrücklich nicht darum geht, letztgültige Wahrheiten aufzustellen, wie seine zahlreichen Hinweise auf den hypothetischen Charakter seiner Untersuchungen deutlich machen. Vielmehr legt er einen Versuch zur Rekonstruktion vorliterarischer Ideenkomplexe und deren Bedeutung innerhalb des Volkslebens vor. Diese Seite seiner Forschungstätigkeit wird Greßmann in der Folgezeit intensivieren und ausbauen.

---

147 Greßmann, *Musik*, 1: „Wir dürfen dies unbedenklich tun, ohne fürchten zu müssen, daß wir die Originalität des jüdischen Volkes beeinträchtigen."
148 Greßmann, *Musik*, 20.
149 So etwa Wellhausen, „Music".
150 Greßmann, *Musik*, 20.

1.4 Zusammenfassung

Greßmann kommt bereits während seiner Studienzeit mit der Religionsge-schichtlichen Schule in Kontakt und ist fortan fasziniert von den Möglichkeiten der dort vertretenen Methodik, auch wenn diese noch unausgereift und in vielen Bereichen in den Anfängen begriffen ist. Doch Bousset und Gunkel haben zu diesem Zeitpunkt bereits beachtliche Forschungsarbeiten vorgelegt und Greß-mann macht sich daran, seine eigenen wissenschaftlichen Qualifikationsarbeiten unter das Vorzeichen der religionsgeschichtlichen Forschung zu stellen. Das ist durchaus ein Wagnis, muss er doch immer damit rechnen, von den zahlreichen Gegnern und Skeptikern angegriffen zu werden. Durch den engen Kontakt mit der ersten Generation der Religionsgeschichtlichen Schule kennt Greßmann das Schicksal dieser Gelehrten, die oftmals vergeblich auf einen Lehrstuhl hofften.[151] Doch der streitbare Greßmann lässt sich von dem anfänglichen Gegenwind nicht beeindrucken, sondern nutzt, wo es ihm möglich ist, auch in seinen eigenen Untersuchungen einen religionsgeschichtlichen Ansatz.

So weisen bereits seine ersten Arbeiten einen signifikanten Unterschied zu den Untersuchungen der rein literarkritisch verfahrenden Forscher auf. Bei der Studie über die *Musik und Musikinstrumente im Alten Israel* wird dies dort er-kennbar, wo Greßmann nicht nur nach literarischen Abhängigkeiten und Wort-stämmen fragt, sondern auch den dahinterliegenden Bedeutungen nachspürt. Greßmanns Vorgehen ist an vielen Stellen assoziativ und seine Hypothesen wei-sen durchaus einen spekulativen Anteil auf. Seine Ergebnisse untermauern viel-fach die bereits geläufigen Thesen der Literarkritik, wie die Studie über Tritojesaja zeigt. Bei seiner Arbeit setzt sich Greßmann intensiv mit der Intention des Autors der untersuchten Texte auseinander, ein Vorgehen, das er von Gunkel übernom-men hat und das bereits bei Johann Gottfried Herder begegnet. Das „Gefühlsleben des Autors" ist für ihn ein Indikator, an dem sich Entscheidungen über die Textentstehung befestigen lassen. Seine Methode ist in den frühen Arbeiten bei weitem noch nicht ausgereift, aber schon jetzt bedient er sich zusätzlich we-sentlicher Erkenntnisse aus der Völkerpsychologie, um auf diesem Weg die gro-ßen Verbindungslinien zwischen den Völkern des Vorderen Orients aufzeigen zu können.

Greßmann ist von einem einheitlichen Programm noch weit entfernt. Aber er entwickelt in Anlehnung an religionsgeschichtliche Überlegungen bereits gewisse Eigenarten, wie etwa die Konzentration auf die Gedankenwelt der Magie oder den Blick auf das Volksleben. Auch zeigt er sich aufgeschlossen gegenüber Anre-

---

151 Siehe dazu unten 5.2.

gungen aus den Nachbarwissenschaften, wo sie ihm über die Grenzen literatur-
wissenschaftlicher Überlegungen hinweghelfen.[152]

---

152 Greßmann rezipiert beispielsweise schon früh die volkskundlichen Untersuchungen aus
dem englischsprachigen Raum und weist seine Lehrer auf die Entdeckungen hin, vgl. seinen Brief
an Bousset vom 7.12.1902, SUB Göttingen, Cod. Ms. W. Bousset 49, Br. 10/2, mit dem Verweis auf
James George Frazer (1854–1941) und Andrew Lang (1844–1912).

2 Arbeiten zur Religionsgeschichte Israels

2.1 Das erste Hauptwerk: *Der Ursprung der israelitisch-jüdischen Eschatologie* (1905)

Nach Abschluss der wissenschaftlichen Qualifikationsarbeiten bleibt Greßmann als Privatdozent an der Universität Kiel. Er beschäftigt sich mit messianischen Weissagungen und der Menschensohnthematik, deren Motive er zunächst für den Vorlesungsgebrauch aufarbeitet, um dann aber zunehmend über eine Publikation nachzudenken.[1] Schließlich trifft Greßmann die Entscheidung, eine umfangreichere Studie zu eschatologischen Vorstellungen anzufertigen. Grundsätzlich ist das so entstehende Buch als Anschluss an das erste Hauptwerk *Schöpfung und Chaos* (1895) seines Lehrers und Freundes Hermann Gunkel zu sehen.[2] Greßmann nimmt die These Gunkels von einer vorprophetischen Eschatologie auf und will diese Ansicht gegen Wellhausen verteidigen.[3] Leitend bleibt für ihn dabei die religionsgeschichtliche Fragestellung, auch wenn sein Vorgehen deutliche Kritik hervorruft.

Im Vorwort dankt Greßmann seinen Lehrern Friedrich Giesebrecht, Rudolf Smend und Julius Wellhausen, allerdings mit der Einschränkung, er habe ihrer in der Untersuchung „mehr ablehnend als zustimmend gedacht".[4] Gewidmet ist das Buch Wilhelm Bousset und dem damals in Kiel lehrenden Albert Eichhorn (1856–1926).[5] Auch vergisst Greßmann nicht, ausdrücklich Gunkel zu erwähnen, von dem er sich einerseits abhängig weiß, dem gegenüber er andererseits aber auch

---

1 Greßmann an Bousset, 3.7.1903, SUB Göttingen, Cod. Ms. W. Bousset 49, Br. 11. Greßmann berichtet Bousset von seinen Vorüberlegungen und dem Wunsch, Teile der Ausarbeitungen zu den messianischen Vorstellungen zu veröffentlichen.
2 Vgl. dazu Klatt, *Gunkel*, 60 Anm. 33.
3 Schmidt, „Greßmann", 159.
4 Greßmann, *Ursprung*, Vorwort.
5 Vgl. Greßmann, *Eichhorn*, 22: „Er [scil. Eichhorn] hatte die wunderbare Fähigkeit, die ich bisher nie wieder bei einem Menschen gefunden habe, auch weitausgreifende Konzeptionen im Moment, wo man sie aussprach, zu erfassen, ihren schwachen Punkt zu erkennen und unbarmherzig jedes Kartenhaus so lange zu zerstören, bis der Wiederaufbau ausgeschlossen war." Wie die Zusammenarbeit mit Eichhorn ausgesehen hat, erkennt man in der Studie über die Eschatologie an zahlreichen Fußnoten, vgl. etwa Greßmann, *Ursprung*, 24 Anm. 1: Greßmann schildert, wie Eichhorn ihm am Beispiel von Joh 7,38 verdeutlicht habe, dass sich aus verschiedenen umlaufenden Ideen *eine* feste Vorstellung ausgebildet hat, der man deutlich die „Inkonzinnität" (23) anmerken kann. Der „religionsgeschichtlich wichtige Vorgang" (24 Anm. 1) liegt nach Greßmann auch bei Am 1,2 zugrunde und sei ein Zeichen für eine geprägte Formel, deren eigentlicher Sinn verlorengegangen ist.

https://doi.org/10.1515/9783110669657-004

eine gewisse Selbstständigkeit beansprucht.[6] Obwohl Greßmann also versucht, sich aus dem Schatten Gunkels zu lösen, wird gleichzeitig das enge Geflecht erkennbar, in dem die Forscher der Religionsgeschichtlichen Schule arbeiten und welches es schwierig macht, sich voneinander abzugrenzen, um den eigenen Forschungsertrag zu definieren. Schließlich rechtfertigt sich Greßmann: „Denn das, was ich wirklich und völlig mein Eigen nenne, ist nicht das Einzelne, sondern das Ganze."[7]

2.1.1 Die Eschatologie in der alttestamentlichen Forschung

Den Ausgangspunkt von Greßmanns Untersuchung bildet eine Auseinandersetzung zwischen Gunkel und Wellhausen über die religionsgeschichtliche Herleitung apokalyptischer Vorstellungen und das damit verbundene methodische Vorgehen.[8] Schon in seinem bereits erwähnten Werk zu *Schöpfung und Chaos in Urzeit und Endzeit* hat Gunkel durch den Vergleich von Gen 1 und Offb 12 eine Verknüpfung der Endzeit mit der Schöpfungs- und Chaosmythologie hergestellt.[9] Im Herbst 1901 hält Gunkel zunächst bei verschiedenen Anlässen Vorträge über seine religionsgeschichtliche Forschung, in denen er über fremde Einflüsse referiert, die auf das Christentum gewirkt haben. Diese Vorträge fügt er zwei Jahre später zu einem Aufsatzband *Zum religionsgeschichtlichen Verständnis des Neuen Testaments* (1903) zusammen, welcher als erster Band in der von ihm und Bousset gegründeten Reihe der „Forschungen zur Religion und Literatur des Alten und Neuen Testaments" (FRLANT) erscheint. Im Abschnitt über das „Verhältnis des Judentums zu den orientalischen Religionen"[10] erklärt Gunkel:

> Die Eschatologie der Propheten und Psalmisten ist, so wie sie vorliegt, sehr stark israelitisch gefärbt: sie handelt von Israel und Jahve; aber sie verwendet sehr vielfach Bilder und Vorstellungen, die vom Weltuntergange und vom Werden einer neuen Welt handeln, Bilder, die

---

6 Greßmann, *Ursprung*, Vorwort: „[...] Herrn Professor Gunkel, dem gegenüber ich bei aller Abhängigkeit im Einzelnen doch im Großen und Ganzen den Anspruch auf Originalität erhebe".
7 Greßmann, *Ursprung*, Vorwort.
8 Vgl. dazu Rollmann, „Briefe", 276 f.
9 Gunkel, *Schöpfung*, 367: „Solche Übertragung des Urmythus in die letzte Zeit mag den Modernen sonderbar erscheinen; dem Judentum und dem ältesten Christentum ist eine derartige Identificierung der ersten und der letzten Dinge nichts Fremdes." Vgl. auch die Darstellung bei Hjelde, *Eschaton*, 234.
10 Gunkel, *Verständnis*, 21–35.

ihrer Art nach mythologisch sind und zum großen Teil nicht auf israelitischem Boden gewachsen sein können.[11]

Damit stellt sich Gunkel gegen die von Wellhausen formulierte und in der damaligen Forschung weithin anerkannte These, dass in Ez 38 der erste Hinweis auf eine israelitische Eschatologie vorliege, die eine literarische Erscheinung sei und aus unerfüllten Weissagungen resultiere.[12] Allerdings hat auch Wellhausen in seiner Abhandlung über die *Israelitische und jüdische Geschichte* (³1897) für die jüdische Eschatologie bereits „allerhand mythologische Vorstellungen" festgestellt, „die ebenfalls vorkommen und vorzugsweise dem großen babylonischen Magazin entnommen zu sein scheinen", mit der Einschränkung, sie seien „untergeordnet" und „haben den Wert versinnlichender Ornamente."[13]

Der Auffassung Wellhausens folgen mit unterschiedlicher Prägung seine Schüler Smend, Bernhard Stade, Paul Volz (1871–1941) und Wilhelm Nowack (1950–1928), die alle im Wesentlichen daran festhalten, die Eschatologie habe ihre eigentliche Grundlegung durch die Propheten Israels erfahren.[14] Dabei ist im besonderen Maße auffällig, dass die Anfänge der Eschatologie psychologisch

---

11 Gunkel, *Verständnis*, 21.

12 Wellhausen, *Propheten*, 152. Er sieht bei „Ezechiel, in dem ersten und klassischen Beispiel der Metamorphose von Prophetie in Eschatologie" im Kapitel 38 über Gog und Magog, den Hinweis auf Weissagungen, die sich „am Ende der Zeiten" erfüllen werden. „Der literarische Ursprung der Eschatologie ist hier mit Händen zu greifen" (152 Anm. 1). Vgl. auch ders., *Israelitische und jüdische Geschichte* (7. Aufl.), 195f.: „Die jüdische Eschatologie, die nicht erst mit Daniel, sondern schon im Exil mit Ezechiel einsetzt, ist immer messianisch und immer utopisch; ihr Gott ist der Gott der Wünsche und Illusion. Sie malt sich auf dem Papier ein Ideal, zu dem von der Wirklichkeit keine Brücke hinüberführt, welches plötzlich durch das Eingreifen eines deus ex machina in die Welt gesetzt werden soll. Sie empfindet nicht, wie die alte echte Prophetie, das schon im Werden Begriffene voraus und stellt auch keine Ziele für das menschliche Handeln auf, die schon in der Gegenwart Geltung haben oder haben sollten. Sie schaut nicht das lebendige Tun der Gottheit, sondern hält sich an den heiligen Buchstaben, in dem sie die Verbriefung ihrer Wünsche sieht, und behandelt ihn als Quelle für ihre dogmatische Spekulation. Die alten Weissagungen waren mit der Erlösung aus dem Exil nur scheinbar erfüllt und bedurften erst noch der wahren Erfüllung."

13 Wellhausen, *Israelitische und jüdische Geschichte* (3. Aufl.), 205. In der ersten Auflage 1894 hatte Wellhausen noch bemerkt: „Ihr Material schöpfte die Eschatologie – abgesehen von dem aktuellen Einschlag, den die Gegenwart lieferte – aus der alten Geschichte, der besonders einzelne markante Züge entlehnt wurden, und aus der Prophetie" (165).

14 Vgl. dazu auch die Zusammenstellung bei Sellin, *Prophetismus*, 107–112.

erklärt werden, nämlich mit der Erwartung des bevorstehenden Untergangs durch die Bedrohung äußerer Feinde.[15]

Volz formuliert in seiner Studie zur *Jüdischen Eschatologie von Daniel bis Akiba* (1903) eine Definition der Eschatologie, in der er dem universalen Gedanken im Gegensatz zu einem individuellen Eschatologiebegriff den Vorzug gibt.[16] Dabei muss auch er eingestehen, dass es „für den Eschatologiker charakteristisch zu sein [scheint], dass er möglichst alles, was er an eschatologischen Stoffen kennt, von überall her für seine Darstellung zusammenholt; seine Originalität bemisst sich dann danach, wie er den gegebenen Stoff gruppiert, wie er sie als Antwort auf seine eigenen Fragen verwertet".[17]

Schließlich ist es der Orientalist Hugo Winckler (1863 – 1913), der in seiner Untersuchung über das *Himmels- und Weltenbild der Babylonier* (1901) einige Grundlagen für die religionsgeschichtliche Betrachtung formuliert. Insbesondere seine Auffassung einer in Babylon beheimateten Vorstellung einer Weltkatastrophe, die im Zusammenhang mit der Gestirnbeobachtung und Äonenberechnung steht, bildet eine Grundlage für Greßmanns Aufteilung in Heils- und Unheilseschatologie.[18] Gleichzeitig ordnet Winckler die apokalyptische Literatur in eine geschichtsphilosophisch charakterisierte Tradition ein, die sich aus der mesopotamischen Vorstellung der „aus den Sternen zu entnehmenden Weltenschicksale" ableiten lasse und die Vorstellungswelt bis zum Islam geprägt habe.[19]

Hin und wieder wird in der vorausgehenden Forschung also bereits darüber spekuliert, dass in der jüdischen Eschatologie älteres Material in irgendeiner Form vorhanden ist. Aber erst Gunkels Ansatz markiert einen Durchbruch, indem er im Kontext der Religionsgeschichtlichen Schule für die Frage nach der Eschatologie

---

15 Vgl. Sellin, *Prophetismus*, 108: „Ich bringe die Meinung auf die denkbar kürzeste Formel: die vor-exilische Eschatologie ist psychologisch zu erklären, die nach-ezechielische literarisch."
16 Volz, *Eschatologie*, 1: „Unter Eschatologie ist im folgenden verstanden die Lehre von den letzten Dingen, sofern sie als einheitliche Akte oder Zustände die Gemeinschaft betreffen, Volk oder Welt. Eschatologie des Individuums ist ein Widerspruch in sich."
17 Volz, *Eschatologie*, 1.
18 Winckler, *Himmels- und Weltenbild*, 36.
19 Winckler, *Himmels- und Weltenbild*, 49: „Die apokalyptische Litteratur ist ein besonders entwickelter Zweig einer solchen Geschichtsphilosophie. Sie ist der unmittelbare Nachkomme der altorientalischen Weltspekulationen, und sucht danach die zu erwartende Entwicklung der Dinge im gleichen Geiste zu bestimmen, wie die aus gleicher Quelle geflossene Astrologie. Gerade die apokalyptische Litteratur liefert darum reiche Beiträge für die Aufhellung altorientalischer Kosmologie und Mythologie und beweist in ihren Angaben, daß eine ununterbrochene Überlieferung vom ältesten bis in den islamischen Orient hineinläuft, welche sich über die Bedeutung der Sagen und Legenden völlig im klaren gewesen ist."

dezidiert die außerisraelitische Ideenwelt in den Blick nimmt.[20] Greßmanns Verdienst ist es, den von Gunkel vorgezeichneten Spuren nachzugehen und sie in einer systematischen Darstellung auszubauen.

2.1.2 Neue Wege der Religionsgeschichte

In seiner ersten ausführlichen Monographie demonstriert Greßmann die Leistungsfähigkeit seiner religionsgeschichtlichen Arbeitsweise innerhalb der Religionsgeschichtlichen Schule. Zunächst gibt er einen Abriss der Probleme aus der bisherigen Forschungsgeschichte, um anschließend nach einem geeigneten Instrument für deren Bearbeitung zu fragen. Nach Greßmanns Auffassung hat angesichts der bestehenden Forschungslage allein die historisch-kritische Methode eine berechtige Aussicht, das Thema der Eschatologie angemessen zu behandeln. Jedoch müsse im Einzelfall immer überprüft werden, ob nicht andere methodische Ansätze ergänzend hinzutreten könnten. Ganz selbstverständlich geht er von der Prämisse aus, dass der prophetischen Eschatologie in Israel eine Vorstufe vorausgegangen sei, die sich rekonstruieren ließe. Schwierigkeiten bereitet ihm das Fehlen einer direkten Überlieferungskette, weshalb er eingestehen muss: „Der Boden, auf dem wir uns bewegen, ist recht unsicher."[21]

Auch wenn eine Rekonstruktion also einige Probleme mit sich bringt, sei sie nicht unmöglich, insbesondere wenn (1) aus den Äußerungen der Propheten indirekt Rückschlüsse auf eschatologische Motive aus der Umwelt gezogen werden könnten, (2) Fremdkörper innerhalb der prophetischen Rede auftauchten, die sich nicht ohne weiteres in die sonstige Botschaft einfügten, und (3) geprägte Formeln vorlägen, denen „ein lebendiges Dasein" vorangegangen sein müsse.[22] In ausdrücklicher Anlehnung an Gunkel begibt sich Greßmann auf die Suche nach „Ideen",[23] die bereits vor der Verschriftlichung der israelitischen Prophetie existiert haben und auf die spätere Autoren offenkundig Bezug nehmen. Wieder räumt er ein, dass diese Versuche „ein gefährlicher Weg" seien, „aber bei vorsichtigem Forschen wird es mitunter möglich sein, Rückschlüsse aus späterer Überlieferung

---

20 Vgl. neben Gunkel, *Verständnis*, auch schon ders., *Schöpfung*, 170: „Der Schöpfungsmythus ist – wie es scheint – auch in einer eschatologischen Wendung nach Israel gekommen und hat den Propheten und Prophetenschülern ein Bild des kommenden Gerichts geboten. Wir haben aus spätester Zeit leise Spuren, dass er auch für den Inhalt der Endhoffnung wichtig zu werden anfieng [*sic*]."
21 Greßmann, *Ursprung*, 3.
22 Greßmann, *Ursprung*, 4.
23 Greßmann, *Ursprung*, 4.

auf frühere Traditionen zu machen."[24] Bei aller Hypothesenfreudigkeit sind Greßmann die Grenzen seiner Vorgehensweise bewusst. Bei erfolgloser Suche und zu großer Unsicherheit „tut man natürlich besser," wie er sagt, „eine Lücke unseres Wissens zu bekennen".[25]

Nach diesen Einschränkungen geht Greßmann auf seine religionsgeschichtliche Methodik ein und definiert sie als „Erforschung des Einflusses der einen Religion auf die andere und des geschichtlichen Zusammenhanges verschiedener Religionen."[26] Im Zentrum seines Forschungsinteresses steht dabei freilich die Eigentümlichkeit Israels. Der Blick auf andere Religionen und Glaubensvorstellungen diene vor allem dem besseren Verständnis der Religion Israels, wobei Greßmann gleichzeitig einen gewissen Vorbehalt im Blick auf die Verwendung des Begriffs der „Religionsgeschichte" äußert.[27]

Wichtig ist Greßmann die Abgrenzung seiner Arbeitsweise von der Religionspsychologie,[28] wie sie besonders in Eugen Hühns (1863–1934) Studie über *Die messianischen Weissagungen des israelitisch-jüdischen Volkes* (1899) zum Tragen kommt. Greßmann betrachtet Hühns Verfahren als voreingenommen und kritisiert den unangemessenen und ungeprüften Gebrauch psychologischer Erklärungen,[29] auch wenn er die Ergebnisse im Blick auf die israelitische Eschatologie nicht gänzlich verwerfen will. Er bemängelt, dass Hühn lediglich eine chronologische Abfolge der einzelnen Quellen mit ihren eschatologischen Aussagen auflistet. Es fehle, so Greßmann, ein „Gesamtgemälde",[30] welches er selbst zu zeichnen beabsichtigt. Anders als Hühn entschließt er sich also gegen eine chronologische Anordnung und für eine sachliche Zusammenstellung des Materials. Die Gefahr, dabei „über dem Typischen und Regelmäßigen das vielleicht vorhandene Individuelle und Einzigartige zu übersehen", hat Greßmann durchaus im Blick.[31]

---

24 Greßmann, *Ursprung*, 4.
25 Greßmann, *Ursprung*, 4.
26 Greßmann, *Ursprung*, 5.
27 Greßmann, *Ursprung*, 5: „Wenn man diese Art der Forschung religionsgeschichtliche Methode nennen will, so mag man das tun, obwohl diese Benennung eine einseitige und unnötige Verengung des viel weiteren Begriffs ‚Religionsgeschichte' voraussetzt."
28 Vgl. Lehmkühler, *Kultus*, 48–52.
29 Greßmann, *Ursprung*, 5. Die Religionspsychologie habe „sich selbst genügend diskreditiert, da sie voreilig oft an unrechtem Orte angewandt wird bei Dingen, die psychologisch weder verstanden werden können noch dürfen, und da sie durchaus nicht immer leistet, was sie verspricht."
30 Greßmann, *Ursprung*, 7.
31 Greßmann, *Ursprung*, 7.

Zuletzt wendet sich Greßmann gegen eine „allegorische Interpretation",[32] die in der Geschichte der Bibelinterpretation ihre Berechtigung gehabt habe, mit Aufkommen der philologisch-historischen Methode jedoch überholt sei.[33] Wellhausen und Duhm wirft er vor, immer noch in Teilen an dieser Auslegungsmethode festzuhalten. Zur jesuanischen Auslegung der alttestamentlichen Eschatologie hält er in diesem Zusammenhang fest: „Denn er [scil. Jesus] teilte die exegetische Methode der Rabbinen und das allegorische Verständnis seiner Zeitgenossen, und darum ist es für uns oft unmöglich, seiner Auslegung alttestamentlicher Zitate zu folgen."[34] Die Auslegung Jesu sei allein für die Interpretation neutestamentlicher Aussagen und deren Deutung im Hinblick auf die Messianität Jesu von Interesse.

Insgesamt hat Greßmann mit der Einleitung zu seiner Studie seinen „radikal historischen Ansatz" deutlich gemacht.[35] Dabei ist festzuhalten, dass er sich selbst vollkommen auf dem Boden der historisch-kritischen Methode verortet.[36] Die Religionsgeschichte ist nach Greßmanns Verständnis kein Ersatz für die Literarkritik, sondern deren Ergänzung, um die Entstehung bestimmter Motive hinter ihre Verschriftlichung zurückzuverfolgen und eine entsprechende Entwicklungsreihe aufzustellen.[37] Er nennt seine Arbeit vor diesem Hintergrund auch „archäologisch"[38] und sieht sie ganz in der Reihe mit Untersuchungen von Forschern wie W. Robertson Smith (1846–1894)[39] und Wellhausen,[40] beansprucht allerdings, in der Systematik weit über deren Beiträge hinauszugehen. Ungeachtet dieser Selbsteinschätzung bedauert Greßmann im Rückblick, für das zweite Kapitel zur Heilseschatologie nicht stärker die literarkritischen Probleme untersucht zu haben, um damit auch den Einwänden seiner Gegner gerecht zu werden, die,

---

32 Greßmann, *Ursprung*, 6.

33 Greßmann, *Ursprung*, 6: „In der modernen Wissenschaft hat, wie nicht weiter hervorgehoben und dargetan zu werden braucht, die allegorische Auslegung keine Stätte".

34 Greßmann, *Ursprung*, 6: „Unsere Interpretation des Alten Testaments aber darf ohne Rücksicht auf die seine [scil. die Jesu] gegeben werden, da unsere Methode prinzipiell von der seinen abweicht."

35 Vgl. das Urteil über die Religionsgeschichtliche Schule insgesamt bei Lüdemann, „Einleitung", 7.

36 Etwas vorsichtiger ist dagegen Gunkel, insbesondere was den Gebrauch des Begriffs „Methode" angeht: „An eine allein selig machende Methode glaube ich nicht, wie ich denn dies Wort in den letzten 10 Jahren nur noch im dringendsten Notfall gebraucht habe" (Gunkel an Jülicher, 3.4.1906, abgedruckt bei Rollmann, „Briefe", 280).

37 Greßmann, *Ursprung*, 2. „Von dem Irrtum, als ob Ideen stets erst dann entstanden seien, wenn sie zum ersten Mal in der Literatur auftauchen, muß man sich frei zu machen suchen" (4).

38 Greßmann, *Ursprung*, 2: „Wenn man will, mag man diese Studien archäologisch nennen."

39 Smith, *Religion der Semiten*.

40 Wellhausen, *Reste arabischen Heidenthums*.

wie er meint, seine „jetzige Beweisführung nicht verstehen."[41] Vorsorglich kündigt er an, diese literarkritische Betrachtung bald nachzuholen.[42]

2.1.3 Aufbau und Struktur der Studie

Wie bereits erwähnt, entwickelt Greßmann seine Studie nicht chronologisch, sondern aufgrund einer sachlichen Systematik. Damit will er den „gefährlichen Irrweg" vermeiden, „das Einzelne nur in der Vereinzelung zu betrachten".[43] Er entschließt sich zu einer Aufteilung seines Materials in „Unheilseschatologie" und „Heilseschatologie".[44] In der posthum erschienenen Fortsetzung seiner Untersuchung ist diese Aufteilung aufgegeben.[45] Zunächst ist sie aber für das Verständnis seiner Arbeit bedeutsam, und in der Erwiderung auf eine Rezension von Giesebrecht legt er ausführlich die Beweggründe dar und kommt dabei auf eine Differenzierung innerhalb der „Unheilseschatologie" zu sprechen:

> Als ich meine Untersuchung begann, glaubte ich, was alle glaubten, daß die Propheten seit Amos die Vernichtung Israels durch die Assyrer erwarteten und ankündigten. Mochten sie auch die Assyrer, was mir damals begreiflich schien, nicht mit Namen nennen, so mußte man doch jedenfalls voraussetzen, daß sie eine *politische* Katastrophe schildern. Geht man daraufhin ihre Zukunftsdrohungen durch, so kann man die merkwürdige Beobachtung machen, daß zwar an einigen Stellen eine derartige Schilderung tatsächlich vorhanden ist, daß aber an anderen und sogar an den meisten Stellen (in allen vorexilischen Prophetenschriften, schon von Amos an) statt der politischen oder mit der politischen Katastrophe verquickt eine *naturhafte* beschrieben wird.[46]

---

41 Greßmann, „Erwiderung", 317: „Ich bedaure heute, daß ich mich nicht schon damals tiefer in das literarkritische Problem eingelassen und an einigen Prophezeiungen nach der rein ‚literarhistorischen Methode' gezeigt habe, daß sie notwendig vorexilisch sein müssen und daß ihr angeblich nachexilischer Ursprung nur auf einem ‚Dogma' beruht."

42 Sein zweites großes Werk zur Eschatologie, das als eine Fortsetzung von *Ursprung der israelitisch-jüdischen Eschatologie* verstanden werden kann, erscheint erst posthum und unvollständig im Jahr 1929 (Greßmann, *Messias*). Siehe dazu unten 2.2.

43 Greßmann, *Ursprung*, 7.

44 Vgl. die Kritik bei Volz, Rez. Greßmann, *Ursprung*, 673: „Vielleicht wäre es besser gewesen, auch diese Teilung zu unterlassen, namentlich bei einer Untersuchung, die rein dem Ursprung der eschatolog[ischen] Ideen gewidmet ist; andererseits wäre es wünschenswert, daß nach der Untersuchung der einzelnen Begriffe und Ideen doch noch eine prinzipielle, zusammenhängende Erklärung [...] gegeben würde; man muß bei G[reßmann] die diesbezüglichen gelegentlichen Äußerungen zusammensuchen [...]."

45 Vgl. Greßmann, *Messias*, 472.

46 Greßmann, „Erwiderung", 310 (Hervorhebungen im Original).

Im Folgenden erörtert er, wie er diese „naturhafte" Schilderung als „Fremdkörper"[47] in der „Unheilseschatologie" der Propheten isoliert und einer mündlichen Tradition zugeordnet hat. Vor allem habe er die „naturhaften" Schilderungen „nicht nur registrieren, sondern auch verstehen" wollen.[48] Aus diesem Grund sei es nötig gewesen, sie in einer größeren Untersuchung im Kontext der „Erscheinungen Jahves im Erdbeben, im Sturm, im Vulkan, am Sinai, im Gewitter"[49] einzuordnen.

Der „Heilseschatologie" widmet sich Greßmann im zweiten Teil seiner Studie und kommt dabei zum gleichen Schluss wie im ersten Teil, dass sich die Propheten auch in dieser Form der Zukunftsverheißung auf alte, vorliterarische Traditionen stützen.

Greßmann geht in seiner Untersuchung von einer Definition der Eschatologie als „Ideenkomplex" aus, „der mit dem Weltende und der Welterneuerung zusammenhängt".[50] Sein Verständnis ist grundsätzlich vom Inhalt der dargestellten Ideen aus zu denken und nicht auf eine formale Begriffsdefinition festgelegt.[51] Greßmann setzt bei der Erwähnung des „Tages JHWHs" in Am 5,18ff. an und vermutet, dass diese Phrase bereits als feste Redewendung vorgelegen hat, da sie offensichtlich auf ein bekanntes Phänomen anspielt, das keiner weiteren Erläuterung bedarf.[52] Das nötigt ihn, die Gotteserscheinungen im gesamten Alten Testament zu untersuchen, die sich nach seiner Auffassung in zwei Typen unterteilen lassen, nämlich in solche, die JHWHs Wirken mit Unheil verbinden, und solche, die ihn als Heilsbringer hervortreten lassen. Zudem wirkt JHWH mit diesen Erscheinungen einerseits in der Geschichte, andererseits in der Natur. Schließlich ist die Theophanie entweder mit einer bestimmten Menschengruppe oder aber mit der ganzen Welt verbunden. Die Belege bei den älteren Propheten führen Greßmann zu dem Schluss, dass „die Idee von Jahve als dem universalen Weltengott nicht am Anfang der israelitischen Religionsgeschichte gestanden haben kann, da sonst jene spezifische Auswahl der dem Jahve beigelegten Naturwunder unbegreiflich wäre."[53] Den individuellen Aspekt lässt Greßmann unberücksichtigt, er

---

47 Greßmann, „Erwiderung", 311.
48 Greßmann, „Erwiderung", 311.
49 Greßmann, „Erwiderung", 311; vgl. ders., *Ursprung*, §§3–17.
50 Greßmann, *Ursprung*, 1.
51 Vgl. Müller, *Ursprünge*, 2. Anders verfahren etwa von Rad, *Theologie*, Bd. 2, 125.127ff., mit seiner terminologischen Definition, oder Vriezen, „Prophetie", 122f., mit seiner Unterscheidung in vier Perioden.
52 Greßmann, *Ursprung*, 8: „Aus dem Buche des Amos erfahren wir bei oberflächlicher Betrachtung nichts Näheres darüber."
53 Greßmann, *Ursprung*, 9.

widmet sich in seiner Untersuchung stattdessen ausschließlich der universalen Seite der Eschatologie.[54]

Für die Schilderungen vom Auftreten JHWHs postuliert er einen Rahmen von „allgemein gültigen Gottesvorstellungen",[55] aus denen die Propheten bei der Wahl ihrer Bilder geschöpft hätten.[56] Einschränkend muss Greßmann jedoch feststellen, dass die Herkunft der verwendeten Bilder häufig bereits den Verfassern der Texte selbst nicht mehr bekannt gewesen sei. Vielmehr lasse ihr Gebrauch eine gewisse „Routine"[57] erkennen, oftmals seien auch mehrere Bilder unterschiedlicher Herkunft zusammengesetzt.

Bei seiner Untersuchung der Schilderungen von Offenbarungen JHWHs im Erdbeben, im Sturm, im Vulkan, am Sinai, im Feuer und im Gewitter geht Greßmann von einzelnen Bibelstellen aus, um von dort auf das zugrundeliegende Naturphänomen zu schließen. Er will die hinter der konkreten Darstellung liegende „mythische Vorstellung" sichtbar machen, die „ihrer Natur nach älter ist als die Propheten, ja als alle geschichtliche Überlieferung".[58] Im Zusammenhang der Vorstellung vom „Tag JHWHs" führt Greßmann vor, dass sich die Nichterwähnung der Feinde in Am 1–2, die schon Wellhausen aufgefallen war,[59] nur durch die Annahme erklären lasse, „daß die ältesten Propheten dies Helldunkel liebten, weil sie populäre Ideen natur-mythologischer Art verwandten und ihre nahe Erfüllung voraussagten."[60] Nach Greßmanns Auffassung haben die Pro-

---

54 Greßmann, *Ursprung*, 1: „Neuerdings wird das Wort Eschatologie meist in prägnantem Sinne verwandt und auf den Ideenkomplex beschränkt, der mit dem Weltende und der Welterneuerung zusammenhängt, und nur in dieser engeren Bedeutung soll es für uns in Betracht kommen. Es werden also die Vorstellungsreihen ausgeschlossen, die an den Tod und die Auferstehung, kurz an die Endschicksale des Einzelnen anknüpfen."

55 Greßmann, *Ursprung*, 9: „Selbst die frei schaffende Kunst des Dichters ist an dies Gesetz gebunden: er kann von der Gottheit allein die Dinge aussagen, die nach der Volksanschauung in ihrem Wesen begründet sind."

56 Greßmann, *Ursprung*, 10: „Diese Bilder aber sind entstanden auf Grund religiöser Ideen, die wir als populär bezeichnen dürfen. Wenn wir den religiösen Kern bloßlegen, den die dichterische Schale birgt, dann haben wir die letzten, allgemein gültigen, jedermann bindenden Voraussetzungen erkannt."

57 Greßmann, *Ursprung*, 11.

58 Greßmann, *Ursprung*, 15, dort am Beispiel von Jes 2,12–19 und der Vorstellung eines Gottessturms, den Greßmann mit einem Erdbeben in Verbindung bringt, vgl. auch Ez 38,19f.

59 Vgl. Wellhausen, *Propheten*, 75, der diesen Stil der prophetischen Rede auch im Koran feststellt. Dazu merkt Greßmann kritisch an: „Denn es kommt nicht bloß darauf an, diesen Stil zu konstatieren, sondern ihn auch zu erklären" (Greßmann, *Ursprung*, 18).

60 Greßmann, *Ursprung*, 18: „Indem Vorstellungen, die in früherer, vielleicht in prähistorischer, Zeit entstanden und ausgeprägt waren, auf die Gegenwart oder unmittelbar bevorstehende Zu-

pheten allerdings nicht nur auf mythische Vorstellungen zurückgegriffen, sondern auch auf „Märchen", für die in ähnlicher Weise gelte, dass sie „an sich nirgends autochthon" sind, sondern zur „Allerweltsliteratur" gehören.[61] Für die Geschichte von der „hochmütigen Zeder" in Ez 31 etwa, die in der „Tiefe" wurzelt, „kann man mit Sicherheit israelitische Herkunft leugnen, da weder die ‚Zeder' noch die ‚Tehom' palästinisch sind."[62]

Es zeigt sich im Fortgang der Untersuchung, dass die mythischen oder märchenhaften Elemente zwar recht leicht zu isolieren sind, ihre Herkunft aber weit schwieriger zu bestimmen ist. Hinter der Vorstellung von JHWHs Offenbarung im Sturm sieht Greßmann den Schirokko, der sich nur aus dem spezifischen Klima Palästinas erklären lasse, das er anhand von modernen Wetterdarstellungen beschreibt.[63] Wenn dagegen von JHWH in Verbindung mit vulkanischen Phänomenen gesprochen wird,[64] könne nur eine fremde Überlieferung vorliegen, da es in Palästina keine vulkanische Aktivität gegeben habe. Dieser Spur folgt Greßmann besonders bei der Untersuchung über den Sinai, wo die Theophanie nach seiner Ansicht „typisch vulkanische Züge trägt".[65] Die ausführlichen Überlegungen zur konkreten Verortung des Berges führen ihn zu dem Schluss, dass „[w]ir [...] auf Grund unserer Exegese einen Vulkan postulieren [müssen], an den die geschichtliche Erinnerung Israels angeknüpft haben muß; Sache der Geologen wird es sein, ihn nachzuweisen."[66]

---

kunft bezogen wurden, mußten die Weissagungen notwendig in ein gewisses Helldunkel gehüllt werden, wenn anders sie mutatis mutandis passen sollten."

61 Greßmann, *Ursprung*, 105. Bei Gunkel, *Märchen*, 15, findet sich einige Jahre später folgende Definition: „Wir nennen *Märchen die poetischen Erzählungen der Naturvölker* und sind der Meinung, daß wesentlich dieselbe Erzählungskunst weiterbesteht. Bezeichnend für die Märchen im Unterschied von den Mythen ist, daß die Gestalten der großen Götter darin noch nicht vorhanden sind". Vgl. ebd., 9: „Das ‚Märchen' gehört seiner Art nach mit dem Mythus, der Sage und der Legende zusammen; diese vier Gattungen sind im Altertum die Hauptteile des übergeordneten Begriffs der ‚poetischen Erzählung'."

62 Greßmann, *Ursprung*, 105.

63 Greßmann, *Ursprung*, 20, mit Bezug auf Guthe, *Bibelwörterbuch*. Allerdings sei es durchaus möglich, dass auch die Kanaaniter einen „Gott des ‚Glutwindes'" (27) verehrt hätten.

64 Zu diesem Komplex zählt Greßmann, *Ursprung*, 31f., alle Bibelstellen mit Bezug zu unterirdischem Feuer, Schmelzen der Felsen und Sich-Spalten der Berge. Auch die Erwähnung von Schwefel sei ein ausdrücklicher Hinweis auf vulkanische Aktivität, was Greßmann, ebenso wie entflammte Gase, mit naturwissenschaftlichen Erklärungen belegt (33).

65 Greßmann, *Ursprung*, 47.

66 Greßmann, *Ursprung*, 49.

Greßmanns Schlussfolgerungen wirken gelegentlich etwas ratlos oder enden hin und wieder in weitläufigen Spekulationen.[67] Dennoch ist seine Argumentation in vielen Fällen durchaus ansprechend. Mit erstaunlicher Sicherheit weist er auf Unstimmigkeiten und Brüche im Text hin, die jenseits literarkritischer Fragen liegen und die er auf vorausgehende Traditionen zurückführt. Letztlich geht es Greßmann um den Nachweis, dass, bei aller Unsicherheit, eine einheitliche, mythisch-eschatologische Vorstellungswelt existiert hat, die wohl „nicht als Ganzes, sondern bruchstückweise in Israel eingewandert sei."[68] Aus seiner Sicht handelt es sich dabei um den Vorstellungskomplex einer Weltkatastrophe, deren Überreste noch in der Gedankenwelt der Propheten durchscheinen würden.[69] Teile dieser Überlieferung nutzen die Propheten für eine ethische Umdeutung, indem sie Israel im Rahmen ihrer Unheilsverkündung aufgrund der unterstellten Sünden den Untergang ansagen. Nach Greßmanns Auffassung stehen sie damit im Gegensatz zur volkstümlichen Überlieferung, aus der sie geschöpft haben und in der für das Volk Israel noch Rettung verheißen gewesen sei.[70] Die mythischen Stücke der Naturkatastrophe seien in der Folge lose mit historischen Details, etwa konkreten Feinden, in Verbindung gebracht worden, so dass sie als „stilistisches Überbleibsel [...] aus einer früheren Periode" betrachtet werden könnten.[71]

Im zweiten Teil der Studie widmet sich Greßmann der Herkunft der Heilsweissagungen, die er sachlich von den Unheilserwartungen trennt, die aber wie diese „ihrem Wesen nach uralt"[72] seien. Auch hier geht er von einer Zwischenstufe in der volkstümlichen Tradition Palästinas aus, auf der die universalen, mythischen Vorstellungen auf den lokalen Bereich bezogen worden seien.[73] Wieder sind

---

67 Man vergleiche etwa die Ausführungen zu „Jahve als Kriegsgott" (§10), den Greßmann für eine sekundäre Umdeutung eines Naturgottes hält. Einfluss habe dabei womöglich der kanaanitische Gott Rešef gehabt, der ursprünglich ein „zum Engel Jahves degradierte[r] Seuchengott der Kanaaniter" gewesen sei, dessen Wesenszüge auf den siegreichen Gott JHWH übergegangen sein könnten, „aber auf Sicherheit müssen wir bei dem Mangel an Nachrichten verzichten" (Greßmann, *Ursprung*, 85).
68 Greßmann, *Ursprung*, 191.
69 Greßmann, *Ursprung*, 191.
70 Greßmann, *Ursprung*, 154: „Während nach volkstümlichem Glauben Israel bei der Katastrophe gerettet wird, ist ihm nach prophetischer Überzeugung die Vernichtung gewiß. Diese Differenz erklärt sich aus dem verschiedenen Standpunkt, den die Beurteiler einnehmen. Das Volk richtet sich nach patriotischen, die Prophetie nach sittlichen Gesichtspunkten."
71 Greßmann, *Ursprung*, 154.
72 Greßmann, *Ursprung*, 245.
73 Greßmann, *Ursprung*, 248: „Vor allem ist aber der ursprünglich weltweite Horizont verengert und auf Palästina beschränkt worden. Was anfänglich von der neuen Welt mit ihrem neuen Paradiese galt, das ist jetzt allein für das Palästina der Endzeit in Anspruch genommen. Dort im Lande Israel spielen dann die Kinder mit Kreuzottern und Löwen, dort triefen die Berge von Milch

es nach Greßmanns Auffassung die Propheten, die den überkommenen Stoff in ein religiös-sittliches Ideal einbinden.

Akribisch weist Greßmann nach, wie aus einem „babylonischen Hofstil" mythische Elemente aufgenommen worden seien, um eine eschatologische Königsvorstellung zu kreieren, aus der zum Beispiel die Figur des Immanuel, der Messias und der Knecht JHWHs erwachsen.[74] Gegen eine Streichung der Heilseschatologie aus den älteren Texten wendet Greßmann ein, dass es die „Pflicht des Historikers" sei, „weder die These noch die Antithese zu leugnen, sondern die höhere Synthese zu suchen, in der sie beide [scil. Heils- und Unheilseschatologie] sich auflösen."[75] Mit Äußerungen wie diesen bekennt er sich deutlich zu Hegels Entwicklungsmodell, das er auch auf seinen Untersuchungsgegenstand anwenden möchte.

Im Gebrauch religionsgeschichtlicher Parallelen verfährt Greßmann deutlich vorsichtiger als noch in seiner Habilitationsschrift. Die Analogien haben stärker einen bestätigenden Charakter und sind nicht mehr die alleinige Stütze seiner Hypothesen. Beispielsweise verknüpft er die Vorstellung der mythischen Metallberge aus der Henochapokalypse (Hen[aeth] 24 und 52) aufgrund ihrer Siebenzahl mit Planetenreligionen (vgl. Hen[aeth] 18,13). Zur Illustration verweist er auf zahlreiche Beispiele der Fels- und Gestirnverehrung bei den Indianern am Orinoko, in der griechischen Mythologie bis hin zur germanischen Eddasage oder dem hinduistischen Veda.[76] Anders könnten diese „mythischen Bruchstücke" nicht verstanden werden, da sie „als genuin israelitisch nicht zu begreifen sind [...]. Sie gewinnen erst Leben durch das Hineinstellen in einen größeren Komplex verwandter Ideen."[77] Im Prinzip gebe es nur zwei Möglichkeiten, entweder sei die

---

und Honig, dort werden die Schwerter zu Winzermessern umgeschmiedet, dort feiert man das göttliche Freudenmahl der neuen Zeit, dort liegt die Residenz auf dem Gottesberg im Norden, dort fließt der Strom, dessen Arme die Gottesstadt erfreuen, dort verschwinden Krankheit, Tränen und Tod, dorthin eilt nun alle Welt, um mit Israel des höchsten Glückes teilhaftig zu werden und mit ihm seinen Gott Jahve zu preisen."
74 Im Prinzip geht es Greßmann hier nur darum, die mythischen Elemente zu isolieren. Die Suche nach historischen Persönlichkeiten als Ursprung lehnt er komplett ab, da dies den „Mysteriencharakter des Kapitels", gemeint ist Jes 52,13–53,12, verkenne (Greßmann, *Ursprung*, 324). „Endlich interessiert uns gar nicht, was sich Deuterojesaja im Einzelnen gedacht haben mag, da seine Auffassung zum Verständnis dieses Kapitels nicht das Geringste beiträgt. Hier tritt einmal der allerdings seltene Fall ein, wo die Ansicht des Schriftstellers gleichgültig ist, der uns diese Verse überliefert hat. So wie das Lied heute lautet, bezieht es sich auf eine spezifisch israelitische Gestalt. Mehr kann man mit *Sicherheit* nicht sagen" (327 Anm. 1).
75 Greßmann, *Ursprung*, 179.
76 Greßmann, *Ursprung*, 108–111 Anm. 1.
77 Greßmann, *Ursprung*, 109 Anm. 1.

Vorstellung eines Gottes- bzw. Götterberges aus Babylon nach Palästina eingewandert, oder „es liegt eine von Hause aus parallele religionsgeschichtliche Entwicklung vor."[78] Auf seine Theorie haben diese beiden Hypothesen allerdings kaum Einfluss, da es Greßmann letztlich darum geht, „die Idee eines Gottesberges im Norden [...] in Palästina als alt zu erweisen, älter denn das Alte Testament."[79]

Für die Gestalt des Gottesknechts sieht sich Greßmann „gezwungen, fremde Parallelen heranzuziehen", da sie „im Alten Testamente fast völlig analogielos ist und aus den Riten und dem Geist der israelitischen Religion allein nicht verstanden werden kann".[80] Das Leiden und Sterben dieser Figur könne nur mit „religionsgeschichtlichen Hypothesen"[81] erklärt werden. Greßmann konstruiert eine Verbindung zur Sühnopferidee, die nach seiner Vorstellung aus der Adonis- oder Tamuztradition stammen muß. „Aber wie nun diese aus jener geworden ist, darüber dürften kaum einmal Hypothesen mit annähernder Wahrscheinlichkeit möglich sein. Der Adonis war vergessen, und allein die eschatologische Bedeutung blieb erhalten."[82] Auch an anderen Stellen postuliert Greßmann Parallelen zu vergleichbaren religionsgeschichtlichen Phänomenen, um darüber zum besseren Verständnis der israelitischen Religion zu gelangen.[83]

Bei der Suche nach parallelen Entwicklungen, Abhängigkeiten und Traditionen geht es Greßmann in seiner Forschung darum, die verschiedenen Elemente der israelitischen Eschatologie zu „verstehen"[84] und zu „erklären".[85] Die Mittel der Literarkritik reichen ihm dafür nicht aus, da sie nach seiner Auffassung zum größten Teil lediglich feststellenden Charakter haben. Man dürfe die „Macht der Gewohnheit nicht unterschätzen, die in den sprachlichen Formeln nachwirkt",[86] die Aufnahme der einzelnen Elemente aus der Tradition sei jedoch „der Stimmung

---

78 Greßmann, *Ursprung*, 118. Diese Möglichkeit hält Greßmann aber für weniger wahrscheinlich, da die konkrete Namensnennung gegen eine unabhängige, parallele Entwicklung spreche.

79 Greßmann, *Ursprung*, 118.

80 Greßmann, *Ursprung*, 328.

81 Greßmann, *Ursprung*, 328: „Während ich für meine bisherigen Ausführungen über den Ebed Jahve Zustimmung beanspruche, mache ich für diesen Paragraphen ausdrücklich eine Ausnahme, weil er religionsgeschichtlichen Hypothesen gewidmet ist."

82 Greßmann, *Ursprung*, 333.

83 Greßmann, *Ursprung*, 129: „Ich nehme an, daß die Geschichten der Genesis von den Kanaanitern entlehnt sind, die gleich Homer in einer kulturübersättigten Zeit lebten, wo die Religion sich zu zersetzen und in Rationalismus aufzulösen begann. Man hat die Scheu vor der Gottheit verloren und zieht sie ins Menschliche herab. Die scheinbare Naivität ist in Wirklichkeit Hyperkultur."

84 So in Greßmann, „Erwiderung", 311.

85 So in seiner Auseinandersetzung mit Wellhausen in Greßmann, *Ursprung*, 18.

86 Greßmann, *Ursprung*, 100.

und dem Geschmack des Einzelnen und der jeweiligen Generation unterworfen".[87] Es bedürfe daher einer psychologischen Erklärung, um den Vorgang der Übernahme von Elementen zu erklären. Unnötig sei es dagegen, die Eschatologie als genuin israelitische Erfindung psychologisch aus der Erwartung des nahenden Untergangs durch die Hand der Assyrer oder Babylonier zu erklären.[88]

Zum Verständnis des vulkanischen Ursprungs der Theophanie stützt Greßmann sich auf Geologie und Chemie,[89] die Gluthitze des Schirokko wird mit Reiseberichten erläutert,[90] der brennende Dornbusch mit elektrischen Phänomenen der Physik,[91] und für die Darstellung der Heuschrecken aus dem Joelbuch zitiert er ausführlich aus *Brehms Tierleben*.[92] Diese Erläuterungen dienen aber nur als Mosaikstein in dem umfassenden Bild, welches Greßmann zu geben versucht. Immer steht das Ziel vor Augen, das hohe Alter der umlaufenden Ideen zu belegen, es geht ihm nicht darum, eine naturwissenschaftliche Erklärung zu bieten.

2.1.4 Reaktionen auf Greßmanns Thesen

Die Reaktionen auf Greßmanns Untersuchung fallen von Seiten der Wellhausen-Schule vernichtend aus. Wellhausen selbst bezeichnet das Buch in einem Brief als „ziemlich dummdreist".[93] Eine ausführliche Rezension veröffentlicht Giesebrecht, Greßmanns einstiger Lehrer in Greifswald und Schüler Wellhausens. Mit einem ironisch-sarkastischen Ton zeichnet er Greßmanns Position nach und übertreibt an vielen Stellen die Darstellung, die auf diese Weise als eine Karikatur erscheint.[94] Zugleich richtet er sich gegen Gunkels Arbeit, um das, „was heutzutage

---

87 Greßmann, *Ursprung*, 199.
88 Vgl. die Darstellung bei Sellin, *Prophetismus*, 108: „Der Refrain ist immer derselbe: erst die Propheten haben die eschatologische Erwartung geschaffen; aus der ihnen gewordenen Erkenntnis von dem bevorstehenden Untergang des Jahwevolkes (durch Assur bzw. Babylon) läßt sich psychologisch ihre ganze Zukunftserwartung ableiten. Es handelt sich um *Ideen*, die zugleich mit jener Erkenntnis gegeben waren oder aus ihr folgten."
89 Greßmann, *Ursprung*, 32f.
90 Greßmann, *Ursprung*, 20.
91 Greßmann, *Ursprung*, 57.
92 Greßmann, *Ursprung*, 91.
93 Wellhausen an Nöldeke, 18.10.1905, zitiert bei Smend [d.J.], *Alttestamentler*, 177.
94 Giesebrecht, Rez. Greßmann, *Ursprung*, 620: „[D]ie Lage des Propheten ist vielmehr nach Greßmanns Auffassung vor und nach dem Exil ungefähr dieselbe gewesen. Vor ihm lag eine Eschatologie zur Wahl, aus schwarzen und aus weißen Losen bestehend; je nachdem die Zeitumstände es ihm nahelegten, wählte er das Gericht oder das Heil". Sellin, *Prophetismus*, 111, bemerkt allerdings, dass „die von Mißverständnissen und Verdrehungen starrende Anzeige Giesebrechts [...] kaum irgendwo ernst genommen ist [...]."

in der Luft liegt",[95] zu verwerfen.[96] Im Wesentlichen sieht Giesebrecht die Propheten durch Greßmanns (und Gunkels) Darstellung in ihrer Originalität herabgewürdigt.[97]

Greßmann erhält die Möglichkeit zu einer Erwiderung, in der er sich gegen die Vorwürfe zur Wehr setzt. Dabei betont er vor allem, dass Giesebrecht die Ergebnisse der Untersuchung verzerrt. In diesem Sinne erklärt Greßmann: „Ich stimme ihm [scil. Giesebrecht] in allem Wesentlichen zu, während er mich zu bekämpfen meint."[98] Gerade in der Würdigung der ethischen und moralischen Leistung der Propheten sieht sich Greßmann auf einer Linie mit Giesebrecht, allerdings: „längst Bekanntes zu wiederholen, hatte ich keine Lust und keinen Raum, da ich genügend Neues zu bieten hatte."[99]

Aufschlussreich ist die Erwiderung, weil Greßmann ausführlich die Beweggründe für seine Untersuchung darlegt und in knapper Form einige Definitionen gibt. Dass die Propheten in irgendeiner Form von der Vergangenheit abhängig seien, stehe außer Zweifel. Seine Aufgabe sieht Greßmann darin, „dem nachzuspüren, was an eschatologischen Vorstellungen vor der ‚schriftstellernden‘ Prophetie erkennbar und vorhanden sei."[100]

Weitaus sachlicher setzt sich Volz in einer Rezension für die *Theologische Literaturzeitung* mit Greßmanns Untersuchung auseinander. Er ordnet die Studie in den historischen Ablauf der alttestamentlichen Forschung ein, um das Charakteristische der religionsgeschichtlichen Methode darzulegen, zeigt dann aber auch die Schwächen der Arbeit Greßmanns auf. Formal fehlt es der Darstellung nach der Ansicht von Volz an einer Zusammenfassung oder zusammenhängenden Erklärungen der einzelnen Abschnitte. Das betreffe besonders die Frage der einheitlichen Wurzel der eschatologischen Vorstellungen und der Form der Einwanderung und Verarbeitung des Stoffes in Israel. Tatsächlich ist ihm zuzustimmen, wenn er anmerkt, „man muß bei G[reßmann] die diesbezüglichen gelegentlichen Äußerungen zusammensuchen und hat zuweilen den Eindruck, daß er seine Ansicht in diesem Punkt nicht klar durchdacht, ja im Lauf der Arbeit

---

95 Giesebrecht, Rez. Greßmann, *Ursprung*, 619.

96 Giesebrecht, Rez. Greßmann, *Ursprung*, 621.

97 Giesebrecht, Rez. Greßmann, *Ursprung*, 620 f.: „Unsere Bewunderung für diese machtvollen Charaktere ist nach der Ansicht Gunkels herabzustimmen; sie sind nichts weiter gewesen als ‚Buchmenschen‘, haben in großen Wälzern die Zukunft nachgeschlagen und sich danach das Kommende ausgemalt."

98 Greßmann, „Erwiderung", 309.

99 Greßmann, „Erwiderung", 309.

100 Greßmann, „Erwiderung", 315: „Daß die Propheten [...] von der Vergangenheit abhängig waren, ist doch selbstverständlich, oder ist das etwas Wunderbares und höchst Erstaunliches?"

da und dort geändert habe."[101] Seine Hauptkritik wendet sich gegen die Annahme eines einheitlichen eschatologischen Systems, das hinter den verschiedenen Fragmenten stehen soll. Außerdem kann er sich die Kreise der „(volksmäßigen) Nabis"[102] nicht als Tradenten vorstellen. Schließlich bemängelt Volz, wenn auch in milderer Form als Giesebrecht, dass die Originalität der israelitischen Propheten bei Greßmann nicht hinreichend gewürdigt sei.[103]

Greßmann und Volz teilen ein universales Verständnis der Eschatologie. Doch während Volz versucht, einen Gegensatz zwischen individueller und universaler Eschatologie zu konstruieren, um sich mit dem universalen Aspekt zu beschäftigen,[104] geht Greßmann streng historisch vor.[105]

Insgesamt würdigt Volz die Arbeit Greßmanns als durchaus nützlichen Beitrag und betrachtet es als „außerordentlich anziehend, mit G[ressmann] in den Schacht hinabzusteigen und die unterirdischen Wurzeln mitzuentdecken."[106] Er erkennt Greßmanns Pionierleistung an, mit der dieser zu den Quellen der eschatologischen Vorstellungen vorzustoßen versucht. Darin liege, so Volz, „der Reiz, aber auch der beschränkte Wert seiner Arbeit".[107]

Eine ausführliche Kritik veröffentlicht Ernst Sellin (1867–1946) einige Jahre später in seinem Studienband unter dem Titel *Der alttestamentliche Prophetismus* (1912). Er stellt zutreffend fest, dass Greßmanns Untersuchung größtenteils Ablehnung erfahren habe, ohne dass eine ausführliche Überprüfung der Thesen erfolgt sei.[108] In einzelnen Schritten setzt sich Sellin daher mit diesen Thesen auseinander und würdigt die Arbeit von Gunkel und Greßmann zur Eschatologie insgesamt als einen „Vernichtungsstoß"[109] gegen die Auffassung der Wellhausen-

---

101 Volz, Rez. Greßmann, *Ursprung*, 673,
102 Volz, Rez. Greßmann, *Ursprung*, 675. Volz möchte eher die Priester als Vermittler der eschatologischen Vorstellungen ansehen.
103 Volz, Rez. Greßmann, *Ursprung*, 675. Einschränkend fügt er hinzu: „Damit soll nicht geleugnet sein, daß die Originalität sich oft gerade an dem zeigt, was ein Großer aus einem gegebenen Stoffe zu bilden weiß."
104 Volz, *Eschatologie*, 1.
105 S.o. Anm. 54. Vgl. Greßmann, *Ursprung*, 1: „Überdies soll unsere Untersuchung rein historisch sein, ohne jede Rücksichtnahme auf die Dogmatik." Vgl. auch Hjelde, *Eschaton*, 248.
106 Volz, Rez. Greßmann, *Ursprung*, 674. „Im Gesamtergebnis – und das ist ihm und uns die Hauptsache – hat er recht; im einzelnen zeigt sich die Einseitigkeit des Parteimanns" (673).
107 Volz, Rez. Greßmann, *Ursprung*, 675.
108 Sellin, *Prophetismus*, 111. Ablehnung sei Greßmann „selbstverständlich bei allen Anhängern der alten Schule" widerfahren. „Und es geht doch nicht, daß man einer solchen, gewiß höchst achtenswerten wissenschaftlichen Leistung, der an vielen Punkten eine zwingende Evidenz nicht abgesprochen werden kann, hier und da einmal an schwachen Stellen etwas am Zeuge flickt, es aber vermeidet, sie grundsätzlich und Schritt für Schritt nachzuprüfen" (ebd.).
109 Sellin, *Prophetismus*, 110.

Schule. Allerdings nutzt Sellin die Thesen Greßmanns auch für sein eigenes Modell der „Vorbereitungsgeschichte".[110] Er stimmt der Abhängigkeit der prophetischen Eschatologie von vorangegangener Tradition zu, sieht deren Ursprung aber ausschließlich im Volk Israel selbst liegen.[111] Nicht den Mythen der Umwelt sei die eschatologische Tradition der Propheten entlehnt, sondern sie gehe zurück auf die Offenbarung am Sinai. Mit dieser Annahme will der „positive Theologe" Sellin die normative Kraft der Anfänge Israels geltend machen. Interesse zeigt er, ähnlich wie Greßmann, am Volksglauben, den er jedoch als Bindeglied zwischen der Sinaioffenbarung und den Schriftpropheten versteht und der nach seiner Auffassung bereits eine ethisch-religiöse Orientierung erkennen lässt.[112] Die vorexilischen Propheten hätten die Volkseschatologie in Abgrenzung zu den Berufspropheten ihrer Zeit vertieft und auf einen historischen Feind bezogen. Sellin betont dabei besonders die innere Haltung, die dem sogenannten „Rest" geholfen habe, den JHWH-Glauben zu bewahren. Erst nach dem Exil rechnet er mit einem Wiedererstarken des Volksglaubens in Form der Apokalyptik, die dann aber durch babylonisch-persischen Einfluss entstanden sei.

Sellins Arbeit steht für den Teil der positiv-lutherischen Theologie, der in der Folgezeit einen Kompromiss zwischen der Religionsgeschichtlichen Schule und traditioneller kirchlicher Lehre sucht.[113] Mit Hilfe der Erkenntnisse der Religionsgeschichtlichen Schule, insbesondere der Arbeit Greßmanns, versucht Sellin, die christliche Heilsgeschichte zu rekonstruieren, die fast alle Theologen bereits im Alten Testament angelegt sehen. Die Forschungsergebnisse nutzt Sellin, um sie seiner theologischen Interpretation nutzbar zu machen. Dabei kommt er trotz ähnlicher Beobachtungen zu anderen Schlussfolgerungen als Greßmann. Die Heils- und Unheilseschatologie stammt für ihn ursprünglich aus dem Volk Israel und zwar aus der Zeit vor den Propheten. Gleichzeitig muss aber auch er aner-

---

110 Sellin, *Einleitung*, 4. Vgl. auch Lessing, *Geschichte*, 347 f.

111 Sellin, *Prophetismus*, 115: „Kurzum, die Propheten sind nicht die Begründer der Unheilseschatologie, sie knüpfen vielmehr an eine in ihrem Volke durchaus bereits bekannte, in aller Vorstellungen festgewurzelte Tradition an, an die Tradition von einer kommenden furchtbaren Katastrophe, in der Menschen und Tiere zugrunde gehen und in die Himmel und Erde verwickelt sein werden."

112 Sellin, *Prophetismus*, 122–124. Besonders kritisiert Sellin in diesem Zusammenhang den naturmythologischen Ansatz Greßmanns.

113 So schon von Gall, *ΒΑΣΙΛΕΙΑ*, 18: „Auch das Gebäude, das Sellin errichtet hat, entbehrt so wenig wie das Gressmanns des Großartigen; ja, man kann sogar sagen, in seiner Einfachheit wirkt es noch gewaltiger. Das Fehlen des barocken Stils wie bei Gressmann macht es ruhiger und sympathischer. [...] Sellins ganzes Bestreben war im Grunde darauf gerichtet, Gressmanns Anschauungen, die aus der ihm unbequemen religionsgeschichtlichen Schule stammten, der althergebrachten kirchlichen Lehre noch stärker anzunähern."

kennen, dass eine außerisraelitische Eschatologie im Alten Orient wahrscheinlich existiert hat, deren Wirkungskreis sich nach seiner Auffassung allerdings schwer rekonstruieren lässt und die schon gar nicht auf eine einheitliche Idee einer Weltkatastrophe hindeutet.[114] Vielmehr verknüpft Sellin die Heils- und Unheils-erwartung stärker miteinander als Greßmann dies tut. Insbesondere kritisiert er Greßmanns Gebrauch des Begriffs der „Mythen", mit dem er den Unterschied zwischen Mythos und Religion verwische, so dass Sellin kritisiert, es bleibe „keine Religion, nur Philosophie".[115] Stattdessen erkennt Sellin in vielen „mythischen Bildern" das, was Greßmann als historische Erinnerungen sieht, die im Zusam-menhang mit dem Sinaiereignis entstanden seien.[116] In seinem predigtartigen Schluss fasst Sellin zusammen: „Auch schon die israelitische Volkseschatologie ist keine naturmythologische mehr, sondern Unheils-, Heils- und Heilandser-wartung sind letztlich die verschiedenen Seiten der einen und selben religiösen Hoffnung auf die Herrschaft des einen lebendigen Gottes."[117] Die „Theologie von heute"[118] betone zu sehr den historischen Kontext der Propheten und verkenne dabei das von diesen entdeckte „Geheimnis".[119]

Bei Sellin wird deutlich, wie die traditionelle Theologie mit den Erkenntnis-sen der Religionsgeschichtlichen Schule bzw. der altorientalischen Forschung insgesamt ringt und die Problematik schließlich zu einer Frage der systemati-schen Einordnung wird. Sellin ist bereit, die wesentlichen Schritte der Religi-onsgeschichtler mitzugehen, sofern damit die christliche Heilsgeschichte bestä-tigt werden kann. Im Wesentlichen geht es ihm darum, das Ideal der Propheten zu retten, welches von Greßmann zwar nicht direkt angegriffen wird, das Sellin aber in letzter Konsequenz herabgestuft sieht.

Eine Auseinandersetzung mit Greßmanns Arbeit bietet auch Sigmund Mo-winckel (1884–1965) im zweiten Teil seiner *Psalmenstudien* (1922). Dort erklärt er, dass ihm Greßmanns Buch über die Eschatologie „[d]en ersten Anstoß"[120] zu seiner Darstellung der „Thronbesteigungspsalmen" gegeben habe.[121] Sein eigenes

---

114 Sellin, *Prophetismus*, 144 f. Greßmann habe „über die Stufe der altisraelitischen Volkses-chatologie hinaus einen Ikarusflug unternommen" (144).
115 Sellin, *Prophetismus*, 147.
116 Sellin, *Prophetismus*, 147.
117 Sellin, *Prophetismus*, 192.
118 Sellin, *Prophetismus*, 193, gemeint ist die verstärkte Ausrichtung an der Religionsge-schichtlichen Schule.
119 Sellin, *Prophetismus*, 193: „Und der tiefste Kern dieses Geheimnisses ist bei allen Propheten derselbe, im Hebräischen ein einziges Wort: יָבֹא, zu deutsch: Er kommt."
120 Mowinckel, *Psalmenstudien*, Bd. 2, XI.
121 Vgl. Greßmann, *Ursprung*, §27 („Die Thronbesteigung Jahves"). Bereits 1917 hat sich Mo-winckel intensiv mit dem Thema auseinandergesetzt, vgl. Mowinckel, „Tronstigningssalmerne".

Verdienst sieht er darin, „die von Greßmann in einem entlegenen Winkel der Rumpelkammer verstecke Idee von der Thronbesteigung Jahwä's"[122] entdeckt zu haben. Insbesondere die Untersuchungen von Gunkel, Greßmann, Heinrich Zimmern (1862–1931) und Duhm hätten Mowinckel zur These angeregt, dass in Israel ein „Thronbesteigungsfest Jahwä's" gefeiert worden sei, welches sich an außerisraelitische Parallelen anlehnt.[123] Aus diesem Kultakt, mit allen seinen einzelnen Elementen, sei dann die jüdische Eschatologie hervorgegangen.[124] So sehr Mowinckel Greßmanns Suche nach der Herkunft der verschiedenen eschatologischen Einzelvorstellungen unterstützt, kritisiert er wie Volz die fehlende Gesamtschau.[125] Mowinckel findet dieses Bild in der Vorstellung eines „in der Zukunft stattfindende[n] Thronbesteigungsfest[es] Jahwä's",[126] die in Israel selbst entstanden sei, und entscheidet sich somit letztlich für die Position Sellins.[127] Dennoch muss er Greßmann zugestehen, dass die so entstandene Eschatologie in der Folge als „Gravitationspunkt"[128] weitere Vorstellungen von „anderswoher"[129] angezogen habe.

Mowinckels Thesen sind nicht zuletzt als Auseinandersetzung mit der Religionsgeschichtlichen Schule zu lesen.[130] Zwar steht er in engem Austausch mit deren herausragenden Vertretern wie etwa Gunkel,[131] betont aber immer wieder

---

Dass seine Untersuchung Übereinstimmungen mit der von Volz aufweist, entdeckt er nach eigener Auskunft erst „verhältnismäßig spät" (*Psalmenstudien*, Bd. 2, XII). Er verzichtet aber bewusst auf eine detaillierte Kenntnisnahme, um unabhängig an seiner eigenen Entdeckung weiterarbeiten zu können (XIII). Vgl. auch Hjelde, *Mowinckel*, 167.

122 Mowinckel, *Psalmenstudien*, Bd. 2, 223.

123 Mowinckel, *Psalmenstudien*, Bd. 2, XI. Mowinckel legt Wert auf den Hinweis, das Grundgerüst für seine Überlegungen bereits 1910 aufgestellt zu haben, bevor er bei Gunkel in Gießen studierte.

124 Mowinckel, *Psalmenstudien*, Bd. 2, 311 f.

125 Das Buch Greßmanns „gibt vor allem die Analyse der Einzelheiten. Die letzte Synthese wird mehr unklar angedeutet" (Mowinckel, *Psalmenstudien*, Bd. 2, 221).

126 Mowinckel, *Psalmenstudien*, Bd. 2, 313.

127 Mowinckel, *Psalmenstudien*, Bd. 2, 324: „Ist die israelitische Eschatologie fremden oder einheimischen Ursprungs? Für die erstere Antwort entscheidet sich Greßmann, für die letztere Sellin. In der Hauptsache muß Sellin Recht gegeben werden."

128 Mowinckel, *Psalmenstudien*, Bd. 2, 312.

129 Mowinckel, *Psalmenstudien*, Bd. 2, 311. Im Wesentlichen denkt er dabei an die „mythische Topographie", vgl. Greßmann, *Ursprung*, 183 ff.

130 Vgl. seine ausführliche Kritik: Mowinckel, *Psalmenstudien*, Bd. 2, 220–226.

131 Vgl. Hjelde, *Mowinckel*, 63–67.235–264. Mowinckel hat in Marburg (bei Peter Jensen) und Gießen (bei Gunkel) studiert. In einem Brief an Gunkel schreibt Mowinckel 1928: „Ich bin ja selbst aus dieser ‚Schule' insofern ausgegangen, als es die Arbeiten dieser Schule, vor allem Ihre Genesis, Schöpfung und Chaos, Greßmanns Ursprung gewesen sind, die mich überhaupt zu wissenschaftlichem Bewußtsein geweckt haben" (abgedruckt bei Hjelde, *Mowinckel*, 190).

deutlich seine Unabhängigkeit.[132] Wie Greßmann interessieren Mowinckel die religionsgeschichtlichen Fragestellungen, die ebenfalls bei Gunkel erlernte Formgeschichte erweitert er allerdings durch eine kultgeschichtliche Fragestellung.[133]

Greßmann stimmt der Rekonstruktion eines Thronbesteigungsfestes JHWHs zu, hat er doch selbst den Grundstein zu dieser Hypothese gelegt. Von Bedeutung ist für Greßmann, neben einzelner Kritik, dass die Diskussion bei Mowinckel in einem verwandten Geist aufgegriffen und fortgeführt wird.[134] Einer Ableitung der messianischen Hoffnung aus dem Kultus steht er allerdings skeptisch gegenüber[135] und hat dabei auch Gunkel auf seiner Seite.[136] Was Mowinckel in seiner Arbeit als entscheidende Weiterentwicklung gegenüber Greßmann ansieht, ist die Hypothese darüber, „wie es gekommen [ist], daß ein Stück lebendiges, gegenwärtiges religiöses Erlebnis Eschatologie"[137] werden konnte. Gunkel sieht diese Interpretation allerdings „an einem Zwirnsfaden"[138] aufgehängt. Andere erkennen in diesem Ansatz in der Folgezeit hingegen „die ‚Königin' der alttestamentlichen Eschatologie".[139] Mowinckels deutliche Distanz gegenüber der Vorstellung außerisraelitischer Abhängigkeiten der Eschatologie und sein Plädoyer für ihre Entstehung innerhalb der Religionsgeschichte Israels wird in der gegenwärtigen Forschung etwas überspitzt als „‚Heimholung' der alttestamentlichen Eschatologie aus ihrer ‚babylonischen Gefangenschaft'"[140] beurteilt.

Deutliche Kritik an Greßmann übt schließlich auch August von Gall (1872–1946). Er geht von einer Übernahme der Eschatologie aus dem iranischen Parsismus durch das exilisch-nachexilische Judentum aus.[141] Diese These war bereits 1902 von Ernst Böklen (1863–1936), einem Schüler Boussets, aufgestellt worden

---

132 Von Gall, *ΒΑΣΙΛΕΙΑ*, 24, beschreibt dies mit Blick auf seine eigene Position: „So sehen wir bei Mowinckel, der in der Gunkelschen Schule groß geworden ist, sich aber die Selbstständigkeit wissenschaftlichen Denkens gewahrt hat, trotz mancher starken Bedenken an seinen Konstruktionen eine erfreuliche Wendung in der Auffassung vom Entstehen der jüdischen Eschatologie."
133 Sæbø, „Mowinckel", 386. Vgl. dazu Mowinckel, *Psalmenstudien*, Bd. 2, V: „Man muß über Gunkel hinausgehen, wenn man die individuellen Klagepsalmen recht verstehen will; man muß *Gunkel gegen Gunkel* ausspielen" (Hervorhebung im Original).
134 Greßmann, „Bemerkungen", 161: „Tatsache ist, daß die hier vorgelegten Hypothesen bei aller Kühnheit fruchtbar sind [...]."
135 Greßmann, „Bemerkungen", 161.
136 Gunkel, *Einleitung*, 116, lehnt es ab, die gesamte Eschatologie in Israel vom Thronbesteigungsfest abzuleiten, „dessen Bedeutung niemals sehr groß gewesen sein kann".
137 Mowinckel, *Psalmenstudien*, Bd. 2, 315.
138 Gunkel, *Einleitung*, 116.
139 Sæbø, „Verhältnis", 31.
140 Sæbø, „Verhältnis", 35.
141 Vgl. von Gall, *ΒΑΣΙΛΕΙΑ*, 9 ff.

und hatte nicht unerheblich zur Suche nach außerisraelitischen Quellen der Eschatologie durch die Religionsgeschichtliche Schule beigetragen.[142]

2.1.5 Ertrag und Wirkung

Das Resultat seiner Arbeit formuliert Greßmann wie folgt: „Als das wichtigste Ergebnis unserer ganzen Untersuchung dürfen wir die These bezeichnen, daß die Eschatologie der Vorläufer der Prophetie ist, nicht umgekehrt, wie Wellhausen und alle seine Anhänger behaupten."[143] Tatsächlich hat Greßmann damit eine Diskussion ausgelöst, die die alttestamentliche Forschung in unterschiedlicher Weise immer wieder neu beschäftigt, auch wenn gegenwärtig stärker die formale Bestimmung des Eschatologiebegriffs im Zentrum steht.[144] Der Anstoß zu dieser Debatte ist wohl das wichtigste Verdienst Greßmanns und der Religionsgeschichtlichen Schule, wobei in seiner Untersuchung deutlich wird, dass von einem einheitlichen Methodensystem und einer geschlossenen „Schule" keineswegs die Rede sein kann.[145]

Der wesentliche Ertrag der Arbeit Greßmanns ist darin zu sehen, über den schriftlichen Werdegang der eschatologischen Vorstellungskomplexe hinaus nach einem vorgängigen, im Einzelnen freilich schwer fassbaren Entwicklungsprozess zu fragen. Diese Fragerichtung, von Greßmann initiiert, macht ihn auch besonders angreifbar. Die Entwicklung eines zusammenhängenden Erklärungsmodells, das viele Kritiker vermissen, liegt ihm fern, weil es nach seiner Auffassung kein kontinuierliches Entwicklungsschema gegeben hat. Stattdessen konzentriert sich Greßmann auf die Geschichte einzelner Motivkomplexe, kommt am Ende aber trotzdem zu der Annahme einer urzeitlichen eschatologischen Vorstellungswelt, die jedoch nicht mehr rekonstruiert werden könne.

Greßmanns Ansatz lässt eine gewisse Nähe zur „Kulturkreislehre" der Wiener Schule erkennen.[146] Allerdings findet sich bei Greßmann kein Hinweis auf eine „Urreligion" oder „Urkultur", ebenso wenig arbeitet er mit einer Dekadenztheorie. Vielmehr ist der besondere Charakter seiner Überlegungen der Tatsache zuzuschreiben, dass er aufgrund der lückenhaften Überlieferung und fehlender Belege kein zusammenhängendes Erklärungsgebäude entwerfen kann. Der Vorwurf,

---

142 Böklen, *Verwandtschaft*. Vgl. auch die Übersicht bei Hjelde, *Eschaton*, 239 ff.
143 Greßmann, *Ursprung*, 151 f.
144 Vgl. Wanke, „Eschatologie", 589; Müller, *Ursprünge*, 2 f.
145 So auch in einem Brief an Gunkel am 13. 10. 1912, ULB Halle, Yi 33 I G 142.
146 Vgl. zur Kulturkreislehre die Übersicht bei Neumann, *Grundlagen*, 185 – 188.

„Phantasien" zu vertreten,[147] erscheint dabei nicht gänzlich unberechtigt, wobei es das Verdienst Greßmanns ist, die Frage nach einer mündlichen Vorgeschichte überhaupt erst gestellt und sich um eine Klärung bemüht zu haben.

Greßmann kommt es entschieden darauf an, die einzelnen Vorstellungen in ihren jeweiligen Zusammenhängen wahrzunehmen und mögliche Entwicklungslinien aufzuzeigen. Dazu gehört ein gründliches Verständnis der geschichtlichen, aber auch der gesellschaftlichen Zusammenhänge. Insbesondere das Alltagsleben bildet für ihn eine Brücke zur biblischen Überlieferung, die nach seiner Einschätzung aus den volkstümlichen Quellen schöpft. Sein Augenmerk legt er deshalb auf die oftmals unbeachteten Randnotizen oder auf das, was er in den Prophetensprüchen für populäres Gedankengut hält.[148]

Um seiner Leserschaft die Dimensionen der israelitischen Geschichte aufzuzeigen, bemüht sich Greßmann zuweilen um aktuelle Vergleiche, die heute eher irritierend wirken: „Kanaan bedeutete damals [zur Zeit Jesajas] gegenüber Ägypten und Babylonien etwa dasselbe, was heute [1905] Belgien gegenüber Deutschland und Frankreich bedeutet."[149] Der gesuchte Vergleich macht auf seine Weise allerdings die Bedeutung der Religionsgeschichte deutlich. Greßmann gelingt es, sich von einer auf Israel zentrierten Sichtweise zu lösen, die sich bei einer Fixierung auf die biblischen Schriften notwendigerweise ergibt, und durch die Einbeziehung von Parallelen eine Gesamtschau der Kulturwelt im Vorderen Orient zu entwickeln.

Bedeutsam ist Greßmanns Untersuchung in der Folgezeit schließlich auch für die Klärung einiger Begriffsdefinitionen. Insbesondere Gunkels beinahe zwanzigjähriges Ringen um die Begriffe von Mythos, Märchen und Sagen erhält durch Greßmanns Untersuchung einige nützliche Anstöße. Die von Gunkel später akzeptierte These, die Märchen seien den Mythen vorausgegangen, wird von Greßmann in seiner Arbeit zu den Ursprüngen der israelitischen Eschatologie bereits vorbereitet.[150]

---

147 Giesebrecht, Rez. Greßmann, *Ursprung*, 622. Dazu Greßmann, „Erwiderung", 310: „Daß in meinem Buche unter anderem auch ‚Phantasien' begegnen, das zu behaupten, muß ich meinen Gegnern erlauben, obwohl sie mich bisher noch nicht davon überzeugt haben."
148 Greßmann, *Ursprung*, 145: „Zephanja ist kein tiefer und originaler Denker, sondern gilt als der beste Typus eines Durchschnittspropheten. Will man wissen, wie wohl ungefähr die populäre Erwartung der Endzeit aussah, so muß man sich an die kleinen Geister halten, die der Masse näher stehen als die Ausnahmemenschen. In dieser Hinsicht ist Zephanja von großer Bedeutung für uns."
149 Greßmann, *Ursprung*, 265.
150 Vgl. Klatt, *Gunkel*, 133 ff.

2.2 Die Überarbeitung des ersten Hauptwerks

2.2.1 Die Vorarbeiten

Die Eschatologie bleibt für Greßmann ein wichtiges Thema. Gunkel vertraut er nach einer eingehenden Auseinandersetzung mit der Form- und Religionsgeschichte und nur fünf Jahre nach dem Erscheinen des Buches an: „Ich glaube, daß ich meine ‚Eschatologie‘ jetzt besser schreiben könnte, besonders versteh ich jetzt die Gestalt Immanuels sehr viel besser und kann meine These besser begründen."[151] Die Überarbeitung seiner Thesen wird zur Lebensaufgabe Greßmanns, die er allerdings selbst nicht abschließen kann.

Den Ausgang nimmt dieses Langzeitprojekt, als sein Verleger Wilhelm Ruprecht (Vandenhoeck & Ruprecht) 1911 wegen einer Neuauflage anfragt, worauf Greßmann sehr aufgeschlossen reagiert:

> Aber ich bin insofern gern geneigt, den Titel zu ändern, als „Eschatol[ogie]" ziemlich nichtssagend ist und zum Teil auch irreführt. Vielleicht als Obertitel: „*Der Messias* und die messianischen Weissagungen." Ich war früher immer dafür, zuerst den Namen zu ändern („Messias" ist kein *alt*testamentlicher Begriff), weil ich annahm, daß damit auch in der Sache etwas Neues gegeben wäre. Aber ich habe mich mehr + mehr überzeugt, daß die Forscher zwar sehr schnell bereit sind, den Namen zu ändern (cf. „*modern* = positiv"!), aber in der Sache alles beim Alten zu lassen. Demnach möchte ich jetzt den umgekehrten Weg gehen: ich behalte den alten Namen (wenigstens auf dem Titelblatt) bei; bringe aber eine neue Sache.[152]

Seiner Antwort legt Greßmann bereits ein gegliedertes Inhaltsverzeichnis bei, in dem er auf die Unterschiede zur Erstauflage eingeht. Im Wesentlichen möchte er nun den messianischen Weissagungen nachgehen und eine umfassende Geschichte der Prophetie einarbeiten. Zusätzlich treten verstärkt die außerisraelitischen Quellen in den Blick. Während Ruprecht offenbar den Begriff eines „Handbuchs" ins Spiel bringt, versucht Greßmann dies in Richtung eines „Compendiums"[153] zu interpretieren. Er bittet Gunkel um Rat und erläutert seine Ab-

---

151 Greßmann an Gunkel, undatiert (vermutlich 1909), ULB Halle, Yi 33 I G 131.

152 Greßmann an Ruprecht, 2.9.1911, SB Berlin, NL 494 V&R G 1911, Bl. 813.

153 Greßmann an Ruprecht, 2.9.1911, SB Berlin, NL 494 V&R G 1911, Bl. 813: „Ich dachte an eine Erweiterung, Sie denken an ein ‚Handbuch‘; was verstehen sie darunter? Hoffentlich kein ‚Kurzgefaßtes‘ – von der Sorte haben wir gerade genug. Wenn es das deutsche Wort für ‚Compendium‘ sein soll, wäre es schon besser; aber die Hauptsache ist mir, daß es ein wissenschaftliches Werk bleibt und die Wissenschaft weiterführt. Die Hauptsache ist Untersuchung und Darstellung der eigenen Forschung. Ich glaube, das Buch wird auch gekauft werden, wenn es auch nicht ‚Handbuch‘ genannt wird."

sicht, eine „Einführung in die Prophetie" zu schreiben, die sich in drei Teile gliedert:

1. Teil. Überblick über die Geschichte der Prophetie.
2. Teil. Die Schriftprophetie nach ihrer Form.
3. Teil. Die Schriftprophetie nach ihrem Inhalt.
Dann wären die ersten beiden Teile neu zu schreiben, der 3. Teil eine Neubearbeitung d[er] 1. Aufl[age] der Esch[atologie]. Das Ganze natürlich streng wissenschaftlich. Was meinst Du zu diesem Plan?[154]

Da er sich allerdings mitten in der Arbeit an seiner Studie über *Mose und seine Zeit* (1913) und dem dazugehörigen populären Kommentar (in der Reihe der „Schriften des Alten Testaments") befindet, kann sich Greßmann dieser Aufgabe zunächst nicht widmen.[155] Als jedoch Sellin 1912 sein Werk über die Prophetie vorlegt und darin ausführliche Kritik an Greßmanns *Ursprung der israelitisch-jüdischen Eschatologie* übt,[156] werden die Überlegungen zur Überarbeitung des Werkes wieder aktuell. Gunkel schreibt er über Sellins Werk: „Es ist zwar keine große, schöpferische Komposition, aber er hat im Einzelnen manche Schwäche [in Greßmanns Studie] richtig entdeckt, sodaß ich Einzelnes modifizieren muß."[157] Ganz offen gesteht er gegenüber seinem Verleger Ruprecht: „Ich bin jetzt viel klarer über das, was ich gewollt habe – im Vertrauen gesagt, ich wußte damals gar nicht deutlich, was ich wollte [...]."[158]

In der Folgezeit beginnt Greßmann mit Vorarbeiten, die er in Vorträgen und Aufsätzen veröffentlicht.[159] Deutlich wird die Akzentverschiebung in Richtung auf die messianischen Auffassungen. „Ich neige aber dazu, den Titel zu ändern + als Titel zu wählen: ‚Der Messias' oder ‚Weltheiland' (oder so ähnlich), da das Schwergewicht doch auf den messianischen Vorstellungen ruht",[160] berichtet er

---

154 Greßmann an Gunkel, 6.9.1911, ULB Halle, Yi 33 I G 134.
155 Greßmann an Ruprecht, 2.9.1911, SB Berlin, NL 494 V&R G 1911, Bl. 813: „Das Buch muß und soll völlig neu gearbeitet werden, sobald ich Zeit dazu habe. Aber woher die Zeit nehmen und nicht stehlen? Hätte ich ein Doppelleben zur Verfügung!"
156 S. o. 2.1.4.
157 Greßmann an Gunkel, 21.7.1912, ULB Halle, Yi 33 I G 139.
158 Greßmann an Ruprecht, 18.4.1913, SB Berlin, NL 494 V&R G 1913, Bl. 279.
159 Greßmann an Ruprecht, 10.10.1913, SB Berlin, NL 494 V&R G 1913, Bl. 292: „Ich habe in diesen Wochen fleißig gearbeitet + hatte besonders Vorträge vorzubereiten, die ich jetzt so wähle, daß sie mir als Vorarbeiten für die Neuauflage meiner ‚Eschatologie' dienen. Ich rede in Bonn vom 14.–16. Okt[ober] über den ‚Gottesknecht', außerdem in Kiel (Dez[ember]) über den Messias."
160 Greßmann an Ruprecht, 10.10.1913, SB Berlin, NL 494 V&R G 1913, Bl. 292: „Ich glaube, daß Ihnen das vom buchhändl[erischen] Gesichtspunkt aus auch viel lieber sein könnte, da das Thema mehr zieht. Das Buch wird *völlig neu* geschrieben und enthält vieles Neues, sodaß ein

Ruprecht. Greßmann geht den Auffassungen über Heilsbringer bei verschiedenen Völkern und Religionen sowohl in urzeitlicher als auch endzeitlicher Perspektive nach. Daraus entwickelt er die Übersicht zum „Messiasglauben in der Geschichte der Völker" (1913/14), den er auf national-politische Ideen in der ägyptischen Königsvorstellung zurückführt.[161] Die einzelnen Motive und Erscheinungen sind nach seiner Auffassung durch die israelitischen Propheten zu einer Messiashoffnung ausgebaut worden und haben hier eine besondere Entwicklung erfahren.[162] Den Abschluss der kleinen Studie bildet eine Darstellung der Entfaltung der Messiashoffnung über verschiedene historische Stationen bis hin zur Barbarossasage.[163]

Auch in dieser Untersuchung wird Greßmanns religionsgeschichtlicher Ansatz deutlich, wenn er sich immer wieder den volkstümlichen Anschauungen des Messiasglaubens widmet,[164] nicht ohne in diesem Zusammenhang seine psychologischen Betrachtungen anzustellen:

> Der Mensch ist immer derselbe, ewig unzufrieden mit dem, was er hat, und stets voll Sehnsucht nach dem, was er nicht hat. [...] Es ist ein psychologisches Gesetz, daß Erinnerungen um so mehr verklärt werden, je stärker die wirklichen Farben im Gedächtnis verblassen [...]. So schufen die auch uns wohlbekannten Kräfte der Menschenseele die Mythen der Urzeit und der Endzeit als Erfüllung all unseres Sehnens.[165]

Im Vergleich zur Darstellung in der Studie zum *Ursprung der israelitisch-jüdischen Eschatologie* ist Greßmanns Argumentation hier deutlich strukturierter und zielstrebiger, wenngleich die Entwicklungsfolge vom Alten Ägypten bis zur Barbarossasage durchaus konstruiert wirkt. „[I]ch habe auch allmählich gelernt, wie

---

neuer Titel auch inhaltlich berechtigt ist. Aber ich kann jetzt noch nicht sagen, wann ich meine Vorstudien abschließe, + bitte Sie, mich nicht zu sehr zu drängen, da das auch der Sache schaden würde."

161 Greßmann, „Messiasglaube", 398 ff.

162 Greßmann, „Messiasglaube", 405.

163 Greßmann, „Messiasglaube", 415.

164 Greßmann, „Messiasglaube", 405 – 407: „Wie herrlich hat Jesaja (Kap. 11) den Tierfrieden gezeichnet, wo der Wolf beim Lamm zu Gaste ißt und der Panther beim Böckchen lagert, wo Kalb und Löwe, Kuh und Bärin aus derselben Krippe fressen, und wo die Kinder mit den buntschillernden Schlangen wie mit Puppen spielen. Es ist die Sehnsucht des Hirten und Viehzüchters, die hier zum Ausdruck kommt, daß seine Herden ungestört weiden können, ohne Furcht vor wilden Tieren und giftigen Ottern. Daneben stehen die Bilder, die der Bauer träumt, von der unendlichen Fruchtbarkeit des Bodens, von der Mühelosigkeit des Ackerbaus und dem Segen der Ernte; da holt der Pflüger den Schnitter ein, der Traubenkelterer den Säemann, da triefen die Berge von Most und die Hügel von Milch. Während die Quellen und Ströme uns Sterblichen nur Wasser zuführen, wird jenes Land des Messias von Milch und Honig fließen."

165 Greßmann, „Messiasglaube", 396 f.

man für die Gegner überzeugender schreiben + darstellen kann",[166] bemerkt Greßmann gegenüber seinem Verleger. Angesichts dieses Eingeständnisses bleibt der Beigeschmack, dass Greßmann seine Darstellung aus apologetischem Interesse anfertigt und offenbar gezielt an seinen Gegnern ausrichtet.

Die sagengeschichtliche Forschung weitet Greßmann schließlich bis auf das neutestamentliche Gebiet aus, beispielsweise in einem Beitrag unter dem Titel *Das Weihnachtsevangelium auf Ursprung und Geschichte untersucht* (1914). Dabei kommt ihm die bereits erwähnte, 1913 erschienene Abhandlung über die Mosesagen (*Mose und seine Zeit*) zu Hilfe und die Erkenntnis, dass „der Stoff, mit dem die Dichter und Erzähler arbeiten, sehr beschränkt [ist]; die Motive, die sie benutzen, sind geläufig und kehren mit geringen Abweichungen immer wieder. Ja, oft sind sogar schon die Geschichten in der Überlieferung gegeben und werden nur von dem einen Helden auf den anderen übertragen. Die Phantasie schafft gewöhnlich nur Neues, indem sie Altes nachschafft und durch kleine Abtönungen und Schattierungen den veränderten Verhältnissen und Personen anpaßt."[167] Ähnlich wie bei den Moseerzählungen nimmt Greßmann einen Sagenkranz an, der sich um die Person Jesu gelegt habe,[168] weshalb sein methodisches Vorgehen bei Lk 2 auch sehr an die literargeschichtliche Analyse der Mosesagen erinnert und sogar fast wörtliche Übereinstimmungen aufweist.[169] In Anlehnung an die Entstehungsmodelle des Pentateuch sieht er die Leistung des Evangelisten Lukas in der Sammlung volkstümlichen Materials, welches er fast unbearbeitet nebeneinanderstellt und lediglich mit einigen „schriftstellerischen Eigenarten"[170] versehen habe. Greßmann hebt die Unzulänglichkeit einer rein literarkritischen Beurteilung des lukanischen Textes hervor, der naturgemäß ein Verständnis für die innere Bedeutung der Sagen und Legenden fehle.[171] Er nimmt dies zum Anlass, die Geburtslegenden bis zur Osirislegende zurückzuverfolgen, macht also auch für sie wie für die Messiasvorstellung einen ägyptischen Ursprung geltend.[172]

In seiner Untersuchung ist Greßmann bemüht, den Wert der vergleichenden Literaturgeschichte darzustellen: „Das Ziel der literarischen Analyse ist nicht, wie das der Literarkritik, verschiedene Quellen auszuscheiden, sondern das allmähliche Wachstum einer Erzählung zu verstehen."[173] Entsprechend widmet er der

---

166 Greßmann an Ruprecht, 18.4.1913, SB Berlin, NL 494 V&R G 1913, Bl. 279.
167 Greßmann, *Weihnachtsevangelium*, 79. Vgl. dazu unten Kap. 5.
168 Greßmann, *Weihnachtsevangelium*, 75.
169 Greßmann, *Weihnachtsevangelium*, 79.
170 Greßmann, *Weihnachtsevangelium*, 78.
171 Greßmann, *Weihnachtsevangelium*, 90 f.
172 Greßmann, *Weihnachtsevangelium*, 94–109.
173 Greßmann, *Weihnachtsevangelium*, 81.

literarischen Analyse ein eigenständiges Kapitel, in dem er die einzelnen Motive der Erzählung isoliert.[174] Greßmann bezeichnet die Untersuchung selbst als ein „Musterbeispiel für die Methode der Rel[igions]gesch[ichtlichen] Schule"[175] und trägt sich mit dem Gedanken, sie an seine Schrift über *Albert Eichhorn und Die Religionsgeschichtliche Schule* (1914) anzuhängen, entschließt sich dann aber doch für eine eigenständige Veröffentlichung. „Mein Aufsatz ist eine Sensation – natürlich + hoffentlich im guten Sinne", wie er seinem Verleger unbescheiden mitteilt, um gleich nachzusetzen: „Hier in Berlin lecken sich schon die Verleger die Finger danach. Ich habe den Vortrag neulich in der neuen ‚Rel[igions]wissenschaftl[ichen] Vereinigung' gehalten + bin unter starkem Beifall zum Druck aufgefordert worden. Ich habe mich schon Jahre mit dem Stoff getragen + glaube jetzt auch, daß die Zeit der Reife + Ernte gekommen ist."[176]

Während des Ersten Weltkriegs ist die Produktivität der Geisteswissenschaftler in Deutschland insgesamt erheblich eingeschränkt. Auch Greßmann veröffentlicht gerade in den letzten Kriegsjahren nur wenig, da die Zeitschriften ebenfalls mit den kriegsbedingten Erschwernissen zu kämpfen haben. Die Messiasvorstellungen verfolgt er allerdings weiter und veröffentlicht in unregelmäßigen Abständen in der *Christlichen Welt* kleinere Studien zu jüdischen Erzählungen, so über den „verborgenen Messias" (1916), den er aus jüdischen Midraschim rekonstruiert. Dazu publiziert er einen Vergleich mit dem Text aus Lk 2, den er unter den Titel „Das jüdische Weihnachtsevangelium" (1916) stellt. Gemeinsamkeiten der christlichen und jüdischen Überlieferung sieht er in der Auffindung des Messiaskindes und vor allem in der Übereinstimmung der Abfassungszeit. Eine direkte Beeinflussung der christlichen Messiasidee durch jüdische Messiasvorstellungen hält Greßmann für möglich.[177] Die jüdische Erzählung verortet er im Kontext der zelotischen Widerstandsbewegung um die Familie Hiskias, Judas' und Menahems, die um das Überleben der Nation kämpft, wäh-

---

174 Greßmann, *Weihnachtsevangelium*, 80–90.

175 Greßmann an Ruprecht, 22.11.1913, SB Berlin, NL 494 V&R G 1913, Bl. 296.

176 Greßmann an Ruprecht, 2.12.1913, SB Berlin, NL 494 V&R G 1913, Bl. 297: „Ich weise nach, mit Argumenten, die bereits Viele überprüft haben + [die,] wie mir scheint, *unwiderleglich* sind, daß das schöne Weihnachtsevangelium: ‚Es begab sich aber in den Tagen des Kaisers Augustus etc.' *aus Ägypten stammt.* Ich habe auch das *ägyptische Original* wiedergefunden. Natürlich nur das Urbild ist ägyptisch, das Bild ist dann in jüdisch-christlichem Geist übermalt und *neu geschaffen* worden, so daß unser Weihnachtsevangelium doch seinen Reiz + seinen Wert behält. Ich werde auch zeigen, worin das spezifisch christliche + der heute noch unwiderstehliche Zauber besteht. Es ist also für alle, die überhaupt geschichtlich denken können, kein Grund zur Beunruhigung."

177 Greßmann, „Das jüdische Weihnachtsevangelium", 183.

rend die christliche Erzählung vom Messias für ihn ein sittlich-religiöses Ideal repräsentiert.[178]

Dieser erste Ausflug Greßmanns auf das Gebiet der jüdischen Midraschliteratur macht seine Vorbehalte gegenüber den jüdischen Quellen deutlich. Er sieht sich offenbar herausgefordert, die Überlegenheit der christlichen Tradition zu verteidigen. Erst nach der späteren Übernahme des Berliner Institutum Judaicum und durch den Kontakt mit jüdischen Forschern entwickelt er ein tieferes Verständnis für die jüdische Auslegung.[179]

Anders dagegen fällt Greßmanns Bewertung der unterschiedlichen biblischen Vorstellungen aus. Bei der Beurteilung des Alten und Neuen Testaments spielt die jüdische Tradition keine Rolle, wie er in der 1917 veröffentlichten Untersuchung über „Die Christusidee des Alten Testaments" darlegt. „Zwischen dem Messias des Alten Testaments und dem Messias des Neuen Testaments gähnt eine tiefe Kluft nach Sprache und Inhalt",[180] weshalb es nötig sei, die komplexe Geschichte der Messiasidee nachzuzeichnen.[181]

Nach dem Ersten Weltkrieg setzt Greßmann seine Studienreihe in der *Christlichen Welt* fort.[182] Er weitet die Untersuchungen zur Messiasgestalt zunehmend auf das Gebiet der Märchen- und Sagenforschung aus und stützt sich dabei ausdrücklich auf Gunkels Arbeiten zum Märchenmotiv.[183] Ähnlich wie in *Mose und seine Zeit* identifiziert Greßmann zunächst verschiedene Motivvarianten, um daraus anschließend eine Entwicklungsgeschichte zu rekonstruieren. Im Blick auf das Motiv des „aussätzigen Messias" beschreibt er die Materialverknüpfung wie folgt:

> Wo das Messiasideal einen sittlich-religiösen Inhalt hat, sind ihm die Grenzen verhältnismäßig eng gezogen; aber wenn diese Schranken fehlen, kann sich der menschliche Geist, so viel er will, in der bunten Wunder-Wunschwelt tummeln wie im Märchenland. Messiasglaube und Märchenphantasie, so fremd sie einander auf den ersten Blick zu sein scheinen, können

---

178 Greßmann, „Das jüdische Weihnachtsevangelium", 183: „Der Messias des jüdischen Weihnachtsevangeliums war nicht gekommen, den Frieden zu bringen, sondern den Krieg; dem christlichen Messias aber singen die himmlischen Heerscharen schon an der Wiege den Hymnus: Ehre sei Gott in der Höhe und auf Erden Frieden den Menschen und Wohlgefallen!"
179 S. u. 4.3.
180 Greßmann, „Christusidee", 174, vgl. 173: „Darum muß als erster Satz gelten: Von dem historischen Jesus weiß das Alte Testament nichts. Daneben stellen wir den zweiten Satz: Auch von dem Christus des neuen Testaments weiß das Alte Testament nichts."
181 Greßmann, „Christusidee", 175.
182 Greßmann, „Der aussätzige Messias" (1920) und „Der Messias" (1920/21). Ausgewählte Quellentexte übersetzt Greßmann in der Reihe der „Messiasperlen" (1920/21).
183 Greßmann, „Der aussätzige Messias", 663 mit Verweis auf Gunkel, *Märchen*.

sich darum miteinander verbinden; das Märchen hat mit seinem Rankwerk und Blumengewinde die Gestalt des Messias umsponnen.[184]

Bei der Untersuchung der Entwicklungsphasen der Messiashoffnung sieht Greßmann den psychologischen Ursprung in der „märchenhaften Ausmalung der Zukunft".[185] Er verteidigt seine These einer ägyptischen Herkunft der Messiasvorstellung, da ihm die Idee eines urtümlichen Königtums, das in die Endzeit projiziert wird, nur unter den Verhältnissen in Ägypten plausibel erscheint. In der Übernahme dieses Ideenkomplexes durch Israel erkennt Greßmann einen politisch motivierten Akt, mit dem sich das aufstrebende Volk im Kampf mit den umliegenden Großmächten habe behaupten wollen.[186] Durch die Aussagen der Propheten sei ein sittlich-religiöser Aspekt hinzugetreten, da sie in der Messiasgestalt ein Korrektiv zur gesellschaftlichen und religiösen Lage ihrer Zeit gesehen hätten.[187] Die nahezu völlige Vernichtung durch das Exil habe zur Hoffnung auf eine Wiederauferstehung des Volkes und der Religion durch die Messiasgestalt geführt,[188] was schließlich in der hellenistischen Zeit auf die Menschensohnvorstellung übertragen worden sei. Greßmann hält fest: „So macht die Messiashoffnung dieselbe Wandlung durch, die die jüdische Religion jener Zeit durchmachen muß; aus der Prophetie wird die Apokalyptik, aus der Diesseits- die Jenseitsreligion: an die Stelle einfacher Gedanken einer klassischen Literatur von vollendeter Schönheit tritt die wirr-phantastische Welt undurchsichtiger Vorstellungen in den nach Form und Inhalt barocken Pseudoepigraphen und Apokryphen."[189]

Greßmann untersucht die Messiasvorstellung ganz im Stil seiner Sagenforschung und setzt alles daran, Entwicklungslinien aufzuzeigen. Dabei wirkt jedoch vor allem seine zeitliche Einteilung sehr konstruiert, zumal er wie bereits in seinen früheren Arbeiten ein sehr großes Zutrauen in das Alter der Quellen hat. Für die Leserschaft der *Christlichen Welt* formuliert Greßmann seine Thesen sehr pointiert und verzichtet auf detaillierte literarische Analysen. Stattdessen zeigen seine Ausführungen häufig einen starken Hang zu psychologisierenden Interpretationen, wenn er beispielsweise die Totenklage Sacharjas (Sach 12,9 – 14) mit der Klage um den toten Gott aus dem Adonis- und Osiriskult vergleicht.[190] Zeitgeschichtlich bedeutend ist Greßmanns Schlusssatz, mit dem er bereits kurz nach

---

184 Greßmann, „Der aussätzige Messias", 663.
185 Greßmann, „Der Messias", 758.
186 Greßmann, „Der Messias", 759.
187 Greßmann, „Der Messias", 760 f.
188 Greßmann, „Der Messias", 761 mit Hinweis auf den Adonis- und Osiriskult, sowie 139 f.
189 Greßmann, „Der Messias", 140.
190 Greßmann, „Der Messias", 761. Vgl. dazu ders., *Tod und Auferstehung*.

dem Ersten Weltkrieg seine große Akzeptanz gegenüber den anderen Religionen deutlich macht, wenngleich er dem Christentum eine Vorrangstellung einräumt:

> Und Israels Religion hat die Welt erobert und beherrscht sie heute noch im Judentum und seinen beiden Töchterreligionen, dem Christentum und dem Islam: Mose, Jesus und Mohammed, aber Jesus ist der Größte unter ihnen, unser Christus.[191]

Die Vorarbeiten für eine Neufassung der Untersuchung zur israelitisch-jüdischen Eschatologie sind Anfang der 1920er Jahre so weit fortgeschritten, dass Greßmann 1921 mit einer konkreten Planung an seinen Verleger Ruprecht herantritt:

> Ich habe den dringenden Wunsch, *im Herbst* den Druck meiner „Eschatologie"[2] – „Messias" beginnen zu lassen, damit ich mir endlich einmal das Buch von der Seele schreibe. Die 1. Aufl[age] enthielt nur einen „analytischen Teil" (in der Hauptsache), die 2. Aufl[age] wird dazu einen „historischen Teil" bekommen; sie wird also voraussichtlich einen *Mehrumfang von 100 Seiten* umfassen.[192]

Ruprecht ist von dieser Aussicht begeistert, da ihn zunehmend Anfragen für eine Neuauflage erreichen.[193] Mit Hilfe der „Notgemeinschaft der deutschen Wissenschaft" soll der Druck unter den schwierigen Bedingungen der Nachkriegszeit gewährleistet werden. Die Arbeiten verzögern sich jedoch, und wahrscheinlich gelingt es wegen der zunehmenden Inflation nicht, das Buch zu verwirklichen.[194]

---

191 Greßmann, „Der Messias", 142.

192 Greßmann an Ruprecht, undatiert (Januar 1921), SB Berlin, NL 494 V&R G 1921, Bl. 311. Wie so oft ist für Greßmann der finanzielle Aspekt wichtig: „Ferner müssen Sie mit einem Honorar von 2000 Mark rechnen + 10 Freiexemplare; ich binde mich nur für diese 2. Aufl[age]. Daraufhin bitte ich Sie, einen Kostenanschlag zu machen und den Druckkosten-Zuschuß zu berechnen, den Sie brauchen. Wenn wir im ‚Prinzip' einig sind, wollen wir uns möglichst bald mit einem sachlich + finanziell gut substantiierten Antrag an die Notgemeinschaft wenden zur Unterstützung dieses Werkes." Greßmann möchte nicht länger warten und im April 1921 schreibt er an Gunkel: „Hoffentlich finde ich nun endlich Zeit, meine ‚Eschatologie' zu Ende zu führen und diese Last von meiner Seele zu wälzen" (Greßmann an Gunkel, 7.4.1921, ULB Halle, Yi 33 I G 261).

193 Ruprecht an Greßmann, 29.1.1921, SB Berlin, NL 494 V&R G 1921, Bl. 310: „Also nun soll es an die Eschatologie[2] oder ‚Messias' gehen. Das ist fein! [...] Natürlich wird mancher Interessent eine Monographie zu diesem Preis nicht erwerben können und wollen und ist deshalb das Risiko, auch wenn der Zuschuß bewilligt wird, immer noch recht bedeutend. Aber dennoch wird es uns eine aufrichtige Freude sein, die 2. Auflage des Buches herauszubringen. Es ist uns schon lange ärgerlich gewesen, die noch recht häufig eingehenden Anfragen auf Unbestimmtes vertrösten zu müssen. Jedenfalls kann der Notgemeinschaft mit Fug und Recht vorgehalten werden, daß eine nicht ganz gewöhnliche Nachfrage nach dem Buche besteht."

194 Noch im März 1923 stellt Greßmann in einem Brief an Gunkel den Abschluss für Herbst 1923 in Aussicht: „Es freut mich zu hören, daß Deine Psalmen vorankommen; schade, daß ich sie nicht vor mir habe; für meinen ‚Messias' könnte ich sie gut gebrauchen. Nun muß es auch so gehen. Ich

Überraschend ist jetzt Greßmanns ganze Arbeitskraft bei der plötzlichen Übernahme des Institutum Judaicum Berolinense und der Herausgeberschaft der *Zeitschrift für die alttestamentliche Wissenschaft* gefordert.[195] Dennoch bleibt die Beschäftigung mit den Messiasvorstellungen auf der Tagesordnung. Im Jahr 1924 veröffentlicht er in der Reihe der Monatshefte der Comenius-Gesellschaft für Geisteskultur und Volksbildung einen Aufsatz über den „Messias und Erlöser", in dem er noch einmal ausführlich seine bisherigen Ergebnisse darlegt und weiter ausführt. In diesem Zusammenhang deutet er nun auch die Wahrscheinlichkeit von chaldäisch-iranischen Einflüssen im Bereich der Kosmogonie an,[196] eine Einsicht, die vermutlich auf Richard Reitzensteins (1861–1931) Arbeit über das iranische Erlösungsmysterium zurückgeht,[197] mit der sich Greßmann eingehend beschäftigt hat:

> Überdies habe ich mich jetzt in eine ausführliche Kritik Reitzensteins eingelassen, die mir sehr notwendig erscheint und bei der ich sehr viel lerne; es kommt in der Tat etwas dabei heraus, und ich zweifle heute nicht mehr, daß der „Menschensohn" der persische „Urmensch" ist. Das Rätsel ist gelöst, soweit es überhaupt lösbar ist.[198]

Explizit nimmt Greßmann in seinem Aufsatz auf die Untersuchung über *Die Geburt des Kindes* (1924) des Altphilologen Eduard Norden (1868–1941) Bezug.[199] Beide pflegen eine enge Zusammenarbeit, so dankt Norden umgekehrt für die Hilfe Greßmanns bei der Bearbeitung der jesajanischen Immanuelverheißung: „H. Greßmann hatte die Güte, den Grundtext mit mir durchzusprechen."[200] Hier zeigt sich einmal mehr die große Bereitschaft Greßmanns zum offenen Austausch mit Gelehrten anderer Fachrichtungen, um deren Anregungen für seine Untersuchungen nutzbar zu machen.

Wilhelm Rudolph (1891–1987) berichtet schließlich von einem Treffen mit Greßmann auf dem Orientalistentag in Hamburg 1926, bei dem dieser auf die Frage nach der Neuauflage seiner Eschatologiestudie sehr ausweichend geantwortet habe.[201] Als Greßmann im April 1927 überraschend stirbt, tritt der Fall ein,

---

hoffe, in einem halben Jahr (bis zum W[inter]S[emester]) fertig zu sein. Dann muß ich natürlich mit Hochdruck arbeiten" (Greßmann an Gunkel, 10.3.1923, ULB Halle, Yi 33 I G 268).

195 S.u. 4.3 und 5.1.

196 Greßmann, „Messias und Erlöser", 105

197 Vgl. Reitzenstein, *Erlösungsmysterium*, der sich wiederum an Boussets Überlegungen anlehnt.

198 Greßmann an Gunkel, 15.10.1921, ULB Halle, Yi 33 I G 257.

199 Greßmann, „Messias und Erlöser", 104.

200 Norden, *Geburt*, 51 Anm. 2.

201 Rudolph, Rez. Greßmann, *Messias*, 319.

den Ruprecht 1921 bei der detaillierten Planung der Neuauflage bereits vor Augen hatte:

> Druckbeginn sofort [d. h. 1921], wenn Sie uns die Zusicherung geben können, daß notfalls ein anderer Gelehrter auf Grund des vorhandenen M[anu]s[kripts] ohne erhebliche Schwierigkeit das Werk herausbringen könnte. Das dem Herausgeber ev[en]t[uell] zu zahlende Honorar wäre wie üblich an dem Ihnen, bzw. Ihren Erben zustehenden zu kürzen. Sollte das M[anu]s[kript] noch nicht soweit sein, so müßten wir wohl noch entsprechend warten. Da wir alle sterblich sind, kann sich der Verleger der Gefahr, einen Torso zu drucken, nicht aussetzen. Einmal haben wir uns von diesem Grundsatz abbringen lassen, durch Johannes Weiß, und sind schließlich nur dadurch mit einem blauen Auge davon gekommen, daß sich Prof. Knopf der Vollendung des einen Bandes des geplanten Werkes mit großer Hingabe widmete. Auch er starb unmittelbar nach Vollendung des Satzes![202]

Nun muss der Verlag noch ein weiteres Mal das Risiko eingehen, denn in Greßmanns Nachlass finden sich nur verschiedene Teilfassungen und -manuskripte, die Hans Schmidt (1877–1953) im Auftrag der Witwe Hanna Greßmann 1929 unter dem Titel *Der Messias* herausgibt.[203]

2.2.2 *Der Messias* (1929)

Schmidt stützt sich bei der Herausgabe des kompletten Werkes auf verschiedene Gliederungen, die Greßmann hinterlassen hat, muss allerdings auch teilweise widersprüchliche Angaben in Einklang bringen.[204] Er entschließt sich, die Aufteilung in sieben Bücher zu übernehmen und die Bücher über den politischen Messias, den prophetischen Messias und den Menschensohn ins Zentrum zu stellen.[205] Das Fehlen eines Abschnitts zur Unheilseschatologie ist im Vergleich zur ersten Auflage eines der auffälligsten Merkmale. In der dem Verleger Ruprecht mitgeteilten Übersicht aus dem Jahre 1911 geht Greßmann noch von einem solchen Kapitel aus.[206] Auch in der Korrespondenz mit Gunkel spricht er über eine allgemeine Untersuchung der Unheils- und Heilsprophetie.[207] Diese findet sich auch tatsächlich in einer kurzen Darstellung innerhalb des Abschnitts zu den

---

202 Ruprecht an Greßmann, 9.11.1921, SB Berlin, NL 494 V&R G 1921, Bl. 253. Ruprecht bezieht sich auf den zweiten Band von Weiß, *Urchristentum*.
203 Greßmann, *Messias*, Vorwort.
204 Greßmann, *Messias*, 4*.
205 Greßmann, *Messias*, 5*.
206 Greßmann an Ruprecht, 2.9.1911, SB Berlin, NL 494 V&R G 1911, Bl. 813.
207 Greßmann an Gunkel, undatiert (vermutlich Herbst 1916), ULB Halle, Yi 33 I G 153.

prophetischen Gattungen.[208] Hier analysiert Greßmann den Zusammenhang von Heils- und Unheilsprophetie und ordnet ihnen Drohung und Verheißung zu. Die religionsgeschichtliche Entwicklung dieser Gattungen erscheint ihm allerdings wesentlich komplizierter als bisher dargestellt, und er geht von gegenseitiger Beeinflussung aus, weshalb er die schematische Aufteilung der literarkritischen Untersuchungen ablehnt:

> Die Entwicklung wäre zweifellos in mancher Beziehung einfacher, wenn die literarkritische Auffassung mit Recht die Unechtheit der vorexilischen Verheißung bestritte; aber die gewaltsame Vereinfachung der Probleme verträgt sich nicht mit historischer Pietät. Mit den Freveln der Literarkritik verglichen, die eine gutbezeugte Überlieferung *einer vorgefaßten Meinung zu Liebe* einfach über Bord wirft, erscheinen die gelegentlichen Fehler der religionsgeschichtlichen Betrachtung als kleine Schwäche.[209]

Eine umfassende religionsgeschichtliche Untersuchung der Gattungen deutet Greßmann auf diesen wenigen Seiten nur an und beschränkt sich auf einige Beispiele. Einige Bemerkungen an anderer Stelle lassen vermuten, dass sich eine ausführliche Arbeit zu diesem Thema in Planung befand.[210] Ob dies bereits innerhalb des Messiasbuches dargelegt werden sollte,[211] ist allerdings fraglich, da das bereits vorhandene Material im Vergleich zur ersten Auflage eine erhebliche Erweiterung erfahren hat.

Das Buch beginnt mit einem Abschnitt über den „israelitischen Hofstil",[212] was Greßmann bereits in seiner Planung so vorgesehen hat. Damit nimmt er einen Abschnitt auf, der bereits in der ersten Auflage dem Messiasthema zugeordnet war.[213] Er weitet die Darstellung aber erheblich aus: „Der Ausdruck Hofstil ist geeignet, alle Anschauungen, Redewendungen und Sitten zusammenzufassen, die am königlichen Hofe üblich sind, die nur in seiner Atmosphäre gedeihen und die daher ebenso notwendig zu ihm gehören wie Paläste, Frauenhaus, Prunkwagen, Leibwache und Steuern."[214] Mit dieser weitreichenden Definition verfolgt

---

208 Greßmann, *Messias*, 77–82.
209 Greßmann, *Messias*, 81f. (Hervorhebung im Original).
210 Greßmann, *Messias*, 283: „Wie der Gedanke von der Wiederkehr des Paradieses entstanden ist, kann erst untersucht werden, wenn zuvor auch die Unheilseschatologie auf ihre ältesten Bestandteile hin analysiert worden ist [...]."
211 So vermutet Rudolph, Rez. Greßmann, *Messias*, 318.
212 Greßmann, *Messias*, 1–64.
213 Greßmann, *Ursprung*, 250–259.
214 Greßmann, *Messias*, 7.

er die wesentlichen Vorstellungen und Motive, die mit der Königsideologie zusammenhängen.[215]

Über die „Königslieder" (Ps 2; 72; 110) versucht Greßmann bis auf „den Mutterboden" vorzustoßen, „auf dem der Messiasglauben gewachsen ist".[216] In Abgrenzung zur Literarkritischen Schule stellt Greßmann noch gründlicher als in der Untersuchung über den *Ursprung der israelitisch-jüdischen Eschatologie* die verschiedenen altorientalischen Wurzeln der Psalmen zusammen. Dennoch legt er größten Wert auf die Feststellung, dass die vorliegenden Königspsalmen nicht vom Messias handeln, sondern vom israelitischen König.[217] In seiner ausführlichen Argumentation geht es ihm darum, verstärkt die geschichtliche Entwicklung dieses Vorstellungskomplexes herauszuarbeiten.[218] Detailliert trägt Greßmann das altorientalische Bildprogramm zusammen und zieht dabei auch die gegenständliche Kunst zu Rate.[219] Schrittweise verfolgt er die zunehmende Vergötterung des Königs in der altorientalischen Welt, bis er schließlich den israelitischen Hofstil als eine daraus resultierende Mischform beschreibt. Als wesentliche Quelle betrachtet er, wie bereits in den vorangegangenen Einzeluntersuchungen dargestellt, die amurritische Königsideologie, die sich ihrerseits aus ägyptischen, babylonischen und hethitischen Elementen zusammensetzt.

Darauf folgt im zweiten Buch des *Messias* eine umfangreiche Darstellung der prophetischen Gattungen. Greßmann legt Wert darauf, die „Propheten als Dichter"[220] darzustellen und ihre Arbeit als „Künstler"[221] zu würdigen:

> Trotz der seelischen Erlebnisse halten sich die Propheten an die überlieferte Form, wenn sie ihre Gedanken zum Ausdruck bringen wollen, wie ja auch die modernen Dichter trotz ihres fessellosen Individualismus die Schranken der überkommenen Gattung nur selten durchbrechen. Die Erforschung der *prophetischen Gattungen* ist daher die erste Aufgabe der israelitischen Literaturgeschichte.[222]

Im Einzelnen widmet sich Greßmann den Verheißungen, den Heidenorakeln und den Völkerorakeln.[223] Einen besonderen Schwerpunkt der Auseinandersetzung

---

215 Vgl. dazu Wagner, „Hofstil", 222.
216 Greßmann, *Messias*, 15.
217 Vgl. auch die Darstellung bei Siahaan, *Konkretisierung*, 6 – 14.
218 Greßmann, *Messias*, 17*.
219 Greßmann, *Messias*, 29: „Auf einem Bronzetor im Neujahrsfesthause des Gottes Asur war ein Flachbild angebracht, das ein Bautext Sanheribs beschreibt."
220 Greßmann, *Messias*, 67 – 69.
221 Greßmann, *Messias*, 67.
222 Greßmann, *Messias*, 68 (Hervorhebung im Original).
223 Greßmann, *Messias*, 82 – 148.

bilden die Völkerorakel, für die er eine Vielzahl vorprophetischer Quellen geltend macht. Die große Materialfülle führt er zurück auf die weite Verbreitung der Vorstellung einer Weltkatastrophe, der eine messianische Heilsaussage korrespondiert. An der Darstellung wird deutlich, wie zielstrebig Greßmann nun das Material anordnet und seine Thesen entwickelt. „Ich habe nicht mehr so einseitig wie früher auf den ‚Ursprung' der israelitisch-jüdischen Eschatologie geachtet",[224] räumt Greßmann in seiner Einleitung ein.

Im dritten Buch untersucht er, mit welchen Motiven das „goldene Zeitalter" in der Endzeit beschrieben wird.[225] „Es gehört zum Wesen aller volkstümlich-primitiven Dichtkunst, abstrakte und allgemeine Grundsätze zu vermeiden und sie vielmehr durch konkrete Einzelheiten zu erläutern. Man sagt nicht einfach: ‚Das Paradies kehrt wieder' – denn das wäre prosaisch – sondern man malt diese Tatsache durch eine Fülle dichterisch geschauter Züge aus."[226] Die für diese Beschreibungen notwendigen Stilmittel stammen nach Greßmann aus der altorientalischen Umwelt. Die Propheten hätten aus dem vorhandenen Repertoire ein verklärtes Bild der Urzeit zusammengestellt und insbesondere die mosaische Zeit idealisiert.[227]

Das vierte und fünfte Buch widmet sich dezidiert den Messiasvorstellungen, und zwar in politischer Sicht und in prophetischer Perspektive.[228] In der Gestalt des Messias kulminiert nach Greßmann die Vorstellung des goldenen Zeitalters. Er vermutet eine Verklärung und Projektion der davidischen Zeit, die innerhalb der verbreiteten Volksfrömmigkeit stattfinde. Dies habe durch die angekündigte Weltherrschaft zuallererst eine politische Dimension, die Greßmann im Gegensatz zum „Schuldogma"[229] für eine vorexilische Schöpfung hält. In der prophetischen Rezeption dieser Vorstellung sei dann in späterer Zeit, geprägt von der Erfahrung des Exils, die Figur des „Ebed-Jahves" entstanden, die königliche und prophetische Züge gleichermaßen trägt. „Der Messias ist die monarchische Zuspitzung der Eschatologie",[230] das ist die Schlussfolgerung Greßmanns, mit der er die zentrale Bedeutung der Messiasgestalt noch stärker als in der ersten Auflage herausarbeitet.[231]

---

224 Greßmann, *Messias*, 17*.
225 Greßmann, *Messias*, 151–192.
226 Greßmann, *Messias*, 152.
227 Greßmann, *Messias*, 192.
228 Greßmann, *Messias*, 193–284 und 285–339.
229 Greßmann, *Messias*, 201.
230 Greßmann, *Messias*, 280.
231 Vgl. dazu Sæbø, *Canon*, 202 f.

Ausführlich legt Greßmann seine bereits bekannte These von der ägyptischen Herkunft der Messiasvorstellung dar. Er sammelt Material aus der prophetischen Tradition, bei dem er eine Verbindung zur eschatologischen Vorstellung sieht. Diese betrachtet er als Hinweis auf das ägyptische Motiv des Idealkönigs, welches über amurritische und phönizische Vermittlung nach Israel gelangt sei.[232] Ausdrücklich wendet sich Greßmann in diesem Zusammenhang gegen ein Missverständnis: „Es muß hier aber von vornherein der Irrtum zurückgewiesen werden, als ob Israel einen Messias-Mythus entlehnt hätte; denn einen solchen hat es überhaupt nie gegeben. Vielmehr handelt es sich nur um eine mythische Einzelidee: Die Wiederkehr des urzeitlichen Idealkönigs als Messias der Endzeit."[233] Deutlich wird insgesamt, dass Greßmann seine Methode aus der ersten Auflage grundsätzlich beibehält und sich auf die Wanderung und Übernahme von Ideen und Vorstellungskomplexen konzentriert. Außerdem bemüht er sich, seine Darstellung mit aussagekräftigen Beispielen zu belegen und Zusammenhänge zwischen den einzelnen Motivbereichen aufzuzeigen, um auf diese Weise der entsprechenden Kritik an der ersten Auflage Rechnung zu tragen.

Im sechsten Buch verfolgt Greßmann die Entwicklung der Messiasvorstellung weiter bis zum „Menschensohn", der in Dan 7 auftritt.[234] Über das Henoch- und vierte Esrabuch erschließt er hier iranisch-babylonische Wurzeln, während er über das Testament Josephs und die Offenbarung des Johannes in die ägyptische Mythologie vorstößt. Auch ein zusammenfassendes Kapitel über „Das religionsgeschichtliche Problem des Menschensohnes"[235] geht von einer ägyptischen Herkunft aus, wenngleich die Darstellung in diesem gesamten Abschnitt recht unfertig und vorläufig erscheint.

Die Argumentation läuft folgerichtig auf das siebte Buch unter der Überschrift „Die ägyptische Messiashoffnung" zu, das schon Wilhelm Rudolph als jüngsten Teil der gesamten Abhandlung erkannt hat.[236] Greßmann gibt hier zunächst einen „Überblick über die prophetische Literatur in Ägypten",[237] in dem er acht ausgewählte Texte kurz vorstellt, deren Übersetzung er bis auf zwei Ausnahmen

---

232 Greßmann, *Messias*, 230 ff.
233 Greßmann, *Messias*, 232. Vgl. etwa das spätere Urteil bei von Rad, „βασιλεύς", 565: „Keiner der Königspsalmen ist messianisch."
234 Greßmann, *Messias*, 341–414.
235 Greßmann, *Messias*, 401–414.
236 Rudolph, Rez. Greßmann, *Messias*, 319.
237 Greßmann, *Messias*, 415–431.

bereits in den *Altorientalischen Texten und Bildern* (1909) abgedruckt hat.[238] Anschließend thematisiert er „Eigenarten und Geschichte der prophetischen Literatur in Ägypten".[239] Greßmann muss eingestehen, dass das Phänomen der Prophetie in der ägyptischen Tradition nicht belegt ist.[240] Er versucht daher in seiner
Darstellung, über die Orakel, insbesondere die Inspirationsorakel, eine Parallele
zum Prophetismus zu ziehen. Die märchenhaften Züge dieser Textformen betrachtet er dabei als Brücke, zugleich aber auch als Besonderheit der ägyptischen
Orakel. Eine weitere Verbindung stellt aus seiner Sicht die Abfolge von Unheil und
Heil dar. Ferner sind nach seiner Auffassung die patriotische Ausrichtung mit der
Erwartung des Idealkönigs, das dynastische Interesse und die Rätselhaftigkeit des
Orakels vergleichbar. Bei der gattungsgeschichtlichen Betrachtung sind für ihn
die Berührungspunkte zur alttestamentlichen Prophetie unübersehbar, weswegen
er schließlich sogar vom „ägyptische[n] Prophet"[241] sprechen kann.

Das Kapitel schließt mit der offenen Frage, ob sich die Ähnlichkeiten aus einer
analogen Entwicklung oder aus geschichtlichen Abhängigkeiten erklären lassen.
Für eine abschließende Klärung verweist Greßmann auf die biblischen Schriften.
Falls sich der Messiasgedanke nicht innerisraelitisch erklären lasse, komme für
ihn unter den altorientalischen Völkern nur Ägypten als Ursprung in Frage.

Zum jüngsten Abschnitt der Untersuchung gehört wohl außerdem ein Abschnitt über Vergils vierte Ekloge, den Greßmann 1926 unter dem Titel „Götterkind
und Menschensohn" separat veröffentlicht hat und den Hans Schmidt nun in
einer „Nachlese" an das Buch anhängt.[242] Hier wendet sich Greßmann der babylonischen Kultur zu und kommt bezüglich des Messiasgedankens zu einem
erweiterten Schluss: „Alle die Züge, die von der ägyptischen Religion aus nicht
verständlich oder nur halb verständlich werden, empfangen aus der babylonischen Religion ihr volles Licht."[243] Als Grundlage seiner Argumentation dient ihm
der babylonische Weltschöpfungsmythos, dessen Überlieferung er bis nach Rom
verfolgt. Allerdings bleibt auch die babylonische Spur in Greßmanns Darstellung
nicht ausreichend bearbeitet.

---

238 Siehe dazu unten 2.3. Das „Orakel von Buto" (Greßmann, *Messias*, 418 f.) ist bereits bei
Herodot überliefert, der demotische Orakelkommentar wurde 1880 von Eugène Revillout (1843 –
1913) herausgegeben.
239 Greßmann, *Messias*, 431– 445.
240 Greßmann, *Messias*, 431: „Von ägyptischen Propheten wissen wir bisher nichts". Außerdem:
„Da weder hier noch sonst Berufspropheten genannt werden, so darf man zweifeln, ob es solche
in Ägypten jemals gegeben hat, obwohl das *argumentum e silentio* zur Vorsicht mahnt" (433).
241 Greßmann, *Messias*, 440.
242 Greßmann, *Messias*, 449 – 478.
243 Greßmann, *Messias*, 474.

2.2.3 Die Wirkung der neuen Darstellung

Über das gesamte nun vorliegende Werk verteilt finden sich Passagen, die mal einen iranischen, mal einen ägyptischen und schließlich einen babylonischen Ursprung für die Messiasthematik annehmen. Darin zeigt sich die „Tragik dieses Buches",[244] wie Wilhelm Rudolph es nennt, da die einzelnen Teile und Bearbeitungen offenbar über einen langen Zeitraum entstanden sind und Greßmann selbst keine abschließende Redaktion hat vornehmen können, um aus den wesentlichen Partien ein stimmigeres Gesamtbild zusammenzufügen. Doch gerade das solchermaßen unvollendete Werk macht noch einmal Greßmanns Forschungsstil deutlich und offenbart, dass er zumindest in der Bearbeitung der Messiasmotive bereit war, seine Position immer wieder zu überprüfen und neue Wege einzuschlagen, auch wenn dies möglicherweise eine Korrektur oder Widerlegung seiner bisherigen Arbeit bedeutete. In einer Reflexion über die Forschungsentwicklung hält Greßmann mit Blick auf die Kollegen fest:

> Ich weiß also genau, wie unsicher der Boden ist, auf dem sich alle derartigen religionsgeschichtlichen Forschungen bewegen und bewegen müssen, wenn man überhaupt ein Verständnis der Entwicklung gewinnen will. Wer forschen und Neues schaffen will, muß den Mut haben zu irren, und darum verneige ich mich gern vor den Großen im Geist, obwohl oder gerade deswegen, weil sie gestrauchelt sind.[245]

Greßmann selbst sieht seine jahrzehntelange Suche nach dem Ursprung der Messiasvorstellung trotzdem nicht als gescheitert an.[246] Das zusammengetragene religionsgeschichtliche Material wird in der Fachwelt dankbar aufgenommen, auch wenn Greßmanns Schlussfolgerungen – wie so oft – als außerordentlich kühn bewertet werden. Bereits 1916 schreibt Greßmann an Gunkel einen Brief, in dem er seine Unsicherheit zur Sprache bringt:

> Ich habe da sehr viel Neues + gewiß nicht immer Endgültiges (z. B. über Jes. 28 und Jes. 30). Die Meinungen werden da natürlich auseinander gehen müssen, aber es wäre mir doch lieb, ein Urteil vor dem Druck zu hören, wie Dir meine Anschauungen einleuchten, wie weit sie Dir wenigstens erwägenswert erscheinen + wie weit Du sie als „Phantasien" gänzliche ablehnst.[247]

---

244 Rudolph, Rez. Greßmann, *Messias*, 318.
245 Greßmann, *Messias*, 472. Der Abschnitt stammt aus der erwähnten Untersuchung zu Vergils vierter Ekloge.
246 Dagegen Rudolph, Rez. Greßmann, *Messias*, 323: „[...] so ist die Annahme nicht zu kühn, daß in einem von ihm [scil. Greßmann] selbst zu Ende gebrachten Messiasbuch eine ägyptische Messiashoffnung keine Stelle mehr gehabt hätte."
247 Greßmann an Gunkel, undatiert (Herbst 1916), ULB Halle, Yi 33 I G 183.

Ein solche Offenheit hätte Greßmann sich wohl kaum innerhalb der wissenschaftlichen Diskussion mit seinen Gegnern erlauben können. Dessen ungeachtet wird deutlich, dass die durch August von Gall geäußerte Kritik, Greßmann habe die Ergebnisse der Literarkritischen Schule in der ersten Auflage bewusst vernachlässigt,[248] in der neuen Auflage zu einer verstärkten Berücksichtigung der Forschungsdiskussion führt. Die einzelnen Quellentexte werden in einer Übersetzung ausführlich dargestellt und verschiedene Positionen aus der Sekundärliteratur in Teilen aufgenommen. Doch schon vorab warnt Greßmann in der Einführung: „Bei der Überfülle der Produktion kann nicht jeder Einfall registriert und widerlegt werden; Vollständigkeit wäre von Übel und würde den Tod der Wissenschaft bedeuten."[249] Die Untersuchung profitiert von dem Umstand, dass Greßmann sich nun auch auf das Gebiet der jüdischen Überlieferung begibt und diesen Bereich bei einer erneuten Durchsicht wohl noch stärker berücksichtigt hätte. Seine Ausführungen zum Gottesknecht in den verschiedenen Jahrgängen der *Zeitschrift für die alttestamentliche Wissenschaft* lassen zumindest den Schluss zu, dass er bei der Frage nach dem Ebed-JHWH die rabbinischen Texte immer intensiver zur Kenntnis nimmt.[250]

Soweit dies in der jetzigen Anordnung der Buchteile erkennbar ist, verfolgt Greßmann die Entwicklung der Messiasidee sehr zielgerichtet von der altorientalischen Königsideologie über den israelitischen Königshof bis hin zu den Umformungen durch die Propheten und die Exilserfahrung zu einer eschatologischen Menschensohnerwartung.[251] Gustav Hölscher (1877–1955) würdigt in einer ausführlichen Rezension „die große Linienführung, die intuitive Kraft der Konstruktion, die Zusammenschau entlegener Dinge in einer Einheit".[252] Im Einzelnen kritisiert er jedoch den „Phantasiebau",[253] etwa bei Greßmanns Aufstellung des mythologischen Bildprogramms der Königspsalmen oder bei der kollektiven Deutung des Ebed-JHWH. Als Vertreter der Literarkritischen Schule kann er der intuitiven Beweisführung wenig Verständnis entgegenbringen und formuliert seinen Einwand mit ähnlichen Worten, mit denen Wellhausen einige Jahre zuvor die Untersuchung über *Mose und seine Zeit* angegriffen hat: „Niemand wird bestreiten, daß mythologische Vorstellungen an sich primitiv, uralt sind. [...] Die Frage ist aber: wie sind diese mythologischen Vorstellungen zu eschatologischen

---

248 Von Gall, *ΒΑΣΙΛΕΙΑ*, 13.
249 Greßmann, *Messias*, 17*.
250 S. u. 5.1.
251 Vgl. die zusammengefassten Hauptthesen bei Siahaan, *Konkretisierung*, 13 f.
252 Hölscher, Rez. Greßmann, *Messias*, 1732.
253 Hölscher, Rez. Greßmann, *Messias*, 1733.

Vorstellungen geworden?"[254] Hölscher steht dem Ansatz Greßmanns ablehnend gegenüber, der durch die Untersuchung zugrundeliegender Affekte die religiösen Ideen offenlegen möchte.[255] Grundsätzlich kritisiert Hölscher vor allem die von Greßmann aufgestellte Entwicklungsfolge der Messiasvorstellung und stellt ihr schließlich die allgemeine Auffassung der Literarkritischen Schule gegenüber, nach der die eschatologische Königsideologie ihren Ursprung in verhältnismäßig spät anzusetzenden religiösen Vorstellungen habe.[256] Energisch lehnt er eine Frühdatierung der Eschatologie ab.[257]

Trotzdem ist die Kritik der Literarkritischen Schule an Greßmanns Werk deutlich moderater, als sie es noch auf dem Höhepunkt der Auseinandersetzung mit der Religionsgeschichtlichen Schule war. Dies mag mit einer Hochachtung vor Greßmanns Lebensleistung und Zurückhaltung angesichts seines frühen Todes zusammenhängen. Gleichzeitig lässt sich auch ein gewisses Verständnis für Greßmanns Arbeitsweise erkennen. So teilt Hölscher das Interesse an Fragen der Völkerpsychologie, freilich mit dem Ziel, die Bedeutung der Propheten Israels hervorzuheben.[258]

In der Folgezeit wird sich auch Sigmund Mowinckel noch einmal mit Greß-manns Werk auseinandersetzen, nachdem schon der *Ursprung der israelitisch-jüdischen Eschatologie* den Anstoß für seine *Psalmenstudien* gegeben hat.[259] Im Jahr 1951 veröffentlicht Mowinckel eine eigene Untersuchung zur Messiasthe-matik[260] und bemerkt mit Blick auf die Forschungslage, dass man es bei der Eschatologie mit einem Begriff zu tun habe, „which has occasioned much con-fusion".[261] In ausdrücklichem Widerspruch zu Greßmann vertritt Mowinckel eine Spätdatierung der Messiasvorstellung, was wohl auf den Einfluss Hölschers zu-rückzuführen ist.[262] Er lehnt Greßmanns Vorstellung einer einheitlichen vorder-orientalischen Eschatologie ab, aus der die Propheten die Bestandteile ihrer Botschaft entnommen hätten.[263] Demgegenüber hebt Mowinckel nachdrücklich die Unterschiede zur altorientalischen Welt hervor und betont den kultischen Ursprung der Messiasvorstellung.[264] Trotzdem berühren sich Greßmann und

---

254 Hölscher, Rez. Greßmann, *Messias*, 1741. Siehe dazu unten 3.1.
255 Hölscher, Rez. Greßmann, *Messias*, 1743.
256 Hölscher, Rez. Greßmann, *Messias*, 1744.
257 Hölscher, *Ursprünge*, 8.
258 Vgl. die Darstellung bei Lessing, *Geschichte*, 343 f.
259 S. o. 2.1.
260 Mowinckel, *Han som kommer* (die engl. Übersetzung *He That Cometh* erscheint 1956).
261 Mowinckel, *He That Cometh*, 125.
262 Vgl. Sæbø, „Verhältnis", 33.
263 Mowinckel, *He That Cometh*, 127.
264 Mowinckel, *He That Cometh*, 128.

Mowinckel in ihrer Methodik, auch wenn Greßmann mit dem Begriff der „Vorlagen" oder „Muster" zurückhaltend umgeht und stattdessen stärker den fragmentarischen Charakter der Überlieferung unterstreicht.[265] Beide, sowohl Mowinckel als auch Greßmann, wenden sich in ihrer jeweiligen Studie verstärkt der Untersuchung einzelner Traditionsbereiche zu, anstatt sich dem Phänomen der Eschatologie im Ganzen zu widmen.[266]

In einer Aufnahme der kultischen Fragestellung beschäftigt sich auch die Myth and Ritual School mit religiösen Mustern („ritual pattern") in der altorientalischen Welt und verbindet dies zusätzlich mit volkskundlichen und anthropologischen Fragestellungen.[267] Der skandinavische Zweig dieser Forschungsrichtung bezieht sich in der methodischen Ausrichtung stark auf die Arbeiten der Religionsgeschichtlichen Schule. So nennt etwa Ivan Engnell (1906–1964) ausdrücklich Greßmanns Untersuchungen als Teil der „older fundamental works",[268] auf die er sich stützt.

Insgesamt ist es für Greßmanns Arbeit jedoch bezeichnend, dass sie weniger als Gesamtwerk rezipiert wird, sondern vielmehr in einzelnen Teilen, etwa im Blick auf die Königspsalmen, die Gottesknechtslieder oder die Immanuelverheißung. Nicht selten stoßen die Thesen Greßmanns auf erheblichen Widerspruch, dennoch hält Wilhelm Rudolph in seiner Rezension fest:

> Daß trotzdem das Studium des vorliegenden Werkes reichen Gewinn bringt, ist selbstverständlich; von einem Forscher vom Range Gr[eßmann]'s lernt man immer, auch wo man ihm widersprechen muß.[269]

Die Unvollkommenheiten der Darstellung sind im zusammengestellten Buch erst auf den zweiten Blick erkennbar. Greßmann hätte einer Veröffentlichung in dieser Form aber wohl nicht zugestimmt. Die einzelnen Bücher sind, bis auf einige Ausnahmen, in sich geschlossen, es fehlt allerdings ein roter Faden, der die Teile verbindet. Gerade dies war Greßmann bei seiner Planung jedoch besonders wichtig, da er seine Forschung als Beleg für die Qualität und Leistungsfähigkeit der religionsgeschichtlichen Fragestellung gegenüber den verschiedenen Gegnern der Religionsgeschichtlichen Schule verstanden wissen wollte. Einzelne

---

265 Vgl. Sæbø, *Canon*, 208.
266 Vgl. Sæbø, *Canon*, 204.
267 Siehe Hjelde, *Mowinckel*, 228. Vgl. den forschungsgeschichtlichen Überblick zur Interpretation der Königspsalmen bei Saur, *Königspsalmen*, 5–14, dort auch mit Kritik an den Ergebnissen der Myth and Ritual School.
268 Engnell, *Studies*, 174.
269 Rudolph, Rez. Greßmann, *Messias*, 319.

Abschnitte des Buches sind schon recht früh entstanden, so dass die neuere Literatur aus der zweiten Hälfte der 1920er Jahre gelegentlich unberücksichtigt bleibt. Eine Würdigung des Werkes muss diesen Entstehungshintergrund berücksichtigen, was in der späteren Rezeption nicht immer geschieht.[270]

Trotz dieser Mängel ist die Veröffentlichung des unabgeschlossenen Werkes durch Hans Schmidt ein forschungsgeschichtlich bedeutsamer Schritt. Im Vergleich zum *Ursprung der israelitisch-jüdischen Eschatologie* lässt sich die Akzentverschiebung zum Messiasthema erkennen. Gleichzeitig ist Greßmanns Vorgehen innerhalb der einzelnen Abschnitte deutlich stringenter und er stützt seine Thesen jetzt sehr viel breiter auf zahlreiche Detailstudien. In der Rezeption finden insbesondere diese Einzeluntersuchungen Beachtung, und zwar vor allem im englischsprachigen und skandinavischen Raum, wo auch über den Zweiten Weltkrieg hinaus ein großes Interesse an der religionsgeschichtlichen Fragestellung besteht.[271]

2.3 Greßmanns Programm einer altorientalischen Quellensammlung: *Altorientalische Texte und Bilder (AOTB)*

Mit den *Altorientalischen Texten und Bildern zum Alten Testament* erscheint 1909 das zweite große Werk Greßmanns, welches in Zusammenarbeit mit dem Altorientalisten Arthur Ungnad (1879–1947) und dem Ägyptologen Hermann Ranke (1878–1953) entsteht. Im Vorwort beschreibt Greßmann die Beweggründe für die Herausgabe dieses umfangreichen Text- und Bildbandes: „Eine Hauptaufgabe der alttestamentlichen Forschung ist gegenwärtig die Vergleichung der Religion und Literatur Israels mit den Religionen und Literaturen des vorderen Orients."[272] Das Buch ist für den universitären Gebrauch bestimmt, vornehmlich „zur Belehrung der Studenten, die die Texte und Bilder selbst in Händen haben müssen, wenn sie wissenschaftlich mitarbeiten sollen."[273] Daneben werden die Dozenten als Zielgruppe genannt, aber auch alle anderen Leser, die aus historischem oder religionsgeschichtlichem Interesse das Material selbst sichten möchten.

---

270 Vgl. etwa Lauenstein, *Messias*.
271 Zur Forschungsgeschichte Albertz, *Religionsgeschichte Israels*, Bd. 1, 19–32.
272 Greßmann, *AOTB* 1, III.
273 Greßmann, *AOTB* 1, V.

2.3.1 Aufbau der Sammlung

Im ersten Band sind die „Altorientalischen Texte" abgedruckt, beginnend mit den „Babylonisch-assyrischen Texten", die in der Übersetzung von Ungnad und in einer Abfolge religiöser, chronologisch-historischer und juristischer Texte wiedergegeben werden. Ungnad ist auch für die Übersetzung der anschließend dargebotenen „Nordsemitischen Texte" verantwortlich, Ranke für die der „Ägyptischen Texte".

Die einzelnen Quellentexte sind jeweils mit einer kurzen erläuternden Einführung versehen, in der einige Bemerkungen zum Inhalt gemacht werden, vereinzelt werden Details zur Ausgrabungsgeschichte genannt. Daneben erscheinen Literaturhinweise zu Erstveröffentlichung und Übersetzungen, gelegentlich wird auf weiterführende Literatur verwiesen. Die einzelnen Texte enthalten die Zeilenangaben des Originals, Auslassungen oder Beschädigungen sind gekennzeichnet und Erläuterungen zur Übersetzung vereinzelt im Text eingefügt. Weitere kurze Anmerkungen sind in Fußnoten ergänzt, die zusätzliche Erklärungen geben oder auf die wissenschaftliche Diskussion hinweisen.

Der zweite Band enthält die „Altorientalischen Bilder", „gesammelt und erklärt von Hugo Gressmann", wie es im Inhaltsverzeichnis heißt.[274] Gegliedert ist die Zusammenstellung in einen religionsgeschichtlichen und einen profangeschichtlichen Teil, wobei das Übergewicht auf dem ersten Teil mit 234 Bildern liegt, während sich nur 40 Bilder auf das Alltagsleben und politische Geschehen in den altorientalischen Großmächten beziehen.

Die religionsgeschichtlichen Bilder sind in vierzehn Kategorien unterteilt: Napflöcher, Masseben, Altäre, Gotteshäuser, Tempelgeräte, Opfer, Götter und Symbole, Stierbilder, weibliche Gottheiten, Keruben und Dämonen, Amulette, Siegel, Mythen, Königsvergötterung. Die einzelnen Abschnitte sind auch hier mit knappen Einführungen versehen. Die Abbildungen werden mit kurzen Erläuterungen und Literaturhinweisen dargeboten. Eine Reihe von Photographien, vornehmlich aus Petra, stammen von Greßmann selbst, andere Aufnahmen aus Palästina von Gustaf Dalman (1855–1941) oder Mitarbeitern des Deutschen Evangelischen Instituts für Altertumswissenschaft des Heiligen Landes in Jerusalem. Zahlreiche Artefakte sind mit Hilfe der Berliner Museen photographiert worden, insbesondere Immanuel Benzinger (1865–1935) und Adolf Erman (1854–1932) haben hier Material zur Verfügung gestellt.

---

274 Greßmann, *AOTB* 2, V.

2.3.2 Entstehungsgeschichte

Die *Altorientalischen Texte und Bilder zum Alten Testament* stehen in einer Reihe ähnlicher Quellensammlungen, die seit der Mitte des 19. Jahrhunderts in den verschiedenen Disziplinen der altorientalischen Forschung veröffentlicht werden. Die Ausgrabungen und neuen archäologischen Funde im Nahen Osten fördern vielfältiges Textmaterial zu Tage, welches gesichtet und systematisch geordnet werden muss. Es wird dabei immer klarer erkennbar, dass Palästina als Spielball zwischen den beiden Großmächten Babylon und Ägypten zu betrachten ist und dass deren Kulturen einen erheblichen Einfluss auf die Geschichte Israels gehabt haben. Verbindungslinien zu den biblischen Texten drängen sich immer deutlicher auf. Über den Umgang mit den außerbiblischen Quellen und ihren Bezug zur Bibel entbrennt allerdings in der Forschung, mehr aber noch in der deutschen Öffentlichkeit, ein heftiger Streit. Friedrich Delitzsch (1850 – 1922) hält in den Jahren 1902 bis 1904 eine Vortragsreihe zu „Babel und Bibel", in der er Ergebnisse aus den Ausgrabungen im Orient mit den biblischen Schilderungen verknüpft. Seine oft sehr tendenziöse Darstellung führt zu einer öffentlichen Diskussion, in die schließlich auch das Kaiserhaus und die ihm nahestehenden Theologen verwickelt werden.[275] Die Debatte zeigt, dass sowohl die theologische Wissenschaft als auch die verschiedenen kirchlichen Strömungen am Anfang des 20. Jahrhunderts zutiefst gespalten sind.[276] Greßmanns Bilder- und Schriftensammlung greift somit direkt in eine aktuelle Diskussion ein.

In der assyrischen Sprachforschung erscheint bereits 1863 mit den *Studien zur Kritik und Erklärung der biblischen Urgeschichte* von Eberhard Schrader (1836 – 1908) eine quellenkundliche Untersuchung auf dem Gebiet des Alten Testaments. Neun Jahre später legt Schrader den Quellenband *Die Keilinschriften und das Alte Testament* mit Umschriften und Übersetzungen und einigen wenigen philologischen Anmerkungen vor. Nachdem Schrader einen Schlaganfall erleidet, setzen seine Kollegen Hugo Winckler und Heinrich Zimmern die Arbeit an der dritten Auflage dieser Textsammlung fort. Sie erscheint 1903 und weist eine wesentliche Neuerung auf, da die Autoren den Anspruch haben, „in zusammenfassender, systematischer Darstellung den durch die Inschriften neu gewonnenen Stoff, soweit derselbe für das Verständnis des Alten Testaments von Wichtigkeit erscheint, vorzuführen und mit dem entsprechenden alttestamentlichen Material

---

275 Zum Bibel-Babel-Streit vgl. Liwak, „Bibel und Babel"; Lehmann, *Friedrich Delitzsch*; Johanning, *Bibel-Babel-Streit.*
276 Ein Beispiel für die Folgen dieser Spaltung ist das schwierige berufliche Schicksal der verschiedenen Vertreter der Religionsgeschichtlichen Schule, s. u. 5.2.

zusammenzustellen."[277] Damit ist der Schritt zur Auswahl und interpretierenden Erläuterung der Quellenschriften bereits vollzogen, allerdings ohne dass die Texte selbst oder die Bezüge zum Alten Testament hinreichend genau in ihrem jeweiligen Kontext beachtet werden und ohne eine vollständige Edition der Keilschrifttexte zu geben.

Winckler hat bereits zuvor eine eigene Inschriftensammlung, das *Keilinschriftliche Textbuch zum Alten Testament* (1892), herausgegeben. Auf 130 Seiten enthält dieser Band eine Auswahl historischer und mythologischer Texte. Letztere setzen sich aus Auszügen des Gilgamesch-Epos, einem Lehrgedicht von der Weltschöpfung, der babylonischen Schöpfungslegende nach Berossus und dem Enuma Elisch zusammen. Die dritte Auflage (1909) enthält neben einigen Umstellungen und Erweiterungen eine ausführliche Einleitung. Hat Winckler bisher auf nähere Erläuterungen zur Textzusammenstellung verzichtet, so legt er nun Rechenschaft über seine Intention ab. Das Werk soll demnach eine Sammlung „und einige Proben von dem Einfluß der babylonischen Kultur, ihres Geistes- und Schriftlebens auf das Land des Volkes Israel" bieten.[278] In der neuen Einführung gibt Winckler einen kurzen Überblick zur babylonischen Geschichte und verknüpft dies mit einigen Hinweisen zum biblischen Text. Den deutschen Übersetzungen der Inschriften[279] fügt er jeweils den Originaltext in Umschrift bei. An ausgewählten Stellen zieht er Verbindungslinien zu hebräischen Ausdrücken oder einzelnen biblischen Passagen. Damit hat Winckler ebenfalls den Weg einer reinen Textsammlung verlassen und begonnen, die Quellen in den systematischen und religionsgeschichtlichen Zusammenhang des Alten Testaments einzuordnen.

Winckler ist es auch, der mit seinem Werk über *Die babylonische Geisteskultur in ihren Beziehungen zur Kulturentwicklung der Menschheit* (1907) den Begriff des „Panbabylonismus" prägt und mit seiner Vorstellung einer astralmythischen Weltanschauung in Babylon erheblichen Einfluss auf die alttestamentliche Forschung nimmt.[280] Einiges an seinen Arbeiten verbindet ihn mit Greßmann und der Religionsgeschichtlichen Schule.[281] Im Gegensatz zu Greßmann ist Winckler aber

---

277 Schrader, *Keilinschriften* (3. Aufl.), VI.
278 Winckler, *Textbuch* (3. Aufl.), V.
279 Geordnet nach Königsinschriften, chronologischen Texten und mythologischen Texten.
280 Bruno Baentsch, Benzinger und Willy Staerk schließen sich ihm an, vgl. Kraus, *Geschichte*, 306.
281 Vgl. Winckler, *Der Alte Orient*, 13: „Das, was der Orient lehrt, ist also der literargeschichtlichen Betrachtung gegenüber: Alter der Abfassung einer Schrift entscheidet noch nicht Alter (und damit Beweiskraft) der Angabe, denn das geistige Leben des Orients hat sich in Formen abgespielt, welche ermöglichen, daß eine im fünften Jahrhundert abgefaßte Schrift ältere Anschauungen und Nachrichten bewahrte als eine im achten und siebten Jahrhundert niedergeschriebene."

weniger an form- oder gattungsgeschichtlichen Untersuchungen interessiert, sondern er möchte gezielt die astralmythologischen Motive herausarbeiten und überträgt seine Ergebnisse pauschal auf das Alte Testament.[282] Diese Vorgehensweise wird von Greßmann scharf kritisiert, die Resultate eines solchen Umgangs mit den Quellen kann er lediglich als „Phantasiebild" betrachten.[283]

Einen weiteren Schritt unternimmt schließlich Alfred Jeremias (1864 – 1935) mit seinem Werk *Das Alte Testament im Lichte des alten Orients* (1904). In Anlehnung an Winckler entwirft er eine Darstellung der altorientalischen Kosmogonie und versteht diese als einen Interpretationsschlüssel für die alttestamentlichen Texte, insbesondere für deren mythologische Elemente.[284] Im Anschluss wird der biblische Text mit zahlreichen religionsgeschichtlichen Analogien aus den außerbiblischen Traditionen erläutert.

Jeremias ordnet das Material nach der Abfolge der biblischen Bücher, wobei die behandelten biblischen Themen, oftmals zusammen mit der betreffenden Bibelstelle, übersichtlich in der Kopfzeile genannt sind.[285] Zwar muss man ihm zugutehalten, dass er sich nicht nur auf die babylonisch-assyrische Literatur beschränkt, sondern auch das ägyptische Material hinzuzieht. Dies geschieht jedoch in einer stark beschränkten Auswahl, so dass kaum eine kritische Sichtung möglich ist. Hinzu kommt die Parallelisierung mit Material aus Indien, China, Skandinavien und Griechenland, das ebenfalls nur äußerst bruchstückhaft dargestellt wird.[286]

Jeremias selbst sieht die wissenschaftliche Bedeutung seines Werkes in der Auseinandersetzung mit der bisherigen literar- und textkritischen Schule.[287] Aus

---

282 Vgl. die Darstellung bei Weidmann, *Patriarchen*, 71.

283 Greßmann, „Phantasiebild".

284 Jeremias, *Das Alte Testament*, 1– 75. In der zweiten Auflage erweitert er dieses Material noch einmal. Da sich die Diskussion um den Panbabylonismus aber bereits ausgebreitet hat, schlägt Jeremias für den Gebrauch seines Buches einen Kompromiss vor: „Besondere Schwierigkeit bietet für viele beim besten Willen das Verständnis der astralmythologischen Motive, die mit den biblischen Erzählungen verwoben sind. Die betreffenden astralmythologischen Abschnitte sind in der neuen Auflage stark erweitert worden. Das Sternzeichen (*) am Anfang und Schluß der betreffenden Abschnitte mag Lesern, die sich mit der Neuerung noch nicht befreunden können, bei der Lektüre als Signal zum Überschlagen dienen; andrerseits soll es denen, die in der Welt der Astralmotive eindringen möchten, das Auffinden der Zusammenhänge erleichtern" (*Das Alte Testament* [2. Aufl.], V). Zu diesen Erweiterungen gehören unter anderem Überlegungen zum „Tammuz-Motiv in der Josefsgeschichte" (383), zu den „Tierkreisbildern im Jakobssegen" (395), zur „Geburtsgeschichte des Mose" (408) und zur „Lade als Tammuz-Kasten" (440).

285 Vgl. Jeremias, *Das Alte Testament* (2. Aufl.), VII: „Die Einrichtung ist durchsichtig. Die alttestamentlichen Schriften sind in der Reihenfolge der Lutherbibel behandelt."

286 Vgl. etwa die Darstellung der Sintflut, Jeremias, *Das Alte Testament* (2. Aufl.), bes. 234 ff.

287 Jeremias, *Das Alte Testament* (2. Aufl.), V–VI.

seiner Sicht trägt die Assyriologie wesentlich zum inhaltlichen Verständnis des Alten Testaments bei, während bisher vor allem die Bestimmung der Form Gegenstand des wissenschaftlichen Interesses gewesen sei.[288] Jeremias beschränkt sich nicht allein auf die Diskussion von Texten, sondern illustriert seine Ausführungen auch mit zahlreichen Abbildungen und Karten. Damit wird der Interpretationsrahmen sowohl der Texte als auch der Bilder deutlich begrenzt.[289] Offensichtlich ist allerdings auch das Bemühen des Pastors Jeremias, die lutherische Orthodoxie mit der neuen Forschungsrichtung zu verbinden. Im Vorwort zur zweiten Auflage erklärt Jeremias: „Ich weiß mich eins mit denen, die im Alten Testament eine Welt geschichtlich vermittelter Offenbarung suchen. Die israelitische Gottesvorstellung und Erlösererwartung ist nicht ein Destillat menschlicher, auf verschiedenen Gebieten des alten Orients erwachsener Ideen, sondern sie ist ewige Wahrheit im bunten Gewand orientalischer Sprechweise."[290] Die Kritik von Seiten der Religionsgeschichtlichen Schule fällt hart aus. Neben verschiedenen inhaltlichen Fehlern wendet sich Gunkel in seiner Rezension besonders gegen die Vermischung von Darstellung und Deutung des Quellenmaterials. „Er [scil. Jeremias] hat nicht gelernt, einen Tatbestand der Vergangenheit unbefangen aufzunehmen, sondern unbewusst mischt sich ihm die Phantasie ein, und verschiebt sich ihm die Sache nach seinen Wünschen."[291]

Sehr ausführlich setzt sich Greßmann ein Jahr vor dem Erscheinen der *Altorientalischen Texte und Bilder* mit Immanuel Benzingers überarbeiteter zweiter Auflage der *Hebräischen Archäologie* (1907) auseinander.[292] An seiner Kritik ist Greßmanns eigenes Programm zu erkennen. Zunächst wendet er sich scharf gegen die Aufnahme der astralmythologischen Interpretation, die auch Benzinger von Winckler übernimmt, nachdem sie bereits in verschiedenen anderen Werken ihre Spuren hinterlassen hat. So kann Greßmann etwa eine Seitenbemerkung gegen das Werk von Jeremias nicht unterdrücken: „Die Rezeption der Astralmythologie ist nicht bedingungslos geschehen und tritt nur an einigen Stellen stö-

---

288 Zur Kritik siehe Volz, Rez. Jeremias, *Das Alte Testament*, 611.

289 Vgl. z.B. die ausführliche Darstellung des altorientalischen Weltkreislaufes, Jeremias, *Das Alte Testament*, 6–75. Dazu werden Ausgrabungsfunde mit eigenen Skizzen kombiniert (Heptagramm und Hexagramm mit Verweis auf die „mittelalterliche Astrologie", 16 Abb. 9), um auf diese Weise einen Zusammenhang zu suggerieren. Die zweite Auflage bietet dann zusätzlich wissenschaftliche Schaubilder zum Sonnen- und Mondkreislauf (34 Abb. 14 und 15). Diese dienen nicht nur der Erläuterung der Texte, sondern beeinflussen auch den Interpretationsraum der Leser.

290 Jeremias, *Das Alte Testament* (2. Aufl.), VI.

291 Gunkel, Rez. Jeremias, *Das Alte Testament*, 784. Ansonsten kritisiert Gunkel vor allem die Verwendung der Übersetzung aus der Lutherbibel und weist auf die Übersetzungsproblematik an einigen Stellen hin.

292 Vgl. dazu Greßmann, Rez. Benzinger, *Archäologie*.

rend auf, während sie anderswo ohne jeden Einfluß geblieben ist. Uebrigens wird sie auch mit mehr Geist und Geschmack verfochten, als es z. B. bei Alfred Jeremias der Fall ist."[293] In diesem Zusammenhang beanstandet Greßmann die vorschnellen Schlussfolgerungen Benzingers zur Abhängigkeit Israels von der babylonisch-assyrischen Kultur: „Wer die Funde in Palästina aufmerksam verfolgt hat, wird vielmehr durch das Gegenteil überrascht sein, wie wenig Babylonien und wie stark Aegypten auf Kanaan gewirkt hat. Von diesem Rätsel, vor das uns die Ausgrabungen gestellt haben, merkt man bei Benzinger nichts, weder in der Einleitung noch sonstwo."[294]

Sehr schwer wiegt Greßmanns Vorwurf, Benzinger habe die Kultur und die Gebräuche der einheimischen Bevölkerung zu wenig wahrgenommen,[295] wo er sich doch mehrere Jahre in Palästina aufgehalten und auch bei der Herausgabe des Baedekers[296] mitgewirkt hat. Man kann hier das Interesse der Religionsgeschichtlichen Schule am „Volksleben" erkennen, welches Greßmann gerne ausführlicher dargestellt sehen möchte. An einigen Stellen holt er dies innerhalb der Rezension nach und gibt eigene Beschreibungen des palästinischen Lebens, um Benzingers Darstellungen zu korrigieren.[297]

Irritiert reagiert Greßmann auf die fehlerhafte Verwendung seines eigenen Materials, das in der *Hebräischen Archäologie* in ganz anderer Richtung gedeutet ist.[298] Hier plädiert Greßmann für eine rein beschreibende Darstellung, um der Leserschaft eine eigene Position zu ermöglichen.

Greßmanns Kritik ist an vielen Stellen sehr detailliert, verliert sich aber oft in der Diskussion von Wortbedeutungen und ist nicht ohne Polemik geschrieben. Im Großen und Ganzen weiß er die Arbeit Benzingers allerdings darin zu würdigen, dass man durch die Auseinandersetzung mit ihr auch dort lerne, wo man widersprechen müsse.[299] In einem Brief an Gunkel wird er dagegen deutlicher:

---

293 Greßmann, Rez. Benzinger, *Archäologie*, 754.
294 Greßmann, Rez. Benzinger, *Archäologie*, 738.
295 Greßmann, Rez. Benzinger, *Archäologie*, 738.
296 Baedeker, *Palaestina und Syrien*.
297 Greßmann, Rez. Benzinger, *Archäologie*, 742.
298 Greßmann, Rez. Benzinger, *Archäologie*, 744: „Die Abb. 237 bei Benzinger, die nach einer von mir aufgenommenen Photographie gefertigt ist, stellt nicht den Haupt-, sondern den für die Libationen bestimmten Nebenaltar dar, dessen Größenverhältnisse übrigens ganz andere sind, als Benzinger S. 319 angibt [...]. Statt die verschiedenen Altarformen zu beschreiben, über die auch abgesehen von Petra genügend Material vorhanden ist, müssen wir einen Exkurs lesen über die Bedeutung der ‚Hörner' am Altar, die ursprünglich im Zwillingszeitalter die Mondhörner, im Stierzeitalter die Stierhörner und im Widderzeitalter die Widderhörner symbolisierten. Gegen diese Mythologie à la Winckler, Jeremias usw. spricht alles [...]."
299 Greßmann, Rez. Benzinger, *Archäologie*, 754.

„Auch Benzinger's Archäologie, die ich in den GGA ausführlich bespreche, scheint mir große Mängel zu enthalten und nur sehr vorsichtiger Empfehlung wert. B[enzinger] hat nur teilweise gearbeitet, er kennt weder die Tatsachen noch die Theorien vollständig, interessiert sich nur für Einiges; was ihm unbequem ist, läßt er bei Seite und ignoriert er. B[enzinger] ist zu wirklich wissenschaftlicher Gründlichkeit nicht geeignet, doch leugne ich seine Begabung nicht."[300]

2.3.3 Greßmanns Programm einer Text- und Bildsammlung

Einige der genannten Quellensammlungen und Darstellungen sind einerseits als Vorläufer der *Altorientalischen Texte und Bilder* zu betrachten, die Greßmann gerne verwendet und in seine eigene Sammlung einfließen lässt.[301] Andererseits grenzt sich Greßmann vom methodischen Vorgehen seiner Vorgänger ab und markiert diese Zäsur in der Forschungsentwicklung durch die Vorlage neuer Übersetzungen. In seinem Vorwort nimmt er ausdrücklich Bezug auf die Probleme, die seit der Entdeckung des neuen Materials aus dem Alten Orient für die Bibelwissenschaften entstanden sind, ohne die Panbabylonisten direkt zu nennen. Er stellt fest, dass sich über Entwicklungen, Wanderungen, Umprägungen und Analogien vorderhand allenfalls Hypothesen anstellen ließen und etwaige Resultate keineswegs hinreichend gesichert seien. Diese Einschätzung bildet den eigentlichen Ausgangspunkt für seine neue Materialsammlung: „Wer nicht in unwissenschaftlichem Autoritätsglauben die Behauptungen der Forscher unbesehen hinnehmen, sondern selbst nachprüfen und sich ein kritisches Urteil verschaffen will, der muß das zur Entscheidung notwendige Material in zuverlässiger Form benutzen können. Bei den zahlreichen Hypothesen, die gerade auf diesem eben urbar gemachten Boden üppig ins Kraut schießen, ist völlige Objektivität und tiefe Versenkung in den Stoff unerläßlich für den, der die Gründe für und wider besonnen abwägen will."[302] Entgegen der Entwicklung, die in den vorangegangenen Quellensammlungen erkennbar geworden war, entschließt sich Greßmann, „oft zu eigenem Bedauern",[303] auf eine eigene Interpretation der Texte zu verzichten, um die unvoreingenommene Benutzung nicht zu gefährden. Anders als im Winckler'schen Textbuch wird in den *Altorientalischen Texten und Bildern* aber kein Originaltext abgedruckt, sondern allein

---

300 Greßmann an Gunkel, undatiert (vermutlich 1907), ULB Halle, Yi 33 I G 100.

301 Greßmann benutzt nach eigenen Angaben u. a. Jeremias, *Das Alte Testament* (2. Aufl.); Schrader, *Keilinschriften* (3. Aufl.); Winckler, *Textbuch* (2. Aufl.); Benzinger, *Archäologie* (2. Aufl.). Vgl. Greßmann, *AOTB* 1, XIII–XIV.

302 Greßmann, *AOTB* 1, III.

303 Greßmann, *AOTB* 1, III.

die Übersetzung. Greßmann begründet dies mit der Leserschaft des Buches, die den Urtext ohnehin nicht lesen könne und für die er damit zu einem „überflüssigen Ballast" werde.[304] Für interessierte Leser bestehe die Möglichkeit, den Texten über die ausführlichen Literaturangaben weiter nachzugehen. In der Tat sind die Literaturangaben zu den einzelnen Quellen sehr umfangreich. Meist wird sogar auf den Ausgrabungszusammenhang verwiesen, was die zeitliche Einordnung der Texte außerordentlich erleichtert. Es werden die Ausstellungs- und Verwahrungsorte der Inschriften und Artefakte genannt sowie auf Abbildungen und weitere Übersetzungen in der wissenschaftlichen Literatur verwiesen. Schon bei der Darstellung der Texte ist also ersichtlich, dass sich die Herausgeber um große Sachlichkeit bemühen.

Einen weiteren Aspekt spricht Greßmann unter dem Stichwort der „Vollständigkeit"[305] an. Mit einem Hieb gegen die Einseitigkeit der bisherigen Forschung rühmt er sich der gleichrangigen Berücksichtigung des ägyptischen Materials:[306] „Die ägyptische Literatur ist hier zum erstenmal unter dem Gesichtspunkt ihrer Verwertung für das Alte Testament in Auswahl zusammengestellt worden."[307]

Diese Feststellung trifft allerdings nur teilweise zu, hat doch bereits Jeremias ägyptisches Material in sein Handbuch aufgenommen und auf das Alte Testament bezogen. Die wenigen ägyptischen Parallelen gehen dort jedoch tatsächlich zwischen dem vielfältigen anderen Material unter und die Darstellung bei Jeremias erfüllt kaum die von Greßmann geforderte Objektivität. Greßmanns Unwille richtet sich vor allem gegen die bedenkenlose Übertragung der panbabylonischen Vorstellungen auf die ägyptischen Texte, was er in seiner Rezension zu Jeremias' Abhandlung über *Die Panbabylonisten* (²1907) deutlich zum Ausdruck bringt: „Ehe die ‚Panbabylonisten' daran gehen, Ägypten und die ‚ganze' Welt in den Kreis ihrer Betrachtungen zu ziehen, sollten sie erst einmal ihre Hypothesen an babylonischen Texten zu beweisen versuchen."[308]

Die breitere Berücksichtigung des ägyptischen Materials in den *Altorientalischen Texten und Bildern* wird in der wissenschaftlichen Forschergemeinschaft explizit gewürdigt: „Man hat (wenigstens nach dem jetzigen Stand der Dinge) den Eindruck, daß die ägyptische Literatur dem A[lt]T[estament]lichen Theologen fast noch mehr zu sagen hat als die babylonische, da die geistigen Fragen in ihr

---

304 Greßmann, *AOTB* 1, III.
305 Greßmann, *AOTB* 1, IV.
306 Greßmann, *AOTB* 1, IV: „Die bisherige Forschung hat, mit einigen rühmlichen Ausnahmen, fast ausschließlich nach Babylonien geblickt und darüber die ebenfalls alte, vielleicht noch ältere Kultur der Ägypter ungebührlich vernachlässigt."
307 Greßmann, *AOTB* 1, IV.
308 Greßmann, Rez. Jeremias, *Panbabylonisten*, 38.

reichlicher zum Wort kommen und noch nähere Parallelen zu den israelitischen Literaturgattungen sich finden",[309] urteilt Volz als Rezensent. Dennoch muss sich Greßmann bei der Auswahl seiner Texte natürlich beschränken. Er habe nur solche Quellen herangezogen, „die für einen Vergleich mit der israelitischen Literatur oder zur Illustrierung der im Alten Testament ausgesprochenen Anschauungen notwendig sind, die entweder schon in den bisherigen Verhandlungen über den Zusammenhang Israels mit dem Vorderen Orient eine Rolle gespielt haben oder voraussichtlich den Anstoß zu weiteren Forschungen geben werden."[310]

Die notwendige Beschränkung lässt den Forschungsansatz Greßmanns umso deutlicher hervortreten, wobei Greßmann zugestanden werden muss, dass seine Auswahl sehr breit angelegt ist und ein Abdruck weiteren Materials technisch und zeitlich kaum zu realisieren gewesen wäre. Gleichwohl verspricht Greßmann, eventuell fehlende Texte in einer Neuauflage nachzuliefern. Auf religionsgeschichtliche Parallelen außerhalb des Vorderen Orients verzichtet er dagegen ganz, obgleich er in seinen vorausgehenden Studien ausgiebig davon Gebrauch macht. Zu dieser Entscheidung äußert sich Greßmann nicht explizit, allerdings ist deutlich, dass der Quellenband aus der Auseinandersetzung des Bibel-Babel-Streits entsteht, in dem naturgemäß nur die altorientalischen Texte von Bedeutung sind. Die Ausweitung auf andere Analogien würde nicht nur den Umfang der Sammlung sprengen, sondern sicher auch die selbstverordnete Neutralität beeinträchtigen.

Mit der Aufnahme des ägyptischen Materials durchbricht Greßmann, wie bereits gesagt, die Fokussierung bisheriger Quellensammlungen auf assyrisch-babylonische Zeugnisse. Stattdessen werden die Texte zum ersten Mal gleichberechtigt nebeneinandergestellt mit dem willkommenen Effekt, dass nun vor allem auch die ägyptischen Quellen gebündelt vorliegen, die zuvor nur verstreut publiziert und teils recht schwer zugänglich waren. Insbesondere die Aufnahme prophetischer Texte verdient Beachtung, wobei die „Prophezeiung eines Priesters unter König Snefru" zu den Quellen gehört, die in Greßmanns Textsammlung nun überhaupt zum ersten Mal in einer deutschen Übersetzung vorliegen.[311] Die deutsche Erstveröffentlichung in der Übersetzung von Ranke stützt sich auf ein Textfragment auf einer Holztafel des Museums in Kairo. In der zweiten Auflage der *Altorientalischen Texte und Bilder* (1926) wird dann der vollständige Text aus dem Papyrus 1116 B der Eremitage in St. Petersburg geboten. Es handelt sich um die

---

309 Volz, Rez. Greßmann, *AOTB*, 34.
310 Greßmann, *AOTB* 1, IV.
311 Greßmann, *AOTB* 1, 204–206.

Weissagung des Priesters Neferrehu, dessen Ansage einer Katastrophe im Land von Bedeutung ist, weil Greßmann an ihr die Nähe zur prophetischen Eschatologie der Bibel aufzeigen kann.[312]

Auch bereits bekannte Texte, wie das Siegeslied auf den König Merenptah mit der berühmten ersten Erwähnung Israels oder der Sonnenhymnus Echnatons, können jetzt erstmals vollständig und im Zusammenhang mit anderen poetischen Texten der ägyptischen Literatur wahrgenommen werden. In dieser Zusammenstellung, die sich an ein breites Publikum richtet, liegt schließlich der große Wert der Sammlung.

Für Greßmanns eigene Forschung sind außerdem die ägyptischen Märchen und Erzählungen von Interesse. Wie bereits erwähnt, befindet er sich schon seit geraumer Zeit mit Gunkel im Austausch über die Mythen, Sagen und Märchen des Alten Orients. Schon in der Untersuchung zum *Ursprung der israelitisch-jüdischen Eschatologie* hatte er auf Stoffe zurückgegriffen, die nach seiner Meinung im allgemeinen Volksleben in Umlauf standen. Diese Erzählformen bilden einen zentralen Schwerpunkt seiner weiteren Forschung und werden ihn bis zu seinem Lebensende beschäftigen. Das ägyptische Material ermöglicht ihm in seinem Buch über *Mose und seine Zeit* ganz neue Zugänge zu den biblisch tradierten Erzählungen, wenn er beispielsweise in der Erzählung vom Wachskrokodil[313] eine Parallele zur Verwandlung des Mosestabes ausmacht. Damit wendet sich Greßmann gegen eine naturwissenschaftliche Erklärung des Motivs, vielmehr interpretiert er es vor dem Hintergrund seines sagengeschichtlichen Charakters.[314]

Für alle Interessierten bieten die *Altorientalischen Texte und Bilder* eine attraktive (und übrigens auch kostengünstige) Möglichkeit, sich ein eigenes Bild von dem Vergleichsmaterial aus den großen Kulturen des Orients zu machen, ohne zuvor aufwendig die verschiedenen Sprachen erlernen zu müssen. Im Zusammenhang des Bibel-Babel-Streits wird Greßmanns Quellensammlung so zu einem einflussreichen Hilfsmittel für Forschung, Studium und gebildete Laien.

Die Aufnahme von Bildern und Photographien in seine Quellensammlung stellt Greßmann vor erhebliche Herausforderungen. Dennoch entscheidet er sich für eine solche Zusammenstellung, um den Lesern einen eigenen Eindruck von den besprochenen bildlichen Darstellungen zu geben. Die thematische Anordnung verhindert eine vorschnelle Parallelisierung mit biblischen Texten, wodurch sich Greßmann von den älteren Bildquellensammlungen abgrenzt.

---

312 Vgl. Greßmann, Rez. von Gall, *ΒΑΣΙΛΕΙΑ*.
313 Greßmann, *AOTB* 1, 217–218.
314 Greßmann, *Mose*, 88 f.

Charles James Ball (1851–1924) legt beispielsweise bereits 1899 eine für damalige Verhältnisse sehr ausführliche Übersicht vor, die er nach der biblischen
Geschichtsfolge gliedert und in der er altorientalische Texte mit Abbildungen von
Ausgrabungsfunden illustriert und schließlich mit einer Bibelstelle einordnet.[315]
Noch ausgeprägter findet sich dieses Muster bei Alfred Jeremias in *Das Alte Testament im Lichte des Alten Orients*.[316] Der direkte Vergleich mit der Materialan-
ordnung in den *Altorientalischen Texten und Bildern zum Alten Testament* zeigt,
wie zurückhaltend Greßmann mit direkten biblischen Assoziationen ist. Auf einen
Bezug zu den biblischen Belegen möchte allerdings auch er nicht gänzlich verzichten, wie der Titel der Sammlung bereits deutlich macht. Allerdings beschränkt
er sich auf das Nötigste und zieht Parallelen nur dort, wo sie sich innerhalb der
thematischen Bezüge im Vorderen Orient nahelegen.[317] Greßmann will es dem
Leser überlassen, Verbindungslinien herzustellen und sich ein eigenes Bild von
der Wahrscheinlichkeit der Beziehungen zu machen: „Die wenigen Hinweise auf
das Alte Testament, die sich leicht hätten vermehren lassen, sollen sich absichtlich niemandem aufdrängen, damit der Stoff durch die eigene, ihm innewoh-
nende Schwerkraft wirke."[318]

In den kurzen Einführungen zu den einzelnen Bildkategorien wird deutlich,
dass sich die thematische Anordnung meist bewusst am biblischen Befund orientiert. Mit den Kategoriebezeichnungen „Masseben" und „Keruben" sind beispielsweise hebräische Ausdrücke gewählt,[319] „Altäre" werden dargestellt, weil
deren Gestalt im Alten Testament nur selten beschrieben wird,[320] „Weibliche
Gottheiten" werden wegen der Erwähnung der Astarte und Aschera im Alten

---

315 Ball, *Light*. Im Vorwort verweist Ball darauf, dass es ihm nicht darum gehe, „to confirm the
Scriptures", allerdings beabsichtige er, „to lead my readers to the right point of view for under-
standing them" (viii).
316 Vgl. z. B. die Illustration der Episode von der Zerstörung des Dagon-Standbildes (1 Sam 5,1 ff.)
mit einem Relief aus Khorsabad, auf dem die Zerschlagung von Götterstatuen zu sehen ist (Jeremias, *Das Alte Testament* [2. Aufl.], 483).
317 Greßmann, *AOTB* 1, V. Als Beispiel sei hier die Abbildung einer „babylonischen Wahrsage-
leber" genannt (*AOTB* 2, 51 Abb. 84), zu der Greßmann einen Hinweis auf die Erwähnung der
Leberschau in Ez 21,26 gibt. Das Bild ist dem Buch von Jeremias entnommen, wo die „Wahrsa-
gungs-Leber mit magischen Linien und Orakeln" der Erläuterung des Ezechieltextes dient und
außerdem eine ähnliche Orakelpraxis bei den Etruskern erwähnt wird (*Das Alte Testament* [2.
Aufl.], 590 Abb. 205). Die Deutung bei Jeremias verläuft umgekehrt zu der bei Greßmann, und
zwar vom biblischen Text aus.
318 Greßmann, *AOTB* 1, IV.
319 Vgl. Greßmann, *AOTB* 2, 4.
320 Greßmann, *AOTB* 2, 23.

Testament behandelt,[321] und auch bei den wenigen profangeschichtlichen Bildern ist ein Bezug zur biblische Geschichte nicht von der Hand zu weisen.

Gelegentlich scheint Greßmanns eigenes Forschungsinteresse durch, etwa bei der umfangreichen Darstellung der Masseben und Napflöcher, die er während seines Palästinaaufenthalts ausführlich studiert hat.[322] Noch deutlicher zeigt die Bildersammlung seine Vorliebe für das nabatäische Petra. Insgesamt stammen 17 Bilder von Greßmann selbst, bis auf zwei Ausnahmen sind dies Photographien von Petra. In einem Brief an Gunkel meint Greßmann, dass ihm Petra „als die wichtigste Fundgrube für die A[lt]T[estamentliche] Rel[igions]Geschichte erscheint, lehrreicher noch als die Ausgrabungen [in Israel].“[323]

Anders als in der Textsammlung scheut sich Greßmann nicht, Abbildungen moderner Gegebenheiten neben die alten Denkmäler zu stellen und damit am Ende doch indirekt Verbindungslinien zu ziehen.[324] Ferner lässt sich zu Recht fragen, warum etwa die Platte des Mithräums von Heddernheim[325] oder der Stier des Jupiter Dolichenus[326] abgebildet sind, ohne die dazugehörigen religionsgeschichtlichen Hintergründe zu erläutern.[327] Dieses Vorgehen fügt sich allerdings gut zu Greßmanns sonstiger Vorliebe für weitreichende Analogieschlüsse.

2.3.3.1 Der Sündenfallzylinder

Am Beispiel des sogenannten „Sündenfallzylinders“ wird der Wert der Greßmann'schen Sammlung deutlich. Die Forschungsgeschichte zu diesem Rollsiegel demonstriert eindrücklich, wie Bilder für die jeweiligen Forschungspositionen missbraucht werden können.[328]

Es ist der englische Assyriologe George Smith (1840–1876), der der Öffentlichkeit 1872 eine Keilschrifttafel aus einer Ausgrabung in Ninive präsentiert, die Teile des Gilgamesch-Epos enthält. Die Beschreibung einer großen Flut interpretiert er mit der Sintfluterzählung der Bibel (Gen 7–8). Auf der Suche nach

---

321 Greßmann, *AOTB* 2, 79.
322 Vgl. dazu unten 3.2.
323 Greßmann an Gunkel, 5.7.1907, ULB Halle, Yi 33 I G 96.
324 Vgl. z.B. die Photographie einer „modernen Opferstätte auf dem Garizzim“ (Greßmann, *AOTB* 2, 24 Abb. 33) neben einem Bild der „antiken Opferstätte“ (23 Abb. 32) oder die Aufnahme eines „Heiligen Baumes aus dem heutigen Palästina“ mit angehängten Tuchfetzen (84 Abb. 155) neben einem „assyrischen heiligen Baum“ (83 Abb. 154).
325 Greßmann, *AOTB* 2, 75 Abb. 136.
326 Greßmann, *AOTB* 2, 78 Abb. 142.
327 Vgl. Nowack, Rez. Greßmann, *AOTB*, 355.
328 Eine ausführliche Darstellung der Hintergründe bei Liwak, „Bibel und Babel“, 211–214. Vgl. auch Kübel, *Metamorphosen*, 169–172.

weiteren Parallelen stößt er unter anderem auf ein akkadisches Rollsiegel aus der Zeit um etwa 2000 v.Chr., dessen Darstellung er in eine Verbindung mit den Sündenfall (Gen 3,1–13) bringt: „thus it is evident that a form of the story of the Fall, similar to that of Genesis, was known in early times in Babylonia."[329] Der Siegelabdruck findet schließlich seinen Weg in das *Calwer Bibellexikon* von 1885 und zwar als Illustration zum Artikel „Sünde" von Theodor Hermann (1850–1926) und mit der Bildunterschrift „Das erste Menschenpaar unter dem Baum der Erkenntnis. Nach einem babylonischen Cylinder."[330] Die Abbildung avanciert bis zum Aufkommen der Dialektischen Theologie zu einer der am meisten besprochenen altorientalischen Bilder.[331] Auch Delitzsch greift dieses Siegel 1902 in seinen berühmt gewordenen Vorträgen zur Bibel-Babel-Debatte auf und verknüpft die akkadische Darstellung zusätzlich mit der neutestamentlich-paulinischen Theologie.[332] Greßmann druckt die Darstellung in seiner Quellensammlung ab und beschreibt sie ohne weiteren Kommentar in nüchterner Einfachheit:

> Sogenannter Sündenfallzylinder. Zu beiden Seiten eines heiligen Baumes, der halb als Dattelpalme, halb als Konifere stilisiert ist, je eine sitzende Gottheit. Hinter der einen eine aufgerichtete Schlange, die vielleicht nur Füllwerk ist.[333]

Mit dieser kurzen und sachlichen Beschreibung demonstriert er seine programmatische „Objektivität und Zuverlässigkeit", die die lange Auslegungsgeschichte des Siegels einfach ausblendet. Die Vertreter der Panbabylonischen Schule müssen dies als Provokation empfunden haben. Insbesondere die Klassifizierung der Schlange als „Füllwerk", obwohl nur als Vermutung formuliert, ist in gewisser Weise eine Interpretation Greßmanns, die bewusst der überhöhten Bedeutung der Schlange in der bisherigen Auslegung gegenübersteht. Noch 1906 hat Jeremias das Siegel unter die Überschrift „Der Sündenfall – 1 Mos 3" gestellt, wenngleich ihm die gehörnte Kopfbedeckung und die atypische Situation auffallen.[334]

In der zweiten Auflage der *Altorientalischen Text und Bilder* wird der Zylinderabdruck nur mit der Unterschrift „Sündenfallzylinder(?)" versehen.[335] In der Erläuterung zum Bild werden einige Überlegungen zur Interpretation angestellt,

---

329 Smith, *Chaldean Account*, 91.
330 Hermann, „Sünde", 914 Abb. 495.
331 Liwak, „Bibel und Babel", 213.
332 Delitzsch, *Babel und Bibel*, 37 f.
333 Greßmann, *AOTB* 2, 107 Abb. 219.
334 Jeremias, *Das Alte Testament* (2. Aufl.), 203.
335 Greßmann, *AOTB* 2 (2. Aufl.), CCXXVIII Abb. 603.

die mit dem zeitlichen Abstand zum Bibel-Babel-Streit jetzt einen noch ausgewogeneren Eindruck machen:

> Zu beiden Seiten eines heiligen Baumes, der trotz eigenartiger Stilisierung eine Dattelpalme ist, sitzen zwei Gestalten, von denen die rechte deutlich durch die Hörnerkrone als Gottheit gekennzeichnet ist; ob die linke eine weibliche Person ist, läßt sich nicht sicher sagen. Hinter ihr richtet sich eine Schlange in die Höhe. Eine Deutung des Bildes ist bisher nicht gelungen.[336]

Der Zusatz am Ende markiert allerdings Greßmanns Position, indem er alle Deutungen verwirft, ohne sie überhaupt zu erwähnen. Die Schwierigkeit, der Leserschaft einen unvoreingenommenen Blick zu ermöglichen, tritt hier besonders deutlich zu Tage, da sich diese Absicht offenkundig mit Greßmanns eigenem Interesse mischt. Mitunter wirkt eine gegenständliche Beschreibung dann auch sehr einseitig. Die spätere Forschung gibt Greßmann mit seiner Zurückhaltung allerdings Recht, wenn sie in der Siegeldarstellung am ehesten eine akkadische Bankettszene erkennt.[337]

2.3.3.2 Grenzen der Darstellung

Trotz der Berufung auf Objektivität und Neutralität ist also auch Greßmanns Sammlung nicht ohne Probleme. Insbesondere die neuen Übersetzungen werden zum Streitpunkt innerhalb der Forschergemeinde, weil auch sie natürlich immer eine Interpretation darstellen. Greßmanns Ansatz, mit dem er der sinngetreuen Übertragung allgemein den Vorzug vor einer rein wörtlichen Übersetzung gibt,[338] führt zu einigen Schwierigkeiten, was sich etwa an den Briefen aus Taanach zeigen lässt. Bei einer Ausgrabung, die dort zwischen 1902 und 1904 stattfindet, entdeckt Ernst Sellin zwölf Tontafeln mit Keilschrift.[339] Friedrich Hrozny (1879 – 1952) fertigt eine Übersetzung an und wählt bei der zweiten Tafel einige Formulierungen, die eine anhaltende Debatte um einen kanaanitisch-israelitischen Monotheismus auslösen.[340] Sellin erklärt zur Übersetzung der Anrede *Bel ilanu*

---

336 Greßmann, *AOTB* 2 (2. Aufl.), 168.
337 Schroer, „Biblische Ikonographie", 223.
338 S. o. 1.2.
339 Zunächst wurden nur vier Tafeln gefunden, bei einer Nachlese dann acht weitere Tafeln. Der ausführliche Grabungsbericht ist wiederabgedruckt bei Kreuzer, *Taanach*, 131.
340 Vgl. dazu unten 3.2.2.1 zu Greßmanns Buch *Die Ausgrabungen in Palästina und das Alte Testament*, in dem er diese Debatte populärwissenschaftlich aufarbeitet.

(-*nu*) mit „Herr der Götter",[341] „daß neben dem sonstigen Polytheismus der Kanaaniter, für den ja auch die Ausgrabungen massenhafte Belege erbracht haben,
der Glaube an einen höchsten Gott, dessen Macht weit über alle Stadtgrenzen
hinausreicht, hergelaufen ist."[342] Er schlussfolgert, dass dann auch eine kultische
Verehrung stattgefunden haben müsse, und stellt die Funde in einen Zusammenhang mit der Melchisedek-Perikope (Gen 14).[343]

Greßmann lässt in der Folge von Arthur Ungnad eine eigene Übersetzung
anfertigen.[344] In seinem Bericht über die *Ausgrabungen in Palästina und das Alte
Testament* (1908) druckt er beide Übersetzungen ab, um festzustellen: „In diesem
Briefe aber läßt nichts auf Monotheismus schließen."[345] Hrozny äußert sich nun
auf Anfrage von Sellin, zweifelt Ungnads Übersetzung an verschiedenen Stellen
an und gibt einige Erklärungen zur Entstehung seiner eigenen Übersetzung.
Ungnad habe ihm brieflich mitgeteilt, dass die für Greßmann angefertigte Übersetzung an vielen Stellen unsicher sei, was er in seinem Manuskript kenntlich
gemacht habe. Greßmann habe diese Anmerkungen jedoch ignoriert.[346] In den
Altorientalischen Texten und Bildern reagiert Greßmann auf diesen Vorwurf, indem er die betreffenden Stellen als „unsicher" markiert, was den Text allerdings
noch unleserlicher macht.[347] Die Übersetzung des Briefes von Hrozny ergänzt
Greßmann in einer Fußnote. Dies ist im gesamten Textband der einzige Fall einer
vollständigen alternativen Übersetzung, während ansonsten lediglich einzelne
Phrasen oder Wortbedeutungen diskutiert werden.

Das Beispiel macht deutlich, dass Greßmanns Zielsetzung der „Objektivität
und Zuverlässigkeit" durchaus kritisch gesehen werden kann. Tatsächlich wäre
die Beigabe des Urtextes gerade bei diesen strittigen Punkten sinnvoll. Stattdessen begnügt er sich mit der Kennzeichnung der „Unklarheiten des Urtextes [...],

---

341 Vgl. Sellin, *Tell Ta'annek*, 117. Andere Übersetzungen bei Horowitz und Oshima, *Cuneiform*,
133 („the Lord God"); Berlejung, „Briefe", 232 („Baal, die Gottheit"); Weippert, *Textbuch*, 112 („der
Gott Ba'al").

342 Sellin, „Melchisedek", 944.

343 Vgl. auch die Schlussfolgerungen bei Baentsch, *Monotheismus*, 40, für den der Brief ein
„Denkmal persönlicher Frömmigkeit auf einen ‚Herrn der Götter'" darstellt, „und zwar in einer
Weise, die uns zeigt, daß die übrigen Götter für diesen Aḫijami ihre Bedeutung so gut wie ganz
verloren hatten." Im Weiteren konstruiert er eine Verbindungskette vom „'el šaddaj des Abram"
über „'el 'eljon" in Jerusalem bis zum „‚Herrn der Götter' des Aḫijami [...] aus der Amarnazeit"
(56).

344 Vgl. Greßmann, *Ausgrabungen*, 19, und unten 3.2.2.1.

345 Greßmann, *Ausgrabungen*, 20.

346 Vgl. Sellin, Rez. Greßmann, *Ausgrabungen*, 2704 f. und Anm. 1.

347 Greßmann, *AOTB* 1, 129

die zu überwinden bisher nicht gelungen ist."[348] Allerdings enthält diese Klassifizierung bereits einen subjektiven Unterton. Mit dieser Problematik hat grundsätzlich jede Quellensammlung bis in die Gegenwart zu kämpfen. Greßmanns Verdienst ist es, methodische Grundlagen für eine solche Zusammenstellung etabliert zu haben, indem er auf weitergehende Interpretationen verzichtet und direkte Vergleiche unterlässt.

2.3.4 Die *Altorientalischen Texte und Bilder* und die Religionsgeschichte

Greßmann sieht sich mit seinem Werk in der Kontinuität mit religionsgeschichtlichen Arbeiten von Wellhausen und W. Robertson Smith, die er ausdrücklich im Vorwort seiner Quellensammlung hervorhebt.[349] Beide haben sich in ihrer Forschung dem Vergleich arabischer und syrischer Quellen mit dem Alten Testament gewidmet.

Die Bedeutung von Smith für die religionsgeschichtliche Forschung liegt vor allem in seiner vergleichenden Methode der Folkloristik und Ethnologie, mit der er die Grundlage für eine neue Perspektive auf die alttestamentliche Religionsgeschichte herstellt.[350] Dieser Ansatz bringt ihn in Opposition zur Free Church of Scotland, in der er als Geistlicher und Professor tätig ist. Sein Aufsatz unter dem Titel „Animal Worship and Animal Tribes among the Arabs and in the Old Testament" (1880) führt zum endgültigen Bruch mit den kirchlichen Autoritäten seiner Heimat und es folgt die Entlassung aus seiner Professur in Aberdeen. Dies ist ein Beispiel dafür, dass die religionsgeschichtliche Forschung für Theologen um die Jahrhundertwende auch berufliche Folgen haben kann. Greßmann und Gunkel müssen in Preußen ähnliche Anfeindungen erleben, auch wenn sie nicht als Geistliche tätig sind.[351]

Ähnlich wie für Greßmann sind für Smith die sozialen Strukturen einer Gesellschaft von großer Bedeutung für die Religion. Er vergleicht in seiner Arbeit den Totemkult der Araber mit dem im alten Israel und in anderen archaischen Religionen und kommt zu dem Schluss: „It does not appear that Israel was, by its own wisdom, more fit than any other nation to rise above the lowest level of heathenism."[352] Diese Feststellung ähnelt dem Urteil, das Greßmann in seiner vergleichenden Untersuchung über die Musikinstrumente in Israel gefällt hat.[353]

---

348 Greßmann, *AOTB* 1, III.
349 Greßmann, *AOTB* 1, III.
350 Vgl. Kippenberg, „William Robertson Smith"; ders., *Entdeckung*, 100–108.
351 S. u. 5.2.1.1.
352 Smith, *Worship*, 100.

Das Interesse an der sozialen Praxis innerhalb der Religion teilt Smith mit der Religionsgeschichtlichen Schule. In seinen *Lectures on the Religion of the Semites* (1889), die aus einer Vorlesungsreihe in Aberdeen hervorgehen, will er durch den Vergleich der Religionen eine ihnen gemeinsame Grundlage herausarbeiten: „No positive religion that has moved men has been able to start with *a tabula rasa*, and express itself as if religion were beginning for the first time; in form, if not in substance, the new system must be in contact all along the line with the older ideas and practices which it finds in possession."[354] Greßmann teilt diese Auffassung, wie er bereits in seiner Arbeit zum *Ursprung der israelitisch-jüdischen Eschatologie* deutlich macht. Jetzt kann er seine Thesen zusätzlich mit den Ergebnissen aus den neuesten Ausgrabungen belegen. Anders als Smith bezieht er sich weniger auf Vergleiche mit den „primitiven Religionen" der Gegenwart, als vielmehr mit den antiken Religionen und ihrer Entwicklung. Methodisch schließt er sich Smith allerdings unmittelbar an, indem er die soziale Praxis in den Blick nimmt und auf die Religion bezieht. Gleichzeitig zeigt Greßmann in Abgrenzung zum Evolutionismus eine zeitliche Entwicklung religiöser Motive auf, die Wachstum und Verfall einschließt. Die Nähe zur Forschung von Smith ist auch insofern entscheidend, als die religionsgeschichtliche Strömung in der angelsächsischen Theologie größere Bedeutung erlangt als in Deutschland. Greßmann sucht deshalb verstärkt den Kontakt zu Forschern im Ausland.

Daneben betont Greßmann auch den Einfluss von Seiten der klassischen Literarkritik auf die *Altorientalischen Texte und Bilder*. In der religionsgeschichtlich angelegten Untersuchung über die *Reste arabischen Heidenthums* unternimmt Wellhausen 1887 einen Vergleich zwischen der vorislamischen Überlieferung und dem Alten Israel.[355] Dabei rekonstruiert er die frühe arabische Religion

---

353 S.o. 1.3.

354 Smith, *Lectures*, 2.

355 Wellhausen und Smith stehen in Kontakt. Beide verbindet seit dem gemeinsamen Studium in Göttingen eine enge Freundschaft. Wellhausen macht Smith auf die Bedeutung der zeitlichen Abfolge der biblischen Quellen aufmerksam, aus der sich ein jeweils unterschiedliches Bild der israelitischen Religion ergibt. „I have been able to refer throughout to my friend Wellhausens's excellent volume, Reste arabischen Heidenthums (Berl[in] 1887), in which the extant material for this branch of Semitic Heathenism is fully brought together, and criticized with the author's well-known acumen", schreibt Smith im Vorwort seiner *Lectures* (IX). Beide teilen das gleiche wissenschaftliche Schicksal, doch während Smith aufgrund seiner Forschung aus dem Amt entfernt wird, zieht sich Wellhausen freiwillig zurück und gibt seine Professur in Greifswald zugunsten einer Privatdozentur für semitische Philologie in Halle auf. Vgl. die Übersicht bei Smend [d.J.], *Alttestamentler*, 99 – 113.

mit Hilfe islamischer, nabatäischer und griechischer Quellen.[356] Der Wert von Wellhausens Arbeit an den arabischen Quellen liegt vor allem in der Frage nach der Vergleichbarkeit, hat doch im Islam eine ähnliche Entwicklung stattgefunden wie in der jüdischen und christlichen Religion.[357] Die Ausgrabungen im Bereich des Alten Orients bieten dafür zusätzliches Vergleichsmaterial, das den biblischen Quellen nähersteht. Insofern sieht Greßmann hier einen gewissen Anknüpfungspunkt und lässt sich von Wellhausens Vorgehen für seine eigene Forschung inspirieren. Im Blick auf den Religionsvergleich formuliert Wellhausen allerdings eine Mahnung: „Das theoretisch durchaus unanfechtbare Recht der Vergleichung wird allerdings praktisch dadurch beeinträchtigt, daß derjenige, welcher sie vornimmt, die einzelnen Objekte der Vergleichung größtenteils nur recht oberflächlich kennt. Er verliert den Boden unter den Füßen und gerät in eine gefährliche Schwebe."[358] Den Hinweis nimmt Greßmann ernst und zielt mit seinem Quellenband darauf, die Gefahr der Oberflächlichkeit einzudämmen.

2.3.5 Die zweite Auflage der *Altorientalischen Texte und Bilder* (1926)

Siebzehn Jahre nach der ersten erscheint 1926 die „zweite, völlig neugestaltete und stark vermehrte Auflage" der *Altorientalische Texte und Bilder zum Alten Testament*, jetzt nicht mehr bei J.C.B. Mohr in Tübingen, sondern bei Walter de Gruyter & Co. in Berlin.

Trotz der umfangreichen Neugestaltung besteht die Zielsetzung unverändert darin, die Kulturen des Alten Orients miteinander zu vergleichen.[359] Zu den Quellen aus Babylon und Ägypten treten nun hethitische Zeugnisse, die zu den neuesten Funden aus dem Vorderen Orient gehören. In der Darstellung vertreten ist jetzt auch der Kulturkreis der „Ägäer" und der „Südaraber, die vom Alten Testament weiter entfernt sind".[360] Greßmann, inzwischen ordentlicher Professor an der Berliner Universität, erklärt, dass sich das methodische Vorgehen gegenüber der ersten Auflage ebenfalls nicht gewandelt habe.[361] Er bleibe bei dem

---

356 Vgl. Rudolph, „Wellhausen". Eine Übersicht gibt auch Kratz, *Reste*, 3 f., mit einem Plädoyer für die Vergleichbarkeit. Dort auch das bekannte Zitat Wellhausens über seine „Absicht, den Wildling kennen zu lernen, auf den von Priestern und Propheten das Reis der Thora Jahve's gepropft ist" (Wellhausen, *Muhammed*, 5).
357 So Kratz, *Reste*, 28.
358 Wellhausen, „Israelitisch-jüdische Religion", 2.
359 Greßmann, *AOTB* 1 (2. Aufl.), VII.
360 Greßmann, *AOTB* 1 (2. Aufl.), VII.
361 Greßmann, *AOTB* 1 (2. Aufl.), VII

Vorsatz, das Material objektiv darzustellen, um eine individuelle, kritische Ur-
teilsbildung zu ermöglichen. Stärker allerdings unterstreicht Greßmann jetzt die
Konzentration auf die Eigenarten der dargestellten Kulturen, auch wenn sie keine
direkten Verbindungen zu den alttestamentlichen Texten aufweisen oder diesen
gar widersprechen. Ziel sei es, „die fremde Kultur, Religion oder Literatur um ihrer
selbst willen darzustellen."[362]

Das ägyptische Material ist gegenüber der ersten Auflage noch einmal ver-
mehrt. Greßmann begründet dies mit dem gestiegenen Interesse an der ägypto-
logischen Forschung innerhalb der Wissenschaft. Ranke hat seine früheren
Übersetzungen überprüft und gegebenenfalls korrigiert sowie zahlreiche neue
Texte ins Deutsche übertragen. Die ägyptischen Inschriften sind jetzt außerdem
an den Anfang der Sammlung gestellt. Aber auch die babylonisch-assyrischen
Texte sind für die zweite Auflage überarbeitet und ergänzt, diesmal von Erich
Ebeling (1886–1958), der sich bereits bei der Bearbeitung der Amarna-Briefe ei-
nen Namen gemacht hat.[363] Als dritter Mitarbeiter erscheint in der neuen Auflage
Nikolaus Rhodokanakis (1876–1945) für die Übersetzung der südsemitischen
Inschriften, während die nordsemitischen Inschriften von Greßmann selbst
übertragen sind.

Der Umfang der Bildsammlung wächst im Vergleich zur ersten Auflage um
das Zweieinhalbfache auf jetzt 678 Abbildungen an. Bei dieser Erweiterung nimmt
Greßmann eine entscheidende Änderung vor. Er verzichtet auf die kurzen Bild-
erläuterungen und verfasst stattdessen eine Einleitung. Damit habe er, wie er
einräumt, den „überall sonst streng festgehaltenen Grundsatz der Objektivität,
der nur die Quellen selbst reden läßt, insofern durchbrochen, als hier der Historiker zu Wort kommt, der sie für die geschichtliche Darstellung verwertet."[364] In
seiner Begründung für dieses Vorgehen kommt Greßmann auch auf die Intention
zu sprechen, die hinter dem Projekt steht: „Das letzte Ziel des vorliegenden
Werkes ist, das Verständnis des Alten Testamentes und der israelitischen Kultur
dadurch vorzubereiten und zu fördern, daß es in die Umwelt, in die kanaanitische
und die ihr benachbarten Kulturen des alten Orients überhaupt einführt."[365]

Die Besonderheit der ersten Auflage, das „Rohmaterial"[366] für den jeweils
individuellen Gebrauch zur Verfügung zu stellen, sieht Greßmann jetzt als Mangel, denn dazu sei „nur der geschulte Fachmann imstande. Der Laie, für den dies

---

362 Greßmann, *AOTB* 1 (2. Aufl.), VIII.
363 Vgl. Ebeling, *Verbum*.
364 Greßmann, *AOTB* 1 (2. Aufl.), X.
365 Greßmann, *AOTB* 1 (2. Aufl.), X.
366 Greßmann, *AOTB* 1 (2. Aufl.), X.

Werk in erster Linie bestimmt ist, braucht mindestens eine Anleitung dazu, damit er weiß, was er mit dem Stoff anfangen soll."[367]

Der Bildband, der der Theologischen Fakultät Jena aus Dankbarkeit für die Verleihung der Ehrendoktorwürde gewidmet ist,[368] beginnt mit folgender programmatischer Einleitung:

> „Bilder" sind eine notwendige Ergänzung zu „Texten". Dem klassischen Philologen ist dieser Grundsatz heute schon in Fleisch und Blut übergegangen, auch dem Ägyptologen ist er selbstverständlich, aber für Theologen und Orientalisten ist er noch so neu, daß er einer Begründung bedarf.[369]

Damit meint Greßmann nicht das Vorhaben, mit den Bildern den Text zu illustrieren,[370] wie dies etwa Jeremias oder Benzinger in ihren Werken tun. Vielmehr richtet sich Greßmanns Interesse auf die „Gesamtentwicklung eines Volkes",[371] zu deren Wahrnehmung nach seiner Auffassung nicht allein der literarische Befund von Bedeutung ist, sondern auch die „Bildkunst": „Kurz, ‚Texte' und ‚Bilder', Philologie und Archäologie, sind für den Historiker gleich unentbehrlich; beide gehören notwendig zusammen, bedingen, ergänzen, prüfen und bestätigen sich gegenseitig."[372]

Eine programmatische Neuausrichtung wird auch in der Umstellung der Bilder deutlich. Standen in der ersten Auflage religionsgeschichtliche Bilder vor den profangeschichtlichen, so nimmt Greßmann diese Unterscheidung in der zweiten Auflage nicht mehr vor und ordnet die Bilder zunächst thematisch, dann aber nach zehn ausgewählten Ausgrabungsorten. Die ersten drei Themenfelder, nämlich „Völkertypen", „Aus der Geschichte" und „Kulturgeschichtliche Bilder", deuten auf die Interessenlage der Religionsgeschichtlichen Schule in den zwanziger Jahren. In das Zentrum der Betrachtung rückt verstärkt die Kulturgeschichte: „Haartracht, Kleidung, Hausbau, Tempelausstattung, Siegelbilder, und was man sonst noch nennen mag, sind ebenso wie die zu Wörtern und Sätzen zusammengestellten Buchstaben Ausdrucksformen geistigen Lebens, freilich nur für den, der sie zu lesen versteht."[373]

---

367 Greßmann, *AOTB* 1 (2. Aufl.), X.
368 Die Ehrendoktorwürde wurde Greßmann bereits 1913 verliehen. Im Vorwort des Bildbands erklärt er, dass die „Zeitumstände", gemeint ist der Erste Weltkrieg, das Erscheinen einer angemessenen Publikation als Dank verhindert hätten (IX).
369 Greßmann, *AOTB* 2 (2. Aufl.), VII.
370 Gegen Lux, *Prophetie*, 55 Anm. 6.
371 Greßmann, *AOTB* 2 (2. Aufl.), VII.
372 Greßmann, *AOTB* 2 (2. Aufl.), VIII.
373 Greßmann, *AOTB* 2 (2. Aufl.), VIII.

Den Bildtafeln ist nun, wie bereits erwähnt, eine erläuternde Einleitung bei-
gegeben, um auch dem Laien eine Interpretationshilfe an die Hand zu geben.
Dadurch ist das Prinzip der „Objektivität" teilweise aufgegeben. Die Abbildungen
sind jetzt nur noch mit Titel und Abbildungsnummer versehen. Insofern ist der
Bildteil in der zweiten Auflage, trotz der vorangestellten ausführlichen Erläuterungen, insgesamt wesentlich sachlicher gestaltet als in der ersten Auflage.
Greßmann gibt Zeichnungen aus technischen Gründen häufiger den Vorrang vor
Photographien, da, wie er mitteilt, vielfach entweder schon die Originaldarstel-
lung oder die photographische Reproduktion unbrauchbar gewesen sei.[374] An den
ausführlichen Erläuterungen und Begründungen lässt sich ablesen, wie wichtig
ihm eine sachliche und tendenziell wertfreie Darstellung in allen Punkten der
Publikation ist, und zwar von der Auswahl der Quellen und Abbildungen über
deren Darstellungsweise bis hin zu Form und Inhalt der Beschreibungen.

2.3.6 Wirkung und Bedeutung der *Altorientalischen Texte und Bilder*

Die Entstehung der *Altorientalischen Texte und Bilder* ist vor dem Hintergrund der
theologischen Umwälzungen am Anfang des 20. Jahrhunderts zu betrachten.[375]
Der aufflammende Bibel-Babel-Streit macht die große Kluft zwischen der theologischen Wissenschaft und konservativen kirchlichen Strömungen deutlich.
Greßmann versucht mit seiner Darstellung, eine breite Öffentlichkeit mit dem
notwendigen Hintergrundwissen auszustatten. Dazu gehört zunächst der theologische Nachwuchs an der Universität, dann aber auch das gebildete Bürgertum.
Die Darstellung ist allerdings keineswegs so neutral und unparteiisch, wie
Greßmann dies vorgibt. Sein Ziel besteht darin, den Einfluss der panbabylonischen Strömung und der populistischen Forderungen von Delitzsch zurückzudrängen. Trotzdem erscheinen die *Altorientalischen Texte und Bilder* weitaus
sachlicher als vergleichbare Werke zeitgenössischer Wissenschaftler, die Texte
und Abbildungen häufig in tendenziöser Weise miteinander kombinieren.

Für die Forschung der Religionsgeschichtlichen Schule ist die Veröffentlichung ein Meilenstein, da sie nun von einem großen Publikum wahrgenommen
und rezipiert werden kann. Greßmann legt mit seiner Quellensammlung die Basis
für eine systematische Ordnung des Materials aus der altorientalischen Umwelt
des Alten Testament, in der insbesondere der starke Einfluss der ägyptischen
Kultur auf die Religionsgeschichte Israels erkennbar wird. Vor allem in der

---

374 Greßmann, *AOTB* 1 (2. Aufl.), IX.
375 Vgl. Welten, „Alttestamentliche Exegese", 341.

zweiten Auflage zeigt sich zudem Greßmanns Interesse, seine religionsgeschichtliche Forschung zu einer Kulturgeschichte auszubauen.[376] Ausdrücklich in der Nachfolge der *Altorientalischen Texte und Bilder* sieht sich im englischsprachigen Raum James Bennett Pritchard (1909–1997) mit seinen *Ancient Near Eastern Texts Relating to the Old Testament* (1950) und *The Ancient Near East in Pictures Relating to the Old Testament* (1954).[377]

2.4 Zusammenfassung

Greßmann bewegt sich mit seinen Arbeiten zur Religionsgeschichte Israels auf dem Boden der vorangegangenen Forschergeneration. Es ist das Verdienst der Religionsgeschichtlichen Schule, der theologischen Wissenschaft den Weg für die Etablierung der religionsgeschichtlichen Fragestellung als eigenständiges Forschungsgebiet zu bereiten. Greßmann teilt dabei nicht das Verständnis einer evolutionären Abfolge von Religionen, wie es etwa im englischsprachigen Bereich von James George Frazer vertreten wird.[378] Obwohl sich auch Greßmann für Themenbereiche wie Magie, Aberglaube oder Mythen interessiert, verzichtet er weitgehend auf eine wertende Einordnung im Sinne von Zivilisationsfortschritten. Vielmehr betrachtet Greßmann die jeweiligen Ideenkomplexe zunächst für sich und versucht, ihre Herkunft und Entstehung zu beleuchten. Dabei spielt die Entwicklung in der Religionsgeschichte selbstverständlich eine große Rolle, doch achtet Greßmann darauf, die Ideen und Vorstellungen innerhalb ihres jeweiligen Kontextes zu interpretieren. Dadurch werden Veränderungen und Eigenarten in ihrer Wirkung wahrgenommen, und zwar insbesondere soweit sie die Religionsgeschichte Israels betreffen. Analoge Entwicklungen dienen Greßmann als Deutungshilfe und haben meist nur heuristischen Charakter, um den Deutehorizont zu erweitern. Auf diese Weise kann Greßmann die Erkenntnisse der literaturgeschichtlichen Forschung erweitern oder auch korrigieren.

Zunehmend beginnt Greßmann, seine Forschungsergebnisse zu systematisieren. Dazu gehört auch, dass er seine Hypothesen zur Diskussion stellt. Er begreift sich als Teil einer größeren Forschungsbewegung, die er anregen und fördern möchte. Diesem Zweck dient auch die Zusammenstellung und Veröffentlichung von Quellenmaterial, wie er es mit seinem umfangreichen Sammelwerk der *Altorientalischen Texte und Bilder* unternimmt. Auf diesem Weg stärkt er das allgemeine

---

376 Vgl. Welten, „Alttestamentliche Exegese", 342.
377 Vgl. Pritchard, *Pictures* (2. Aufl.), viii.
378 Vgl. Kippenberg, *Entdeckung*, 139–142.

Interesse an der religionsgeschichtlichen Forschung und sorgt für eine breite öffentliche Aufmerksamkeit. Ein besonderes Gewicht bekommt bei Greßmann das Bildmaterial, das er nicht lediglich als schmückendes Beiwerk versteht, sondern als eine eigene Quellenkategorie. Für das Verständnis der ikonographischen Abbildungen, Reliefs und Abdrücke bedarf es demnach eines eigenen, mit der Interpretation der schriftlichen Quellen korrespondierenden, damit aber nicht identischen Zugangs. Greßmanns Verfahren, Texte und Bilder ohne ausführlichen Kommentar zu dokumentieren und die wissenschaftliche Auseinandersetzung überwiegend dem Rezipienten zu überlassen, ist für die Forschungsarbeit seiner Zeit nahezu einzigartig.

3 Religionsgeschichte und Archäologie

3.1 Sagengeschichte und Literaturgeschichte: *Mose und seine Zeit* (1913)

Die Beschäftigung mit der Moseerzählung eröffnet einen neuen Abschnitt in der wissenschaftlichen Arbeit Greßmanns. Sein Interesse gilt dabei verstärkt der von Gunkel aufgebrachten Gattungsforschung, die er für die theologische Interpretation biblischer Texte fruchtbar machen und gegen eine einseitige Literarkritik ins Feld führen möchte. Mit diesem Ansatz folgt er dem Weg, den Gunkel bereits mit der Auslegung der Genesissagen vorgegeben hat.[1]

Greßmann führt im Sommersemester 1911 an der Berliner Universität eine Übung über die Moseerzählungen durch, die ihn nach eigener Darstellung „sehr viel Interessantes entdeck[en]" lässt.[2] Die Ergebnisse hält er zunächst in zwei Aufsätzen fest, die 1911 und 1912 in der *Deutschen Rundschau* und den *Protestantischen Monatsheften* erscheinen.[3] Anschließend nimmt er sich vor, eine ausführliche Monographie zu verfassen, die er in der von Gunkel und Bousset herausgegebenen Reihe der „Forschungen zur Religion und Literatur des Alten und Neuen Testaments" veröffentlichen möchte. Am Silvestertag 1911 schreibt Greßmann in diesem Sinne an Gunkel:

> Der „Mose" ist begonnen, und ich hoffe, daß er rüstig voranschreitet. Der Anfang ist ja immer der schwerste. Die Einteilung wird sehr einfach: 1. Literargeschichtlich; 2. Profangeschichtlich; 3. Religionsgeschichtlich. Der zweite und dritte Teil sind so gut wie fertig konzipiert, es fehlt nur noch der erste. Da schlachte ich zunächst Deine Genesis aus. Ich bin immer wieder erstaunt, wie viel Blumen Du am Wege und abseits geflückt [sic], eine wundervolle Fundgrube für Parallelen.[4]

In der nächsten Zeit tauschen sich beide intensiv über ihre Arbeit am Mosethema aus, da auch Gunkel zeitgleich an einem entsprechenden Artikel für das Lexikon zur *Religion in Geschichte und Gegenwart* (*RGG*) arbeitet.[5] Greßmann berichtet ausführlich über seine Fortschritte und von seinen Unterhaltungen mit Fachleu-

---

1 Gunkel, *Genesis*.
2 Greßmann an Gunkel, 15.7.1911, ULB Halle, Yi 33 I G 126.
3 Greßmann, „Mose", und ders., „Die mosaische Religion".
4 Greßmann an Gunkel, 31.12.1911, ULB Halle, Yi 33 I G 127.
5 Gunkel, „Moses".

https://doi.org/10.1515/9783110669657-005

ten aus unterschiedlichen Disziplinen, deren Rat er für seine Studie einholt.[6] Mehrfach drückt er seine Freude über das rasche Voranschreiten seiner Arbeit aus, ist sich allerdings bereits im Klaren darüber, „daß die Meinungen voraussichtlich sehr weit auseinander gehen werden."[7] Schon Ende Oktober 1912 kann er das Manuskript beim Verlag Vandenhoeck & Ruprecht einreichen und im Frühjahr 1913 erscheint das Werk unter dem Titel *Mose und seine Zeit* mit einer Widmung für Hermann Gunkel und Eduard Meyer.

Wie Greßmann in seinem oben zitierten Brief an Gunkel schreibt, soll seine Untersuchung zu Mose unter religions- und literargeschichtlichem Blickwinkel betrieben werden, gleichzeitig aber auch profangeschichtliche Aspekte behandeln. Maßgebend für seine Arbeitsweise ist der Genesiskommentar von Gunkel, auf den im selben Brief Bezug genommen wird. Gunkel hat 1901 die Sagen der Genesis im Rahmen der religionsgeschichtlichen Forschung bearbeitet und dabei verstärkt seine gattungsgeschichtliche Methode in die Untersuchung einbezogen. Bis zur dritten Auflage des Kommentars 1910 verfeinert Gunkel diesen Aspekt seiner Forschung unter dem Begriff der „Literaturgeschichte" und baut ihn zu einem Konzept aus, das er für eine Literaturgeschichte Israels auswerten möchte.[8] Greßmann nimmt die Methode Gunkels auf, um die Mosesagen unter literaturgeschichtlichen Gesichtspunkten zu untersuchen; wie Gunkel steht er dabei zugleich fest auf dem Boden der religionsgeschichtlichen Forschung.

Die Ergebnisse seiner Interpretation gewinnt Greßmann aus einer Einzeluntersuchung der von ihm isolierten Sagenkomplexe. Diese Untersuchung bildet den ersten Hauptteil des Buches zur „Analyse der Überlieferung".[9] In 29 Kapiteln widmet sich Greßmann dort den einzelnen Erzählabschnitten und rekonstruiert verschiedene schriftliche und mündliche Erzählstränge sowie deren mögliche Entstehungsweise und Vorgeschichte. Im Wesentlichen verfolgt er dabei religions- und gattungsgeschichtliche Fragestellungen. Zur Klärung offener Punkte zieht Greßmann in stärkerem Maße als Gunkel Material aus anderen Disziplinen hinzu, etwa aus der Archäologie, Ägyptologie und Assyriologie, aber auch aus der Psychologie und Geologie. Literar- und textkritische Anmerkungen werden am Anfang jedes Abschnitts in einer Fußnote kurz zusammengefasst. Greßmanns

---

6 Greßmann an Gunkel, 5.1.1912, ULB Halle, Yi 33 I G 136: „Ich werde aber in den nächsten Tagen mit Geheimrat Penck [dem Direktor des Geographischen Instituts der Friedrich-Wilhelms-Universität] sprechen, der auf dem Gebiet der Vulkanoologie [*sic*] Autorität ist, und mir von ihm raten lassen."

7 Greßmann an Gunkel, 1.6.1912, ULB Halle, Yi 33 I G 137.

8 Ausführlich zu Gunkels Genesiskommentar Klatt, *Gunkel*, 104–166. Vgl. dazu auch Witte, „Analyse".

9 Greßmann, *Mose*, 1–344.

Verständnis der Literarkritik als Hilfswissenschaft ist damit schon am Aufbau veranschaulicht.

In den nachfolgenden, deutlich kürzeren Buchteilen trägt Greßmann, wie ursprünglich geplant, die „Literargeschichtlichen Ergebnisse", die „Profangeschichtlichen Ergebnisse" und die „Religionsgeschichtlichen Ergebnisse" zusammen.[10]

3.1.1 Literarkritik und Quellenscheidung

In der Zusammenfassung der Ergebnisse aus der Untersuchung der Sagensammlung um die Figur des Mose kommt Greßmann grundsätzlich auf das Verhältnis seiner Arbeit zur bisherigen alttestamentlichen Forschung zu sprechen, die von der Literarkritik dominiert ist. Er hebt den Erfolg des quellenkritischen Ansatzes hervor, der nach seiner Meinung von Wellhausen „in vollendeter Meisterschaft gehandhabt wurde."[11] Auffällige Dopplungen und Brüche im Text müssten selbstverständlich erklärt werden, was die text- und literarkritische Arbeit unerlässlich mache. Für sein Untersuchungsgebiet bringt Greßmann der herkömmlichen Aufteilung der Quellenschriften jedoch eine gewisse Skepsis entgegen:

> Dagegen läßt sich die Unterscheidung des J[ahwisten] vom E[lohisten] nur selten mit annähernder Sicherheit durchführen, da das Hilfsmittel der Gottesnamen, das sich in der Genesis bewährt hat, in den mittleren Büchern des Pentateuchs fast völlig versagt, und da die Beweiskraft des Sprachgebrauches bei der Armut des Hebräischen ganz gering ist. In vielen Fällen sind JE weiter nichts als Etiketten, die man beliebig vertauschen darf. Trotzdem muß man versuchen, einstweilen mit der Hypothese eines JE auszukommen, nur soll man nie vergessen, daß es eine Hypothese ist. Schon um sich zu verständigen und in der Fülle der Varianten zurechtzufinden, sind die Sigla JE unentbehrlich, wenn sie auch nur relative Gültigkeit beanspruchen können.[12]

---

10 Greßmann, *Mose*, 345–392, 393–424 und 425–480.

11 Greßmann, *Mose*, 368. Als Forscher im Gefolge Wellhausens nennt Greßmann namentlich Abraham Kuenen (1828–1891), Adolf Jülicher (1857–1938), Bruno Baentsch (1859–1908) und Eduard Meyer (1855–1930).

12 Greßmann, *Mose*, 368. Einen ähnlichen Vorbehalt formuliert Reinhard Kratz aus der Sicht der literarkritischen Forschung Anfang des 21. Jahrhunderts, sieht allerdings die Konsequenz anders als Greßmann in einem Verzicht auf die Suche nach mündlicher Tradition: „Anders als in der Ur- und Vätergeschichte der Genesis, nur mit der Abrahamüberlieferung vergleichbar, will eine Scheidung von Tradition und Redaktion [in der Exoduserzählung] nicht recht gelingen. Zwar läßt sich das Ganze in verschiedene ‚Themen' – Mose, das Meerwunder, das Wüstenitinerar, Josua und die Landnahme – zerlegen, doch hängt alles irgendwie miteinander zusammen. Es macht daher

Auch wenn Greßmann die Zuordnung zu einzelnen Quellenschriften für unsicher hält, nutzt er diese Einteilung für den Versuch einer absoluten Datierung des Materials.[13] In den Einzeluntersuchungen bemüht er sich zugleich um eine stärkere Differenzierung der Quellenschriften, und zwar besonders in Abgrenzung von den Ergebnissen aus der 1912 erschienenen Studie zur *Erzählung des Hexateuch* von Rudolf Smend.[14] Vereinzelt verzichtet Greßmann jedoch auch auf eine Zuordnung zu den herkömmlichen Quellenschriften, wie etwa bei dem Bericht über die Tötung der Erstgeburt (Ex 11). Für sein alternatives Modell der literarischen Schichtung innerhalb dieses Kapitels stützt er sich auf sprachliche Beobachtungen, die teils lediglich aus dem Sinnzusammenhang erschlossen sind. Auf diesem Weg postuliert Greßmann auch verlorene Textpassagen, die nach seiner Meinung auf einer ursprünglichen Entstehungsstufe des Textes vorhanden gewesen sein müssen.[15] Mit diesem Vorgehen überschreitet er das vertretbare Maß literarkritischer Arbeit allerdings deutlich.

Es zeigt sich, dass Greßmann die Quellenbezeichnungen der klassischen Urkundenhypothese immer mit der Einschränkung verwendet, sie im Zweifelsfall auch preisgeben zu können. Sein 1914 veröffentlichter Kommentar über *Die Anfänge Israels – Von 2. Mosis bis Richter und Ruth*[16] bedient sich für die Mosesagen

---

keinen Unterschied, ob man in der Exoduserzählung mit einer diffusen, nicht mehr genau greifbaren mündlichen Tradition und im übrigen mit einer mehr oder weniger einheitlichen schriftlichen Komposition rechnet oder den literarischen Zusammenhang zertrümmert und, um der durchlaufenden Quellenfäden oder um des Prinzips willen, die Bruchstücke gewaltsam auf schriftliche (vorjahwistische) Quellen und (jahwistische) Redaktion verteilt" (Kratz, *Komposition*, 291 f.).

13 Greßmann, *Mose*, 369: „Die Aufnahme einer Erzählung in die Sammlung des JE oder P[ries-ter-]K[odex] gibt uns den *terminus ad quem*, bis zu dem die jeweilig vorliegende Fassung erreicht worden ist."

14 Vgl. die ausführliche Stellungnahme bei Greßmann, *Mose*, 369–372 Anm. 4.

15 Vgl. Greßmann, *Mose*, 97 Anm. 1: „So bleiben als alte Bestandteile nur [Ex] 11,1.4.5a, die man gern miteinander verbinden möchte. Das ist auch am einfachsten; nur müßte ursprünglich zwischen V. 1 und 4 erzählt werden, daß Mose zum Pharao ging."

16 Der Kommentar erscheint in der Reihe „Schriften des Alten Testaments" (SAT). Zusammen mit den „Schriften des Neuen Testaments" (SNT) bildet die Kommentarreihe das „Göttinger Bibelwerk". Für SAT ist Gunkel zuständig, der Greßmanns Arbeit in Briefen an den Verleger Ruprecht nachdrücklich lobt, vgl. Klatt, *Gunkel*, 192–199. Das Ziel der Reihe, die im Zusammenschluss mehrerer alttestamentlicher Forscher entsteht (u. a. Greßmann, Gunkel, Max Haller, Hans Schmidt, Staerk und Volz), liegt darin, „das wissenschaftliche Verständnis der heiligen Schrift Alten Testamentes den Gebildeten deutscher Zunge vor Augen zu stellen" (Gunkel, *Urgeschichte*, Vorwort). Die interessierte Öffentlichkeit soll über den Stand der Forschung informiert werden unter der Maßgabe, „daß die geschichtliche Wissenschaft sicher ausgemachte Resultate, auf die der Laie als auf ein Evangelium bauen könnte, nicht kennt, sondern daß jede Zeit ein Buch von so überragender Bedeutung mit ihren Mitteln aufs Neue erobern muß" (ebd.). Die Schriftenreihe

meist wörtlicher Auszüge aus der vorangegangenen Untersuchung. Die Darstellung des biblischen Textes erfolgt jedoch in einer Aufteilung nach den drei klassische Quellenschriften, die im Schriftbild voneinander abgesetzt sind: „Nur schwer hat sich der Verfasser dieses Kommentars entschlossen, die Quellen gesondert zur Darstellung zu bringen und den Text in viele Einzelabschnitte zu zerschlagen, auch auf die Gefahr hin, das oft sehr Unsichere als sicher behandeln zu müssen",[17] erläutert Greßmann sein Vorgehen. Seine Vorbehalte resultieren nicht aus der Ehrfurcht vor dem biblischen Text, sondern aus der Zweifelhaftigkeit der Quellenscheidung. In einer Darstellung für das protestantische Laienpublikum will Greßmann aber zeigen, dass die Bibel kein „Zauberbuch mit sieben Siegeln"[18] ist, sondern eine gewachsene Einheit aus verschiedenen Quellen, wofür er wissenschaftliche Einschränkungen in Kauf nimmt.[19] Die klassische Quellenscheidung, die Gunkel in seinem Genesiskommentar noch relativ sicher erscheint, ist für Greßmanns Exodusuntersuchung ein schwaches Fundament.[20] Mangels Alternative und weil er auf die Veranschaulichung einer Entwicklungsgeschichte der Sagen nicht verzichten möchte, nutzt Greßmann die etablierten Quellenbezeichnungen. Trotzdem ist seine Darstellung so offen angelegt, dass er auf die Benennung im Prinzip auch verzichten kann.

Durch den teils recht freihändigen Umgang mit den Quellenschriften macht Greßmann die Problematik einer eindeutigen Aufteilung der biblischen Texte in drei bis vier Pentateuchquellen sichtbar. Obwohl er das Textwachstum sowohl in der mündlichen als auch in der schriftlichen Phase nachvollziehen möchte, erscheint die knappe Darstellung der literarischen Schichten, die oftmals lediglich nach ästhetischen und stilistischen Gesichtspunkten verfährt, nicht selten oberflächlich. Dies mag auf Greßmanns Interesse an einer Ausarbeitung der mündlichen Sagentradition zurückzuführen sein. Das Fundament, auf das er diese Analyse stellt, ist dabei allerdings recht unsicher, wie er selbst eingestehen muss.

Mit seinem Vorbehalt gegen eine vorschnelle Quellenzuschreibung vermeidet Greßmann eine einseitige Festlegung auf die literarische Phase und unterstreicht

---

richtet sich also an ein breites Publikum, wobei sich die Herausgeber einerseits der Vorläufigkeit ihrer Ergebnisse bewusst sind, andererseits offen ihren neuen Ansatz der religionsgeschichtlichen Forschung propagieren.

17 Greßmann, *Anfänge*, 17.

18 Greßmann, *Anfänge*, 17.

19 Als Kronzeugen für die Aufteilung in Quellenschriften benennt Greßmann Goethe und Herder, die dem Zielpublikum zweifellos näher stehen, als die Ergebnisse der wissenschaftlichen Bibelexegese seiner Zeit, vgl. Greßmann, *Anfänge*, 17.

20 Greßmann, *Anfänge*, 17: „Nur über den Priesterkodex, der sich auch hier deutlich aus seiner Umgebung abhebt, ist man im allgemeinen einig. Aber man soll darum die Arbeit, die von der quellenkritischen Forschung bisher geleistet worden ist, nicht gering schätzen."

auf diese Weise auch seine Skepsis gegenüber dem Einfluss, der den Schriftstellerpersönlichkeiten als Verfassern der Quellenschriften zugeschrieben werden kann. Für seine Forschung an den Sagenstoffen genügt ihm zunächst die Identifikation der ältesten Form, von der ausgehend die Erweiterungen in eine plausible Entwicklungsgeschichte eingeordnet werden können. Seine diesbezüglichen Arbeitshypothesen werden in der Folge allerdings sehr schnell zu Setzungen, an denen er weiter anknüpft und seine Theorien entfaltet.

Von den herkömmlichen literarkritischen Studien, namentlich von der bereits erwähnten Untersuchung über den Hexateuch von Smend, grenzt sich Greßmann in aller Deutlichkeit ab:

> Unsere Bücher, die sich im Thema so nahe berühren, sind in der Ausführung so verschieden wie Feuer + Wasser. Hier kann man einmal den Segen der Stilgeschichte mit Händen greifen; mein Buch ist hoffentlich lesbar, seins ist es jedenfalls nicht. Und ich hoffe, die sachlichen Probleme gefördert zu haben, auf die er überhaupt nicht eingeht. Von seiner Literarkritik ist *nichts* zu lernen; ich habe einzelne Partien genau nachgeprüft + bin der Überzeugung, daß er den Schwierigkeiten nicht Herr geworden ist.[21]

In der Tat weisen die beiden Untersuchungen nur sehr wenige Gemeinsamkeiten auf. Smend nimmt mit seiner Differenzierung eines älteren und jüngeren Jahwisten eine Präzisierung der Neueren Urkundenhypothese („Neueste Urkundenhypothese") vor,[22] weicht dabei aber methodisch nicht von Wellhausen ab. Die weitere Aufteilung der Quellenschriften hilft ihm, Unstimmigkeiten in den bisherigen Quellenzuweisungen zu erklären. Auf diese Weise lässt sich nach seiner Auffassung „der gesamte Stoff zwanglos auf drei Erzählungswerke zurückführen, von denen jedes in sich widerspruchslos und wohldisponiert war, und jedes in seiner Art als eine höchst bedeutsame literarische Komposition erscheint."[23] Für Smend bleiben die Verfasser der Quellen Schriftsteller ganz eigener Prägung, die sich individuell charakterisieren lassen.[24] Greßmann dagegen folgt dem von Gunkel in der Genesis eingeschlagenen Weg und beschreibt die Urheber der

---

21 Greßmann an Gunkel, 13.10.1912, ULB Halle, Yi 33 I G 142.
22 Smend [d.Ä.], *Erzählung*, 342.
23 Smend [d.Ä.], *Erzählung*, 345.
24 Smend [d.Ä.], *Erzählung*, 347 f. Aufs schärfste wendet er sich gegen den von Gunkel gemachten Versuch, den Verfassern der Quellenschriften eine individuelle Bearbeitung abzusprechen; damit „stellt er [scil. Gunkel] die Dinge nahezu auf den Kopf". Über die von Gunkel angestellte Gattungsforschung urteilt Smend: „zum Exegeten und Kritiker ist er [scil. Gunkel] nicht gemacht" (beide Zitate ebd., 4 f. Anm. 1). Auch Eduard Meyers 1906 erschienene Untersuchung *Die Israeliten und ihre Nachbarstämme* wird von Smend getadelt: „Entschuldigt ist er [scil. Meyer] einigermaßen damit, daß die neuesten Auseger [sic] des Hexateuch in ihrer Mehrzahl es nicht besser gemacht haben" (6 Anm. 2).

Quellenschriften als Redaktoren bzw. Sammler bereits vorhandener Erzählungen, die das Material nicht eigenständig gestaltet hätten.[25]

Unter dieser Prämisse ist es ihm möglich, seine auf die mündliche Tradition konzentrierte Sagenforschung zu betreiben. Greßmann postuliert, dass die Sagen im Prozess der Verschriftlichung zunächst fast unverändert gesammelt worden sind und erst in einem späteren Vorgang der Harmonisierung stärker bearbeitet wurden.[26] Entsprechend könne die Literaturgeschichte mit Hilfe der Gattungsgeschichte bis in die mündliche Überlieferung zurückgehen. Im Laufe der Untersuchung verhärtet sich der Eindruck, dass seine Charakterisierung der Quellenschriften stärker von dem Wunsch getragen ist, die mündliche Tradition zu rekonstruieren, als umgekehrt von dem Willen, schlüssige Beweise für die These einer Sammlung mündlicher Sagen vorzulegen. Die oben zitierte Kritik an Smend zielt deswegen auch nicht auf dessen fachgerechten Umgang mit der Literarkritik. Sie ist im Wesentlichen ästhetisch begründet und bescheinigt Smend ein mangelhaftes Verständnis für die Eigenheiten des Textes und ein Desinteresse an mündlichen Vorformen.[27]

Greßmann ist hin- und hergerissen zwischen dem Kampf gegen „die Orthodoxie der Schule Wellhausens"[28] einerseits und der Anerkennung der Literarkritik als unverzichtbare wissenschaftlichen Methode. „Jeder, der selbst Quellenkritik getrieben hat, weiß, wie hypothetisch ihre Resultate sind, und wie verschieden die Quellen rekonstruiert werden können", erklärt Greßmann 1913 in einem Aufsatz über die Pentateuchforschung.[29] Und dennoch, „an dem tatsächlichen Vorhandensein von Quellen zweifelt keiner, der logisch denken kann."[30]

Die verschiedenartig geführten Angriffe gegen die Neuere Urkundenhypothese lehnt Greßmann deshalb auch kategorisch ab, stattdessen versteht er seine Arbeit in Anlehnung an Ernst Sellin als Beitrag zur Evolution der Pentateuch-

---

25 Vgl. Gunkel, *Genesis* (3. Aufl.), LVIII.

26 Greßmann, *Mose*, 374.

27 Greßmann erhält das Buch von Smend erst nach Fertigstellung der ersten Druckfahnen seines *Mose*. Eine Auseinandersetzung kann deshalb nur in einer über vier Seiten laufenden Anmerkung nachgetragen werden, Greßmann, *Mose*, 369–372 Anm. 4. Der Jahwist, wie Smend ihn rekonstruiert, erscheint Greßmann als „schlechter Erzähler", denn nur „ein Stümper könnte so erzählen" (370). „Wer die stilkritischen Begriffe der ‚Einzelsagen' und ‚Sagenkränze' nicht kennt, muß notwendig auch die quellenkritischen Fragen falsch beantworten" (372), lautet das Urteil. Das in der Hugo-Greßmann-Bibliothek an der Humboldt-Universität zu Berlin erhaltene Exemplar der Arbeit Smends weist bei den Exoduserzählungen zahlreiche persönliche Anmerkungen Greßmanns auf, die seine Kritik untermauern.

28 Greßmann an Gunkel, 27.10.1912, ULB Halle, Yi 33 I G 143.

29 Greßmann, „Umwälzung", 1225.

30 Greßmann, „Umwälzung", 1225.

forschung und nicht als Revolution.[31] In gewisser Weise kann Greßmann die Ergebnisse der Literarkritik mit seiner Forschung an den Sagenstoffen bestätigen, indem er etwa aufgrund des sagengeschichtlichen Befundes eine Spätdatierung des Priesterkodex feststellt. Den Verfasser dieser Quellenschicht charakterisiert er als Beispiel „des von prophetischem Geiste beeinflußten Schriftstellers",[32] der als eigenständige Persönlichkeit erkennbar sei und mit tiefgreifender Reflexion eine Neuinterpretation des vorliegenden Materials vorgenommen habe,[33] um damit das Ende der reinen Sagensammlung seiner Vorgänger zu markieren.[34]

Die Pentateuchforschung möchte Greßmann mit der Thematisierung offener bzw. bisher ungenügend behandelter Fragen voranbringen. Am Beispiel der Kadesch-Sagen macht er in diesem Zusammenhang den Nutzen der Gattungsforschung deutlich. Das Vorgehen der Literarkritik erscheint Greßmann als zu mechanisch für eine überzeugende Interpretation des Textes und vor allem der Textgeschichte. Er wendet sich gegen die Theorie Wellhausens, nach der die Kadesch-Sagen von der Sinai-Erzählung auseinandergesprengt worden seien.[35] „In Wirklichkeit gibt es überhaupt keine mechanische, sondern nur eine literarhistorische Lösung des hier vorliegenden Problems",[36] meint Greßmann. Er erklärt die Entstehung des Textes mit Hilfe der Sagentheorie, denn aus den „Resten und Inkonsequenzen der Sagen"[37] lässt sich nach seiner Auffassung eine Entwicklung ableiten, die die Literarkritik nicht aufzuzeigen vermag.[38] Sie kann zwar

---

31 Namentlich wendet sich Greßmann gegen Johannes Dahse (1875–1955) und dessen Versuch, die Urkundenhypothese durch eine auf die Septuaginta gestützte, liturgische Konstruktion zu ersetzen, vgl. Dahse, *Materialien*.

32 Greßmann, *Mose*, 52.

33 Greßmann, *Mose*, 50–56. Im Abschnitt zur „Berufung des Mose" (Ex 2,23b–4,17.20b–23.27–31; 6,2–7,7) will Greßmann drei Schichten nachweisen. Der dritten Schicht, die in die Quellenschriften J und E integriert worden sei, ordnet er die Ankündigungen des zukünftigen Geschehens (3,18–22; 4,9.21–23), die Einführung des neuen Gottesnamens JHWH, die allerdings inkonsequent bleibt, und die Figur Aarons (4,13–16.27.28) zu. Der Priesterkodex habe diese Ansätze aufgenommen und in Ex 6,2–7,7 weiter ausgeführt, universalisiert und abstrahiert. Als Beleg dient Greßmann die mangelnde Einbettung dieses Abschnittes in den Textzusammenhang und die Armut des Erzählgehalts. „Weil der Gottesbegriff abstrakter geworden ist, mußte die Farbenpracht der alten Sage notwendig verblassen, ein Vorgang, der sich typisch in der Entwicklungsgeschichte aller Göttersagen wiederholt. Was zu der späteren Höhe der Gotteserkenntnis nicht mehr stimmt, wird abgestoßen oder vergeistigt" (52). Charakteristisch für den Priesterkodex sei dann die universalhistorische Perspektive.

34 Greßmann, *Mose*, 372.

35 Vgl. Wellhausen, *Prolegomena zur Geschichte Israels* (4. Aufl.), 348 f.

36 Greßmann, *Mose*, 389.

37 Greßmann, *Mose*, 392.

38 Greßmann, *Mose*, 387 f.

die Brüche feststellen, zur Erklärung der Textgenese müsse allerdings die Religions- und Gattungsgeschichte hinzugezogen werden. Nach Greßmann können die einzelnen Sagen und deren anschließende Komposition nur getrennt betrachtet werden. Ursprünglich sei eine große Gruppe von Sagen in Kadesch entstanden, was durch ihr Übergewicht in der Exoduserzählung deutlich werde. Für die späteren Sammler habe allerdings der Sinai im Mittelpunkt gestanden, weshalb die Sagen in der Zusammenstellung auf den Sinai zugeschnitten worden seien und dadurch in Aufbau und Aussage eine andere Bedeutung bekommen hätten.[39]

Greßmanns Kritik an Wellhausen und der Wellhausen-Schule richtet sich nicht gegen die Literarkritik als solche, sondern gegen eine ausschließliche Beschränkung auf die Literarkritik. Die kleinteilige, philologische Arbeit an den Texten birgt nach seinem Eindruck die Gefahr, den Blick auf den Gesamtentwurf zu verlieren. Darin sieht er das Hauptproblem der literarkritisch arbeitenden alttestamentlichen Forschung am Anfang des 20. Jahrhunderts.[40] Dagegen setzt er sein hypothesenfreudiges Verfahren, das ihn auch von der bedächtigen und gewissenhaften Art Gunkels unterscheidet und diesen gelegentlich zu Einwänden gegen Greßmanns Arbeitsweise nötigt.[41] Trotzdem versteht sich Greßmann zusammen mit Gunkel und anderen Forschern als Teil einer Forschungsbewegung, die unter Hinzuziehung religionsgeschichtlicher Fragestellungen geschlossen einen neuen Weg der Textinterpretation sucht. Vor diesem Hintergrund lässt sich auch Greßmanns „Erklärung" verstehen, die er zusammen mit anderen Mitgliedern der Religionsgeschichtlichen Schule verfasst und in der er die Bedeutung Wellhausens für die theologische Forschung zwar hervorhebt, dann aber emphatisch festhält:

> Die jüngeren Forscher und vielleicht noch mehr die unbeteiligten Zuschauer werden mit mir die Empfindung haben: wir sind es satt, uns mit Literarkritik abspeisen zu lassen.[42]

---

39 Greßmann, *Mose*, 389.
40 In einem Artikel über die „Kunst der Interpretation" (siehe dazu unten 3.1.2) schlägt Greßmann einen ironischen Ton an: „Oder würde wohl jemand auf den absurden Gedanken verfallen, eine einzelne Präposition, etwa ‚an', in ihren verschiedenen Beziehungen zu untersuchen, um festzustellen, welches der ursprüngliche Sinn des ‚Glaubens an Gott' sei? Wie die Lexikographen am Worte, so bleiben die Exegeten meist am Satze kleben. Sie kennen nur das eine Axiom, daß jeder Satz für sich einen Sinn haben muß und daß eventuell, falls er eine Partikel enthält, ein Zusammenhang mit dem vorhergehenden Satz vorhanden ist. Aber größere Zusammenhänge zu überschauen, sind sie vielfach unfähig" (443f.).
41 Vgl. Klatt, *Gunkel*, 195.
42 Die Erklärung bleibt unveröffentlicht, ein Abdruck des gesamten Textes, den Hanna Greßmann nach dem Tod ihres Mannes entdeckt, findet sich bei Klatt, *Gunkel*, 73 f. Klatt vermutet, dass

Im Prinzip hat Wellhausen die von Greßmann herausgearbeiteten Probleme in Teilen bereits selbst wahrgenommen und eine gewisse Offenheit für religionsgeschichtliche Fragestellungen erkennen lassen,[43] worin ihm andere folgen.[44] Der Sagenforschung steht Wellhausen allerdings skeptisch gegenüber, und seine Zurückhaltung hat inhaltliche Gründe. Für ihn ist die Abfassungszeit eines literarischen Textes identisch mit der Entstehungszeit seines Inhalts.[45] Zwar sieht er gelegentlich Hinweise auf ältere Traditionen in den Texten angelegt,[46] ordnet diese aber nicht in einen großen gattungsgeschichtlichen Zusammenhang ein, wie Gunkel und Greßmann dies tun.[47] Schon in Auseinandersetzung mit Gunkels Forschung zum Ursprung der apokalyptischen Vorstellungen hat Wellhausen seine Position deutlich gemacht: „woher jedoch dieser Stoff ursprünglich stammt, ist methodisch ganz gleichgültig."[48] Dieser Einwand Wellhausens gilt nicht nur im Hinblick auf Gunkels *Schöpfung und Chaos*, sondern könnte in derselben Weise auch gegen Greßmanns Untersuchung der Mosesagen erhoben werden. Es geht um die grundsätzliche Frage, ob die Suche nach mündlichen Vorformen überhaupt möglich und für die Exegese und die theologische Forschung von Bedeutung ist. Gunkel hat die Auseinandersetzung mit dem, was er die „Stimmung einer älteren Schule"[49] nennt, bereits durchgefochten und verbittert den Dialog abgebrochen.[50] Die Studie Greßmanns über die Mosesagen ist als Versuch zu werten, an diesem Punkt mit einem weiteren Entwurf zur Sagenforschung anzuknüpfen

---

der undatierte Text zu Beginn des 20. Jahrhunderts entstanden sei. Aufgrund der ausdrücklichen Erwähnung von Gunkel und Eduard Meyer ist ein Zusammenhang mit dem *Mose* wahrscheinlich. Möglicherweise haben der einsetzende Erste Weltkrieg und der Tod Wellhausens (1918) eine Veröffentlichung verhindert.

43 Wellhausen, „Komposition", 479: „Meinen groben Untersuchungen müssen viel feinere und in's [*sic*] Detail gehende folgen, die ihre Ergebnisse bestätigen, berichtigen und umstoßen werden. Zur Zeit fehlt es durchaus an solchen, z. B. ist man in betreff der sprachlichen Kriterien von JE und Q über das oberflächlichste Lexikalische nicht herausgekommen." Religionsgeschichtliche Versuche hat Wellhausen vorgelegt in Wellhausen, *Reste arabischen Heidenthums*.

44 Vgl. z. B. Nowack, *Entstehung*.

45 Baumgartner, „Wellhausen", 296; vgl. auch Gunkel, „Ziele", 21; Osswald, *Mose*, 56 f.

46 Wellhausen, *Prolegomena zur Geschichte Israels* (5. Aufl.), 299 ff. „Aus dem Volksmunde stammen bloß die losen und nur ganz ungefähr auf einander bezogenen Erzählungen; ihre Verbindung zu einer festen Einheit ist das Werk dichterischer oder schriftstellerischer Formung. Die Übereinstimmung der Quellen im Plane der Erzählung ist also nicht selbstverständlich, sondern höchst auffallend und nur aus literarischer Abhängigkeit zu erklären" (300).

47 Gunkel sieht in Wellhausens Methode deshalb auch die Gefahr des Zirkelschlusses, vgl. Gunkel, *Religionsgeschichte*, 173.

48 Wellhausen, *Prolegomena zur ältesten Geschichte des Islams*, 233.

49 Gunkel, „Forschungen", 610.

50 Vgl. die Darstellung bei Klatt, *Gunkel*, 71.

und ihr damit zum Siegeszug zu verhelfen. Neben den möglichen mündlichen Vorformen ist dabei auch das Verständnis der Sagen als Textgattung Gegenstand der Debatte.

3.1.2 Ein ästhetischer Zugang: „Die Kunst der Interpretation" (1912)

„Sage ist nicht Lüge, sondern vielmehr eine besondere Art von Dichtung",[51] betont Gunkel in seinem Genesiskommentar.[52] Daran lehnt sich Greßmann bei seiner Interpretation der Mosesagen an, wenn er „Geschmack und Takt"[53] bei der Auslegung fordert. Das Verständnis von Sagen sei ohne eine gewisse ästhetische Sensibilität nicht möglich, weshalb er den Leser bittet, dass er sich „mit liebevollem Verständnis in diese Sage einfühlt",[54] oder an den „ästhetisch geschulten Geist" appelliert.[55]

In einem zeitgleich zum *Mose* entstehenden Aufsatz über „Die Kunst der Interpretation" (1912) verdeutlicht Greßmann einer breiten Leserschaft sein Wissenschaftsverständnis, welches der Moseuntersuchung zugrunde liegt. Darin erkennt er die Arbeit der Text- und Literarkritiker an, weist ihnen allerdings „Kärrnerdienste" zu, „welche die Interpretation als die Königin dankbar benutzen wird":[56]

[...] die Auslegung beginnt erst, nachdem der Text festgestellt und die Quellenscheidung durchgeführt worden sind. Man hat sich zwar daran gewöhnt, diese Vorarbeiten als spezifisch „philologisch" zu bezeichnen, aber die Philologie im tiefsten Sinne des Wortes bleibt nicht in der Erforschung der Wurzeln stecken, sondern verfolgt das weitere Wachstum des Baumes über den Stamm hinaus bis in die Krone und die feinsten Verästelungen der Zweige.[57]

Der Eindruck, dass Greßmanns seine Mosestudie tatsächlich nach diesem Muster anlegt, entsteht bereits dort, wo er sich für die Behandlung literarkritischer Probleme mit knappen Anmerkungen begnügt. Im Übrigen muss er selbst zugeben,

---

51 Gunkel, *Genesis*, II.
52 Zu Gunkels ästhetischer Auslegung vgl. Klatt, *Gunkel*, 116–125.
53 Greßmann, *Mose*, 367. Vgl. das vollständige Zitat unten in 3.1.4.
54 Greßmann, *Mose*, 9, im Zusammenhang einer Gegenüberstellung der Aussetzungssage des Mose mit der Geburtssage des Sargon und in Abgrenzung von einem astralmythologischen Verständnis.
55 Greßmann, *Mose*, 81.
56 Greßmann, „Kunst", 443.
57 Greßmann, „Kunst", 443.

dass Einzelbeobachtungen, Textkorrekturen und literarkritische Analysen bei ihm nicht im Vordergrund stehen.[58] Auf der anderen Seite möchte sich Greßmann von Tendenzen abgrenzen, auf die Untersuchung einzelner Quellenschriften zu verzichten und allein den vorliegenden Textzusammenhang zu berücksichtigen.[59] Mit scharfen Worten und drastischen Beispielen lehnt er eine solche Haltung als unwissenschaftlich ab.[60] Vielmehr vergleicht er die Exoduserzählung mit einem Trümmerhügel, den es nun nach und nach abzutragen gilt.[61] Mit der Forderung nach einer Gesamtschau auf den vorliegenden Text, der im Sinne einer einheitlichen Komposition verstanden wäre, würde man die bisherige Ausgrabung wieder zuschütten und „den wiederhergestellten Trümmerhaufen würdigen und den Wirrwarr sinnvoll erklären".[62] Greßmanns Skepsis richtet sich gegen das Bestreben einiger „positiver Theologen" in der Wilhelminischen Zeit, auf jede Art von Quellenforschung zu verzichten und den vorliegenden Text als Offenbarung anzunehmen bzw. als einzig relevante Bezugsgröße für die Interpretation aufzufassen:

> Einige Forscher behaupten sogar, die ursprüngliche Eigenart und Schönheit einer Erzählung sei vollkommen gleichgültig, die Hauptsache sei, was die jüdische Gemeinde oder am Ende Jesus bei diesen Geschichten gedacht und gefühlt hätten.[63]

Diese Abgrenzung bedeutet allerdings nicht, dass Greßmann auf eine Gesamtschau verzichtet. Sie geschieht bei ihm im Zuge der Rekonstruktion der einzelnen Erzählstränge. Zunächst werden die Sagensammlungen herausgearbeitet, schließlich die Einzelsagen isoliert und die darin enthaltenen Motive aufgedeckt. Anhand dieser Analyse kann nun umgekehrt nachverfolgt werden, wie die einzelnen Sagen verändert wurden und mit welcher Intention Sammler oder Redaktoren eingegriffen haben, bis die vorliegende Fassung entstanden ist. Das Bild, das Greßmann von

---

58 Greßmann, „Kunst", 444.

59 Greßmann, *Mose*, 22: „Diese Forderung ist prinzipiell abzulehnen, weil sie Unmögliches verlangt."

60 Greßmann, „Kunst", 445. Zur Illustration gibt er das Beispiel eines „Barbaren", der Goethes Gedichte zusammenhangslos hintereinandersetzt und willkürlich mit Kapitel- und Versangaben versieht.

61 Greßmann, *Mose*, 22.

62 Greßmann, *Mose*, 23. Vgl. dazu ders., „Kunst", 446: „An Versuchen, das Unmögliche möglich zu machen, fehlt es natürlich nicht, wie ja überhaupt die Exegese als die Kunst beschrieben werden könnte, die jeden Sinn in Unsinn und jeden Unsinn in Sinn zu verwandeln versteht." Ebenso bei der Interpretation der Berufung des Mose (*Mose*, 22 f.): „[...] denn nur die genaue Kenntnis der einzelnen Schichten und ihrer chronologischen Aufeinanderfolge hat wissenschaftliche Bedeutung."

63 Greßmann, „Kunst", 445.

den späteren Bearbeitungen entwirft, ist dabei oft mit einer negativen Konnotation besetzt. Bereits auf dieser Stufe wendet Greßmann ein ästhetisches Argument an, wenn er den späteren Bearbeitern ein mangelhaftes Verständnis für die Eigenart der Texte unterstellt.[64] Gleichzeitig wirft er auch seinen exegetischen Gegnern ein unzulängliches Einfühlungsvermögen in die Überlieferungsprozesse und Materialzusammenhänge vor.[65]

Um dem künstlerischen Aspekt der Sagenkomposition gerecht zu werden und damit den blinden Fleck der Literarkritik auszugleichen, ist Greßmann also bestrebt, sich nach ästhetischen Gesichtspunkten in die Texte einzufühlen. Ein gutes Beispiel bietet sein Umgang mit den Plagenerzählungen, bei denen nach seiner Meinung jede herkömmliche Interpretationsmethode versagen muss. Stattdessen nähert er sich dem Text auf eine Art, die beinahe übertrieben an einen bildenden Künstler erinnert:

> Es ist fast, als hätten die einzelnen Abschnitte verschiedene Redaktoren gehabt; durch die vielen aufgesetzten Lichter, die unregelmäßig und planlos über das ganze Gemälde verteilt sind, ist eine Buntscheckigkeit entstanden, die zu der ursprünglichen Einfachheit der Farbgebung einen seltsamen Kontrast bildet.[66]

Greßmann bedient sich in diesem Abschnitt seiner Untersuchung einer Fülle von Methoden, mit denen er den Stoff bewältigen möchte. Durch religionsgeschichtliche Parallelen versucht er, die Motive zu isolieren. Auf der stilgeschichtlichen Ebene ist es die Symmetrie, mit der Greßmann sich der ursprünglichen Form der Erzählungen nähert. Mühe bereitet ihm dagegen die Einordnung der rekonstruierten Schichten in die literarischen Quellenschriften. Zwar schließt er sich der gängigen Einteilung aus der Neueren Urkundenhypothese an, rekonstruiert die vorliterarische Entstehung unter Verweis auf Stilmerkmale in der babylonischen und hebräischen Literatur und mit Bezug auf die Völkerpsychologie aber völlig neu:

---

64 Vgl. Greßmann, *Mose*, 22: „Die Erzählung von Moses Berufung ist so, wie sie gegenwärtig lautet, unlesbar und unverständlich, weil verschiedene Rezensionen, Varianten und Zusätze in ein buntes Durcheinander gewirrt sind; lesbar und verständlich wird sie erst, wenn man sie in die zusammengehörigen Abschnitte zerlegt und diese dann stereoskopisch hintereinander schaut."
65 Neben Wellhausen ist es Smend, dem Greßmann jedes Gespür für die Texte abspricht. Mit Blick auf dessen Interpretation der Mosesagen schreibt Greßmann an Gunkel: „Sm[end] ist ein ganz kleiner Geist [...] in seiner Art zu denken und sich auszudrücken" (Greßmann an Gunkel, 13.10.1912, ULB Halle, Yi 33 I G 142).
66 Greßmann, *Mose*, 68.

Das von ihm [scil. dem Erzähler] verwendete Prinzip ist dasselbe, das den Plagen zugrunde liegt: das leise Anschwellen vom Piano zum Fortissimo. Die sechs- oder siebenmalige Wiederholung ist zwar hier wie dort für modernen Geschmack zu viel, um auf die Dauer zu fesseln, aber der Orientale und der primitive Mensch überhaupt empfindet ganz anders; je öfter etwas wiederholt wird, um so schöner erscheint es ihm, und jede kleine Variante, mag sie noch so unbedeutend sein, ergötzt ihn.[67]

Der Versuch, eine ästhetische Perspektive in die Auslegung einzubeziehen, begegnet nicht nur bereits bei Gunkel,[68] sondern verdankt sich grundsätzlich der idealistischen Prägung, unter der die Religionsgeschichtliche Schule im Ganzen steht. Gewährsmann dieses Interesses ist wie kein anderer Johann Gottfried Herder mit seinen literaturhistorischen Studien,[69] auf den sich Greßmann in seinem bereits erwähnten Kommentar über *Die Anfänge Israels* ausdrücklich beruft.[70] Wie Herder geht es Greßmann um die Schönheit der biblischen Erzählung in der Gesamtschau ihrer Entwicklung und um eine Vermittlung in breite Schichten der Bevölkerung hinein.[71] Darin sieht Greßmann schließlich eine Aufgabe der gesamten Theologie:

> Unser Ideal ist die Kunst der Interpretation, die nicht an einzelnen Versen oder Kapiteln hängen bleibt, sondern eine Erzählung als einen lebendigen Organismus auffaßt und das Kunstwerk als Kunstwerk würdigt. Wir sind gepackt von der Schönheit der Bibel, die wir höher schätzen als alle Bücher der Welt [...].[72]

Kritik ruft insbesondere Greßmanns assoziative Herangehensweise hervor. Der Religionsgeschichtlichen Schule trägt dies die abschätzige Bewertung als „äs-

---

67 Greßmann, *Mose*, 78 f. In einer Anmerkung erklärt Greßmann: „Über die Psychologie der Wiederholung müßte einmal ein besonderes Buch geschrieben werden, da die Fülle des Stoffes und der Gesichtspunkte kaum übersehbar ist. Auf diesem ästhetischen Reiz beruht im letzten Grunde die hebräische Poesie (die Wiederholung der Gedanken im Rhythmus der Verse), die Verwendung der ‚Zahlensymbolik' in der Literatur, der Rausch der Musik und des Tanzes usw." (78 Anm. 3).
68 Insbesondere die Frage nach der „Pointe" einer Sage beschäftigt beide, Greßmann und Gunkel, auf ähnliche Weise (vgl. Gunkel, *Genesis*, XLIX).
69 Vgl. Witte, „Geist".
70 Greßmann, *Anfänge*, 17.
71 Vgl. Witte, „Geist", 186.
72 Greßmann, „Kunst", 444. Es folgt eine ganz im Sinne des Idealismus formulierte Einschränkung: „kein Volk des Altertums hat besser erzählen können als die Israeliten, deren Meisterschaft nur von den Griechen erreicht wird." Anders als Klatt, *Gunkel*, 120, postuliert, zeigt diese Bemerkung, dass auch bei Greßmann „das Schöne" mit der Religion verknüpft ist und nicht allein „l'art pour l'art" bedeutet.

thetisch-folkloristische"[73] Schule ein. Gerade dieser ästhetische Zugang zum biblischen Text wird in der Folge aber auch aufgegriffen und systematisch weiterentwickelt, vor allem wenn es um die Frage nach mündlichen Vorformen und dem Wahrheitsgehalt der Sagen geht.

3.1.3 Sagenforschung

Greßmann sieht es als die Aufgabe seiner Untersuchung zu den Mosesagen, die mündliche Vorgeschichte der Sammlungen zu rekonstruieren, die einzelnen Sagen bzw. Sagenstoffe zu isolieren und dadurch die Überlieferungsgeschichte der Texte offenzulegen.[74] Nebenbei stellt er in diesem Zusammenhang einige grundsätzliche Erwägungen zur Sagenforschung an, die später von Gunkel aufgegriffen werden.[75]

Greßmann betrachtet Wunder als typische Kennzeichen märchenhafter Stoffe und setzt in den Mosesagen entsprechende Motive voraus, die mündlich tradiert und durch ähnliche Motive erweitert wurden.[76] Davon ausgehend unterzieht Greßmann die literarkritisch abgegrenzten und eingeordneten Einheiten einer weitergehenden Untersuchung unter dem Gattungsaspekt.[77] Für die israelitische Literatur- und Religionsgeschichte haben die Sagen nach seiner Auffassung eine entscheidende Bedeutung, da ihre gattungsgeschichtliche Form als einzige aus

---

73 So die Meinung von Rudolf Kittel in seinem Aufsatz über die „Zukunft der Alttestamentlichen Wissenschaft" (90), einem Vortrag, den er 1921 auf dem Ersten Deutschen Orientalistentag in Leipzig hält und in dem er dann auch versöhnliche Töne gegenüber der Religionsgeschichtlichen Schule anschlägt. Vgl. auch Smend [d.J.], *Bibel und Wissenschaft*, 267.

74 Damit schlägt er den von Gunkel im Genesiskommentar vorgegebenen Weg ein; zur Übersicht Klatt, *Gunkel*, 104 ff., der sich gegen eine einseitige Festlegung der Forschung Gunkels auf den literaturgeschichtlichen Aspekt wendet.

75 Erst in der dritten Auflage des Genesiskommentars zieht Gunkel Literatur aus der Volks- oder Völkerkunde heran, inspiriert von Greßmann, wie er ihm in einem seiner wenigen erhaltenen Briefe schreibt: „Und an Ihrer Rezension wüßte ich nur Eines auszusetzen, daß Sie nämlich den ausgelassen haben, von dem ich am liebsten lerne – nämlich Hugo Gressmann! –, u[nd] daß Sie den Anteil, den Sie selbst an der neuen Genesis haben, ausgelassen haben: Sie sind es doch, dem ich die Aufmerksamkeit auf das *Märchen* vornehmlich verdanke" (abgedruckt bei Klatt, *Gunkel*, 110).

76 Greßmann, *Mose*, 364.

77 Als Beispiel ist gleich zu Beginn seiner Untersuchung die Aussetzungssage zu nennen, an der Greßmann das „märchenhafte Kleid" (*Mose*, 7) sichtbar macht und erläutert, wie durch die Verbindung mit einer historischen Einordnung eine Sage entsteht. Analoge Entwicklungen ließen sich in der Umwelt ausmachen und sind nach Greßmann ähnlichen psychologischen Bedürfnissen zuzuschreiben, ohne von der Geburtssage des Mose direkt abhängig zu sein.

der mündlichen Überlieferung noch in der literarischen Fassung nachweisbar sei. Märchenhafte oder mythische Elemente ließen sich nur noch innerhalb der Sagen erkennen und hätten bereits eine eingehende Bearbeitung durch die Sagenerzähler erfahren. Für Greßmann steht fest, dass die Schilderungen um Mose aus Einzelsagen aufgebaut sind, die wiederum aus abgeschlossenen, sagenhaften Erzählungen bestehen, deren Grundlage mehrere aneinandergereihte Motive bilden.

> Das Motiv ist demnach der kleinste Teil eines poetischen Stoffes; aber es ist nirgends selbständig nachweisbar, da es immer mit anderen Motiven verbunden ist. Die volkstümliche Erzählung existiert überall nur in der Form der Einzelsagen, weil diese allein leicht zu überschauen ist.[78]

Für die zeitliche Einordnung beruft sich Greßmann auf ein formales Kriterium: „um so knapper, je älter".[79] Allerdings steht sein gesamtes Entwicklungsmodell vor dem Problem, dass die von ihm angenommenen vorliterarischen Einzelsagen aufgrund ihrer mündlichen Form nicht verifiziert werden können und deshalb ein letzter Beweis für seine Annahme nicht zu erbringen ist. Stattdessen bemüht er Hilfskonstruktionen, um seine Thesen zu untermauern.

Nur selten beobachtet Greßmann eine direkte Wanderung einzelner Motive, stattdessen geht er mit Rückgriff auf die Völkerpsychologie von „einem allgemeinen Gesetz der Psyche" aus, das „überall dieselben oder verwandte Schöpfungen hervorbringt."[80] Eine formale Abgrenzung gegenüber anderen Gattungen nimmt er in einem Artikel über „Sagen und Legenden" (1913) im Lexikon zur *Religion in Geschichte und Gegenwart* vor:

> Die Sagen sind volkstümliche Erzählungen, deren Inhalt objektiv unwahr, aber subjektiv glaubwürdig ist. Ist eine Erzählung objektiv wahr, so ist sie keine S[age], sondern eine Erlebnis-Erzählung oder eine Geschichts-Erzählung; ist sie subjektiv unglaubwürdig, so ist sie ebenfalls keine S[age], sondern ein Märchen.[81]

---

78 Greßmann, *Mose*, 374 f.

79 Greßmann, *Mose*, 375.

80 Greßmann, „Märchen", 15.

81 Greßmann, „Sagen", 174. Es handelt sich um den religionsgeschichtlichen Teil des Artikels, den Greßmann auch zu den verwandten Literaturgattungen beiträgt. Dort lauten die Definitionen wie folgt: Das Märchen „hat mit der Sage [...] und dem Mythus [...] das gemeinsame Merkmal, daß sein Inhalt der Phantasie entsprungen ist. Während aber der Mythus von Göttern handelt, ist das M[ärchen] in der Regel an Menschen gebunden. Die geschichtlichen Erlebnisse, die sich auf irgend eine Weise in der Sage widerspiegeln, die rituellen Bräuche, die den Mythus mit geschaffen haben, fehlen im M[ärchen] ganz, das ort- und zeitlos völlig dem Zauber und dem Wunder unterworfen ist" („Märchen", 13). „Der Mythus berührt sich mit dem Märchen und der Sage. Im

Eine bedeutende Rolle in Greßmanns Untersuchung kommt jenen Erzählungen zu, von denen er annimmt, dass sie im Prozess der Verschriftlichung kaum oder nur wenig verändert worden sind, wie etwa die Beschneidungssage. Der Optimismus, hier den „herben Duft der Urzeit"[82] noch erfassen zu können, zeigt Greßmanns Vorliebe für vermeintlich archaische Formen. Gerade bei dieser Annahme wird ein entscheidender Unterschied zu wesentlichen Strömungen der Literarkritischen Schule deutlich, in der nicht über den schriftlich fixierten Quellenbestand hinausgefragt wird.

Schwierig wird die Anwendung von Methoden aus der Sagenforschung in größeren Textzusammenhängen, bei denen von einer sehr komplexen Entstehungsgeschichte auszugehen ist. Wieder sind es die Plagenerzählungen, die hier als Beispiel dienen können, um die Vorgehensweise Greßmanns zu illustrieren. Für die Herausarbeitung der ursprünglichen Einzelsagen und Motive nutzt er religionsgeschichtliche Vergleiche und rekonstruiert deren Ausgangsform auf der Grundlage antiker Ideale. Aufgrund der zahlreichen Bearbeitungen des Textes kommt er zu dem Urteil:

> Die Quellenscheidung allein genügt nicht, um die mannigfachen Schichten abzutragen, die hier übereinander gelagert sind; die Kritik muß in die Quellen selbst hineingreifen und das Wachstum der Erzählung in der mündlichen Überlieferung zu verfolgen suchen.[83]

Um diese Herausforderung zu bewältigen, wendet Greßmann das ganze Register seiner religions- und gattungsgeschichtlichen Methodik an. Im Zentrum steht dabei die Wahrnehmung der Eigenarten des Textes. Rationale Erklärungsmodelle können nach seiner Meinung die Aussage des Textes nicht erfassen, wie er an einigen Interpretationen zu zeigen versucht. Die Verwandlung des Mosestabs beispielsweise gehe nicht auf das Kunststück eines Schlangenbeschwörers zurück,[84] sondern habe, wie bereits erwähnt, eine Parallele in einem ägyptischen

---

allgemeinen ist für ihn charakteristisch, daß er Götter handeln läßt, und daß sein Schauplatz jenseits von Raum und Zeit liegt. Auch das Märchen knüpft an erdichtete Gestalten, erzählt aber meist von Menschen. Die Sage [...] dagegen schlingt sich um geschichtliche Personen, Völker, Orte und Ereignisse und hebt sie ins Phantastische empor" („Mythen", 618).

82 Greßmann, *Mose*, 375.

83 Greßmann, *Mose*, 69.

84 Greßmann, *Mose*, 88, gegen Dillmann, *Exodus* (3. Aufl.), 79–80, der eine Schlangenbeschwörung vermutet, wie sie in Ägypten um die Wende zum 20. Jahrhundert noch beobachtet werden kann: „Bis heute gibt es im Morgenland, besonders in Ägypten[,] Familien, in welchen Schlangenbändigung ein erbliches Geheimnis ist. Derlei Leute wissen die Schlangen aus ihren Schlupfwinkeln hervorzulocken [...], gehen mit ihnen wie mit unschädlichen Thieren um [...], richten sie zu Kunststücken ab [...]; z. B. verwandeln sie die Schlange in einen Stock, d. h. der

Märchen, in dem vom lebendig werdenden Wachskrokodil erzählt wird.[85] Der zentrale Punkt in beiden Texten sei das zauberhafte Motiv, nicht das Thema der Täuschung oder des Betrugs.[86] Es ist Greßmann wichtig, zusätzlich zur formalen Struktur die inhaltliche Aussage der Erzählung zu erfassen, um in den religionsgeschichtlichen Vergleich treten zu können. Dieser ist dann denkbar weit gefasst, weil eine „Entlehnung der einzelnen Zaubermotive aus Ägypten [...] nicht anzunehmen ist, da sie auf Ideen beruhen, die überall in der Welt verbreitet sind; dasselbe gilt von dem überall nahe liegenden Gedanken des Wettkampfes zwischen Göttern oder ihren Stellvertretern."[87] Das Verfahren zielt also nicht darauf, Übereinstimmungen der Motive auf schriftliche oder mündliche Abhängigkeiten zurückzuführen, sondern sie als Analogien zu betrachten, die den Entstehungsprozess zu klären helfen.

Mit dieser Überlegung kann Greßmann für die Rekonstruktion der Mosesagen die Erzählungen aus nahezu allen Ländern der Welt und aus den unterschiedlichsten Zeiten heranziehen, um beispielsweise zu belegen, dass Licht und Feuer regelmäßiger Bestandteil von Erzählungen sei, die von einer „Epiphanie des Heiligen" handeln,[88] oder dass das Motiv des grünenden Stabs durch die Jahrhunderte in unterschiedlichen Zusammenhägen immer wieder begegne.[89] Die Wüste sei für die Menschen an ihren Grenzen von jeher mit Schrecken und Gefahren verbunden, die sich in den entsprechenden Erzählungen in Schlangen, Dämonen und anderen unheilvollen Gestalten manifestierten.[90] Greßmann findet auf diesem Weg zahlreiche Sagenmotive der Exoduserzählung in den Traditionen anderer Völker und Kulturen wieder und will mit diesen Analogien das Typische der Sagen isolieren, um in den folgenden Schritten die individuellen Zusätze aufzudecken.

Auch die Analogien zur Geburtssage des Mose sind im Alten Orient recht zahlreich. Insbesondere die Geburtssage des Sargon weist erstaunliche Ähnlichkeiten mit der Moseerzählung auf. Doch ist dies für Greßmann kein Grund, von einer Abhängigkeit oder Übernahme zu sprechen.[91] Die Gemeinsamkeiten der

---

Gaukler legt ihr die Hand auf den Kopf und sie wird steif; sie wird erst wieder beweglich, wenn er ihren Schwanz mit den Händen fasst und reibt [...].“

85 S.o. 2.3.3.
86 Greßmann, *Mose*, 89.
87 Greßmann, *Mose*, 95.
88 Greßmann, *Mose*, 28 f.
89 Greßmann, *Mose*, 282.
90 Greßmann, *Mose*, 284.
91 Greßmann, *Mose*, 10: „Ein Zusammenhang mit der Mose-Sage ist trotz der geistigen Verwandtschaft dieser Erzählung [scil. der Geburtssage des Sargon] nicht zu beweisen und auch

Erzählungen, so überraschend sie auf den ersten Blick sein mögen, führt er auch in diesem Fall auf typische Motive zurück, die sich psychologisch oder aus Sachzwängen erklären ließen.[92] Da er das Vorstellungsvermögen der Erzähler und mit ihm das Motivrepertoire für begrenzt hält, erlaubt ihm die Feststellung der typischen Erzählelemente die Rekonstruktion einer idealtypischen Sagenfassung.[93] Davon ausgehend sind dann die kleineren Abweichungen von besonderem Interesse, weil sich in ihnen die Eigenarten der israelitischen Zusätze abzeichnen. Dieser späteren Bearbeitung der Moseerzählung ordnet er den Humor, die Mutterliebe, den nationalen Stolz und die Frömmigkeit zu und bescheinigt ihr einen „kindlich-naiven und doch sittlich-reifen Charakter".[94] In anderen Fällen kann bei den Analogien, die der religionsgeschichtliche Vergleich aufdeckt, schon aufgrund der räumlichen Distanz keine Abhängigkeit vorliegen.

Stärker noch als Gunkel beruft sich Greßmann bei seinem Verfahren auf die Methoden der empirischen Wissenschaften seiner Zeit, allen voran der Völkerpsychologie und Kulturwissenschaft. In Bezug auf die Sagenforschung spielt vor allem der Einfluss der Völkerpsychologie eine große Rolle. Nach einer These Wilhelm Wundts (1832–1920) ist das Märchen die ursprünglichste Erzählform der Menschheitsgeschichte und geht dem Mythos voran.[95] Greßmann nimmt diese Überlegung auf und wendet sie bereits 1910 in seiner Untersuchung zur *Sage und Geschichte in den Patriarchenerzählungen* für die Texte des Alten Testaments an.[96] Seine Theorien werden von Gunkel in dessen Überarbeitung des Genesiskommentars weiterentwickelt,[97] auch wenn dieser später die Originalität des Gedankens für sich beansprucht.[98] Gunkel stützt sich für seine Gattungsstudien zu-

---

nicht wahrscheinlich, da beide in wesentlichen Zügen voneinander abweichen und da beide das charakteristische Gepräge ihres Landes, dort Ägyptens, hier Babyloniens, tragen."

92 Greßmann, *Mose*, 10 f.: „Denn was ist begreiflicher, als daß man in Ägypten die Kinder dem Nil, in Babylonien dem Euphrat preisgab, sobald man sich ihrer entledigen wollte?" Typisch für das „Glückmärchen" sei auch der Aufstieg vom Findelkind zum König.

93 Greßmann, *Mose*, 364: „Das Reich der Phantasie aber ist, so paradox das zunächst klingen mag, eintönig und begrenzt; das Märchen, das vom Wunder lebt, bleibt ewig dasselbe."

94 Greßmann, *Mose*, 16.

95 Greßmann stützt sich bei seiner Untersuchung zu Mose auf die von Wundt seit 1900 in zehn Bänden veröffentlichte *Völkerpsychologie*. Vgl. zu Wundt und dessen Werk Jüttemann, *Erbe*; Oelze, *Wilhelm Wundt*; Schneider, *Völkerpsychologie*. Vor allem verarbeitet Greßmann die Thesen Wundts zur Psychologie der Sprache, des Mythos und der Sitte, vgl. Wundt, „Märchen"; dazu Wolfradt, *Ethnologie*, 24–32.

96 Vgl. Greßmann, „Patriarchenerzählung", 23. Der Grundgedanke war schon früher in *Ursprung*, 105 f., angelegt. Vgl. dazu auch Klatt, *Gunkel*, 136 Anm. 43.

97 Zur Behandlung der Märchengattung bei Gunkel vgl. ausführlich Klatt, *Gunkel*, 129–138.

98 Gunkel, „Komposition", 56: „Auf der Suche nach dem Ursinn der Josepherzählung habe ich dann begonnen, Parallelen dazu bei anderen Völkern und in anderen Literaturen aufzusuchen."

sätzlich auf Axel Olrik (1864 – 1917) und dessen Überlegungen zur Epenforschung, die ihm methodisch sehr entgegenkommen, da sie sich mit literarischer und vorliterarischer Entwicklung auseinandersetzen und in kurzen Regeln die Gesetzmäßigkeiten darlegen.[99] Dieser Ansatz wird von Greßmann in der Moseuntersuchung weiterverfolgt und mit der Völkerpsychologie verbunden.

Ein Grundgedanke der zeitgenössischen Völkerpsychologie ist die Vorstellung, dass Kulturen einen evolutionären Prozess durchlaufen, wodurch sie sich in ihren jeweiligen Entwicklungsstufen vergleichen lassen.[100] Der Einfluss der Völkerpsychologen wird in Greßmanns Untersuchung offensichtlich, wenn er vom Charakter des „primitiven Menschen",[101] von „primitiven Kulten"[102] oder auch verallgemeinernd von „dem Orientalen"[103] spricht. Damit ist bereits viel über die Träger der mündlichen Sagenüberlieferung gesagt. Ein Merkmal dieser mündlichen Tradition, die er auch als typisch „volkstümliche Erzählung"[104] bezeichnen kann, sieht Greßmann unter anderem in dem bereits unter dem ästhetischen Aspekt berücksichtigten „Gesetz der Wiederholung", das auf Olriks Überlegungen zur Volksdichtung fußt.[105]

Dabei bin ich, zunächst noch ohne jede Theorie und unter niemandes Einfluß stehend, auf das ‚Märchen' gestoßen." Vgl. Klatt, *Gunkel*, 136 Anm. 43.

99 Der dänische Folkloreforscher Olrik stellt 1909 in einem kurzen Aufsatz zu den „Epischen Gesetzen der Volksdichtung" insgesamt vierzehn Kriterien zur Beurteilung mündlicher Überlieferung vor. Klatt, *Gunkel*, 129 – 138, betont Gunkels Eigenständigkeit bei der Gattungsforschung, zeigt aber an verschiedenen Beispielen, dass wesentliche Züge bereits in der Germanistik oder Folkloreforschung vorgebildet waren. Greßmann und Gunkel befinden sich seit 1907 in ständigem brieflichen Austausch über diese Themen. Greßmanns Briefe im Nachlass Gunkels geben einen Einblick in die diskutierte Literatur aus Germanistik, Sagenforschung, Anthropologie, Folklore und Völkerkunde, vgl. z. B. den Brief Greßmanns an Gunkel vom 16. 2. 1909, ULB Halle, Yi 33 I G 102: „Der Ausdruck ‚Märchen' ist in der Tat nicht ganz richtig; genauer sollte ich sagen ‚Märchenmythen'. Ich bevorzuge diesen Terminus, seit ich Wundt gelesen habe."

100 Darin ist die Darwin'sche Entwicklungstheorie in modifizierter Weise noch zu erkennen. Anders als etwa Ernst Haeckel möchte Wundt das naturwissenschaftliche Modell für die psychologische Forschung nutzbar machen, vgl. Schneider, *Völkerpsychologie*, 13 ff.

101 Greßmann, *Mose*, 66.

102 Greßmann, *Mose*, 249.

103 Greßmann, *Mose*, 272.

104 Greßmann, *Mose*, 375.

105 Vgl. Olrik, „Gesetze", 3 f., der der Volkspoesie eine beschränkte Ausdrucksvariabilität attestiert und ein wesentliches Stilmittel in der Wiederholung sieht. Charakteristisch sei dabei die Dreizahl, daneben werde auch die Sieben- und Zwölfzahl verwendet, aber lediglich zum Ausdruck einer abstrakten Menge (4).

Das Motiv der Verstockung des Pharao etwa lässt sich nach Greßmanns Ansicht nicht im Rückgriff auf die Psyche des Pharao erklären,[106] sondern resultiert aus den psychischen Bedürfnissen der Sagenerzähler bzw. -hörer, die hier ein bewährtes Stilmittel anwenden bzw. erwarten, mit dem die Geschichte in die Länge gezogen und somit die Spannung des Erzählens gesteigert wird.[107] Greßmann bezieht hier und in ähnlichen Fällen den Vergleich mit Traditionen aus anderen Kulturen methodisch ein, um eine möglichst alte, ursprüngliche Fassung des untersuchten Materials zu rekonstruieren, die weit in die mündliche Überlieferungsgeschichte zurückreicht. Je weiter er sich dabei an vermeintliche Frühformen herantastet, desto einfacher werden seine Erklärungsmodelle, weil er in der frühen Überlieferung nicht Eliten als Träger der Sagen sieht, sondern sie im Volksleben verortet, wo sie ihre spezifischen Eigenheiten entwickelt hätten.[108] Die Ergebnisse dieses Verfahrens sind in hohem Maße hypothetisch, die vorgeschlagenen Urfassungen der Sagen oder Märchen also im Wesentlichen schematische Rekonstruktionen eines angenommenen Idealbildes. Für den hypothesenfreudigen Greßmann stellt dies allerdings kein größeres Problem dar.

Über allgemein-psychologische Überlegungen zu vermeintlich archaischen Kulturen hinaus verfolgt Greßmann die Gattungsforschung in verschiedene Richtungen weiter. So hält er eine Wanderung von einzelnen Motiven für möglich und erklärt mit Hilfe der Völkerpsychologie das Vorhandensein von ägyptischem Lokalkolorit am Anfang der Mosesagen. Die Argumentation bleibt in diesem Zusammenhang jedoch recht unbestimmt. Einerseits sieht Greßmann für die Geburtssage des Mose durchaus die Wahrscheinlichkeit eines ägyptischen Ursprungs gegeben.[109] Bei der Einzeluntersuchung bezweifelt er allerdings, dass die Erzählung in dieser Ausgangsform von Ägypten nach Israel gewandert sei, da der Text ausgesprochen nachteilig über Ägypten urteilt.[110] Die Umgestaltung eines ursprünglich ägyptischen Märchens müsse tiefgreifende Änderungen der gesamten Erzählung nach sich gezogen haben, weshalb er vage von einer Sage mit

---

106 Vgl. z. B. Dillmann, *Exodus* (3. Aufl.), 53–54, wo der Meinungsumschwung des Pharao sogleich für einen predigtartigen Einschub genutzt wird: „[...] dass der Mensch, wenn er trotz aller Warnungen seine sittliche Freiheit eine Zeit lang zum Widerstreben gegen die erkannte Wahrheit [...] benützt hat, in dieser Richtung immer weiter getrieben und die Kraft seines Gewissens und Willens zum Guten immer stumpfer und endlich vernichtet wird. Und da weiter alles, was geschieht, in dem göttlichen Weltplan begründet sein muss, so wird auch solche Verstockung mit ihren Folgen als in diesem Plan vorgesehen und vorausbestimmt anerkannt werden müssen."
107 Greßmann, *Mose*, 83.
108 Greßmann, *Mose*, 425 f.
109 Greßmann, *Mose*, 407 f.
110 Greßmann, *Mose*, 7 f.

dem „Stempel hebräischen Geistes" spricht.[111] Die Wanderung einer kompletten Sage, wie er es im Fall der Genesis für erwiesen hält, ist nach Greßmanns Auffassung für die Mosesagen schwer vorstellbar, weil es in ihnen vom Lokalkolorit abgesehen an expliziten ägyptischen Überresten fehle.[112] Einen solchen Austausch hält Greßmann erst in der späteren Königszeit für möglich, in der eine enge Verbindung zwischen Ägypten und Israel belegt sei.[113] Seine gesamte Konstruktion steht und fällt daher mit der Setzung eines hohen Alters der Mosesagen.

Die Rekonstruktion einer alten Fassung bildet schließlich den Ausgangspunkt für die Darstellung der Entwicklung der Sagen bis zum vorliegenden Text. Greßmann stützt sich dabei auf den Gedanken, dass die einzelnen Kulturen verschiedene Entwicklungsstufen durchlaufen, die sich letztlich auch in den Texten niederschlagen. Im Vergleich mit anderen Kulturen kann vor diesem Hintergrund auch die Entwicklung der israelitischen Religion veranschaulicht werden. In der Berufungserzählung des Mose sieht Greßmann beispielsweise die literarische Schicht, die er dem Elohisten zuordnet, „auf einer höheren Entwicklungsstufe" stehen, „denn die abstrakte Blässe ist stets jünger als die konkrete Anschaulichkeit."[114] Obwohl Greßmann eine gewisse Leidenschaft für die Frühformen der Sagen zeigt, liegt das Ziel seiner Untersuchung also nicht darin, die älteste Fassung herauszuarbeiten, die von „naturhaft mythologischen"[115] Auffassungen geprägt ist, sondern die Entwicklungsgeschichte des Materials möglichst vollständig nachzuzeichnen. Dem erwähnten Entwicklungsgedanken ist es dabei eigen, Phasen der Progression mit einem anschließenden Verfallsstadium zu verbinden. Exemplarisch lässt sich dies an Greßmanns Zusammenfassung der Geschichte der Plagenerzählung erkennen:

> Der literar-kritischen und stilgeschichtlichen Analyse ist es gelungen, die vorliegende Sage in verschiedene Schichten zu zerlegen und die Entwicklung des Sagenstoffes durch eine fast tausendjährige Periode aufzuzeigen. Denn die älteste „hebräische Schicht" (A) reicht sicher bis in die Zeit des Mose selbst zurück (1260 v.Chr.), ja wahrscheinlich darüber hinaus; die letzten Wurzeln der Einzel-Sagen, die am Sinai haften, erstrecken sich wohl bis in das Volk der Midianiter. Darauf folgt eine jüngere, „israelitische Schicht" (B); die alten Einzel-Sagen sind gesammelt, erweitert, in einen größeren Sagenkranz eingereiht und in einen geschichtlichen Zusammenhang verwoben worden. Das ist im Lauf der nächsten vier Jahrhunderte geschehen, da die Aufzeichnung des JE um 850 bis 750 v.Chr. anzusetzen ist. Die jüngste, „jüdische Schicht" (C), die sich mit dem PK deckt (um 450 v.Chr.), hat die lebens-

---

111 Greßmann, *Mose*, 7.
112 Greßmann, *Mose*, 408.
113 Greßmann, *Mose*, 407 Anm. 7.
114 Greßmann, *Mose*, 33.
115 Greßmann, *Mose*, 32.

volle Sage der alten Zeit ihres konkreten Inhalts entleert, hat sie aber dafür mit den Ideen einer religiös interessierten und weltumfassenden „Geschichtsphilosophie" neu erfüllt. Literarisch betrachtet, wird man die erste Schicht die Zeit des Keimens und Sprossens, die zweite die Zeit der vollen Reife, die dritte die Zeit des allmählichen Verwelkens nennen.[116]

Jeder einzelnen dieser Entwicklungsstufen kommt eine besondere Bedeutung in der Geschichte zu, die es zu würdigen gilt. Die frühe Stufe sei noch „vom Hauch der Urzeit umweht", während die letzte Bearbeitung „dem modernen Empfinden am nächsten steht."[117] Mit dieser Auffassung zeigt Greßmann noch die typischen Merkmale einer Forschergeneration, die von einer romantisierenden Sicht auf den Orient geprägt ist, während sich in seiner Arbeit zugleich ein Übergang zu einer differenzierteren Betrachtungsweise anbahnt.[118] Greßmanns Verdienst besteht darin, verschiedene Forschungsansätze zusammenzuführen und für seine Theorien nutzbar zu machen.

Die Gegenüberstellung mit anderen Kulturen und Religionen bringt es mit sich, dass Greßmann nicht nur formale Vergleiche auf der Ebene der literarischen Gattungen anstellt, sondern auch religionsgeschichtliche Zusammenhänge sichtbar machen möchte. In diesem Punkt weist seine Moseuntersuchung Gemeinsamkeiten mit der Forschung Wellhausens auf, der zur Klärung des religionsgeschichtlichen Hintergrunds der alttestamentlichen Quellenschriften auf die arabische Tradition Bezug nimmt.[119] Für seine religionsgeschichtliche Forschung greift Greßmann nun aber sowohl synchron als auch diachron erheblich weiter aus, indem er Funde aus dem gesamten Orient gezielt auswertet und die religiöse Überlieferung der Völker bis in die Gegenwart als Vergleichsmaterial hinzuzieht. Er interessiert sich für das „Milieu",[120] hier auf den religiösen Kontext bezogen, um die Figur des Mose richtig einordnen zu können:

---

116 Greßmann, *Mose*, 56.
117 Greßmann, *Mose*, 56.
118 Ein vergleichbares Beispiel ist das epochemachende Werk zur *Arbeit und Sitte in Palästina* von Gustaf Dalman, vgl. dazu Männchen, *Gustaf Dalman*, 206–257. Dalmans differenzierter Ansatz wendet sich gegen die herkömmliche Sicht auf den Nahen Osten als „unbeweglichen Orient" (immoveable East), die vor allem in der englischsprachigen Forschung seiner Zeit vertreten wird, vgl. Dalman, „Einst und jetzt", 27. S. u. Anm. 207.
119 Dies betrifft bei Wellhausen vornehmlich die Rechtstexte. Im Blick auf die Mosesagen berühren sich beide Untersuchungen deshalb vor allem bei Fragen der Rechtsprechung, etwa wenn es in den Erzählungen um die Einsetzung von Obersten und Ältesten geht. Auf die These Wellhausens gestützt geht Greßmann von der Übernahme einer midianitischen Rechtsauffassung aus, die er in arabischen Quellen und in den Erzählungen dingfest macht, vgl. Greßmann, *Mose*, 175 f., und Wellhausen, *Reste arabischen Heidenthums*, 131 ff.
120 Greßmann, *Mose*, 425. Vgl. dazu unten 3.2.3.

Die Leistung eines Buddha, Zarathustra, Jesus, Mohammed kann nur der richtig beurteilen, der weiß, auf welchem allgemeinen Niveau sich die Religion ihrer Zeit oder der ihnen vorangehenden Epoche bewegt. Auch die Größten unter den Großen können, wenn sie noch so sehr in einzelnen Punkten über ihre Zeitgenossen hinausragen, dennoch in vieler Beziehung das Milieu nicht verleugnen, in dem sie aufgewachsen sind, und in das die Wurzeln ihrer Kraft hinabreichen.[121]

Um die Leistung des Mose zu würdigen, beschäftigt sich Greßmann mit den Lebensverhältnissen der Mosezeit, wofür er die Sagen als notwendige, wenn nicht gar als einzige Quelle betrachtet.[122]

Die Betonung des Wertes der Mosesagen resultiert aus Greßmanns Kampf gegen die Panbabylonisten.[123] Der Verweis auf die große Bedeutung von Traditionszusammenhängen im Gegensatz zu reinen Analogien erscheint hier durchaus widersprüchlich, versucht Greßmann doch bei der Gattungsfrage, wie gesehen, durch Vergleiche mit den Texten anderer Religionen und Kulturen die ursprünglichen Sagen aus den literarischen Quellen zu lösen. Was ihm gegen eine einseitig geführte Literarkritik in der unmittelbaren Arbeit mit den Texten noch als brauchbare Methode gilt, hat nach seiner Auffassung für die Erforschung der Religionsgeschichte nur eine eingeschränkte Beweiskraft. Der Optimismus, von den biblischen Quellen ausgehend bis in die Mosezeit vorstoßen zu können, steht auf einem recht unsicheren Boden, was Greßmann allerdings billigend in Kauf nimmt: „Hypothesen sind freilich auch hier wie bei jeder Geschichtskonstruktion notwendig, um alles einleuchtend zu erklären, aber sie ruhen auf dem Fundament der Tradition und nicht auf weit hergeholten Analogieschlüssen."[124] Greßmann weist im Rahmen seiner Untersuchung ausdrücklich auf die Gefahr hin, angesichts des großen Abstandes zur Mosezeit die wissenschaftliche Distanz bei der Beurteilung religionsgeschichtlicher Zusammenhänge zu verlieren. Sein eher nüchterner Blick auf die Religionsgeschichte bringt ihm die Kritik konservativer Kreise ein, wenn er Israel im Hinblick auf JHWH als wundertätigen Kriegsgott eine „Ausnahmestellung unter den Völkern" abspricht,[125] da sich für eine solche Vorstellung im Orient zahlreiche Parallelen aus assyrischen, ägyptischen, arabi-

---

121 Greßmann, *Mose*, 425.
122 Greßmann, *Mose*, 431: „Als Quelle für die mosaische Zeit stehen uns ausschließlich die Mosesagen zur Verfügung."
123 Greßmann, *Mose*, 431: „Aber alle Umwege führen höchstens in die Nähe des Ziels; die Rückschlüsse aus der Folgezeit oder aus der orientalischen Umwelt können, weil sie nur auf Analogien beruhen, niemals zwingend sein. Beweiskräftiger als die Analogie ist die Tradition, wenn sie kritisch geprüft wird."
124 Greßmann, *Mose*, 433.
125 Greßmann, *Mose*, 224.

schen und anderen Quellen angeben ließen.[126] Andererseits zeigt sich auch in dieser Frage einmal mehr Greßmanns Eigenart, verschiedene theologische Positionen zu vereinen, indem er trotzdem versucht, eine spezifisch israelitische Prägung des JHWH-Glaubens herauszustellen, die freilich etwas gekünstelt wirkt und den protestantischen Theologen erkennen lässt:

> Einzigartig ist wohl die Verbindung von leidenschaftlicher Begeisterung für Jahve und demütiger Bescheidenheit: Das halsstarrige Israel, so bekennt es selbst, hat diese Liebe [Jahves] nicht verdient, es war lauter Gnade![127]

Greßmanns religionsgeschichtliches Verfahren wird erkennbar, wenn er beispielsweise in der Aussetzungssage selbstständige Erzähleinheiten wie das Hebammen-Motiv oder das Ertränken der Söhne im Nil aufdeckt. Er vergleicht dieses Material mit der Erzählung vom Kindermord in Bethlehem und rekonstruiert auf diese Weise Teile der ursprünglichen Einleitung zu den Mosesagen.[128] Damit folgt er der Überzeugung, dass einzelne Motive im ganzen Orient zirkulierten und später immer wieder in veränderter Form schriftlich fixiert wurden, so dass auch jüngere Texte Elemente der älteren Erzählungen bewahren können, weil die aufgenommene mündliche Tradition auf einem gemeinsamen älteren Motivfundus beruht. Eine ursprungsnahe Parallele zur Aussetzungssage des Mose sieht Greßmann daher etwa in der Geburtssage des Abraham, die auch in einer arabischen Version existiert, oder in der Darstellung der Mosesage bei Josephus.[129] Erst durch die historische Einbindung der Motive sei aus dem ursprünglichen Märchen eine literaturgeschichtlich greifbare Sage geworden. Einerseits hält Greßmann damit an der üblichen literarischen Quellenscheidung fest, obwohl er in der Einzeluntersuchung deutliche Bedenken äußert. Andererseits rekonstruiert er gegenläufig zu den literarischen Quellen unterschiedliche Sagenversionen und erklärt dies mit seiner Theorie der unterschiedlichen zeitlichen Entwicklungsstufen.

---

126 Greßmann, *Mose*, 233.
127 Greßmann, *Mose*, 224.
128 Greßmann, *Mose*, 2 und 5.
129 Greßmann, *Mose*, 6: „[A]ber selbst wenn es sich um eine jüngere Nachdichtung handeln sollte, so ist dennoch sicher, daß man zum Ursprünglichen zurückgekehrt ist."

3.1.4 Profangeschichtliche Ergebnisse

Bei der Bearbeitung der profangeschichtlichen Aspekte der Mosesagen geht Greßmann von der Möglichkeit einer Rekonstruktion historischer Ereignisse aus den Texten aus. Wellhausen, dessen literarkritische Untersuchungen zu einer Neubewertung der israelitisch-jüdischen Geschichte führen, hält an der Überzeugung fest, dass die historische und lokale Färbung einiger Texte Aufschluss über die Mosezeit geben können.[130] An der grundsätzlichen Historizität der Person Mose zweifeln die wenigsten Forscher, obwohl die Beweislage sehr unsicher ist, wie zum Beispiel Carl Heinrich Cornill recht offen eingesteht.[131]

Solche Eingeständnisse sind allerdings selbst innerhalb der Wellhausen-Schule selten.[132] Eine zusammenhängende Reflexion über die vorliterarische Zeit findet nicht statt. Stattdessen spricht Wellhausen selbst etwas diffus von einer „allgemeinen Erinnerung an die Zeit".[133] Hier knüpft Greßmann mit seiner Forschung an und versucht die Suche nach den mündlichen Vorformen methodisch abzusichern, wobei er sich an den Ergebnissen des Historikers Eduard Meyer und dessen Untersuchung über *Die Israeliten und ihre Nachbarstämme* (1906) orientiert.[134]

Meyer blickt in Anlehnung an Gunkel sehr differenziert auf die Mosesagen und verbindet dabei Literarkritik mit Sagenforschung. Einem geschichtlichen Kern innerhalb der isolierten Einzelsagen steht er jedoch skeptisch gegenüber. Die Person des Mose sieht der Historiker Meyer erst sekundär mit den Sagen ver-

---

130 Wellhausen, *Israelitische und jüdische Geschichte* (7. Aufl.), 10: „Das unbestritten echte Deboralied reicht nahe an die mosaische Zeit heran. Ähnlich flößen andere sehr alte Stücke des Richterbuches, auch das schon erwähnte, gewiß nicht erkünstelte Verzeichnis der edomitischen Könige in der Genesis, Zutrauen ein zu der Möglichkeit einer allgemeinen Erinnerung an die Zeit, die der Einwanderung in das gelobte Land unmittelbar vorhergegangen ist."
131 Cornill, *Prophetismus*, 17: „Und da muß ich nun zunächst mit einem Geständnis vor Sie hintreten, welches mir schwer ankommt, aber doch meine vollste und auf die zwingendsten Gründe sich stützende wissenschaftliche Ueberzeugung ist: daß wir in dem Sinne, in welchem der Historiker von Wissen redet, von Mose überhaupt nichts wissen. Es fehlen uns alle Urkunden, da wir von Mose selbst oder einem Zeitgenossen nicht eine Zeile, nicht einen Buchstaben erhalten haben: selbst die berühmten Zehn Gebote, in welchen man die eigenste That und das eigenste Geistesprodukt des Mose sieht, sind nicht von ihm, sondern, wie das bewiesen werden kann, erst in der ersten Hälfte des siebten Jahrhunderts, zwischen 700 und 650 geschrieben. Die ältesten uns erhaltenen Nachrichten über Mose sind ein halbes Jahrtausend jünger, als seine eigene Zeit."
132 Vgl. als Ausnahme noch Schneider, *Entwicklung*, 38: „Mose ist durchaus Sagengestalt: sein Werk, sein Leben, sein Name selbst sind durchaus ungeschichtlich."
133 Wellhausen, *Israelitische und jüdische Geschichte* (7. Aufl.), 10.
134 Zum Geschichtsbild bei Meyer vgl. Jantsch, *Entstehung*, 54–81; zum Religionsverständnis Schlesier, „Religion"; zum Mosebild Osswald, *Mose*, 128–135.

bunden, so dass zum Beispiel weder der Auszug aus Ägypten noch die Katastrophe am Schilfmeer ursprünglich mit Mose in Zusammenhang standen, diese Erzählungen also vermutlich nicht einmal aus der israelitischen Tradition stammen.[135] Dagegen weist Meyer auf die große Anzahl an Kadesch-Erzählungen, in deren Zusammenhang er schließlich auch Mose als Priester verorten will.[136] Der Vorwurf anderer Forscher, dass sich in dieser Darstellung die Person des Mose „ganz in den Sagendunst verflüchtigt und in nichts auflöst",[137] folgt rasch, geht aber an der Intention Meyers vorbei.

Greßmann geht es weniger darum, historische Tatsachen festzustellen, als vielmehr ein Verständnis der Sagen vor dem Hintergrund der gattungs- und religionsgeschichtlichen Forschung zu entwickeln. Die Historizität des Mose spielt dabei eine nachgeordnete Rolle, obwohl Greßmann im Zuge seiner Forschung auch historische Fakten herausarbeiten möchte.

An einem Aufenthalt der Israeliten in Ägypten hat Greßmann keinen grundsätzlichen Zweifel. Das „ägyptische Lokalkolorit, das in der Aussetzungssage, in den Fronsagen, bei den Plagen und Wundern und anderswo zu beobachten ist",[138] verdankt sich nach seiner Auffassung der Erinnerung an einen solchen Aufenthalt.[139] Die selbstständige Wanderung dieser Motive nach Israel schließt er aus, umgekehrt auch etwaige Reisen der Sagenerzähler nach Ägypten, um sich kundig zu machen. Warum sich die Erzähler aber gerade für dieses oder jenes konkrete Motiv entschieden haben, kann Greßmann nicht erklären, sondern schreibt es dem „Zufall" zu.[140]

Als historisches Ereignis postuliert Greßmann den Ausbruch eines Vulkans, der sich in der Erscheinung JHWHs in der Wolken- und Feuersäule beim Auszug der Israeliten aus Ägypten widerspiegele. Alle Einzelheiten dieser Erzählung ein-

---

135 Meyer, *Israeliten*, 116 – 118.

136 Meyer, *Israeliten*, 60 – 82.

137 Jampel, „Aufstellungen", 642, zustimmend auch Osswald, *Mose*, 135.

138 Greßmann, *Mose*, 407.

139 Greßmann, *Mose*, 407 f.

140 Greßmann, *Mose*, 365. Wahrscheinlich lehnt sich Greßmann mit dem Begriff des „Zufalls" an die Geschichtstheorie Meyers an: „Zufall ist für Meyer eine Kategorie für Erscheinungen, die zu kompliziert sind, als dass sie bezüglich all ihrer kausalen Verursachungen erklärt werden können" (Näf, „Geschichtstheorie", 293). Meyer formuliert in seinem programmatischen Aufsatz „Zur Theorie und Methodik der Geschichte" (1902) einen Gegenentwurf zu dem Modell formelhafter Gesetzmäßigkeiten in Karl Lamprechts (1856 – 1915) Geschichtstheorie. In Abgrenzung gegenüber Leopold von Rankes (1795 – 1886) Geschichtsverständnis als politische Staatengeschichte betont Meyer die Leistung des Individuums. Zu Meyers Geschichtsverständnis siehe auch Hatscher, *Geschichte*, 53 – 76. Zum Verständnis des Zufalls in der Geschichtsforschung Vogt, *Kontingenz*, 288 – 293, mit Verweis auf Meyer.

schließlich des trockenen Durchzugs durch das Meer stuft er als dichterisches Beiwerk ein. Seine Theorie untermauert er mit dem Miriamlied, das für ihn noch unmittelbar aus der Anschauung der geschilderten Ereignisse stammt. Auch der Umstand, dass sich in der Märchenliteratur kein vergleichbares Motiv finden lässt, spricht nach Greßmann für ein natürliches Ereignis als Grundlage für die Erzählung.[141] Greßmann berichtet in diesem Zusammenhang ausführlich vom Ausbruch des Vesuv, den er 1905 gemeinsam mit Enno Littmann beobachten konnte.[142] Die Argumentation erweckt den Eindruck, als sei die eigene Anschauung dieses Ereignisses der tatsächliche Grund für die Annahme eines historischen Vulkanausbruchs zur Erklärung des Offenbarungsmotivs in der Auszugslegende. Die Vulkantheorie führt Greßmann dazu, den Sinai der Exoduserzählung an die Ostküste des Roten Meeres zu verlagern, wo geologische Forschungen Vulkantätigkeiten nachweisen konnten. Das „Schilfmeer" ist daher nach Ansicht Greßmanns der Golf von Aqaba, wo er schließlich auch das Gebiet der Midianiter verortet.[143] Lokalkolorit möchte Greßmann zudem im Kadesch-Zyklus erkennen, auch wenn das profangeschichtliche Fundament, wie er einräumt, nirgends schwächer sei als hier.[144] Als historischer Ort ist Kadesch für Greßmann von Bedeutung, weil sich mit diesem Ort eine Vielzahl von Sagen verbunden hat.[145] Bei seinen weiteren Überlegungen stützt er sich dann auf allgemeine Überlegungen. Die Zahl der Israeliten könne beim Aufenthalt in Kadesch aus logistischen Gründen nicht größer als 5.000 Personen gewesen sein. Der Aufenthalt habe etwa eine Generation gedauert und hier habe auch die politische Organisation stattgefunden.[146]

Insgesamt verdanken sich diese historischen Schlussfolgerungen der Grundüberzeugung, es habe einen wie auch immer gearteten Aufenthalt mit Zwangsarbeit in Ägypten gegeben und den gemeinsamen Auszug einer Gruppe, deren Erinnerung in den Sagen überlebt habe. Hinter diese Voraussetzung möchte Greßmann nicht zurückgehen und so bleibt sie als vages Postulat bestehen. Geschichtserzählung und -schreibung als eigene literarische Gattung kann nach Greßmanns Auffassung erst in der Königszeit entstanden sein, da sie ein politisches Verständnis voraus-

---

141 Greßmann, *Mose*, 112f.
142 Greßmann, *Mose*, 112f.
143 Greßmann, *Mose*, 414ff. Zur Forschungsgeschichte der Midianiterhypothese Haarmann, *JHWH-Verehrer*, 77ff.
144 Greßmann, *Mose*, 421. Das wird auch an Greßmanns anachronistischem Vergleich der Kadesch-Sagen mit Reiseberichten aus dem 19. Jahrhundert deutlich, der ihn zu dem Schluss führt: „Die Erzählungen, die an Mara, Masse und Meribath-Kades haften, klingen fast wie eine poetische Wiederholung des prosaischen Reiseberichtes" (ebd.).
145 Greßmann, *Mose*, 143.
146 Greßmann, *Mose*, 422.

setze.[147] Zuvor sei die Erinnerung an bestimmte Ereignisse lediglich durch Sagen und Lieder weitergegeben worden, weshalb andere Quellen nicht zur Verfügung stünden. Auch wenn die Mosesagen also keine historische Wahrheit im wissenschaftlichen Sinne bewahren und dies auch nicht wollen, gehört zur sagengeschichtlichen Forschung nach Greßmanns Verständnis die Auswertung der Auslegungsergebnisse für den Nutzen der Profangeschichte. Das Instrument der Wahl ist hierbei die Gattungsgeschichte, mit der er eine Interpretation der Texte bis in ihre möglichen historischen Bestandteile vornimmt.[148] Den Ertrag dieses Verfahrens hält er in einer bekannt gewordenen Schlussfolgerung fest:

> Die Sagenwelt eines Volkes ist zwar kein zu schwankendes Fundament, um ein leichtes historisches Gebäude aus wenigen Bausteinen darauf zu errichten; aber es bricht zusammen, wenn die Last zu schwer wird.[149]

Bezugspunkt für die Erforschung der Mosezeit ist also die ursprüngliche Sagenform, die Greßmann glaubt rekonstruieren zu können. Nach seiner Theorie speisen sich die Sagen sowohl aus phantastischen, märchenhaften Motiven wie auch aus historischen Einzelheiten, die erst nachträglich mit den Sagen verbunden wurden. Historische Fakten seien nur sehr vereinzelt erhalten, Schilderungen des Alltaglebens dagegen recht zuverlässig bewahrt worden. Für die Verlässlichkeit seiner Methode muss sich Greßmann auf das bereits erörterte ästhetische Argument zurückziehen:

> Denn über Wahrscheinlichkeiten wird man nie hinauskommen, da sich die Umsetzung der Sage in Geschichte nicht in exakte, wissenschaftliche Regeln fassen läßt. Wie bei allen Problemen der Geisteswissenschaften, so entscheiden auch hier im letzten Grunde Geschmack und Takt, die nicht nur mit den Personen, sondern auch mit den Generationen sich wandeln.[150]

Der Aufenthalt Israels in Ägypten mag der historischen Wirklichkeit entsprechen, alle Einzelheiten dagegen seien Ausschmückung. Als einziger „historischer Splitter eingebettet in ein Gestein von ausschließlich märchenhaftem Charakter"[151] bleibe die Tatsache der Fronarbeit in Ägypten. Diese füge sich nicht in die

---

147 Greßmann, *Mose*, 360.
148 Vgl. für die Sagen der Genesis Gunkel, *Genesis*, II: „Man hat, indem man, unverständiger Weise, Sage mit Lüge verwechselt, Bedenken getragen, Sagen im A[lten] T[estament] anzunehmen; aber Sage ist nicht Lüge, sondern vielmehr eine besondere Art von Dichtung."
149 Greßmann, *Mose*, 367.
150 Greßmann, *Mose*, 367.
151 Greßmann, *Mose*, 2.

Geburts- und Aussetzungssage ein, sondern sei aus einer älteren Quelle entnommen. Die Geburtssage sei ihrerseits jünger als der Rest der Mosesagen, denn „die schöpferische Phantasie rankt sich zunächst an dem Erwachsenen empor, dessen historische Taten anregend wirken, dann erst wendet sie sich dem Kinde zu."[152] Auf der Erzählebene wird auf die Geburtssage nicht wieder angespielt, was für Greßmann ein weiterer Hinweis für die spätere Einfügung ist.

Spätere Erzähler hätten den Zusammenhang durch Sagen weiter ausgeschmückt, „den geschichtlichen Vorgang zu beschreiben, war nicht ihre Absicht und lag auch außerhalb ihres Könnens."[153] Greßmann arbeitet einige historische Aspekte heraus, die nicht der großen Politik- und Personengeschichte zugehören, sondern, angelehnt an sein religionsgeschichtliches Interesse, im Bereich der Kultur- und Sozialgeschichte angesiedelt sind. Exemplarisch sind etwa seine Ausführungen über die Weitergabe der Gesetzestafel, die einer kurzen Kulturgeschichte der Gesetzesüberlieferung ähneln.[154] Es sei das „schlichte Leben des Alltags",[155] welches die Sagen geprägt habe und dadurch einen Einblick in die historischen Umstände gewähre, und zwar genauer in die Zeit der schriftlichen Fixierung der Sagen, weniger in die erzählte Zeit. Durch seine Sagenforschung trennt er diese historischen Bereiche und untermauert seine sozialgeschichtlichen Hypothesen durch archäologische Befunde,[156] durch namenkundliche Erwägungen[157] oder kulturgeschichtliche Erörterungen.[158] Auf diese Weise stellt Greßmann

---

152 Greßmann, *Mose*, 108.

153 Greßmann, *Mose*, 108.

154 Greßmann, *Mose*, 188–189: Während einer „kulturlose[n] Zeit mündlicher Tradition" seien die Gesetze mündlich weitergegeben worden, was nach dem rekonstruierten Text auch auf die Mosezeit zutreffe: „Gegenüber dieser Tatsache ist die viel erörterte Frage, ob die Hebräer zur Zeit des Mose schreiben konnten oder nicht, völlig belanglos […]." Steine gehörten zu den ältesten Schreibmaterialien und die „Phantasie der Sage geht meist von Tatsachen des wirklichen Lebens aus, und so läßt sich auch hier die Sage archäologisch verwerten." Für die spätere Zeit hält Greßmann es deswegen für wahrscheinlich, dass die Gesetze auf freistehende Steine gemeißelt wurden, und zwar auf deren Vorder- und Rückseite. Die umständliche Erzählung veranlasst ihn zu der Vermutung, der Erzähler habe Überreste solcher Steine noch gesehen, sie seien aber in seiner Zeit nicht mehr in Gebrauch gewesen. Greßmann vermutet ferner eine Veränderung in der Schreibweise, die zu einer Verehrung der alten Denkmäler als „Gottesschrift" geführt habe. Die Lagerung der Tafeln in der Lade sieht er als eine „Erfindung der modernen Museumskunst". Zur Begründung seiner Thesen verweist Greßmann auf Steintafelfunde von Athen bis Babylon.

155 Greßmann, *Mose*, 363.

156 Vgl. z.B. die Ausführung über die Anfertigung von Ziegelbauten (Greßmann, *Mose*, 63f., insbesondere die Anmerkungen).

157 So beispielsweise für den JHWH-Namen (vgl. Greßmann, *Mose*, 37f.).

158 Etwa zum Gebrauch des Manna (vgl. Greßmann, *Mose*, 136f.) oder zu antiken Krankheiten im Zusammenhang mit den Plagenerzählungen (91).

sein Verfahren auf eine breite Basis, auch wenn ihm der Vorwurf der Beliebigkeit in der Methodenwahl nicht erspart werden kann.

3.1.5 Einordnung in die Forschungsgeschichte

Greßmanns Studie zu den Mosesagen ist in eine Reihe von „Angriffen"[159] gegen die von Wellhausen dominierte Pentateuchforschung mit ihrem Modell der Quellenscheidung am Anfang des 20. Jahrhunderts einzuordnen. Zumeist wurden dabei Versuche unternommen, aus der Literarkritik heraus Alternativen zur sogenannten Vier-Quellen-Theorie[160] zu entwickeln.[161] Der Vorstoß der Religionsgeschichtlichen Schule, besonders von den Arbeiten Gunkels und Greßmanns getragen, greift dagegen auf ein breites religions- und kulturgeschichtliches Repertoire zurück und bedient sich aus dem Methodenkanon und den Ergebnissen der Nachbardisziplinen von der Völkerkunde bis zur Archäologie. Wie gezeigt, beteiligt sich auch Wellhausen – in eingeschränktem Maße – an der vergleichenden Forschung, indem er arabische Quellen für einen philologisch orientierten Vergleich mit biblischen Rechtstexten heranzieht.[162]

Die Arbeit Greßmanns wird wegen der Ergebnisse zur geschichtlichen Einordnung der Sagen in Kreisen „positiver Wissenschaftler" interessiert zur Kenntnis genommen. Eine Neubewertung durch Greßmann erfährt der von Rudolf Kittel vertretene „teleologische Pragmatismus".[163] Als Vertreter der modern-positiven

---

159 Vgl. Mowinckel, *Erwägungen*, 1–9.

160 Zenger, *Einleitung*, 88–99.

161 Vgl. etwa Klostermann, *Pentateuch*, Vorwort, mit dem Vorwurf der „Inzucht der Schulen" (I). Klostermann selbst schlägt eine Alternative in Form der Parallelquellenhypothese vor.

162 Vgl. auch Klostermann, *Deuteronomium*, der das altisländische Rechtsbuch Grágás mit den deuteronomischen Rechtstexten vergleicht. Obwohl er eine Abhängigkeit der Grágás aufgrund kultureller Kontakte nicht ausschließen will, sieht er aussagekräftige Analogien in der Entstehungs- und Überlieferungsgeschichte der Stoffe.

163 Kittel, *Geschichte* (3. Aufl.), 6: „Die Auffassung der Geschichte, welche die folgende Darstellung vertritt, ist sonach ein teleologischer Pragmatismus. Ein Einzelzweck veranlaßt die Handlung des Menschen; aber das Einzelereignis gliedert sich in die Kette des Gesamtverlaufes ein und gewinnt darin erst seine Stellung. Und der Einzelzweck wird aufgenommen durch gewisse über ihm stehende, den sinnvollen Zusammenhang und damit den letzten Sinn des ganzen Prozesses der Geschichte darstellende leitende Ideen. Ist die Geschichte kein Beweis für eine teleologische Weltanschauung, so ist immerhin diese ein unentbehrliches Erfordernis für geschichtliches Verständnis." Der Begriff des „teleologischen Pragmatismus" findet sich zuerst bei dem Philologen Karl Hoffmeister (1796–1844) im Zusammenhang eines Vergleichs der Geschichtsschreibung bei Herodot und Tacitus. Während er bei Tacitus eine psychologisch motivierte Begründung der Geschichtsabläufe feststellt, bescheinigt er Herodot durch dessen be-

Theologie hat Kittel, ähnlich wie die Protagonisten aus der Religionsgeschichtlichen Schule, ein Interesse an historischer Forschung, rekonstruiert den Geschichtsverlauf allerdings nach anderen Kriterien. Während Greßmann Schicht um Schicht der Quellen abträgt, um die ursprüngliche, in seinem Verständnis volkstümliche Sagengestalt zu erhellen, sucht Kittel nach leitenden Ideen der Weltgeschichte, indem er von prägenden Persönlichkeiten ausgeht. An der Volkstheologie könne allenfalls die Wirkung der Persönlichkeit des Mose abgelesen werden, den Einfluss des Volkslebens auf die Sagen hält Kittel dagegen für sehr gering.[164] Greßmann, der sich ebenfalls für die Persönlichkeit des Mose interessiert, steht einer Bewertung des Charakters allerdings skeptisch gegenüber, insbesondere der sehr weitreichenden Gleichsetzung des Mose mit den Schriftpropheten, wie Kittel sie vornimmt.[165] Um den Einfluss des Mose sichtbar zu machen, zieht Greßmann vielmehr „Rückschlüsse" aus späteren Gegebenheiten, die nach seiner Meinung auf die Wirkung der Persönlichkeit zurückzuführen sind.[166]

Trotz der Berührungspunkte[167] mit Greßmann betont Kittel grundsätzlich die Eigenleistung des Mose in der israelitischen Geschichte, weshalb beispielsweise eine Herauslösung des Sinai aus dem Erzählzusammenhang, wie Greßmann sie in Erwägung zieht, für ihn undenkbar ist.[168] Analogien aus der Umwelt des Alten Testaments oder Vergleiche mit anderen Kulturen dienen Kittel zusammen mit archäologischen Funden „nur zur Beleuchtung, Erläuterung und allenfalls zur näheren Begründung des aus dem Alten Testament Gewonnenen",[169] nicht aber

---

wusste Darstellung von göttlicher Wirksamkeit ein religiös-ethisches Geschichtsverständnis (Pragmatismus), das zuletzt teleologisch sei, weil „das Schicksal und die Gottheit immer bei ihren Einwirkungen einen Zweck verfolgen" (Hoffmeister, *Weltanschauung*, 112).

164 Kittel, *Geschichte* (5. Aufl.), 378. „Stehen die Ereignisse jener Zeit im allgemeinen fest, so fordern sie selbst zu ihrem Verständnis eine Persönlichkeit ähnlicher Art, wie die Quellen sie in Mose darbieten."

165 Vgl. Kittel, *Geschichte* (5. Aufl.), 381 ff. Der JHWH-Glauben sei im Inneren des Mose entstanden, der folglich als „profetischer Gründer" (378) betrachtet werden könne.

166 Vgl. z. B. Greßmann, *Mose*, 472: „Zu einem solchen Gesetzgeber für alle Zeiten konnte Mose nur dann werden, wenn er es wenigstens für seine Zeit wirklich gewesen ist." Zum Verfahren des Rückschlusses vgl. Smend [d.J.], *Mosebild*, 26 ff. Diesem Verfahren steht Kittel ausdrücklich ablehnend gegenüber, vgl. Kittel, *Geschichte* (5. Aufl.), 383 Anm. 2: „Die *Methode*, nach der Moses Person und Werk in unsern gangbaren Kommentaren und Lehrbüchern behandelt wird, kann ich nicht für richtig halten. [...] Auch wenn wir von der nachmosaischen Zeit aus rückwärts schließen, kommen wir über ganz allgemeine Schlüsse [...] nicht hinaus."

167 Vgl. dazu die Übersicht bei Lessing, *Geschichte*, 338 ff.

168 Kittel, *Geschichte* (5. Aufl.), 375 f. mit ausdrücklicher Ablehnung des Vorschlags Greßmanns (376 Anm. 1).

169 Kittel, *Geschichte* (5. Aufl.), 364. Vgl. zur Bewertung auch Osswald, *Mose*, 175 ff.

als Grundlage für weitgehende Entwicklungshypothesen wie bei Greßmann. Kritisch sieht Kittel auch die Gattungsforschung,[170] nutzt die Sagen aber ebenfalls zur Geschichtsrekonstruktion. Zwar gesteht er zu, dass die Mosesagen nicht mit Geschichtsberichten gleichzusetzen sind, hält aber fest, „daß die heilige Sage Israels bei manchen zum Teil starken Abweichungen im einzelnen doch im ganzen ein einheitliches Bild der Vorgänge zeichnet."[171] Die vorwiegend literarische Betrachtung im Stile Wellhausens oder die etwa durch Eduard Meyer vorgetragene literarisch-ästhetische Bewertung der Quellen verfehlt nach Kittels Verständnis die nationale Leistung und geschichtsbestimmende Wirkung der historischen Persönlichkeit des Mose.[172]

Greßmann stellt in seiner Untersuchung anders als die Vertreter der „positiven Theologie" eine Synthese aus verschiedenen Verfahrensweisen her, indem er die persönliche Wirkung des Mose untersucht, archäologische Funde auswertet, Analogien aus dem Volksleben heranzieht und verstärkt die Gattungsforschung nutzt, um hinter die literarischen Quellen in die mündliche Überlieferung der Sagen zurückzugehen. Diese Vielseitigkeit erweckt zuweilen den Eindruck einer gewissen Beliebigkeit in der Anwendung der unterschiedlichen Methoden. Greßmanns Moseuntersuchung bestätigt in diesem Sinne den von unterschiedlichen Seiten geäußerten Vorbehalt, dass die religionsgeschichtliche Forschung am Anfang des 20. Jahrhunderts eine „buntscheckige Wissenschaft" sei.[173]

Tatsächlich erweist sich Greßmann gerade im Umgang mit der Religionsgeschichte als exemplarischer Vertreter der neuen Forschergeneration an der Wende zum 20. Jahrhundert. Er befindet sich 1913 an der Schwelle von einem teilweise darwinistisch geprägten hin zu einem eher zyklischen Geschichtsbild, für das er sich verstärkt an der Arbeit Eduard Meyers orientiert. Schon zehn Jahren später, nach der Übernahme des Berliner Institutum Judaicum, wird sich Greßmann intensiv mit dem hellenistischen Judentum befassen, welches er in der Moseuntersuchung noch in eine „Zeit des allmählichen Verwelkens"[174] einordnet, also als Verfallsprodukt versteht. Auffällig ist bereits in der Mosestudie der uneinheitliche

---

170 Kittel, „Zukunft", 89f.: „Aber übersehen darf doch nicht werden, daß die Religionsgeschichte sich nicht in völkerkundlichen Analogien erschöpft, die Kultur- und Literaturgeschichte nicht in Sagen- und Märchenforschung und in der Erhebung der Gattung."
171 Kittel, Geschichte (5. Aufl.), 340.
172 Mit diesem Geschichtsverständnis weiß sich Kittel selbst „in Übereinstimmung mit dem großen Meister der Geschichtsschreibung [scil. Ranke]" (Geschichte [5. Aufl.], 6).
173 Pfleiderer, „Bedeutung", 1. Dort auch eine Verteidigung gegen den Eindruck, „daß man es [bei der religionsgeschichtlichen Forschung] mehr mit einem Chaos gelehrter Kuriositäten als mit einer zusammenhängenden Wissenschaft zu tun habe."
174 Greßmann, Mose, 56.

Umgang mit dem Entwicklungsgedanken in der israelitischen Religionsgeschichte. Mit seinem Wechsel zwischen der Vorstellung eines Aufblühens und
allmählichen Verwelkens[175] und dem Interesse an den ursprünglichen Formen der
mündlichen Sagenerzählungen changiert Greßmann zwischen den Extremen der
Geschichtsbetrachtung, die, beeinflusst durch geistes- und naturwissenschaftliche Entwicklungstheorien, in den verschiedenen Strömungen der Theologie ihren
Niederschlag gefunden haben. In der religionsgeschichtlichen Forschung bereitet
er die Erkenntnis vor, „daß Sinken und Aufstieg immer gleichzeitig stattfinden."[176]
    Die durch Gunkels Gattungsanalyse angestoßene Erforschung der vorlitera-
rischen Formen bietet Greßmann eine methodische Grundlage für die Untersuchung der mündlichen Überlieferung der Mosesagen. Forscher wie Wellhausen,
Kuenen, August Dillmann oder Otto Eißfeldt, die sich auf den literarischen Bereich beschränken, teilen dieses Interesse an den mündlichen Formen nicht und
stellen dazu auch keine systematischen Überlegungen an, obwohl sie doch in der
Mehrzahl „einiges Zutrauen zu der Möglichkeit einer Tradition aus der Zeit Moses"[177] haben. Mit dem Niedergang der Religionsgeschichtlichen Schule und dem
starken Einfluss der Dialektischen Theologie ab den 1920er Jahren tritt die Frage
nach der mündlichen Überlieferung in der deutschen Forschung generell wieder
in den Hintergrund.[178]

---

175 Damit lehnt sich Greßmann an den von Wellhausen gebrauchten Entwicklungsgedanken an.
Vgl. Wellhausen, „Israelitisch-jüdische Religion", 4 f.
176 So später mit Blick auf das Urchristentum formuliert bei Holl, „Urchristentum", 427.
177 So Wellhausen, *Israelitische und jüdische Geschichte* (7. Aufl.), 10 mit Hinweis auf das Deboralied (Ri 5,1– 31) und den edomitischen Stammbaum (Gen 36,31– 39). Dagegen steht allerdings
sein Urteil, dass „es keine direkten literarischen Quellen [gibt], aus denen der Mosaismus auch
nur so zu erkennen wäre wie etwa die Lehre Jesu aus den Evangelien" (16).
178 Allerdings erwähnt Rudolf Smend [d.J.] das Mosebuch Greßmanns noch 1959 als „die
klassische Monographie über den Gegenstand" (*Mosebild*, 16). Erst im Rahmen der Folkloreforschung der 1980er Jahre erlebt die Gattungsforschung einen neuen Aufschwung. In diesem Zusammenhang wird Greßmanns Rekonstruktion mündlicher Vorformen etwa von Patricia Kirkpatrick deutlich in Zweifel gezogen, vgl. Kirkpatrick, *Old Testament*, 26.98.101. Sie beschäftigt sich
in ihrer Untersuchung insbesondere mit den Patriarchenerzählungen, ihre Ergebnisse können
aber grundsätzlich auch auf die Mosesagen übertragen werden. Im Wesentlichen kommt sie zu
dem Schluss, dass historische Erinnerung höchstens 150 Jahre zurückreichen kann. Für die Sagen
gelte dabei der Grundsatz, dass sie den historischen Kontext ihrer literarischen Entstehung bewahren (117). Dazu auch Wahl, *Jakobserzählung*, 58 ff.

3.1.6 Zusammenfassung

Greßmanns umfangreiche Untersuchung zu den Mosesagen hat in der alttestamentlichen Forschung seiner Zeit das Bewusstsein dafür geschärft, das Textmaterial nicht nur unter rein literarkritischen Gesichtspunkten zu betrachten. Neben
der Gattungsforschung nutzt er verstärkt Methoden aus der Psychologie, der
Völkerkunde und der Kulturwissenschaft. Durch diese Verknüpfung unterschiedlicher Wissenschaftsbereiche kann Greßmann seine Untersuchung der literarischen Schichten und ihrer mündlichen Vorformen relativ breit absichern.
Andere Forscher haben daran entweder kein Interesse oder arbeiten mit methodisch unzureichend begründeten Vermutungen in Bezug auf die Überlieferungsgeschichte der Texte.

Zuweilen überschreitet Greßmann mit seiner Hypothesenfreudigkeit allerdings das wissenschaftlich vertretbare Maß und stellt recht problematische Behauptungen auf, die zudem als Grundlage weiterer Theorien herangezogen werden. Es ist jedoch anzuerkennen, dass er sich dieser Hypothesenhaftigkeit seiner
Aussagen bewusst ist und sie gleichzeitig als Anstoß zu einer wissenschaftlichen
Diskussion versteht. Fraglich ist dabei, ob die Angreifbarkeit im Einzelnen nicht
möglicherweise die gesamte Untersuchung zweifelhaft werden lässt. Tatsächlich
hat die literarkritisch orientierte Forschung der letzten Jahrzehnte die meisten
Ergebnisse Greßmanns durch eine neue zeitliche Einordnung und Bewertung der
Überlieferungszusammenhänge als unwahrscheinlich erwiesen. Immerhin fördert Greßmann durch Aufsätze, Lexikonartikel und Veröffentlichungen in der
bereits genannten Buchreihe der „Schriften des Alten Testaments" die Populari-
sierung seiner Methodik bei einem breiten Publikum und weckt dort das Interesse
für kultur- und sozialgeschichtliche Fragestellungen im Blick auf das Verständnis
biblischer Texte.

Die Leistung Greßmanns bei der Untersuchung der Mosesagen ist also vor
allem im zeithistorischen Kontext zu sehen. Selbst wenn der Optimismus, anhand
der Texte bis in die Mosezeit zurückzugelangen, gegenwärtig zu Recht in Frage
gestellt wird, bleibt es doch Greßmanns Verdienst, das methodische Verständnis
für die Untersuchung mündlicher Überlieferung weiterentwickelt zu haben. Dies
betrifft besonders die Frage nach den Spuren des Alltagslebens in der schriftlichen Überlieferung, womit Greßmann bereits Grundlagen für die sozialgeschichtliche Erforschung des Alten Testament legt. Gegen konservative wissenschaftliche und kirchliche Strömungen seiner Zeit fördert er ein Verständnis für
die Bedeutung der Alltags- und Kulturgeschichte und der damit verbundenen
Gesetzmäßigkeiten für die alttestamentliche Theologie, während er sich zugleich
von einer rein ereignisgeschichtlichen Perspektive abwendet.

3.2 Archäologie und Theologie: Forschungen in Palästina[179]

Eine einschneidende Zeit für Greßmann ist der Aufenthalt am Deutschen Evangelischen Institut für Altertumswissenschaft des Heiligen Landes in Jerusalem. Bereits nach seinen Qualifikationsarbeiten und der Studie zum *Ursprung der israelitisch-jüdischen Eschatologie* verbringt er, entsandt von der evangelischen Kirche von Schleswig Holstein, die Zeit von Oktober 1906 bis April 1907 als Mitarbeiter am Institut in Palästina.[180] Zu seiner Tätigkeit gehören dort unter anderem eine Vorlesung zu den „Resultaten der Ausgrabungen in Palästina" und ein Vortrag über den „Felsendom in Jerusalem".[181] Einige seiner Aufsätze, die in den folgenden Jahren erscheinen, sind das direkte Ergebnis der wissenschaftlichen Arbeit vor Ort. Andere Veröffentlichungen sind erkennbar von den Erfahrungen dieses Forschungsaufenthaltes und Greßmanns persönlichen Erlebnissen geprägt.

Direktor des erst 1902 gegründeten Instituts ist Gustaf Dalman, dessen Arbeit Greßmann während seines Aufenthalts außerordentlich zu schätzen lernt und der besonders durch die gemeinsamen Ausflüge und Reisen in der Region zu einer umfassenden Vertiefung und Ausweitung der wissenschaftlichen Forschungsarbeit Greßmanns beiträgt.[182] Erhalten sind einige informative Briefe, die Greßmann aus Jerusalem an Gunkel schreibt, außerdem seine privaten Photographien und die gesammelten Dia-Positive für Lehrzwecke an der Universität.[183]

3.2.1 Lehrkursreisen und Ausflüge in Palästina

Einen Schwerpunkt des Aufenthaltes am Jerusalemer Institut bilden die Reisen in und um Palästina, welche den Stoff des jährlich stattfindenden „Lehrkurses" für interessierte Wissenschaftler und Theologen durch praktische Anschauung vertiefen sollen. Die über die dreimonatige Dauer des Kurses täglich abgehaltenen Vorlesungen über „Geographie, Geschichte, Sitte, Archäologie und Sprache Palästinas"[184] werden jeweils durch einen Tagesausflug am Samstag ergänzt.

---

179 Teile dieses Abschnitts wurden bereits veröffentlicht in Gebauer, „Palästinaforscher".
180 Vgl. Dalman, „Jahresbericht", 4.
181 Vgl. Dalman, „Jahresbericht", 4 f.
182 In diesem Sinn äußert sich Greßmann in einem Brief an Gunkel am 1.12.1906, ULB Halle, Yi 33 I G 94.
183 Vgl. dazu Gebauer, „Palästinabilder", und die Auswertung dieser Sammlung in Gebauer, Liwak und Welten, *Pilger*.
184 Dalman, „Mitteilungen", 9 f.

Greßmann lernt auf diese Weise zahlreiche biblische Orte und Ausgrabungsstätten[185] kennen, wovon er etwa in seinen Briefen an Gunkel berichtet. Es wird dabei deutlich, dass er die persönliche Anschauung als wesentliche Bereicherung der theoretischen Beschäftigung mit den biblischen Texten empfindet:

> Man sieht von dort [scil. Bethel] hinüber nach Jerusalem und Amos konnte von dort seine Heimat, die Berge Tekoas, schauen – so nah liegt Betel [sic] dem Südreich, was man sich meist nach der Karte nicht klar zu machen pflegt.[186]

Die Eindrücke beschränken sich allerdings nicht allein auf die geographische Einordnung biblischer Stätten, sondern betreffen die Landeskunde im Allgemeinen. Kenntnisse, die er zuvor aus Lexikonartikeln oder Reiseberichten gewonnen hat, kann er nun anhand eigener Anschauung überprüfen. Im Hinblick auf die Wetterverhältnisse in Palästina hält er beispielsweise fest, dass „die Gewitter Palästinas sich weder an majestätischer Pracht noch an Gewalt mit unseren heimischen Gewittern messen können. Wenn Jahve so ausschließlich als Gewittergott aufgefaßt wird, dann spricht jedenfalls modern-europäisches Empfinden stark mit."[187]

Die Erfahrungen in Palästina erlauben es Greßmann, seinen eigenen Forschungshintergrund zu reflektieren, andererseits bleibt sein Blick, insbesondere der auf die einheimische Bevölkerung, durchaus den seinerzeit gängigen Stereotypen verhaftet. Sein Interesse am Volksleben, das er auf den Reisen gern und ausführlich studiert, speist sich also in gewisser Weise aus den Bildern, die der europäische Bibelforscher bereits im Kopf hat:

> Die Araber – vielleicht war es mit den alten Israeliten ebenso – wissen freilich diese [Blumen-]Pracht nicht zu schätzen wie wir. Sie lieben nur die Blumen, die stark durften oder schön schmecken. Für ästhetische Dinge haben sie wenig Sinn, soweit die Landschaft in Betracht kommt. Um so mehr lieben sie Nutzbäume und gute Quellen, und ihr schönstes Ideal ist: unter einem Feigenbaum zu sitzen, das lebendige Wasser neben sich, eine Cigarette zu rauchen und nichts zu tun, als sich zu sonnen und zu unterhalten; die gewöhnliche Zeit

---

185 Eine Aufzählung bei Dalman, „Jahresbericht", 6 f.
186 Greßmann an Gunkel, 10. 2.1907, ULB Halle, Yi 33 I G 95 (siehe Anhang, Abb. 1).
187 Greßmann an Gunkel, 10. 2.1907, ULB Halle, Yi 33 I G 95. Er ergänzt: „Immerhin ist es nichts geringes, wenn man auf dem Marsch [...] vom Gewitter überrascht wird und rechts und links die Blitze niederschlagen." Und zum Wüstenwind: „Auch vom ‚Schirokko' macht man sich meist ein falsches Bild. Der ‚Ostwind', wie man ihn vielleicht weniger mißverständlich nennt, ist aber nicht bloß ein heißer Wüstenwind, sondern im Winter ein kalter, schneidender, ebenso unangenehmer Wüstenwind, der leider durch das ‚Feuertal' (Kidron) auch seinen Einzug in Jerusalem halten kann."

der Versammlung aber ist der Abend, wo man um das trauliche Herdfeuer sich lagert – im Freien oder im Hause – und wo jeder zum besten geben muß, was er weiß.[188]

Man merkt der Schilderung an, dass sie nicht ohne Rücksicht auf den biblischen Texte geschieht.[189] Sie bietet ein Beispiel für Greßmanns Verknüpfung von eigenen Beobachtungen aus dem Volksleben und geprägten Bildern, mit denen er die biblischen Erzählungen zu interpretieren versucht. Wie die Naturschilderungen dienen die volkskundlichen Beobachtungen also einem besseren Verständnis der antiken Texte, auch wenn Greßmann dabei häufiger Gefahr läuft, den zeitlichen Abstand zu missachten und sich in unhaltbare Spekulationen zu verlieren.

Eine Reise außerhalb des Lehrkurses, die er vom 30. Oktober bis 23. November 1906 zusammen mit Dalman unternimmt, führt ihn nach Petra, wo sich die Forschergruppe ausführlich den „Opferhöhen"[190] widmet. Greßmann hält diesen Ausflug in zahlreichen Photographien fest und wertet ihn in seiner 1908 erscheinenden Abhandlung über *Die Ausgrabungen in Palästina und das Alte Testament* religionsgeschichtlich aus.[191] Die Reise dürfte überdies als ein wesentlicher Anstoß für die epochemachende Sammlung der *Altorientalischen Texte und Bilder zum Alten Testament* zu sehen sein; zahlreiche eigene Photographien der Höhenheiligtümer von Petra sind in dieses Werk eingeflossen.[192] Die Bedeutung dieser Reise für das spätere Wirken Greßmanns lässt sich kaum überschätzen; kurz darauf schreibt er an Gunkel:

> Ich habe viel gelernt und in mich aufgenommen, habe das auch in Petra vorgezogen, statt mich auf eine Sache zu kaprizieren und die Wissenschaft direkt zu fördern. Zu diesem Falle scheint mir das Indirekte wertvoller, und vielleicht kommt mir das wieder zu gute, schon bei der nächsten Arbeit, die mir literarisch winkt.[193]

Die direkte wissenschaftliche Auswertung übernimmt Dalman in seiner Veröffentlichung *Petra und seine Felsheiligtümer* (1908), in der er die Forschungsergebnisse mehrerer zwischen 1904 und 1907 unternommener Reisen zusammenfasst und mit Photographien dokumentiert. Einige dieser Abbildungen stammen

---

188 Greßmann an Gunkel, 10. 2. 1907, ULB Halle, Yi 33 I G 95.

189 Vgl. zum Sitzen „unterm Feigenbaum" 1 Kön 5,5; Mi 4,4; Sach 3,10.

190 Dalman, „Jahresbericht", 14.

191 Dazu in einem Brief an Gunkel am 1.12.1906, ULB Halle, Yi 33 I G 94: „Petra muß auf jeden Fall mit hinein, wenn es auch eigentlich keine ‚Ausgrabung' dort gibt und wenn es auch außerhalb Palästinas liegt." Zwei Photographien von der Reise unten im Anhang (Abb. 2 und 3).

192 Vgl. oben 2.3.

193 Greßmann an Gunkel, 1.12.1906, ULB Halle, Yi 33 I G 94. Die erwähnte „nächste Arbeit" ist dann das Buch über *Die Ausgrabungen in Palästina und das Alte Testament*, s. u. 3.2.2.1.

wiederum von Greßmann. Dieser schickt seine Bilder auch an weitere Kollegen und Freunde, um ihnen die Notwendigkeit der Forschung vor Ort zu verdeutlichen. So ist im Nachlass von Bousset ein Album Greßmanns mit zahlreichen Photographien aus Petra erhalten.[194] Ebenso zeigt er auch Gunkel immer wieder seine Bilder und versucht, ihn von einer Reise nach Palästina zu überzeugen.

Die reguläre „große Reise"[195] des Lehrkurses findet schließlich vom 2. bis 23. April 1907 statt und führt von Jerusalem durch den Norden Palästinas bis nach Banjas und zurück auf der ostjordanischen Seite nach Jerusalem.[196] Greßmann hat auch auf dieser Reise ausführlich photographiert und ein Jahr später einen umfassenden Bericht über den Rückweg „Durch das Ostjordanland" im *Palästinajahrbuch* veröffentlicht.[197] Nur fünf Tage nach der Rückkehr geht Greßmanns Aufenthalt in Jerusalem zu Ende und er verlässt das Land mit reichem Anschauungsmaterial und dem festen Plan, in Kiel ein „Palästina-Museum" zu gründen.[198] Die konkreten Pläne für das Museum scheitern allerdings, als Greßmann kurz nach seiner Ankunft in Deutschland als Extraordinarius nach Berlin berufen wird. Grundsätzlich bleibt die Idee jedoch bestehen, wie ein kurzer Artikel zeigt, der noch im selben Jahr unter dem Titel „Ein biblisch-archaeologisches Desiderium" erscheint und die „‚chaotischen' Zustände"[199] in der alttestamentlichen Wissenschaft beklagt, aber auch das Potential für eine Neuausrichtung im Sinne der Religionsgeschichtlichen Schule hervorhebt. Greßmann macht dort unter anderem den Vorschlag, „an jeder Universität ein kleines Palästinamuseum zu errichten."[200] Damit soll die Archäologie als selbstständiges Fach ernstgenommen werden und die konkrete Anschauung der Gegenstände ein besseres Verständnis der biblischen Texte fördern. Er grenzt sich von der englischsprachigen Forschung ab, die damals in weiten Teilen von der Vorstellung eines „unbeweglichen Orients" ausgeht und in diesem Geist häufig recht umstandslos von den gegenwärtigen Verhältnissen auf die biblische Zeit zurückschließt.[201]

---

194 UB Gießen, Hs. 165/50, enthalten sind darin 72 eigene Photographien, davon 29 aus Petra.
195 Dalman, „Jahresbericht", 7.
196 Siehe dazu den ausführlichen Reisebericht bei Dalman, „Jahresbericht", 7–14.
197 Ausführliche Darstellung mit Photographien bei Gebauer, „Menschen".
198 Greßmann an Gunkel, 5.7.1907, ULB Halle, Yi 33 I G 96. Zum „Anschauungsmaterial" gehören „vor allem Tonscherben (zwei kleine Kisten voll), aus den neusten Ausgrabungen Sellins in Jericho". Und neben „allerlei Sachen" besonders die zahlreichen Photographien, die er für Vorlesungen einsetzt.
199 Greßmann, „Desiderium", 545.
200 Greßmann, „Desiderium", 549.
201 Greßmann, „Desiderium", 550: „Als Ideal scheint mir darum nicht ein Museum, wie es im St. Annenkloster zu Jerusalem vorhanden ist, oder wie es auf der Atlanta-Ausstellung in den Vereinigten Staaten von Nordamerika 1895 zu sehen war, sondern wie es von Dalman in dem

Zwar meint auch Greßmann, dass der „Orient viel konservativer ist als der Okzident, da dort heute noch manches genau so ist wie vor hundert, ja vor tausend Jahren",[202] und deshalb „die Gegenwart dort der beste Lehrer für die Vergangenheit" sei. Andererseits hält er in diesem Zusammenhang eine gewisse „Vorsicht" für geboten: „gewiß hat sich auch dort manches verändert, so daß es falsch wäre, alles Moderne ohne weiteres für alt zu erklären, aber das Prinzip bleibt deshalb doch zu Recht bestehen."[203] Unter diesem Vorbehalt will Greßmann das moderne palästinische Leben als eine mögliche Interpretationshilfe für das Alte Testament gelten lassen.

Für das Museum hält er allerdings fest, dass dessen „Zweck [...] keineswegs der sein [darf], möglichst viel zu sammeln, es soll vielmehr nur das gesammelt werden, was zum Verständnis palästinischen Lebens und palästinischer Kultur erforderlich ist."[204] Damit stellt er sich gegen die Sammelwut europäischer Reisender des 19. Jahrhunderts, die möglichst umfangreiche und zum Teil recht kurios anmutende Sammlungen aus dem Orient zusammengetragen haben.[205] Stattdessen macht Greßmann genaue Anschaffungsvorschläge, listet Bezugsquellen auf, kalkuliert die Kosten und beschreibt die Einrichtung des Museums.[206] Wenn bestimmte Gegenstände nicht erworben werden könnten, sollte die Sammlung durch Photographien ergänzt werden, auch wenn diese natürlich nur ein unzureichender Ersatz für die Ausstellungsstücke seien.

Man kann in Greßmanns Aussagen die Schule Dalmans erkennen, der mit seiner Forschung stark für ein differenziertes Bild des Orients eintritt.[207] Insbe-

---

,deutsch-evangelischen Institut für Altertumswissenschaft des heiligen Landes' zu Jerusalem geschaffen worden ist."

202 Greßmann, „Desiderium", 550.
203 Greßmann, „Desiderium", 550.
204 Greßmann, „Desiderium", 549.
205 Vgl. etwa das sechsbändige Werk *Das alte und das neue Morgenland* (1818–1820) von Ernst Rosenmüller (1768–1835); siehe dazu Lang, „Der Orientreisende".
206 Vgl. Greßmann, „Desiderium", 550 f. Er unterteilt mögliche Exponate in vier große Kategorien: häusliche Geräte, landwirtschaftliche Geräte, Hirtengeräte und Handwerksgeräte. Falls genügend Mittel für die Beschaffung eines Beduinenzeltes zur Verfügung stünden (notfalls ein Imitat aus Sackleinen), schlägt Greßmann vor, dieses zum Mittelpunkt der Ausstellung zu machen.
207 Vgl. Dalman, „Einst und jetzt", 27: „Vom Orient pflegt man zwar zu sagen, er sei unbeweglich, und eine Reihe von Aufsätzen über seine Sitte in der englischen Palästinazeitschrift hat der Verfasser mit dem Titel ‚The immoveable East' (der unbewegliche Orient) versehen. Daran ist vor allem richtig, daß der Orientale nicht im Handumdrehen zum Europäer wird, obwohl er sich in europäische Jacketts, Atlaskleider, Lackschuhe und – Grammophone nur allzusehr verliebt. Es ist auch wahr, daß die orientalische Kultur seit einem Jahrtausend sich nur langsam fortbewegt

sondere das siebenbändige Werk zur *Arbeit und Sitte in Palästina* (1928–1942) zeigt, wie Dalman versucht, Volkskunde, Archäologie und Bibelexegese zu verbinden, ohne dabei übereilte Bezüge zwischen Gegenwart und Vergangenheit herzustellen. Die zeitgenössischen Debatten in der deutschen Öffentlichkeit spiegeln die populären Ansichten über die Menschen des Vorderen Orients wider, die entweder als „edle Wilde"[208] verklärt werden oder als unterentwickelt und rückständig gelten. Die europäischen Kolonien gelten in dieser Perspektive als Fundgruben kurioser und fremder Dinge, die gesammelt und ausgestellt die eigene kulturelle Überlegenheit unterstreichen. Demgegenüber entwickelt sich bei Dalman und Greßmann eine wissenschaftliche Blickrichtung, die stark von der eigenen Anschauung des untersuchten Gebiets, hier der südlichen Levante, profitiert. Die Möglichkeiten, aber auch die Grenzen einer vergleichenden Forschung bei der Interpretation biblischer Texte werden auf diese Weise deutlich differenzierter dargestellt als in der vom Zeitgeist geprägten sogenannten „Lehnstuhlwissenschaft".[209] Greßmanns Forschungsausrichtung und Publikationen lassen in der Folgezeit deutlich den Einfluss seines Aufenthaltes in Palästina erkennen, was sich auch in seinem Engagement für die Unterrichtung interessierter Bevölkerungskreise durch allgemeinverständliche Veröffentlichungen zeigt.

3.2.2 Schriften und Aufsätze

Bei der publizistischen Auswertung seines Palästinaaufenthalts steht für Greßmann die archäologische Beschäftigung mit dem Heiligen Land an erster Stelle. Greßmanns Interesse reicht von der prähistorischen Zeit bis hin zu aktuellen Ausgrabungen in Megiddo und Jericho, wobei sein religionsgeschichtlicher Ansatz kaum zu übersehen ist.

In einem Aufsatz über „Ein prähistorisches Grab auf dem Grundstück der Kaiserin Auguste Viktoria-Stiftung bei Jerusalem" (1907) im *Palästinajahrbuch* untersucht er die Reste eines Steindenkmals, welches bei der Grundsteinlegung des Krankenhauses der Stiftung freigelegt wurde. Er beschreibt diesen Fund als ein Grab am Übergang zwischen Höhlengrab und Steinstube (Dolmen) und verweist dafür unter anderem auf ähnliche Zwischenformen aus Frankreich und

---

hat und in vielen Dingen im Mittelalter stecken geblieben ist. Aber selbst für diese Zeit fehlt der Fortschritt nicht ganz."
208 Zum Begriff Rousseau, *Abhandlung*, 23. Vgl. dazu Bitterli, *Die „Wilden"*, 367–411.
209 Jüttemann, *Erbe*, 108 f.

Portugal.[210] Das Thema beschäftigt Greßmann auch in späteren Veröffentlichungen, in denen er zur Klärung seiner Fragen in gewohnter Weise Gebrauch von den Ergebnissen anderer Disziplinen macht, etwa der Archäologie und Völkerkunde, aber auch der Sprachwissenschaft und Psychologie.

Der Blick auf die Nachbarwissenschaften hilft Greßmann, gängige Positionen innerhalb der theologischen Forschung zu überwinden. Während „die anderen Archäologen die Deutung der Dolmen als Altäre aufgegeben haben," wie er in einem ähnlichen Zusammenhang feststellt, „hält man in der a[lt]t[estament-] l[ichen] Wissenschaft daran fest."[211] Bei der Beschreibung des Felsendoms in Jerusalem wendet er sich mit ironischem Unterton gegen „phantasiereiche Leute, die jeden Stein zu einem Altar, jeden Kanal zu einem Blutkanal und jedes Loch zu einer Opfergrube machen".[212] Zu den aktuellen Ausgrabungen in Megiddo erklärt er selbstbewusst, was „[Gottlieb] Schumacher [1857–1925] bei seinen Ausgrabungen in tell el-mutessellim als einen dolmenähnlichen Altar mit Menhir beschrieben hat, ist nach meiner Meinung weiter nichts als eine simple Weinpresse."[213] Ein solches Urteil kann er nur aufgrund eigener Anschauung fällen, womit er seine Unabhängigkeit von Grabungsberichten und Photographien demonstriert. Ferner spricht sich Greßmann gegen das Verständnis des biblischen Ausdrucks גל als Dolmen aus[214] und favorisiert stattdessen die Bedeutung „Steinhaufen" bzw. „Steinpyramide", die er mit Grenzmarkierungen des Ackers bei den Fellachen vergleicht.[215] In diesem Fall bezieht sich Greßmann also auf die Volkskunde, mit der er sich während seines Aufenthalts in Palästina ausführlich beschäftigt hat. Bei anderen Analogien ist Greßmann dagegen deutlich zurückhaltender. Die verbreitete These der Identifikation der Masseben mit *phalloi* verwirft er aufgrund inhaltlicher Bedenken.[216] Mit scharfen Worten lehnt er die Zuhilfenahme von Beschreibungen aus der griechischen oder arabischen Kultur ab. Stattdessen müsse zunächst der biblische Befund genauestens geprüft werden, bevor andere Quellen zur Interpretation hinzugezogen werden.[217] Die Masseben

---

210 Greßmann, „Grab", 74f.
211 Greßmann, „Dolmen", 113.
212 Greßmann, „Felsendom", 64.
213 Greßmann, „Dolmen", 114.
214 So aber Spoer, „Erklärung", 275f.
215 Greßmann, „Dolmen", 115. Zusätzlich führt er Parallelen aus Mesopotamien an und untermauert seine Theorie mit den paarweise auftretenden Eingangssteinen als Sonderform von Grenzsteinen.
216 Zur Phallostheorie vgl. Spoer, „Erklärung", 284, der davon ausgeht, „daß der Phallusdienst eine hervorragende Stelle in der Religion der Hebräer einnahm".
217 Greßmann, „Dolmen", 122: „Die einzige Stelle, die man im A[lten] T[estament] für die Deutung der Masseben als *Phalloi* anführen könnte [Jer 2,27], macht sie in Wirklichkeit unmöglich."

bezeichnen nach Greßmanns Auffassung die Gegenwart der Gottheit als Ganzes und sind allenfalls in einer sehr späten Entwicklung vereinzelt mit einer fruchtbarkeitsspendenden Bedeutung versehen worden.[218]

Eine stärkere Verknüpfung zwischen Archäologie und biblischen Texten unternimmt Greßmann in seinem Aufsatz „Der Eckstein" (1910). Ausgehend von den aktuellen Ausgrabungen in Megiddo gibt er einen Überblick über die Mauerbautechnik bis hin zu Gebäuden aus bearbeiteten Quadern, die er anhand biblischer Texte aus Amos und Jesaja kulturgeschichtlich als „Luxusbauten"[219] einordnet.

Den Bericht vom Tempelbau (1 Kön 5) verbindet Greßmann mit archäologischen Befunden und nimmt dies zum Anlass für textkritische Veränderungen. Anstelle der in 1 Kön 5,32 als Bauhelfer erwähnten גִּבְלִים („Gebaliter") liest er unter Verweis auf die Beschreibung der Zurichtung der Quadersteine in 1 Kön 7,9 – 12 die Verbalform גבל („umgrenzen, umrändern") und übersetzt: „Die Bauleute Salomos und Hirams behieben (die Quadern) und versahen sie mit Randschlag und richteten sie für den Bau des Tempels her".[220] Die Streichung von הָעֵצִים וְהָאֲבָנִים („Hölzer und Steine") als Subjekt des hinteren Satzteils rechtfertigt er mit einem kurzen Hinweis: „Das im hebräischen Urtext überlieferte Explizitum (‚Hölzer und Steine') ist falsch, da in diesem Zusammenhang nur von Steinen gesprochen wird."[221]

Weitere Überlegungen betreffen den Gebrauch von Zedernholzbalken und die Verjüngung der Mauern nach oben. Die gesammelten Erkenntnisse verwendet Greßmann zur Erläuterung konkreter Bibelstellen. So untersucht er etwa den Textkomplex in Jes 28,14 – 22, den er als „geschlossene Drohung Jesajas"[222] ansieht. Das Bild des „bewährten Steins" (אֶבֶן בֹּחַן, 28,16), den JHWH als Grundstein in Zion legen will, würdigt er Ausdruck eines „echten Dichters", der den „Eckstein

---

Die Massebe sei dort, wenn überhaupt, als Mutter zu verstehen. Bezüglich der Beschreibung aus der griechischen Literatur erklärt er: „Auch hier scheint mir neuerdings eine Methode zum Prinzip erhoben zu sein, der man aufs schärfste widersprechen muß. Was besagt denn der Hinweis auf griechische Reisende wie *Herodot* und *Lukian* für die Ideen der alten Israeliten? Können die Griechen nicht eine abweichende Meinung von derjenigen der Israeliten gehabt und ihre Begriffe auf Dinge übertragen haben, die einen ganz anderen Sinn hatten?" (116 – 117).

218 Greßmann, „Dolmen", 128. Die Napflöcher interpretiert Greßmann als „die ältesten und primitivsten Opferlöcher" (128).

219 Greßmann, „Eckstein", 39. Als Beleg dient ihm die entsprechende Kritik in Am 5,11 sowie Jes 9,9.

220 Greßmann, „Eckstein", 40. Der Vorschlag geht auf Thenius, *Bücher der Könige*, 54, zurück. Aus textkritischer Sicht legt sich allerdings keine Änderung nahe, vgl. Noth, *Könige*, 87.94.

221 Greßmann, „Eckstein", 40 Anm. 5.

222 Greßmann, „Eckstein", 42. Dagegen Becker, *Jesaja*, 233.

des Glaubens" als Fundament für den „himmlischen Tempel"[223] herausstellen will. Obwohl Greßmann die starke Bildsprache des Textes betont, nutzt er gerade diese Aussagen, um archäologische Rückschlüsse zu ziehen. Er bezieht die Redeweise Jesajas auf die Sitte, „einen neuen Tempel, wenn möglich, über dem Grundstein des alten zu errichten".[224] Den in diesem Zusammenhang begegnenden Ausspruch הַמַּאֲמִין לֹא יָחִישׁ („Wer da glaubt, wird nicht ‚wanken'", so die Übersetzung Greßmanns) deutet er vor dem Hintergrund babylonischer Belege als prophetische Inschrift auf dem Grundstein, auch wenn dies „in Wirklichkeit natürlich nicht vorkam".[225] Der „verworfene Eckstein" aus Ps 118 muss nach Greßmann im Textzusammenhang des „Dankliedes eines Einzelnen" auf der Ebene des persönlichen Erlebens des Psalmisten gelesen werden, weswegen eine „messianische" Deutung ausfällt.[226] Den Vergleich der Töchter mit Ecksteinen aus Ps 144,12 versteht er als ein Bild, das in der täglichen Anschauung der „schön behauenen Quadern der Paläste oder Tempel"[227] ihren Ursprung hat. Schließlich findet Greßmann in der Vorstellung der Weltschöpfung als Hausbau mit anschließendem Jubel in Hiob 38,6 f. einen Hinweis auf ein „Fest der Grundsteinlegung".[228]

Die genannten Beispiele demonstrieren aus Greßmanns Sicht den Wert und die Nutzbarkeit archäologischer Befunde für die Interpretation der biblischen Texte. Aus diesem Grund fordert er, dass die Archäologie „als selbständiges Fach eine viel größere Bedeutung haben" soll, „da ihre Kenntnis zum Verständnis der Texte bisweilen unbedingt notwendig ist."[229]

An einigen Stellen schießt er dabei wiederum über das Ziel hinaus, etwa wenn er archäologische Befunde unmittelbar zur Begründung textkritischer Eingriffe heranzieht, die auf der literarischen Ebene nicht erforderlich sind. Gleichzeitig ist seinen Ausführungen allerdings das Bemühen anzumerken, die neuen Erkenntnisse aus den unterschiedlichen Bereichen in ein zusammenhängendes System einzuordnen. Es geht Greßmann um ein möglichst umfassendes Bild biblischer Aussagen zu einem bestimmten Thema, auch wenn der jeweilige Entstehungszusammenhang dabei zunächst in den Hintergrund tritt.

Die inhaltlichen Querschnitte, die er auf diese Weise anstrebt, seien besonders für die Lehre von großem Gewinn, da „der Student durch die großen Ge-

---

223 Greßmann, „Eckstein", 43.
224 Greßmann, „Eckstein", 43.
225 Greßmann, „Eckstein", 43.
226 Greßmann, „Eckstein", 44.
227 Greßmann, „Eckstein", 44.
228 Greßmann, „Eckstein", 45.
229 Greßmann, „Desiderium", 549.

sichtspunkte ganz anders gefesselt wird".[230] Ebenso profitiere auch die Forschung, da „der Dozent so veranlaßt wird, einmal von ganz neuen Gesichtspunkten aus an den oft behandelten Stoff heranzutreten und ihn von verschiedenen Seiten her immer neu zu beleuchten."[231] Den Aufenthalt in Palästina und die Reisen mit Dalman versteht Greßmann also nicht nur als großen persönlichen Erkenntnisfortschritt, sondern zugleich als Anlass, über die angemessene Vermittlung der neuen Forschungsergebnisse nachzudenken. Nur wer die Gegenstände aus dem Heiligen Land „in natura vor Augen hat", so seine Überzeugung, „kann sie wirklich sehen, bis in die Einzelheiten verstehen und im Gedächtnis behalten."[232] Die Forderung, Palästinamuseen an den deutschen Universitäten einzurichten und die Lehre an den Fakultäten neu zu ordnen, ist ein Ergebnis dieser aus eigener Erfahrung entwickelten Haltung.

3.2.2.1 *Die Ausgrabungen in Palästina und das Alte Testament* (1908)
In zwei größeren Schriften versucht Greßmann, seine Erfahrungen im Heiligen Land systematisch darzustellen und den Nutzen für die Wissenschaft in einem breiteren Kontext zu erläutern. Bereits vor seinem Aufenthalt in Jerusalem spricht ihn Friedrich-Michael Schiele (1867–1913)[233] an und bittet um ein Buch über *Die Ausgrabungen in Palästina und das Alte Testament* für die Reihe der „Religionsgeschichtlichen Volksbücher für die deutsche christliche Gegenwart" (RV).[234] Schiele hat die Herausgeberschaft dieser Reihe 1904 übernommen und sie inhaltlich auf die gesamte Bandbreite der Religionsgeschichte ausgedehnt. Das Ziel der Reihe besteht darin, Forschungsergebnisse aus den Artikeln der ersten Auflage des Lexikons zur *Religion in Geschichte und Gegenwart* für ein breites Publikum zugänglich zu machen.[235]

Greßmann begrüßt das Konzept und weiß, wie schwer es seinen theologischen Kollegen zuweilen fällt, den gemeinverständlichen Charakter der „Volksbücher" zu wahren. Seinem Freund Gunkel berichtet er 1908, dass er an dem

---

230 Greßmann, „Desiderium", 548. Ein günstiger Nebeneffekt sei zudem, „daß er [scil. der Student] gezwungen wird, regelmäßig mitzuarbeiten, da eine einzige versäumte Stunde ihm das Verständnis des ganzen Kollegs unmöglich machen kann" (548 f.).

231 Greßmann, „Desiderium", 549.

232 Greßmann, „Desiderium", 552.

233 Vgl. zur Person Conrad, *Lexikonpolitik*, 214–224.

234 Greßmann an Gunkel, 15.1.1907, ULB Halle, Yi 33 I G 93.

235 Vgl. Hübinger, *Kulturprotestantismus*, 204 f. Die „Volksbücher" werden in Heftform zum günstigen Preis von 50 Pfennig bis 1 Mark durch den Verlag J.C.B Mohr vertrieben. Die Reihe zur „Religion des Alten Testaments" gehört damals neben der zur „Religion des Neuen Testaments" zu einem der erfolgreichsten Publikationsprojekte des Verlags (ebd., 205 Anm. 48).

erbeteten Manuskript arbeitet und hält fest: „Ich glaube, die Sache so interessant machen zu können, daß auch ein Laie seine Freude daran hat, was man gerade von den meisten a[lt]t[estamentlichen] Volksbüchern nicht behaupten kann."[236] Selbstverständlich bedeutet dieses Konzept nicht die Preisgabe des wissenschaftlichen Anspruchs. Im Kontrast zur verbreiteten panbabylonischen Vorstellung möchte Greßmann auch hier die Einwirkung aus anderen Regionen des Nahen Ostens auf Palästina deutlich machen, deren Ausmaß ihm erst durch seine Forschungsreise deutlich geworden ist:

> Überdies dürfte auch die Wissenschaft dabei nicht zu kurz kommen, insofern uns die Ausgrabungen doch manche Rätsel aufgeben, von denen wir bisher nichts geahnt haben. Ich erinnere nur an den starken ägyptischen Einfluß, den in dieser Stärke niemand vorher für möglich oder wahrscheinlich gehalten hat, den merkwürdiger Weise bisher noch niemand betont hat, obwohl die Resultate der Ausgrabung doch jedermann zugänglich sind.[237]

Die Ignoranz einiger seiner Kollegen gegenüber den jüngsten Forschungsergebnissen nimmt Greßmann mit Unverständnis zur Kenntnis und tadelt den Mangel an Forschungswillen:

> Allerdings ist Benzinger, der sie [scil. die Ausgrabungsergebnisse] einigermaßen kennt, so blind, dass er fast nichts davon sieht und das Gegenteil behauptet von dem, was tatsächlich ist.[238] Nirgendwo ist mir so deutlich geworden [wie] hier, daß man die Dinge stets durch die Brille betrachtet, die man sich aufgesetzt hat, daß man den Tatsachen diktiert, statt sich von ihnen die Theorien diktieren zu lassen. [...] Wie groß die Ignoranz in archäologischer Beziehung ist, lehrt mit erschreckender Deutlichkeit das Buch von Kittel über Felsaltäre etc.! Man muß sich der Zunft wegen schämen ob dieser Phantasmagorien eines Sonntagsnachmittagsarchäologen.[239]

Greßmann selbst leitet sein „Volksbuch", das schließlich 1908 erscheint, mit einigen prinzipiellen Überlegungen zur Bedeutung der Archäologie für die Geschichtswissenschaft ein. Er beschreibt die großen Kulturkreise des antiken Vorderen Orients und rekapituliert in diesem Zusammenhang die Geschichte der Ausgrabungen von Napoleon bis zu den aktuellen deutschen Kampagnen. Bei der Klärung der Frage nach dem Einfluss dieser Kulturkreise in Palästina spiele die

---

236 Greßmann an Gunkel, undatiert (vermutlich 1908), ULB Halle, Yi 33 I G 100.
237 Greßmann an Gunkel, undatiert (vermutlich 1908), ULB Halle, Yi 33 I G 100.
238 Benzinger zeigt durchaus eine gewisse Nähe zum Panbabylonismus, vgl. Lessing, *Geschichte*, 333. In Vorbereitung seiner Sammlung der *Altorientalischen Texte und Bilder* setzt sich Greßmann intensiv mit Benzingers Lehrbuch über die *Hebräische Archäologie* auseinander, vgl. oben 2.3.2.
239 Greßmann an Gunkel, undatiert (vermutlich 1908), ULB Halle, Yi 33 I G 100.

Archäologie eine entscheidende Rolle, da sie zahlreiche Erkenntnisse liefere, die über die bisherige Forschung an den Texten des Alten Testaments oder an anderen literarischen Quellen[240] hinausreichen. Diese neuen Erkenntnisse „dienen nicht allein zur Freude des Historikers, dem nur daran gelegen ist, das geschichtliche Werden, Blühen und Sterben eines Volkes miterlebend zu verstehen, sondern auch zur Befriedigung aller derer, die über die Nachrichten der Bibel hinaus in die Kultur, den Geist und die Religion Israels tiefer und tiefer eindringen möchten, um sich über die Fundamente unseres eigenen Geisteslebens ein deutlicheres Urteil zu bilden."[241]

Im ersten von insgesamt drei Kapiteln befasst sich Greßmann ausführlicher mit den jüngsten Ausgrabungen in Palästina. Er kommt dabei auf die Ausgrabungen des Palestine Exploration Fund in Lachisch und in der Schephela zu sprechen und erläutert in allgemeinverständlicher Weise die komplizierte Schichtung eines Tells sowie die Schwierigkeiten bei der Datierung.[242]

Nicht ohne Kritik erwähnt er die „Sammelwut europäischer Touristen und amerikanischer Nabobs", die schließlich dazu geführt habe, dass auch die Einheimischen auf der Suche nach Schätzen die Ausgrabungsstellen „durchwühlen" und dabei nicht unerheblichen Schaden anrichten.[243] Dort, wo sich der archäologische Befund nicht mit dem literarischen Zeugnis zur Deckung bringen lässt, gibt Greßmann für die Religionsgeschichte Israels der literarischen Überlieferung den Vorzug. Dies trifft beispielsweise auf die verschiedenen Einwanderungswellen zu:

> Wenn wir nicht aus den literarischen Nachrichten wüßten, daß diese beiden Völker [scil. Philister und Israeliten] in Palästina eingewandert sind, würden wir es aus den Ausgrabungen nicht erschließen können. So spurlos sind diese Eroberungen an der einheimischen Kultur vorübergegangen. Die Israeliten und die Philister haben, ohne Eigenes hinzuzutun, sich einfach in das warme Nest gesetzt, das die Kanaaniter sich erbaut hatten.[244]

Greßmann ist seit seiner Reise mit Dalman ganz besonders von den Kultheiligtümern in Petra fasziniert. Voller Begeisterung schreibt er aus Jerusalem an Gunkel: „Aber noch dort [in Petra] lernt man – Dalman behauptet, man lerne dort überhaupt mehr als in in [sic] ganz Palästina – was eine ‚Höhe' ist und was ‚heilige

---

240 Vgl. etwa Wellhausens Studien der arabischen Literatur in *Reste arabischen Heidenthums*.
241 Greßmann, *Ausgrabungen*, 7.
242 Der lockere Tonfall führt dabei z. B. zu folgender Bemerkung: „Wer einen Tell gesehen hat, kennt sie alle" (Greßmann, *Ausgrabungen*, 8).
243 Greßmann, *Ausgrabungen*, 9.
244 Greßmann, *Ausgrabungen*, 11.

Täler' zu bedeuten haben und manches andere."[245] In seinem „Volksbuch" erläutert Greßmann ausführlich, was es mit diesen Heiligtümern auf sich hat, und
hat keine Probleme, sie zur Beschreibung der JHWH-Heiligtümer heranzuziehen.[246]

Im zweiten Abschnitt über „Die literarhistorischen Funde" betont Greßmann
die Bedeutung der archäologischen Funde für die Aufstellung einer verlässlichen
Chronologie. Die Ausbeute bei althebräischen Schriftzeugnissen ist dabei, abgesehen von der Siloahinschrift und einigen Siegeln, sehr gering. Aus den reich-
haltigen Funden babylonischer Texte in Lachisch, Taanach, Geser und Amarna
folgert Greßmann, dass bei einer so engen Verflechtung der Kultur auch die babylonischen Mythen schon in der Amarnazeit in Kanaan bekannt gewesen sein
müssen.[247] Um seinen Lesern einen Eindruck der altorientalischen Literatur zu
geben, führt Greßmann einen Brief aus Tell el-Hesi an und malt dabei die Funktion einzelner Beamter aus:

> Kürzlich ist das auswärtige Amt in Aegypten vor unsern Augen wieder lebendig geworden,
> wie es unter dem König Merenptah bestand: Das eigentliche Bureau ist in drei Schiffe geteilt.
> In den Seitenschiffen sitzen dichtgedrängt zehn Sekretäre, den einen Fuß auf den Schemel
> gesetzt, auf den Knien große Papyrusblätter. Das geräumige Mittelschiff ist für den hohen
> Chef reserviert, dem ein Diener Fliegen abwedelt. An der Tür stehen zwei Portiers, von denen
> der eine dem anderen befiehlt: „Sprenge Wasser und mach das Büro kühl! Der Chef sitzt und
> schreibt." [...] So ist auch am Hofe Davids „der Schreiber" ein hoher und gefürchteter Be-
> amter, wie etwa in Preußen der Chef des Zivilkabinetts.[248]

Einfallsreich und effektvoll skizziert Greßmann hier ein Bild der antiken Kulturen
und lässt seine Leser auf diese Weise an den archäologischen Erkenntnissen
teilhaben. Im Weiteren zitiert er aus zwei Briefen, die in Taanach gefunden wurden, und weist sein Publikum besonders auf die religionsgeschichtliche Bedeutung der theophoren Personennamen hin. Zudem thematisiert er die Schwierigkeiten, die mit der Übersetzung der Textfunde verbunden sind. Während die
„kühne" Übersetzung des zweiten Briefs durch Friedrich Hrozny die Möglichkeit
eines kanaanitisch-israelitischen Monotheismus nahelege, verlange die „wissenschaftliche Grausamkeit" eine Beschränkung auf das „einigermaßen Sichere",
das in Form einer zurückhaltenderen Übersetzung durch Arthur Ungnad aller-

---

245 Greßmann an Gunkel, 1.12.1906, ULB Halle, Yi 33 I G 94.
246 Greßmann, *Ausgrabungen*, 14: „Was von den Midianitern, Nabatäern, Edomitern, Amonitern,
Philistern, Aramäern, Arabern gilt, das trifft darum in großem Umfang auch auf die kanaanitisch
beeinflußte Religion Israels vor der Zeit der Propheten zu."
247 Greßmann, *Ausgrabungen*, 15.
248 Greßmann, *Ausgrabungen*, 17.

dings „ziemlich dunkel, um nicht zu sagen völlig unverständlich" werde, aber auf „eine solche schmerzliche Enttäuschung muß man in der Wissenschaft stets gefaßt sein."[249] Es spricht für Greßmanns Redlichkeit, diese Schwierigkeiten offenzulegen und in einem populär angelegten Werk mit großer Breitenwirkung auch die Grenzen der Forschung aufzuzeigen. Die Diskussion um diesen Text reicht, wie bereits gezeigt, bis in die Arbeit an Greßmanns Sammlung der *Altorientalischen Texte und Bilder* hinein.[250] Die Frage nach dem Grad der Abhängigkeit der israelitischen von der babylonischen Kultur lässt er in seiner Darstellung offen: „Wie weit die Abhängigkeit im einzelnen reicht, muß späteren Untersuchungen vorbehalten bleiben, die sich vornehmlich auf die gleicherweise in Babylonien wie in Israel nachweisbaren Gattungen und ihren Stil erstrecken müssen."[251]

„Die religionshistorischen Funde", das Thema des dritten Kapitels, betrachtet Greßmann als Schatzkammer der Volksreligion, deren Darstellung in den Schriften des Alten Testaments fast gänzlich fehle. Sie helfen, das „Seelenleben des primitiven Menschen" zu veranschaulichen und Erklärungen für verschiedene Vorstellungen und Praktiken zu finden, deren „Wurzeln [...] bis weit in die vorgeschichtliche Zeit hinein[reichen]."[252] Bei der Deutung der archäologischen Funde – Höhenheiligtümer, Napflöcher, Masseben, Altäre und Hausgötzen – geht Greßmann in diesem Horizont von einer grundsätzlichen Vergleichbarkeit verschiedener Kulturen aus. Künstliche Löcher etwa „begegnen in Palästina ebenso häufig wie in Westeuropa, Vorderindien, Nordamerika und anderswo" und seien die „ältesten prähistorischen Kultstätten",[253] an denen Opfer dargebracht wurden. Spuren dieser Kultpraxis ließen sich noch in der Gegenwart im Passahritus der Samaritaner auf dem Garizim erkennen. Weder zeitlich noch geographisch sieht Greßmann eine Begrenzung für die angeführten Analogien. Auch das Opfer zur Grundsteinlegung komme „in Palästina wie in Mexiko, in Rom wie in Siam, in Schleswig-Holstein wie in Nordamerika"[254] vor. Die Beispiele zeigen den Kontrast der Volksreligion zur ethisch-moralischen Reflexion der Propheten: „je mehr wir die Religion der breiten Masse kennen lernen, desto erhabener wird die Höhe, zu der sich die großen Persönlichkeiten der Propheten emporgeschwungen haben."[255] Greßmann verfolgt auch hier den bereits bekannten Entwicklungsge-

---

249 Greßmann, *Ausgrabungen*, 19 f.
250 Vgl. dazu oben 2.3.3.2.
251 Greßmann, *Ausgrabungen*, 21.
252 Greßmann, *Ausgrabungen*, 23.
253 Greßmann, *Ausgrabungen*, 24.
254 Greßmann, *Ausgrabungen*, 39.
255 Greßmann, *Ausgrabungen*, 40.

danken, der aber nicht nur zeitlich auf die Religionsgeschichte Israels bezogen ist, sondern ebenso auf die Unterschiede religiöser Vorstellungen zwischen den Bevölkerungsschichten.

In seiner Schlussfolgerung beschreibt Greßmann die palästinische Kultur als eine „Mischkultur",[256] die Einflüsse sowohl aus Ägypten als auch aus Babylonien aufgenommen habe. In diesem Zusammenhang betont er einmal mehr die Bedeutung ägyptischer Elemente, denen gegenüber die „„Panbabylonisten' völlig blind sind".[257] Die Herausforderung für die Wissenschaft sieht er darin, die verschiedenen Traditionsstränge und ihren Einfluss auf Literatur, Religion und Kultur Palästinas zu entflechten. Seine eigene Sicht hält er dabei in einer groben Skizze fest:

> [E]s scheint, als ob die Literatur Israels in den Hymnen und Klageliedern, Mythen und Sagen, im Kanzleistil und Hofstil starke Impulse aus Babylonien, dagegen in den Märchen und Novellen, in der Weisheit und den Orakeln mancherlei Einflüsse aus Ägypten empfangen hat. Die öffentliche Religion Israels scheint auf einen engen Zusammenhang mit babylonischen Anschauungen und Riten hinzuweisen, während die private Religion des Volkes, wie sie sich in den Winkelkulten, im Zauberwesen und in abergläubischer Praktik äußert, mehr von der ägyptischen Religion abhängig ist. Auch die materielle Kultur ist gespalten: die Backsteinbauten und Gewölbekonstruktionen sind babylonischen Ursprungs, ägyptischer Herkunft hingegen die meisten Geräte wie Backöfen und Salbflaschen, Feuersteinsicheln und Krummsäbel, ferner die ältesten Grabformen und Totenbeigaben, die Ornamente und Schmucksachen, die Siegel und Amulette. Man hat durchaus den Eindruck, daß in der materiellen Kultur der ägyptische Einfluß überwiegt, während er in der Religion und Literatur hinter dem babylonischen zurücktritt.[258]

Zuletzt betont Greßmann, dass sich die einzelnen Elemente der ägyptischen und babylonischen Kultur auf palästinischem Boden selbstverständlich weiterentwickelt hätten und auch ganz eigene Vorstellungen aufgekommen seien. Um dieses Bild eindeutig zu klären, müsse allerdings zuerst der fremde Stoff abgehoben werden. Mit der Bearbeitung dieser Fragestellung habe die Wissenschaft gerade erst begonnen; das „Volksbuch" soll einen Beitrag dazu leisten.

3.2.2.2 *Palästinas Erdgeruch in der israelitischen Religion* (1909)

Das zweite Buch über seinen Palästinaaufenthalt, das 1909 unter dem Titel *Palästinas Erdgeruch in der israelitischen Religion* erscheint, widmet sich gezielt der

---

256 Greßmann, *Ausgrabungen*, 44.
257 Greßmann, *Ausgrabungen*, 44.
258 Greßmann, *Ausgrabungen*, 45.

Frage nach der israelitischen Eigenart und dem kulturellen Einfluss aus der Umwelt. Vor allem ist Greßmann weiterhin an der alten Volksreligion der Israeliten interessiert, der er sich über die palästinischen Sitten nähern möchte, welche er während seines Aufenthaltes kennengelernt hat.[259] Das Buch ist nicht als wissenschaftliche Abhandlung konzipiert, sondern richtet sich wieder an ein breites Publikum.[260] Im ersten Teil geht Greßmann auf die religiösen Bräuche der einheimischen Bevölkerung ein und untersucht deren Herkunft, im zweiten Teil setzt er die Religion mit den Eigentümlichkeiten des Landes in Beziehung, insbesondere mit den klimatischen Bedingungen.

Greßmann beginnt seine Darstellung mit einigen persönlichen Eindrücken von seiner Reise und der grundsätzlichen Frage nach der Bedeutung eines Besuchs in Palästina für den persönlichen Glauben. Die Konfrontation mit der Wirklichkeit vor Ort führt nach Greßmanns Erfahrung bei vielen Touristen zu großer Enttäuschung. Das Land erscheine ihnen fremd und unverständlich und trage nicht viel zur inneren Erbauung bei. Die Enttäuschung ergebe sich aus zu hohen Erwartungen, mit welchen die Reisenden in den Orient kämen. Sie erwarteten, in der direkten Anschauung die bekannten Geschichten und Personen der Bibel wiederzuentdecken. Aus Greßmanns Sicht ist es aber nicht das bessere Verständnis der berühmten Männer Israels oder gar Jesu, welches durch eine Palästinareise gefördert werde. Stattdessen ließen sich aus der Beobachtung des Lebens der einfachen Bevölkerung Rückschlüsse auf die alten Traditionen ziehen, was die biblischen Texte von einer anderen Seite zu erhellen helfe.

Die Ausführungen und Bewertungen Greßmanns zeigen in diesem Zusammenhang eine eigentümliche Ambivalenz von Faszination für die alten Bräuche und Abneigung gegen alle Praktiken, die ihm als wenig kultiviert erscheinen. So erklärt er:

> Noch wurzelt der Aberglaube tief in dem Herzen des palästinischen Volkes, der Araber, vor allem aber der Juden. Gewiß gibt es auch in Palästina einzelne Juden, deren Frömmigkeit an die Höhe und Reinheit der israelitischen Glaubenshelden heranreichen mag, aber der großen Masse tut man kein Unrecht, wenn man ihr religiöses Niveau so niedrig wie möglich ansetzt.[261]

---

259 Vgl. Greßmann, „Forschung", 89.
260 Der Preis des Buches beträgt auch in diesem Fall erschwingliche 1,80 Mark bzw. 2,80 Mark für die gebundene Ausgabe, vgl. Sandler, Rez. Greßmann, *Erdgeruch*, 130 Anm. 1.
261 Greßmann, *Erdgeruch*, 11.

Greßmann unterscheidet zunächst die Bevölkerungsgruppen nach Arabern und Juden, die meist aus westlichen Ländern in Palästina eingewandert sind.[262] In der weiteren Darstellung ergibt sich allerdings ein eher diffuses Gesamtbild, in der manche Bräuche der beiden Gruppen zu einer einheitlichen Volksreligion zusammenfließen. Auf dieses Phänomen macht Greßmann etwa im Hinblick auf die allgegenwärtige Farbe Blau aufmerksam, der sowohl bei jüdischen als auch bei muslimischen Einwohnern eine apotropäische Bedeutung zugeschrieben werde. Die Gewohnheit der Juden, Zettel in die Mauerritzen der Westmauer des Tempels zu stecken, betrachtet Greßmann wie die muslimische Praxis, Tuchfetzen an heiligen Orten zu befestigen, als „stellvertretende[n] Ersatz für die Person des Verehrers, der sich damit in den Schutz des Gottes oder des Heiligen begibt".[263] Über einige Umwege verfolgt er diese Vorstellung bis zu König Hiskia, der einen Brief des Königs von Assyrien erhält und ihn vor JHWH im Tempel ausbreitet (2 Kön 19,14), „damit dieser mit eigenen Augen die frechen und gotteslästerlichen Worte des Feindes lese!"[264] Parallelen erkennt Greßmann außerdem im Anbringen von Zähnen an der Moschee, um damit um Abhilfe bei Zahnschmerzen zu bitten, und im Umgang mit „Wachsgliedern der Maria" im Katholizismus.[265]

Auf einer „höhere[n] Stufe der israelitischen Volksreligion"[266] sieht Greßmann die Praxis der Verehrung heiliger Orte, die sich in allen Religionen und Zeiten finde und dafür gesorgt habe, dass Heiligtümer immer an derselben Stelle errichtet wurden. Mit dieser Tradition seien allerlei Handlungen verknüpft, welche die Heiligkeit des Ortes betonen. Dazu gehöre etwa das Ausziehen der Schuhe, das Aufstellen von Gedenksteinen, aber auch die verschiedensten Formen von Opfern. Für alle Beispiele findet Greßmann breitgestreute Analogien, die bis in die Gegenwart reichen, „weil man die Sitte von den Vätern ererbt hat, und weil es schaden könnte, sie zu unterlassen, genau so, wie man bei uns in Laienkreisen etwa über die Taufe denkt."[267]

Sein Interesse an der Musik, das bereits in der Qualifikationsarbeit über *Musik und Musikinstrumente im Alten Testament* zum Ausdruck gekommen war,[268] führt

---

262 Greßmann, *Erdgeruch*, 8: „Die Juden, die heute in Palästina wohnen – man unterscheidet polnische, spanische, bucharische und jemenische Juden – sind nicht die im Lande geborenen Nachkommen ihrer Vorfahren, sondern aus der Fremde eingewandert und meist mit europäischem Wesen so durchsetzt, daß man sie eher für Europäer als für Orientalen halten darf."
263 Greßmann, *Erdgeruch*, 12.
264 Greßmann, *Erdgeruch*, 13 f.
265 Greßmann, *Erdgeruch*, 14.
266 Greßmann, *Erdgeruch*, 16.
267 Greßmann, *Erdgeruch*, 33.
268 S. o. 1.3.

Greßmann dazu, sich ausführlich mit der Kultur der Derwische zu befassen. Auch hier macht sich die erwähnte Mischung aus Faszination und Abscheu bemerkbar, die sich auch in den Beschreibungen vieler anderer europäischer Reisender findet.[269] Diesen „uralten Aufregungskult, wie er bei den niedrigstehenden Religionen vorkommt, wie er aber auch dann und wann bei den höher stehenden Religionen auftaucht",[270] vergleicht Greßmann mit den Prophetenschulen in alttestamentlichen Schilderungen, für die der „wild-ekstatische Enthusiasmus charakteristisch"[271] sei, im Gegensatz zu den späteren Schriftstellern seit Amos.

Bei der Interpretation seiner Beobachtungen kommt Greßmann zu dem Schluss, „daß man vieles, ja vielleicht das meiste – wenn auch keineswegs alles – in die älteste Vergangenheit des Landes übertragen darf". Gleichwohl müsse man sich „hüten, einen ununterbrochenen Zusammenhang anzunehmen."[272] Eine große historische Zäsur sieht er in den „geschichtlichen Ereignissen", die zur „völlige[n] Ausrottung und Vernichtung der Juden" in Palästina geführt hätten.[273] Damit sei die Kontinuität jüdischen Lebens im Heiligen Land ungeachtet der späteren Neuzuwanderung abgebrochen. Die augenfälligen Übereinstimmungen zwischen den religiösen Erscheinungen der Vergangenheit und Gegenwart seien „aus derselben Rasse, demselben Klima, denselben Kulturbedingungen und derselben geistigen Höhe zu erklären [...]. Die alten Araber und die alten Israeliten haben, als Semiten einander wesensverwandt, unter ähnlichen Verhältnissen eine ähnliche Religion besessen."[274] Der Volksglaube der Araber in der Gegenwart gebe demnach Aufschluss über den alten israelitischen Volksglauben. Gegen die These Renans, wonach die Einsamkeit der Wüste notwendig auch den Monotheismus hervorgebracht habe,[275] verweist Greßmann auf die lebensfeindlichen Bedingungen, die dazu führten, dass die Wüste „gottlos" macht, „weil sie den Menschen ganz auf sich selbst stellt."[276] Die Herausforderungen des täglichen Lebens ließen den Bewohnern der Wüste keine Zeit zur Muße, sie würden dort allenfalls einen Sinn für das „Einfache und Praktische" entwickeln. Der Monotheismus sei folglich „seinem Ursprung nach weder Volksreligion noch Naturreligion, sondern ist stets die Tat eines großen Mannes."[277]

---

269 Vgl. z.B. die autobiographische Beschreibung von Lagerlöf, *Jerusalem.*
270 Greßmann, *Erdgeruch,* 40.
271 Greßmann, *Erdgeruch,* 41.
272 Greßmann, *Erdgeruch,* 44.
273 Greßmann, *Erdgeruch,* 44.
274 Greßmann, *Erdgeruch,* 44.
275 So etwa Renan, *Histoire,* 6.
276 Greßmann, *Erdgeruch,* 46.
277 Greßmann, *Erdgeruch,* 47.

Im zweiten Teil der Arbeit stellt Greßmann weitere Überlegungen zum Einfluss der natürlichen, vor allem der klimatischen Bedingungen einer Region auf Kultur und Religion ihrer Bewohner an. Er sieht die Natur zu allen Zeiten als „untergeordnete Quelle an, durch die sich Gott geoffenbart hat", wobei für den „antiken Menschen [...] der Zusammenhang zwischen Religion und Natur sehr viel enger" gewesen sei.[278] Greßmann beschäftigt sich mit einer Reihe konkreter Wetterphänomene und geologischer Ereignisse – Ostwind, Gewitter, Sturzregen, Erdbeben und Vulkanausbrüche – und ist bestrebt, deren Niederschlag in volksreligiösen Vorstellungen der Gegenwart und im Gottesbild der biblischen Texte auszumachen.[279] Seine Suche führt dabei zu folgendem Schluss:

> In den Stürmen, die über das Land brausten, in den Erdbeben, die panikartige Furcht hervorriefen, in den Gewittern, deren Majestät die Herzen überwältigte, in den Gießbächen, die Bäume, Tiere und Menschen hinwegschwemmten, in den Vulkanen, die Berge wie Wachs zerschmolzen, überall, wo Entsetzliches geschah, war Jahve den Sinnen unmittelbar nahe.[280]

Nach Greßmanns Einschätzung hat die „menschliche Phantasie"[281] bestimmte Naturereignisse mit JHWH in Verbindung gebracht, ihn aber nicht mit diesen identifiziert. Man habe sich JHWH „als eine Macht" vorgestellt, „die hinter, nicht in dem Naturereignis steht".[282] Das Bild JHWHs zeige dabei verschiedene Seiten: „Der Jahve der alten Zeit war ein eifersüchtiger, schrecklicher, explosiver Gott",[283] der zugleich als Beschützer auftrat, ein „jugendlich-feuriger Gott", der die Wesenszüge des „israelitisch-semitischen Geistes"[284] trage und darin von der Sonne Palästinas und ihrer scharfen Aufteilung zwischen Licht und Schatten geprägt sei. „[D]ie gemütlich anheimelnde Stimmung, die etwa dem deutschen Mittelgebirge anhaftet",[285] sei diesem Geist völlig fremd. Mit der Seßhaftwerdung habe JHWH die Züge eines Fruchtbarkeitsgottes angenommen, dessen Attribute mit den Erfahrungen des Ackerbaus und dem Charakter der Vegetation in Verbindung stehen. Den Abschluss der Darstellung bildet eine lange Beschreibung des Sonnenuntergangs, beobachtet von einem Zeltlager am Jordan. „Freilich", unterbricht Greßmann seine überschwängliche Naturschilderung, „muß man ein Europäer

---

278 Greßmann, *Erdgeruch*, 48.
279 Ähnliche Erwägungen finden sich bereits in der Untersuchung zum *Ursprung der israelitisch-jüdischen Eschatologie*, vgl. oben 2.1.
280 Greßmann, *Erdgeruch*, 76.
281 Greßmann, *Erdgeruch*, 76.
282 Greßmann, *Erdgeruch*, 77.
283 Greßmann, *Erdgeruch*, 78.
284 Greßmann, *Erdgeruch*, 79.
285 Greßmann, *Erdgeruch*, 80.

sein, um diese Schönheit zu genießen. Für den antiken Menschen existierte sie nicht. Als die Zeit vorüber war, in der ein Sonnenuntergang seinen Schrecken verloren hatte, wo der Mensch noch fürchtete, die Sonne sei von einem Drachen verschlungen und werde vielleicht nie wiederkehren, da ward der Vorgang etwas alltägliches und läßt auch heute den Araber gleichgültig."[286] Die Betrachtung der Sonne ruft Greßmann den Hymnus aus Ps 19 in Erinnerung, als Beispiel für das Lob auf den Sonnengott im Alten Orient, das für ihn einen „Höhepunkt der israelitischen Religion" darstellt und in dieser Form „fast an die moderne Zeit heranreicht".[287] Diese „moderne Zeit" lässt er durch ein Goethezitat aus dem Faustprolog zu Worte kommen, mit dem er sein Buch beendet.[288]

3.2.3 Das Volksleben

Der Aufenthalt in Palästina prägt Greßmanns Forschung, weil er die persönliche Anschauung der Gegebenheiten vor Ort für seine Interpretation nutzen kann, und zwar zunächst die bessere Kenntnis der geographischen und klimatischen Bedingungen, aber auch die Beobachtungen an der einheimischen Bevölkerung, die ihm den Stoff für seine völkerpsychologischen sowie mentalitäts- und kulturgeschichtlichen Überlegungen liefern.

Die letztgenannten Aspekte sind auch für seine 1913 erscheinende Untersuchung zu den Mosesagen von Bedeutung.[289] Dort verarbeitet er an zentralen Stellen die Eindrücke seiner Forschungsreisen, insbesondere bei der Frage nach dem Verhältnis des gegenwärtigen zum antiken Volksleben. Durch die Einbeziehung sozialer Gesichtspunkte und der materiellen Kultur entwickelt er einen neuen Ansatz für den Zugriff auf die biblischen Schriften. Die Mosesagen sind nach seiner Auffassung ursprünglich in der Spruchweisheit des Volkslebens zu verorten.[290] Anders als die reine Geschichtserzählung, die bereits ein politisches Verständnis und entsprechende Strukturen voraussetzten,[291] speisten sich die Sagen aus dem Alltagsleben und der Phantasie der einfachen Menschen. Zur Erklärung der Sagen und der darin enthaltenen Motive sei deshalb die Kenntnis

---

286 Greßmann, *Erdgeruch*, 92.

287 Greßmann, *Erdgeruch*, 93.

288 Greßmann, *Erdgeruch*, 93: „Die Sonne tönt nach alter Weise / In Brudersphären Wettgesang, / Und ihre vorgeschriebne Reise / Vollendet sie mit Donnergang."

289 Vgl. oben 3.1.

290 Vgl. Greßmann, „Sagen", 174–176.

291 Greßmann, *Mose*, 360.

der Alltagskultur vonnöten, deren Erforschung sich die Religionsgeschichtliche Schule verschrieben hat.

Vor diesem Hintergrund rückt auch die Volkspoesie in den Blick, die sich nach Greßmann durch kurze Verse und eine enge Verbindung von Wort und Handlung auszeichnet.[292] In ihren späteren Entwicklungsstadien sei sie durch einen Berufsstand von Dichtern und Erzählern tradiert worden, also in einem Kontext, in den Greßmann auch die Urheber der biblischen Quellenschriften einordnet.[293] Als vorherrschende Form der Volkspoesie betrachtet Greßmann die Lieder, die nach seiner Meinung vormals anonym verfasst waren und erst in einer späteren Entwicklung konkreten Personen zugeschrieben wurden, um sie in einen geschichtlichen Zusammenhang einzubinden.[294] So will Greßmann etwa bei den Sagen vom Schilfmeer und der Offenbarung am Sinai noch einen „dichterischen Ursprung" entdecken.[295]

Im Miriamlied (Ex 15,21b) sieht Greßmann eine Bestätigung seiner Sagenforschung. Alle Einzelheiten der Auszugserzählung, insbesondere der Durchzug durch das Meer, seien Elemente aus dem Bereich des Märchens, lediglich die Erinnerung an die Vernichtung der Feinde durch eine vulkanische Naturkatastrophe könne als historisch betrachtet werden.[296] Das Miriamlied, „das nur aus der Situation selbst geboren sein kann",[297] bewahre diese Erinnerung. Als Beleg für seine These dient Greßmann der Vergleich mit Formen der Volkspoesie in anderen Kulturvölkern,[298] auch die Gegenüberstellung mit arabischer Dichtung,[299] zuletzt bezieht er sich zusätzlich auf die eigene Anschauung und das Erleben eines Vulkanausbruchs.[300]

Die starke Vermischung von Eindrücken aus dem gegenwärtigen Volksleben mit Elementen der biblischen Erzählung zeigt sich in Greßmanns Einordnung des Miriamlieds in den Erzählzusammenhang:

> Sobald die drohende Gefahr vorüber ist, vielleicht erst nach Sonnenuntergang, wie man es im Orient liebt, veranstalten die Hebräer ein kultisches Fest, bei dem es an Musik und Tanz nicht fehlen darf. Mirjam, die Vorsängerin, tanzt auch voran; die Frauen des Lagers, die den Chor bilden, folgen ihr im Reigenschritt. Alle haben Pauken in den Händen und begleiten

---

292 Greßmann, *Mose*, 359.
293 Greßmann, *Mose*, 348.
294 Greßmann, *Mose*, 348.
295 Greßmann, *Mose*, 435.
296 Greßmann, *Mose*, 119.
297 Greßmann, *Mose*, 120.
298 Greßmann, *Mose*, 351 Anm. 3.
299 Greßmann, *Mose*, 347.
300 Greßmann, *Mose*, 112–113 mit Anm. 3.

ihre Worte, indem sie den Takt dazu schlagen. Die Männer stehen im Kreise umher und freuen sich an Rhythmus und Schauspiel. Die Vorsängerin beginnt im Sologesang: „Singet dem Jahve, der so hoch sich erhob", und brausend fällt der Chor ein: „Roß und Wagen warf er ins Meer." Das ist das ganze Lied; nicht einmal, immer wieder, stundenlang wird es angestimmt. Die Bewegungen werden schneller, lauter tönen die Pauken, die Begeisterung schwillt, bis sie allmählich den Höhepunkt erreicht und in wohliger Müdigkeit wieder abflaut.[301]

Greßmanns Schilderung der Geschehnisse schmückt die Details der biblischen Darstellung sehr anschaulich, aber ohne viel Anhalt am Text aus. Sie entspringt seinem Interesse, dem kurzen Abschnitt Ex 15,20 f. einen Sitz im Leben zuzuordnen. Die mit Hilfe von außerbiblischen und volkskundlichen Beobachtungen rekonstruierte Begebenheit vermittelt ein Idealbild, das aus motivisch passenden Elementen zusammengesetzt ist. So angreifbar dieses Verfahren nicht nur aus gegenwärtiger Forschungsperspektive sein mag, so deutlich zeigt es die neue Ausrichtung innerhalb der Geschichtsbetrachtung, die ihren Fokus nicht mehr auf einzelne, herausragende Persönlichkeiten richtet, sondern auf das Volksleben als Ursprung und Träger der biblischen Tradition. Geschichte besteht für Greßmann nicht nur aus einer Abfolge exponierter Ereignisse und den damit verbundenen Personen, sondern ist für das Verständnis biblischer Texte vor allem auch unter sozial- und kulturgeschichtlichen Gesichtspunkten von Belang.

Greßmann grenzt sich mit seiner Methode auch von einer rationalistischen Interpretation ab, die die wundersamen Elemente des Sagenstoffes auf naturwissenschaftlich erklärbare Phänomene zurückzuführen versucht.[302] „So ist das Kleid der Sage buntgewirkt aus märchenhaften, historisch-phantastischen, kultischen, lokalen, kulturellen und etymologischen Motiven",[303] erklärt Greßmann etwa im Blick auf die etymologischen Ortssagen. Die Schilderung des Alltagslebens spiele in diesem Kontext eine entscheidende Rolle, weil sie das Mitgeteilte glaubhaft erscheinen lasse. Während die großen Persönlichkeiten allesamt überzeichnet seien, Ortsnamen austauschbar blieben und das Wunderbare eine

---

301 Greßmann, *Mose*, 351.
302 Vgl. z. B. Greßmann, *Mose*, 69 in Bezug auf das „stinkende Wasser" des Nils in der Plagenerzählung, das etwa Dillmann, *Exodus* (2. Aufl.), 69–74, mit der Bildung von Algen, Pilzen oder gar Wasserflöhen erklärt. Er wendet damit ein damals verbreitetes Verfahren an, um die Historizität biblischer Wundergeschichten zu belegen. Diese Vorgehensweise wird dem Sagenmotiv nach Greßmanns Auffassung nicht gerecht.
303 Greßmann, *Mose*, 379.

erstaunliche Begrenztheit aufweise,[304] liefere das alltägliche Geschehen die notwendige Konkretion:

> Sollte aber die Sage die Wirklichkeit wiedergeben, so kann sie nicht nur in der Märchenwelt der Phantasie aufgehen, sondern das schlichte Leben des Alltags muß überall in sie hineinragen. Übersinnliches und Reales müssen sich in ihr zu innigem Bunde verschlingen. Mißt man die Moseerzählungen an diesem Maßstab, so darf man sie mit Recht Sagen nennen. Denn den kulturellen Einschlag, der sich hier und dort findet und der das Milieu jener Zeit widerspiegelt, kann niemand leugnen. Er ist besonders wertvoll, weil er dem täglichen Leben abgelauscht ist.[305]

Den Begriff des „Milieus", der in der Religionsgeschichtlichen Schule vielfach Verwendung findet, nutzt Greßmann nicht nur in seinen Ausführungen über das palästinische Volksleben,[306] sondern auch für die literargeschichtliche Untersuchung der Sagen. Die Schilderungen der Fronarbeit, des Hirtenlebens, der Entbehrungen in der Wüste und der Stammesstreitigkeiten geben demnach einen Einblick in die zeitgeschichtlichen Verhältnisse.[307] Dennoch warnt Greßmann von einer direkten Übertragung der erzählten in eine geschichtliche Wirklichkeit: „Man schaut die geschichtliche Wirklichkeit durch die Sage fast immer wie in einem Spiegel, der entstellt und verzerrt."[308] Die Sagen seien vielfach an das Milieu des jeweiligen Tradentenkreises angepasst worden und gäben daher eher Auskunft über das Umfeld der Sagenerzähler als über die historischen Ereignisse, von denen sie berichten. Es sei nötig, die Sagen in ihren Varianten miteinander zu vergleichen, und erst nach dieser literargeschichtlichen Analyse sei es möglich, zum „historischen Kern"[309] vorzustoßen.

3.2.4 Zusammenfassung

Der Aufenthalt in Palästina markiert für Greßmann einen entscheidenden Wendepunkt in der Entwicklung seines religionsgeschichtlichen Programmes. Immer stärker konzentriert er sich in der Folge auf religionssoziologische Untersuchungen. Eine zentrale Rolle spielt dabei die Volkskultur, die er in allen Facetten

---

304 Vgl. Greßmann, *Mose*, 364: „Das Reich der Phantasie aber ist, so paradox das zunächst klingen mag, eintönig und begrenzt; das Märchen, das vom Wunder lebt, bleibt ewig dasselbe."
305 Greßmann, *Mose*, 363.
306 Vgl. Lehmkühler, *Kultus*, 23.
307 Greßmann, *Mose*, 363.
308 Greßmann, *Mose*, 365.
309 Greßmann, *Mose*, 366.

wahrzunehmen und für die Erklärung biblischer Texte fruchtbar zu machen versucht. Zugleich ist er bestrebt, die aus eigener Anschauung gewonnenen Erkenntnisse einer breiten Öffentlichkeit zugänglich zu machen. Der populärwissenschaftliche Charakter unterscheidet die Abhandlung über *Palästinas Erdgeruch* deutlich von den früheren Untersuchungen Greßmanns. Wesentliche Ergebnisse seiner Studie zum *Ursprung der israelitisch-jüdischen Eschatologie* werden hier in allgemeinverständlicher Form aufgegriffen und verbinden sich dabei mit Elementen eines Reiseberichtes und sehr persönlichen Eindrücken Greßmanns. Auf diese Weise entsteht eine eigenartige Synthese, in der es Greßmann mitunter schwerfällt, eine möglichst objektive Sichtweise beizubehalten.

Eine Belebung erfährt durch die Palästinareise auch das Interesse an der „Völkerpsychologie", mit der sich Greßmann schon zu Beginn seiner wissenschaftlichen Tätigkeit befasst hat. Seine diesbezüglichen Versuche sind zunächst tastend und spiegeln eher die persönlichen Erlebnisse wider, die er allerdings schnell verallgemeinert. Weitere Arbeitsfelder ergeben sich aus der Beschäftigung mit den geographischen und klimatischen Verhältnissen in Palästina und mit den Ergebnissen von Ausgrabungen und archäologischen Funden. Für die Erschließung all dieser Forschungs- und Interessenfelder im Dienst der Bibelauslegung ist Greßmann zunehmend auf den Austausch mit Kollegen aus den Nachbardisziplinen angewiesen, in steigendem Maße auch auf den interreligiösen Dialog mit Vertretern des liberalen Judentums seiner Zeit.

4 Greßmanns Verhältnis zum Judentum

Der persönliche Kontakt mit Forschern der Berliner „Hochschule für die Wissenschaft des Judenthums" zu Beginn des 20. Jahrhunderts gibt der religionsgeschichtlichen Arbeit Greßmanns einige prägende neue Impulse. Der Weg zu einem vorbehaltlosen Austausch erweist sich für Greßmann wie für viele andere Gelehrte seiner Zeit allerdings als lang und schwierig. Gerade die Beschäftigung mit der jüdischen Religionsgeschichte ist in der theologischen Wissenschaft des ausgehenden 19. Jahrhunderts von Einseitigkeit und Intoleranz geprägt.[1] Die Forschung konzentriert sich im Wesentlichen auf das Anliegen der christlichen Theologen, die Überlegenheit des Christentums gegenüber dem Judentum darzustellen, was nicht selten um eine politische Dimension ergänzt wird und vielfältige Formen des Antisemitismus begünstigt.[2]

Zu einer exemplarischen Auseinandersetzung kommt es 1903 zwischen Wilhelm Bousset und jüdischen Gelehrten, insbesondere Felix Perles (1874–1933), Rabbiner in Königsberg und später Honorarprofessor (1924) an der dortigen Universität. Der Streit ist von Polemik und gegenseitigen Kränkungen geprägt und erfährt internationale Beachtung.[3] Greßmann hat zu dieser Zeit sein Examen in Kiel abgeschlossen und überlegt, eine wissenschaftliche Laufbahn einzuschlagen, schwankt aber zwischen einem Engagement im Bereich des Alten oder Neuen Testaments. Über den burschenschaftlichen Schwarzburgbund befindet sich Greßmann in engem Kontakt mit Bousset, der ihm beratend zur Seite steht und zum „Freund und Lehrer"[4] wird. Greßmann ist daher auch einer der ersten, der Boussets Werk über *Die Religion des Judentums im neutestamentlichen Zeitalter* (1903) lesen kann, das den Ausgangspunkt des Streites bildet. Er lässt es sich nicht nehmen, ihm einige Anmerkungen zu schicken,[5] die größtenteils Probleme der allgemeinen Religionsgeschichte im letzten Kapitel des Buches betreffen und sich zunächst auf eines seiner Lieblingsthemen, die Magie, beziehen:

---

1 Vgl. ausführlich Kusche, *Religion*.
2 Vgl. Wiese, *Wissenschaft*.
3 Zum Streit Wiese, *Wissenschaft*, 140–172, der die asymmetrische Kommunikation zwischen christlichen und jüdischen Gelehrten betont; vgl. ferner Deines, *Pharisäer*, 96–135; Verheule, *Wilhelm Bousset*, 91–130; Hoffmann, *Gesetz*; de Valerio, *Altes Testament*, 120–123; Waubke, *Pharisäer*, 257–280.
4 Widmung in einem Photoalbum im Nachlass Boussets, UB Gießen, Hs. 165/50. Vgl. oben Kap. 1.
5 Greßmann an Bousset, 7.12.1902, SUB Göttingen, Cod. Ms. W. Bousset 49, Br. 10. Offenbar hat Greßmann ein Manuskript über Baumgarten in Kiel erhalten.

https://doi.org/10.1515/9783110669657-006

> Das ist ja gerade das Charakteristische bei allem Aberglauben, aller Zauberei, bei geheimnisvollen Namen und Formeln, bei zauberkräftigem Gebet, bei Dämonen, Gespenstern u.s.w., daß alle Dinge derart *bei allen Völkern* und der ganzen Erde *völlig identisch* sind, daß Modificationen hier überhaupt nicht nachweisbar sind. Man wird daher hier am allerwenigsten einen fremden Einfluß oder gar eine Entlehnung annehmen. Man hat auch aus dieser Thatsache geschlossen, wie ich glaube mit Recht, daß Zauberei die Vorstufe aller Religion sei [...].[6]

Bei der Bewertung der Einflüsse aus fremden Religionen auf das Judentum geht er in einzelnen Punkten über die Darstellung Boussets hinaus: „Mir scheint die Übereinstimmung des Judentums mit dem Parsismus auch in diesem Punkt [scil. Dualismus] viel größer als Dir ‚ahnt'." Ganz selbstbewusst gibt er dem Professor schließlich Hinweise auf englischsprachige Literatur: „Kennst Du nicht das bedeutende Werk von *Frazer:* The golden Bough und *Lang:* Magic and Religion?"[7]

Im Wesentlichen stimmt Greßmann dem Ansatz Boussets im Blick auf die vielfältigen Einflüsse aus der religiösen Umwelt Israels zu und teilt dessen negative Bewertung des „Spätjudentums" als Verfallsform, auch als sich die ersten kritischen Stimmen von jüdischer Seite erheben. Bousset hat in seiner Untersuchung die Entwicklung der christlichen Religion vor Augen, während er für das Judentum der Zeit im Wesentlichen eine Erstarrung in der Torafrömmigkeit und im Nationalismus konstatiert. Felix Perles greift die Methode Boussets in einer eigens verfassten und ebenfalls 1903 erscheinenden Schrift[8] an. Nach seiner Auffassung führen die Quellenauswahl und ihre Beschränkung auf den Zeitraum bis zum Bar-Kochba-Aufstand zu einem verzerrten Bild des Judentums. Bousset setze den Wert der hellenistischen Quellen, insbesondere der Pseudepigraphen und Apokryphen, für die weitere Religionsgeschichte zu hoch an, während er Mischna und Talmud als die normativen Quellen des Judentums vernachlässige.[9]

Bousset ist zunächst nicht gewillt, auf den Angriff zu reagieren, verteidigt sich dann aber doch mit einer Gegenschrift, wenngleich er dort kaum auf die konkreten Vorwürfe eingeht.[10] In einigen Passagen äußert er sich durchaus polemisch und herablassend zum Wert von Mischna, Talmud und Gemara, nicht nur für die historische Wissenschaft, sondern für die Menschheitsgeschichte allgemein,[11] um

---

6 Greßmann an Bousset, 7.12.1902, SUB Göttingen, Cod. Ms. W. Bousset 49, Br. 10.
7 Greßmann an Bousset, 7.12.1902, SUB Göttingen, Cod. Ms. W. Bousset 49, Br. 10. Vgl. unten Kap. 6.
8 Perles, *Bousset's Religion*.
9 Vgl. Lüdemann, „Die Religionsgeschichtliche Schule".
10 Bousset, *Volksfrömmigkeit*.
11 Bousset *Volksfrömmigkeit*, 18: „[...] ich kann die Fortexistenz des Judentums in seiner talmudischen Form nicht gerade für etwas in sich wert- und zweckvolles im höchsten Sinne halten

schließlich sogar Perles' Eignung als Historiker in Zweifel zu ziehen.[12] Im Verlauf der Auseinandersetzung schreibt Greßmann in einem Brief an Bousset:

> Ich freu mich, daß Du diesem Juden eins auf die Schnauze gegeben hast, wie er es verdient. Wenn ich mich zu verteidigen hätte, wäre ich wohl gröber geworden nach dem Wahlspruch: Auf einen groben Klotz gehört ein grober Keil. Aber Deine vornehmliche Sachlichkeit wird Dir wohl Lob eintragen. Inhaltlich stimme ich Dir vollkommen bei, soweit ich selber ein Urteil habe.[13]

Greßmanns problematische Wortwahl muss im zeitgenössischen Kontext gesehen werden. Der ausdrückliche Bezug auf Perles' jüdischen Hintergrund dient ihm offenkundig zur Diffamierung und folgt damit dem asymmetrischen Muster, in dem in der Zeit des Wilhelminischen Kaiserreiches und der Weimarer Republik von christlicher, insbesondere protestantischer Seite mit und über jüdische Gelehrte gesprochen wurde.[14] Greßmann deswegen in die Nähe eines rassischen Antisemitismus zu rücken, wie dies gelegentlich geschieht, führt aber an der Sache vorbei, wovon gerade sein späteres Wirken am Institutum Judaicum Berolinense zeugt.[15] Darüber hinaus ist der „derbe Greßmann"[16] für seine oftmals

---

und Mischna und Gemara nicht zu den Schätzen menschlichen Geisteslebens rechnen, deren Verlust nicht verschmerzt werden könnte."

12 Bousset, *Volksfrömmigkeit*, 45: „Herr P[erles] hat mit seiner Schrift mir im wesentlichen zweierlei bewiesen, einmal dass er, orientiert an Mischna und Talmud und dem ganzen späteren jüdischen Schriftgelehrtentum, gar nicht imstande ist, das reichere und mannigfaltigere Leben der jüdischen Volksreligion vor der Vernichtung der jüdischen Nation zu verstehen, und zum andern, dass er Geschichte treibt und Geschichtsurteile wesentlich nur aufzufassen versteht unter dem Gesichtspunkt des ‚Zeugnisses' für und gegen das Judentum".

13 Greßmann an Bousset, 3.7.1903, SUB Göttingen, Cod. Ms. W. Bousset 49, Br. 11.

14 Vgl. Gerdmar, *Roots*, 143–188.

15 Gegen Deines, *Pharisäer*, 457 Anm. 145, der für Greßmanns dezidierte Ablehnung der Judenmission (siehe dazu unten 4.4) ein antisemitisches Motiv andeutet: „Die Zurückweisung der Judenmission ist im Kontext der damaligen Auseinandersetzung zu sehen: es waren besonders die rassebewußten völkischen Kreise, die die Judenmission mit der Begründung ablehnten, daß dadurch der Rassemischung Vorschub geleistet werde. Judenmission war damals ein deutliches Zeichen gegen die Rassendiskriminierung [...]." Wie sich in den folgenden Jahren zeigt, tritt Greßmann für den gleichberechtigten Kontakt mit dem liberalen Judentum in Berlin und die gemeinsame wissenschaftliche Erforschung der biblischen Texte ein. Seine Ablehnung der Judenmission geschieht daher nicht aus antisemitischen Gründen, sondern aufgrund seiner offenen Haltung und seinem Interesse am religiösen Diskurs. S.u. 4.3–4 zum Wirken am Institutum Judaicum.

16 Wellhausen an Littmann, 21.1.1895, abgedruckt in Lüdemann und Schröder, *Die religionsgeschichtliche Schule*, 33.

überzogene Ausdrucksweise bekannt, die auch vor drastischer Kollegenschelte nicht zurückschreckt.[17]

In der zweiten Auflage seiner Untersuchung zur *Religion des Judentums*, die 1906 veröffentlicht wird, berücksichtigt Bousset einige Bemerkungen der Kritiker, orientiert sich dabei allerdings überwiegend an den Hinweisen der christlichen Fachkollegen. Neben Gunkel gehört dazu auch Greßmann mit seiner im Jahr zuvor erschienenen Untersuchung über den *Ursprung der israelitisch-jüdischen Eschatologie*.[18] Auch wenn Bousset Greßmanns Hypothese einer Übernahme der Vorstellung eines Weltenbrandes aus der babylonischen Tradition für unwahrscheinlich hält, führen die neuen Untersuchungen doch dazu, dass er sein Augenmerk stärker auf den Einfluss der babylonischen Religion als auf das Judentum richtet.[19] Bestehen bleibt für ihn die negative Bewertung des Judentums als eine Sammlung unterschiedlichster religiöser Anschauungen, die erst im Christentum zu einer produktiven und lebendigen Religion geformt werden konnten.[20]

4.1 Die Moore-Greßmann-Kittel-Debatte

Heftige Kritik an Boussets Darstellung kommt schließlich verspätet auch von christlicher Seite, und zwar aus Amerika. George Foot Moore (1851–1931), presbyterianischer Pfarrer und Professor für Religionsgeschichte in Harvard, veröffentlicht 1921 einen ausführlichen Aufsatz über „Christian Writers on Judaism",[21] in dem er Boussets Darstellung scharf angreift, insbesondere seine Quellenaus-

---

17 Eine unveröffentlichte Rezension Greßmanns zu Eduard Königs *Poesie des Alten Testaments* (1907) macht den Tonfall exemplarisch deutlich, wenn sie mit den Worten endet: „Wehe! Wehe! Wenn ein Pedant Frau Poesie sozusagen im Morgengewande besucht!" Das fünfseitige Manuskript wird vom Verlag abgelehnt, stattdessen fertigt Greßmann 1908 eine knappe Rezension für die *Deutsche Literaturzeitung* an, die aus drei Sätzen besteht: „Ed[uard] König ist ein sehr gelehrter Mann, aber es fehlt ihm die Gabe der Musen. Er ist darum nicht geeignet, in den Geist der hebräischen Poesie einzuführen. Seine Übersetzung ist hölzern, seine Bilder sind geschmacklos, seine Ausführungen voll von Pedanterie."
18 Vgl. dazu Verheule, *Wilhelm Bousset*, 120 ff.
19 Bousset, *Religion* (2. Aufl.), 572 f. Auch die Aufnahme des Hofstils verdankt er der Anregung Greßmanns, vgl. ebd., 259.576.
20 Bousset, *Religion* (2. Aufl.), 593 f.
21 Eine deutsche Übersetzung erscheint 1922/23 in *Ost und West: Illustrierte Monatsschrift für das gesamte Judentum*: Perles, „Judentum".

wahl und seine eingeschränkte Sichtweise.[22] Offen wirft Moore seinem Kollegen vor, lediglich aus einem neutestamentlich-christlichen Blickwinkel auf das Judentum zu schauen und es mit einem negativen Vorzeichen zu versehen, um das Christentum positiv hervorzuheben.[23] Für die Vernachlässigung der rabbinischen Quellen sieht Moore keine überzeugenden Gründe und hält die Beschränkung auf Apokryphen und Pseudepigraphen wie Perles für einseitig und verzerrend. Er vermutet dahinter weniger methodische Erwägungen als vielmehr Unkenntnis über den Umgang mit rabbinischer Literatur.[24]

Der Artikel Moores erscheint erst ein Jahr nach Boussets Tod und so macht sich Greßmann an eine kurze Erwiderung in den *Theologischen Blättern*, die Karl Ludwig Schmidt (1891–1956) kurz zuvor ins Leben gerufen hat, um über kirchenpolitische und theologische Diskussionen zu informieren.[25] Bereits der Titel seiner Ausführungen – „Hellenistisches oder rabbinisches Judentum?" – formuliert explizit eine Unterscheidung und Abgrenzung verschiedener Strömungen innerhalb des Judentums. Greßmann unterstreicht, dass das Interesse des Neutestamentlers darin bestehe, die zeitgeschichtliche Bedeutung Jesu zu verstehen, was die Betrachtung des „Durchschnittsjudentum[s]"[26] der Zeit Jesu einschließe, wohl aber nicht in all seinen konfessionellen Ausprägungen. Der hellenistisch-jüdischen Literatur käme dabei ein großes Gewicht zu, während die rabbinischen Schriften aufgrund ihrer späten schriftlichen Fixierung einen geringeren wissenschaftlichen Wert hätten. Gegen Moore hält er fest, dass die Bedeutung der Apokryphen und Pseudepigraphen im Judentum keineswegs marginal gewesen sei, sondern dass diese Schriften einen gewichtigen Einfluss auf die jüdische Volksreligion gehabt hätten. Überhaupt könne von einem rabbinischen Judentum erst nach der Zerstörung des Tempels und der Trennung vom Christentum gesprochen werden.[27]

In gewisser Weise kann Greßmann der Vorwurf gemacht werden, er teile in seiner Darstellung die Vorurteile und Stereotype, welche die meisten christlichen Forscher seiner Zeit gegenüber dem Judentum vertreten.[28] Dieser Eindruck ver-

---

22 Moore, „Writers", 241–248. Ausführlich zu Moores Auseinandersetzung mit Bousset: Deines, *Pharisäer*, 374–395; vgl. auch Sanders, *Paulus*, 27.

23 Moore, „Writers", 241.

24 Moore, „Writers", 242.245 f.

25 Vgl. Mühling, *Karl Ludwig Schmidt*, 35. Die 1922 gegründeten *Theologischen Blätter* gingen aus dem Mitteilungsblatt des burschenschaftlichen Verbandes „Eisenacher Kartell" hervor und waren wegen ihrer Nähe zu den Studentenverbindungen für Greßmann besonders gut geeignet, Boussets Position zu verteidigen.

26 Greßmann, „Judentum", 144.

27 Greßmann, „Judentum", 146.

28 So etwa Deines, *Pharisäer*, 451.

stärkt sich, wenn Greßmann etwa für die Zeit nach der Tempelzerstörung bemerkt, „daß der gesetzliche Geist der Pharisäer und Rabbis keineswegs alles geistig-religiöse Interesse des jüdischen Volkes verschlungen hatte."[29] Der christlichen Forschung gesteht er die Möglichkeit zur Differenzierung zwischen einer historischen und einer kirchlichen Sichtweise zu, während er dies der jüdischen Forschung abspricht, da sie aus einem Reflex der Abwehr „alles mit den Augen des ‚rechtgläubigen Talmudforschers'"[30] betrachte.

Andererseits macht Greßmanns an einigen Stellen deutlich, dass er die rabbinische Literatur durchaus für ein lohnendes Forschungsfeld hält. Er ist überdies erkennbar bemüht, die unterschiedlichen Sichtweisen auf das antike Judentum zu berücksichtigen. Nach der recht polemisch geführten Debatte legt Greßmann nun ausdrücklich Wert darauf, „das Persönliche und Menschliche" auszuscheiden und sich stattdessen „an die Sache"[31] zu halten. Am Ende schlägt er versöhnliche Töne an:

> Trotzdem ist dringend zu wünschen, daß die Neutestamentler das rabbinische Judentum stärker beachten und gründlicher erforschen, als es bisher geschehen ist. Wie viel dort zu lernen ist, sieht man gerade an den Studien Moores, die ich um so höher schätze, weil ich grundsätzlich auf einem anderen Standpunkt stehe, und an dem Kommentarwerk Stracks, das eine Fülle von noch zu verarbeitendem Stoff darbietet.[32]

Greßmanns Trennung von hellenistischer und rabbinischer Literatur wird 1926 von Gerhard Kittel (1888–1948) in einer Studie zu den *Problemen des palästinischen Spätjudentums und des Urchristentums* angegriffen.[33] Kittel kritisiert Greßmanns willkürliche Textauswahl[34] und unterstellt ihm Unkenntnis der rabbinischen Literatur, was den Vorwurf wiederholt, den Perles und Moore bereits gegen Bousset erhoben haben. Im selben Jahr erscheint die dritte Auflage von Boussets *Religion des Judentums* in der Bearbeitung von Greßmann und mit leicht abge-

---

29 Greßmann, „Judentum", 145.
30 Greßmann, „Judentum", 146. Vgl. zur Debatte mit Moore auch Biere, „Billerbeck rezensiert".
31 Greßmann, „Judentum", 144.
32 Greßmann schließt dann mit den Worten: „Im übrigen wird der Erfolg lehren, welche von beiden Richtungen der geschichtlichen Erkenntnis wertvollere Dienste leistet" („Judentum", 146).
33 Vgl. dazu Biere, „Billerbeck rezensiert", 314–319. Zur Person Kittels und seinem Wirken in der NS-Zeit Gregor, „Antisemitismus", 189–191.194; Siegele-Wenschkewitz, *Wissenschaft*.
34 Greßmann fasst in seinem Aufsatz neben den „Pseudepigraphen und Apokryphen" auch „Achikar, Damaskus-Schrift, Philon, Josephus, Septuaginta" unter die hellenistisch-jüdische Literatur („Judentum", 144), was Kittel zu Recht problematisiert: „Damit sind nach Form, Art, Ort, zeit- und geistesgeschichtlicher Stellung völlig disparate Dinge zusammengenommen, einzig unter dem äußerlichen Gesichtspunkt negativer Abgrenzung des Nicht-Rabbinischen" (Kittel, *Probleme*, 4 Anm. 3).

wandeltem Titel – anstelle des „neutestamentlichen" ist jetzt das „späthellenistische Zeitalter" angesprochen –, aber inhaltlich in den wesentlichen Grundzügen unverändert.[35] Diese Publikation nimmt Kittel in seiner Antrittsvorlesung an der Tübinger Fakultät zum Anlass, um erneut seine Verwunderung über Greßmanns Quellenverständnis zum Ausdruck zu bringen.[36] Dessen strikte Abgrenzung von rabbinischer und hellenistischer Literatur hält Kittel angesichts der neuen Forschungslage der 1920er Jahre für „Unrecht an dem Andenken Boussets",[37] der seinerzeit ein „in seiner Weise bahnbrechendes Buch"[38] verfasst habe. In Anknüpfung an dieses Verdienst plädiert Kittel für eine differenzierte Wahrnehmung und stellt gegen Greßmanns Zuspitzung fest: „man kann das Spätjudentum nicht beschreiben, wenn man die Apokalyptik vernachlässigt, so wenig, wie wenn man Josephus vernachlässigen wollte; aber man kann es ebenso wenig beschreiben, wenn man sich nicht die Mühe macht, die rabbinischen Texte in breitem Umfang auf ihre Zeugnisse abzuhören."[39]

Greßmann rezensiert Kittels erstgenanntes Buch mit einer vernichtenden Kritik. Er verweist auf Boussets Verdienst, die Bedeutung der Apokalyptik als Bindeglied zwischen den Propheten des Alten Testaments und den Schriften des Neuen Testaments ins Bewusstsein der Forschung gerückt zu haben. Kittel attestiert er, ebenfalls mit diesem „religionsgeschichtlichen Problem"[40] beschäftigt zu sein, das sich mit den außerjüdischen Einflüssen auf diese Entwicklung befasst, allerdings „ohne es durch neue Erkenntnisse zu fördern".[41] Die bereits gegen Moore vorgebrachten Argumente wendet Greßmann auch gegen Kittel an und verweist auf Quellenlage und Abfassungszeiten. Er unterscheidet deutlich zwischen der Intention jüdischer und christlicher Forschung und unterstellt der jüdischen Seite, eine „dogmatische Anschauung von dem hohen Alter der rabbinischen Theologie" zu haben, während er für die christliche Forschung ein unabhängiges Reflexionsniveau geltend macht.[42] Deshalb äußert er völliges Un-

---

35 S. u. 4.2.
36 Kittel, *Urchristentum*, 8.
37 Kittel, *Urchristentum*, 9.
38 Kittel, *Urchristentum*, 9.
39 Kittel, *Urchristentum*, 9.
40 Greßmann, Rez. Kittel, *Probleme*, 1442.
41 Greßmann, Rez. Kittel, *Probleme*, 1439.
42 Greßmann, Rez. Kittel, *Probleme*, 1439: „Ihre [scil. die jüdische] Haltung ist durchaus begreiflich, da bei ihnen – ungewollt und unwiderstehlich – die dogmatische Anschauung von dem hohen Alter der rabbinischen Theologie nachwirkt. Für sie sind die Apokalyptiker Vertreter einer Minorität oder gar ‚Sekte' des vorchristlichen Judentums, als dessen Hauptvertreter man vielmehr die dogmatisch korrekten Rabbinen betrachten müsse, deren Lehren allein aus der rabbinischen Literatur zu erschließen seien."

verständnis darüber, dass sich Kittel der Position jüdischer Gelehrter anschließt. Dem Vorwurf Kittels, ihm fehle womöglich die nötige Fachkenntnis für die Bearbeitung rabbinischer Literatur, begegnet Greßmann mit der Überheblichkeit des älteren Kollegen und dem wenig aussagekräftigen Gegenargument, dass „neben dem Fleiß [...] auch Bescheidenheit die Zierde eines Gelehrten und besonders eines jungen Gelehrten"[43] sei.

Zu Recht ist auf den Umstand hingewiesen worden, dass es zum Zeitpunkt dieser Auseinandersetzung keinen Anhaltspunkt für Kittels dezidierten Antisemitismus gibt, den er später im Nationalsozialismus vertritt.[44] Ob diese spätere Haltung lediglich auf seine „Fehleinschätzung Adolf Hitlers und der nationalsozialistischen Weltanschauung"[45] zurückzuführen sei oder ob sie sich nicht schon in seiner Zeit als Student erkennen lasse,[46] kann hier nicht beantwortet werden. Greßmann dagegen bringt in der Debatte mit ihm eine Reihe von stereotypen Vorbehalten gegen die jüdische Wissenschaft vor, die als antijüdisch angesehen werden können. Dazu gehört beispielsweise der Vorwurf der Unwissenschaftlichkeit, womit er ein Beispiel der „christlichen Ignoranz und Arroganz"[47] liefert. Gleichzeitig beginnt Greßmann schon im Laufe der Diskussion seinen Blick auf die zeitgenössische jüdische Gelehrsamkeit auszudehnen, ohne allerdings bereits inhaltlich von seiner Position abzurücken.

4.2 Erste Annährungen: Die Überarbeitung von Boussets *Religion des Judentums* (1926)

Unmittelbar nach Boussets Tod 1920 wendet sich Greßmann mit dem Vorschlag an Gunkel, eine mögliche Neuauflage der *Religion des Judentums* zu übernehmen, was ihm zu diesem Zeitpunkt auch aus finanziellen Gründen wichtig ist. Als sich der Verlag J.C.B. Mohr 1926 zu dieser dritten Auflage entscheidet, wird Greßmann für deren Bearbeitung angefragt, offenbar auf Anraten Gunkels.[48]

---

43 Greßmann, Rez. Kittel, *Probleme*, 1440.
44 Biere, „Billerbeck rezensiert", 318f.
45 Siegele-Wenschkewitz, *Wissenschaft*, 109.
46 So Rese, „Antisemitismus"; vgl. zu dieser Diskussion Gerdmar, *Roots*, 518–521.
47 Hamacher, *Gershom Scholem*, 102.
48 Greßmann ist 1925 dabei, ein Haus in Berlin zu bauen. Er bittet den Verlag um eine Vorauszahlung, um den Grundstückskauf zu finanzieren, den ihm der Verleger Siebeck nur unter hohen Zinsauflagen gewährt, was bei der späteren Zusammenarbeit für die *RGG* noch zu Streit führen wird, in den auch Gunkel hineingezogen wird, vgl. zur Vorauszahlung den Brief von Greßmann an Gunkel vom 4.11.1925, ULB Halle, Yi 33 I G 290.

Die auffälligste Änderung zeigt sich, wie bereits erwähnt, in der Abwandlung des Buchtitels, der nun nicht mehr die christliche Sicht in den Mittelpunkt stellt, sondern statt dem „neutestamentlichen Zeitalter" die „Religion des Judentums im späthellenistischen Zeitalter" hervorhebt.[49] Greßmann betont im Vorwort die Leistung Boussets und sieht seine eigene Aufgabe im Wesentlichen in Nachträgen, in der Einarbeitung von Literatur und in „leise[r] Glättung des Stils [...], ohne Boussets Eigentümlichkeiten zu verwischen".[50] Auffällig ist daher die Ergänzung von „zwischen 450 und 500 Verweisen auf Talmud, Midrasch, Targum und Siddur",[51] die Greßmann allerdings weder ins Register aufnimmt noch in einer besonderen Form auswertet. Stattdessen fügen sich diese Angaben in den Gang der Untersuchung Boussets, der selbst bereits einzelne Elemente der jüdischen Frömmigkeit aus der rabbinischen Literatur aufgenommen hat, ohne sie jedoch in seiner Gesamtdarstellung stärker zu berücksichtigen.[52] Im Vorwort erwähnt Greßmann ausdrücklich die Hilfe von Hans Schulze (1870 – 1939) und Immanuel Bin Gorion (1903 – 1982), dem Sohn des Schriftstellers Micha Josef Bin Gorion (1865 – 1921), der später auch dessen Werke ins Deutsche übersetzen wird.

Lediglich in der Einleitung und im Schlusskapitel nimmt Greßmann stärkere Eingriffe vor. In der Einleitung rechtfertigt er den Umgang mit der rabbinischen Literatur, die zwar aus älteren Traditionen schöpfe, aber erst nach dem Untergang des jüdischen Staates und außerhalb des Betrachtungszeitraums entstanden sei. Deshalb könnten Quellen wie Mischna und Talmud allenfalls zur Vervollständigung der Untersuchung dienen.[53] Die Handschrift Greßmanns findet sich auch im abschließenden Kapitel über „Das religionsgeschichtliche Problem", zu dem er Bousset bereits nach Erscheinen der ersten Auflage (1903) schriftliche Anmerkungen geschickt hat. Dennoch ist er weit davon entfernt, seine eigene Sicht großflächig in die Untersuchung einzutragen. So schaltet er zwar einen Absatz über „Innerjüdische Entwicklungen"[54] ein, in dem er den Wandel der jüdischen Religion zu einer Jenseitsreligion mit Auferstehungshoffnung in der hellenistischen Zeit nachzeichnet, aber auch den bleibenden sittlich-ethischen Charakter des Judentums hervorhebt. Gleichzeitig belässt es Greßmann bei Boussets Urteil,

---

49 Die Neuauflage erscheint 1926 in der von Hans Lietzmann (1875 – 1942) herausgegebenen Reihe der „Handbücher zum Neuen Testament" (Bd. 21).
50 Greßmann, „Vorwort", V.
51 Avemarie, *Tora*, 21.
52 Vgl. dazu Avemarie, *Tora*, 21 – 23.
53 Greßmann in Bousset, *Religion* (3. Aufl.), 41.
54 Greßmann in Bousset, *Religion* (3. Aufl.), 470 – 472.

wonach die Gedankenwelt des Judentums dieser Zeit von „Uneinheitlichkeit und Verworrenheit"[55] geprägt sei.

In der Darstellung der Einwirkungen aus den Religionen der Umwelt trägt Greßmann aus seiner eigenen Forschung eine Beschreibung der Abwehrreaktionen des Judentums gegen den Hellenismus nach, die sich nach seiner Auffassung an der Gottesvorstellung manifestieren.[56] Aus Greßmanns Forschungsarbeiten stammt ferner die deutlich veränderte Bewertung der ägyptischen Religion. Schließlich ergänzt er einen Abschnitt über die „hellenistische Mischreligion",[57] in dem er das späthellenistische Judentum, die griechisch-ägyptische Hermetik und die christliche Gnosis als drei Ausprägungen einer grundsätzlich ähnlichen Geisteshaltung im Vorderen Orient in den Jahrhunderten vor und nach der Zeitenwende bewertet. Dieser gemeinsame Zeitgeist weise eine besondere Nähe zum breiten Volksglauben auf, in dem sich verschiedene philosophische, magische und astrologische Ideen mit Formen lehrhafter Unterweisung verbunden hätten. Ein zentrales Element dieser Weltanschauung bilde die Vorstellung von einer transzendenten Gottheit, die über verschiedene Zwischenstufen, wie etwa über die Figur des „Menschen/Menschensohns" als Erlösergestalt, Kontakt mit der Welt aufnimmt, um auf diese Weise den göttlichen Willen zu offenbaren. Ausführlich beschreibt Greßmann die verschiedenen Ausprägungen dieses Vorstellungskomplexes und deren Verhältnis untereinander, wobei er die gemeinsame Erscheinungsform betont. In der jüdischen Apokalyptik sieht er einen entscheidenden Multiplikator dieser Ideenwelt und kommt zu dem Schluss, dass darin gerade die „weltgeschichtliche Bedeutung des Judentums" liege, was „allerdings", wie er meint, „von der Forschung noch nicht genügend erkannt und herausgearbeitet" worden sei.[58]

Die Eingriffe Greßmanns lassen nicht erkennen, dass er seine Position aus der vorangegangenen Debatte fundamental geändert hätte, was auch damit zusammenhängen mag, dass er sich bei der Überarbeitung in erster Linie dem Werk Boussets verpflichtet fühlt. Möglicherweise hat die Auseinandersetzung mit Moore und Kittel zu leichten Korrekturen seiner Sichtweise beigetragen. In seiner eigenen wissenschaftlichen Arbeit konzentriert sich Greßmann allerdings wei-

---

55 Vgl. Bousset, *Religion* (2. Aufl.), 472 und (3. Aufl.), 542.
56 Greßmann in Bousset, *Religion* (3. Aufl.), 484.
57 Greßmann in Bousset, *Religion* (3. Aufl.), 521–523.
58 Greßmann in Bousset, *Religion* (3. Aufl.), 522. Im Jahr 1930 erscheint der dritte Band von Moores *Judaism in the First Centuries of the Christian Era*, in dem in einer längeren Anmerkung noch einmal auf Greßmanns Überarbeitung der *Religion des Judentums* eingegangen ist (19 f.). Moore bekräftigt seine Kritik an Greßmanns einseitiger Darstellung und wirbt erneut für ein differenziertes Verständnis der Entwicklung der jüdischen Religion.

terhin auf die Schriften des hellenistisch-römischen Kontextes. Eine Veränderung zeichnet sich erst ab, als er verstärkt mit jüdischen Positionen in Kontakt kommt, dies aber nicht innerhalb einer publizistischen Debatte, sondern in der persönlichen Zusammenarbeit am Institutum Judaicum in Berlin.

4.3 Institutum Judaicum Berolinense

Kontakte mit jüdischen Gelehrten hat Greßmann bereits vor der Übernahme der Leitung des Institutum Judaicum. So hält er 1914 auf Einladung der Berliner „Lehranstalt für die Wissenschaft des Judentums", die ab 1922 „Hochschule für die Wissenschaft des Judenthums" heißt, im Rahmen der dortigen Montagsvorlesung einen Vortrag zur „Geschichte der messianischen Hoffnung".[59] Neben Adolf Deißmann (1866–1937)[60] ist Greßmann der einzige Gelehrte der Berliner Fakultät, der dieser Einladung nachkommt. Das schwierige Verhältnis der protestantischen Theologie zur Wissenschaft vom Judentum zeigt sich am Beispiel des Berliner Institutum Judaicum und schließlich auch in der Person Greßmanns in typischer Weise.

Martin Rade (1857–1940), der sich schon 1912 für die Einrichtung einer jüdisch-theologischen Fakultät an der neugegründeten Universität in Frankfurt am Main engagiert, versucht nach dem Ersten Weltkrieg, eine Koalition protestantischer Gelehrter gegen den erstarkenden Antisemitismus zu organisieren.[61] In diesem Zusammenhang bittet er sowohl Gunkel als auch Greßmann um Unterstützung, die jedoch beide ablehnen. Greßmann schreibt dazu am 27. Januar 1920 an Rade: „Das Thema Judentum & Antisemitismus kann ich nicht behandeln, da es mich nur historisch interessiert und da ich mich von der großen Politik fern zu halten wünsche."[62]

Greßmann erteilt seine Absage nicht aufgrund antisemitischer oder antijüdischer Ressentiments – wäre dies zu erwarten gewesen, hätte Rade ihn sicher

---

59 Vgl. *Bericht über die Lehranstalt für die Wissenschaft des Judentums* 32 (1914), 20.
60 Deißmann hält 1911 einen Vortrag über „Die Septuagintaübersetzung des hebräischen Alten Testaments in ihrer welthistorischen Bedeutung" (vgl. *Bericht über die Lehranstalt für die Wissenschaft des Judentums* 29 [1911], 19).
61 Homolka, „Weg", 60 f.
62 Greßmann an Rade, 27.1.1920, UB Marburg, NL Rade, Ms. 839. Gunkel spricht im selben Zusammenhang von einem „Wespennest, in das man dabei greifen muß!" (Gunkel an Rade, 9.12.1919, UB Marburg, NL Rade, Ms. 839). Vgl. dazu Hammann, „Gunkel und das Judentum", 56 f.

nicht gefragt[63] –, sondern er fürchtet eine Verwicklung in politische Zusammenhänge. Schon die Diskussion um Boussets Stellung zum Judentum hat eine
Vielzahl von unterschiedlichen Fraktionen sowohl auf jüdischer als auch auf
protestantischer Seite erkennbar werden lassen, deren Äußerungen eine große
öffentliche Beachtung fanden.[64] Vor diesem Hintergrund ist es verständlich, dass
Greßmann sich aus politischen Debatten herauszuhalten sucht. Mit der Arbeit am
Institutum Judaicum ändert sich die Situation allerdings grundlegend.

Am 5. Oktober 1922 stirbt Hermann L. Strack (1848–1922), der Gründer und
Leiter des Institutum Judaicum in Berlin. Wenige Jahre zuvor war das selbstständige Institut in die Theologische Fakultät eingegliedert worden und erhielt
dort die Bezeichnung „Seminar für nachbiblisches Judentum". Stracks Lehrstuhl
wird nicht wiederbesetzt und die kommissarische Leitung fällt Hugo Greßmann
zu, der zunächst unwillig die Arbeit übernimmt, wie aus einem Brief an Gunkel
hervorgeht:

> Hier ist nichts Neues geschehen; daß Stracks Lehrstuhl nicht wieder besetzt wird, wird Dir
> kaum neu sein. Sein „Institutum Judaicum" habe ich – nolens volens – übernommen +
> werde mich fortan mehr dem späteren, dh. hauptsächlich dem hellenistischen Judentum
> widmen. Im übrigen wird dadurch an meiner Stellung als Alttest[amentler] innerhalb der
> Fakultät – Gott sei Dank – nichts geändert.[65]

Greßmann betreibt zunächst erfolglos die Einrichtung eines Ordinariats oder
Extraordinariats für das Seminar,[66] stellt sich dann aber mit gewohntem Tatendrang selbst der neuen Aufgabe und begibt sich auf dieses ihm wenig bekannte
Fachgebiet.[67] Damit ist er nun herausgefordert, offen Stellung zu beziehen und
über die Art der Zusammenarbeit mit jüdischen Kollegen zu entscheiden. In der

---

63 Die Anfrage Rades erfolgt aufgrund einer Empfehlung durch Gunkel. Vgl. Gunkel an Rade,
9.12.1919, UB Marburg, NL Rade, Ms. 839: „Könnten Sie nicht einen anderen auffordern, etwa
Gressmann?" Vgl. zur Bewertung des Vorgangs Wiese, *Wissenschaft*, 339 f., der Gunkels Haltung
als Beispiel für „die Arroganz einer privilegierten protestantischen Universitätstheologie" ansieht.
64 Ein anderes Beispiel ist der kurz vor dem Ersten Weltkrieg durch den Centralverein deutscher
Staatsbürger jüdischen Glaubens angestrebte Prozess gegen Theodor Fritsch (1852–1933) wegen
Gotteslästerung. Der für seine antisemitischen Agitationen bekannte Fritsch hat zuvor in einer
von ihm herausgegebenen Zeitschrift und in einem Buch die jüdische Religion scharf angegriffen
und diffamiert. Für das Gericht legt Rudolf Kittel ein Gutachten vor, das mit einer einseitigen
Parteinahme das Verhältnis zur jüdischen Theologie nachhaltig beschädigt und – teilweise un-
absichtlich – den Antisemitismus stärkt, vgl. dazu Kusche, *Religion*, 113–117.
65 Greßmann an Gunkel, 27.12.1923, ULB Halle, Yi 33 I G 270.
66 Vgl. Golling, „Institutum Judaicum", 91 f.
67 Vgl. dazu die Bemerkungen von Sellin, „Gedächtnisrede", XVI.

Zeitschrift für die alttestamentliche Wissenschaft, deren Herausgeberschaft er 1923 zusätzlich übernimmt,[68] veröffentlicht er in diesem Sinne einen richtungsweisenden Aufsatz über „Die Aufgabe der Wissenschaft des nachbiblischen Judentums".

4.4 „Die Aufgabe der Wissenschaft des nachbiblischen Judentums" (1925)

Schon in seiner Eröffnungsrede für das Berliner Institutum Judaicum formuliert Greßmann Grundlinien für eine neue programmatische Ausrichtung des Instituts, indem er eine Abkehr von der Judenmission ankündigt, für die das Institut einst gegründet wurde.[69] In der erwähnten Programmschrift zur „Aufgabe der Wissenschaft des nachbiblischen Judentums" betont er die Bedeutung der hellenistisch-römischen Zeit für das Verständnis der Beziehung zwischen Judentum und Christentum. Das Christentum sei schließlich in dieser Periode aus dem Judentum hervorgegangen, weshalb für die Wissenschaft gerade dieser Prozess im Vordergrund stehe. Greßmann betrachtet diesen Vorgang allerdings nicht unter einer offenbarungstheologischen Perspektive, sondern aus religionsgeschichtlicher Sicht und fordert daher eine strikt wertfreie Untersuchung.[70] Dazu gehöre auch die vorurteilsfreie Annahme der jüdischen Sichtweise. Greßmann ist der „Überzeugung, daß nur durch die gemeinsamen Bemühungen aller der verschieden gerichteten und verschieden wertenden Mitarbeiter die Lösung dieses großen Problems möglich ist."[71]

Bemerkenswerterweise unterscheidet er in seinen Ausführungen zwar nominell zwischen der Religion Israels vor dem babylonischen Exil und der Religion des Judentums danach, zugleich betont er aber die Einheit, die sich nicht nur in der Verehrung des einen Gottes widerspiegele, sondern auch in der unveränderten Beziehung von Frömmigkeit und Sittlichkeit.[72] Hier zeigt sich eine deutliche

---

68 S.u. 5.1.3.2.

69 Vgl. dazu die Bemerkungen von Sellin, „Gedächtnisrede", XVI; Greßmann, „Einführung", 1–3.

70 Greßmann, „Die Aufgaben der Wissenschaft des nachbiblischen Judentums", 1: „Obwohl die persönliche Stellung des Einzelnen das Werturteil notwendig beeinflusst, kommt es der Geschichtswissenschaft doch, im Unterschied vom Glauben, nicht auf die Wertung, sondern auf die Erkenntnis der Wirklichkeit an."

71 Greßmann, „Die Aufgaben der Wissenschaft des nachbiblischen Judentums", 2. Mit dem Problem ist der „Werdegang der Entwicklung" (1) des Christentums aus dem Judentum gemeint.

72 Greßmann, „Die Aufgaben der Wissenschaft des nachbiblischen Judentums", 2.

Differenz zu den Entwürfen Stracks und zu anderen protestantischen Theologen, die unter einer heilsgeschichtlichen Perspektive einen Bruch zwischen den Erscheinungsformen der beiden Epochen annehmen.[73] Auch Greßmann geht von einer Entwicklung der jüdischen Religion aus, die sich im Kontakt mit anderen Religionen vollzogen habe. Er betont allerdings, dass sich dieser Prozess in jeder Religion ereigne. Charakteristisch für die israelitisch-jüdische Religion sei in diesem Zusammenhang, dass in jeder Periode „das Eigenleben des israelitisch-jüdischen Geistes zum siegreichen Durchbruch kommt und alles Auswärtige wie wertlosen Plunder von sich abstreift.“[74] Dies könne für die hellenistische Zeit am Beispiel der Makkabäer beobachtet werden, wo sich das Judentum in Auseinandersetzung mit dem Hellenismus und unter Beibehaltung seiner wesentlichen Merkmale zu einer Jenseitsreligion entwickelt habe. Die vordringlichste Aufgabe der religionsgeschichtlichen Wissenschaft sieht Greßmann darin, diesen Entwicklungsprozess zu untersuchen, da hier der unmittelbare Anknüpfungspunkt für das entstehende Christentum liege.[75]

Methodisch entscheidet sich Greßmann deshalb für eine Konzentration auf die jüdische Literatur dieser Zeit, die sich von der vorhergehenden kanonischen oder der nachfolgenden talmudischen Literatur abgrenzen lässt. Für Greßmann sind dies im Wesentlichen die Pseudepigraphen und Apokryphen, daneben auch zeitgenössische jüdische Schriftsteller oder anonyme Schriften.[76] Die Forderung an die Wissenschaft lautet demzufolge, die Edition und Rekonstruktionen der jüdischen Literatur aus der hellenistischen Periode voranzutreiben. Hier sieht Greßmann eine Brücke zur jüdischen Wissenschaft, deren Aufgabe er darin sieht, die Forschung an vortalmudischen und talmudischen Schriften auszuweiten und kritische Textausgaben mit ausführlichen Kommentaren zu erarbeiten. Daraus ergibt sich seine Anregung zur Gründung einer internationalen Arbeitsgemeinschaft aus christlichen und jüdischen Wissenschaftlern, die sich nicht nur der Erschließung der relevanten Textzeugnisse, sondern auch der Aufarbeitung der archäologischen Funde widmen soll.[77]

---

73 Vgl. Kusche, *Religion*, 141–145.
74 Greßmann, „Die Aufgaben der Wissenschaft des nachbiblischen Judentums", 2.
75 Greßmann, „Die Aufgaben der Wissenschaft des nachbiblischen Judentums", 4.
76 Greßmann, „Die Aufgaben der Wissenschaft des nachbiblischen Judentums", 5f.
77 Greßmann, „Die Aufgaben der Wissenschaft des nachbiblischen Judentums", 9. Greßmann verweist u. a. auf die jüdischen Katakombeninschriften in Rom, die sein Kollege Nikolaus Müller (1857–1912) bereits in Teilen erforscht und publiziert hat (vgl. dazu Welten, „Nikolaus Müller"). Er selbst kündigt in diesem Zusammenhang die Herausgabe einer dreiteiligen Sammlung literarischer und archäologischer Zeugnisse an, die in Zusammenarbeit mit Hans Lietzmann und Harry Torczyner (später Naftali Herz Tur-Sinai, 1886–1973) unter dem Titel *Judaica, monumenta et studia* erscheinen soll (Greßmann, a.a.O., 9 Anm. 2).

In einem religionsgeschichtlichen Überblick zeichnet Greßmann die Entwicklungslinien zum Christentum nach, aber auch die innerjüdische Ausdifferenzierung in diverse Religionsformen, deren Anhänger er „im religiösen Sinne" als „Voll-" und „Halbjuden" bezeichnet.[78] Greßmanns Ansatz unterscheidet sich von den meisten herkömmlichen Untersuchungen und vermeidet es zudem, der aufkommenden „Rassenkunde" zu verfallen. Dies ist vor allem seiner „ästhetischen" Herangehensweise zu verdanken, wenn er etwa am Beispiel der Mandäer nach dem „Suchen und Tasten religiös lebendiger Menschen im II. und III. Jh. n.Chr."[79] fragt. Deutlich erkennbar wird Greßmanns zunehmende Bereitschaft, nun auch die jüdische Perspektive stärker einzubeziehen und die Kompetenz jüdischer Forscher auf dem Gebiet der rabbinischen Literatur anzuerkennen.

4.5 Die Vorträge des Institutum Judaicum

In seiner neuen Funktion als Leiter des Institutum Judaicum versucht Greßmann zunächst, eine Vortragsreihe zu etablieren, die am Stil der Montagsvorlesungen der Berliner „Hochschule für die Wissenschaft des Judenthums" orientiert ist und in der die jüdische Theologie in Selbstdarstellungen an der Berliner Universität zur Sprache kommen soll.

Unter dem Titel *Entwicklungsstufen der jüdischen Religion* erscheint 1927 der erste Band der von Greßmann angeregten Reihe der „Vorträge des Institutum Judaicum an der Universität Berlin" mit einer Sammlung von fünf Gastvorträgen aus den Jahren 1925 und 1926.[80] In der „Einführung" nimmt Greßmann prinzipiell zu seinem Programm der Begegnung mit dem Judentum Stellung und zeigt eine Perspektive für dessen Umsetzung in die Praxis auf. Er wendet sich nochmals ausdrücklich gegen jede Form der Judenmission.[81] Die Wissenschaft sei ein besonders geeigneter Bereich für das förderliche Zusammentreffen von Judentum und Christentum. Folgerichtig erhebt er die bemerkenswerte Forderung nach einer gleichberechtigten jüdischen Präsenz im universitären Kontext:

---

78 „Halbjuden" sind nach diesem Verständnis die „ketzerischen, ins Heidentum versinkenden Juden, die fern von Jerusalem den Zusammenhang mit der Heimat und dem rechten Glauben verloren hatten, auch wenn sie merkwürdigerweise bisweilen noch an dem Gesetz anhingen" („Die Aufgaben der Wissenschaft des nachbiblischen Judentums", 10).
79 Greßmann, „Die Aufgaben der Wissenschaft des nachbiblischen Judentums", 28.
80 Der Band wird von Leo Baeck herausgegeben, der selbst einen der Vorträge hält (s.u.). Es bleibt bei diesem ersten Band.
81 Greßmann, „Einführung", 1.

> Dasselbe Recht, mit dem die christliche Kirche ihre evangelischen und katholischen Fakultäten fordert, darf auch die jüdische „Kirche" für sich in Anspruch nehmen, und ich freue mich, daß es mehrfach evangelische Theologen gewesen sind, die diesen Anspruch als durchaus gerechtfertigt anerkannt haben, und daß auch ich meinerseits als evangelischer Theologe ihn aufs wärmste unterstützen darf.[82]

Doch selbst wenn Greßmann hier den Eindruck erweckt, zahlreiche Unterstützer hinter sich zu vereinen, so ist seine Forderung nach einer eigenständigen jüdischen Fakultät im christlichen Bereich mit Ausnahme von Martin Rade nahezu singulär geblieben. Selbst im Kontext der Religionsgeschichtlichen Schule stellt Greßmanns Anerkennung einer „jüdischen ‚Kirche'" einen Sonderfall dar, der vor dem Hintergrund seines Geschichtsverständnisses zu sehen ist. Als „Tochterreligion des Judentums"[83] habe das Christentum schon aufgrund des Verwandtschaftsverhältnisses ein Interesse an der Erforschung der gemeinsamen Geschichte. Greßmanns Plädoyer für die jüdischen Forschung mündet in einem eher schwärmerischen Satz:

> Denn wahre Objektivität setzt immer Liebe voraus, und darum ist der jüdische Forscher der jüdischen Religion gegenüber immer im Vorteil; er muß sie notwendig besser kennen als der christliche Forscher.[84]

Die besondere Nähe zum Forschungsgegenstand schließt nach Greßmann eine kritische Auseinandersetzung nicht aus, an der sich dann auch der christliche Forscher beteiligen soll, denn nur durch den wechselseitigen Austausch sei die Aufgabe, „demselben Ziel der Wahrheit zuzustreben",[85] zu erreichen.

Greßmanns Programm der religionsgeschichtlichen Untersuchung, das er hier vertritt, bewegt sich zwischen den beiden Polen einer streng historischen Untersuchung auf der einen Seite und einer eher empathischen Zuwendung zu den Texten auf der anderen Seite. Eine bloße historische Einordnung der biblischen und „nachbiblischen" Texte sowie der religionsgeschichtlichen Daten, wie Greßmann sie etwa bei der ausschließlich literarkritisch arbeitenden Forschung diagnostiziert, hält er für oberflächlich. Auf der anderen Seite steht eine „liebevolle Zuwendung"[86] zu den Texten der eigenen Religion, die Gefahr läuft, in eine

---

82 Greßmann, „Einführung", 1f.
83 Greßmann, „Einführung", 2.
84 Greßmann, „Einführung", 2f.
85 Greßmann, „Einführung", 3.
86 Klatt, *Gunkel*, 122.

ungeschichtliche Betrachtungsweise überzugehen.[87] Für fromme Christen wie Juden stelle sich die Frage: „Wie kann die Religion ihre absolute, d. h. alle bezwingende Kraft behalten, wenn sie selbst eine relative, d. h. dem Wandel der Zeiten unterworfene Größe ist?"[88] Die Beantwortung dieser Frage haben sich – in unterschiedlicher Weise – die Vertreter der Religionsgeschichtlichen Schule zur Aufgabe gemacht. Diesen Versuchen stellt Greßmann nun sein eigenes Verständnis wissenschaftlicher Wahrheit zur Seite.[89] „Geschichte und Offenbarung gehören notwendig zusammen",[90] so lautet seine These, die er nicht zuletzt aus der Schrift selbst ableitet.[91] Wohl mit Blick auf seine jüdischen Gesprächspartner bekräftigt Greßmann die große Bedeutung der israelitischen Religion und betont die lange und wechselhafte Geschichte des Judentums. Gerade im ständigen Wandel sieht er die Stärke dieser Religion, die einmal durch das „Stahlbad der Baalreligion"[92] gegangen sei und dadurch geläutert und gestärkt den Gang durch die Geschichte habe fortsetzen können. Der Sinn der Vortragsreihe am Institutum Judaicum bestehe deshalb unter anderem darin, die weitere Entwicklung des Judentums von der Zeit Esras bis in das Mittelalter hinein zu erörtern. Bei aller gemeinsamen Anstrengung macht Greßmann aber auch die unterschiedlichen Standpunkte der christlichen und jüdischen Seite deutlich, zeigt dabei allerdings ein zunehmendes Maß an Toleranz:

> Niemand wird es mir verdenken, wenn ich als evangelischer Christ das Christentum in seiner lutherischen Form für die absolute Religion halte. Eben aus diesem Grunde habe ich volles Verständnis dafür, daß der Jude dasselbe für die jüdische Religion behauptet.[93]

Diese Haltung bringt Greßmanns die Hochachtung der jüdischen Kollegen ein und markiert zugleich einen deutlichen Unterschied zur Position eines großen Teils der christlichen Forscher, denen gegenüber er sich damit in eine offene

---

87 Vgl. Greßmann, „Einführung", 4: „Denn der fromme Mensch, der in seiner Religion lebt und der sie liebt als die schönste, tiefste und vollkommenste Religion, die er kennt, steht zunächst der geschichtlichen Auffassung mißtrauisch oder gar ablehnend gegenüber."
88 Greßmann, „Einführung", 4.
89 Greßmann, „Einführung", 4 f.: „Der Wahrheitssinn zwingt den modernen Menschen, überall in der Geschichte ein allmähliches Werden und Wachsen anzuerkennen, und auch der Fromme darf seine Augen vor der Wirklichkeit nicht verschließen."
90 Greßmann, „Einführung", 5.
91 Am Beispiel der alttestamentlichen Prophetie illustriert Greßmann die Vorstellung einer „planmäßige[n] Handlung eines persönlichen Gottes, der ebenso sinnvoll waltet wie der Landmann" („Einführung", 5).
92 Greßmann, „Einführung", 8.
93 Greßmann, „Einführung", 11.

Frontstellung begibt. Überdies grenzt er sich auf diese Weise von populären christlichen Strömungen ab, die an einer Abwertung des Judentums interessiert sind:

> Aber soviel Unterschiede man auch zwischen Judentum und Christentum feststellen mag, darin wird jeder ehrliche Christ dem Juden beistimmen, daß nur Unwissenheit oder Tücke den Gott des Alten Testamentes als „bösen Gott" bezeichnen kann; diese von Parteileidenschaft eingegebene Verblendung, die die Wahrheit in ihr Gegenteil verkehrt, ist so empörend und sinnlos, daß man vor Scham nur das Haupt verhüllen kann.[94]

Die universale Perspektive Greßmanns gepaart mit seiner ausgeprägten kulturhistorischen Sichtweise wird am Ende der Einführung in die neue Publikationsreihe deutlich, wenn er die sittliche Bedeutung der Schriftpropheten nicht nur vor dem Hintergrund der christlichen und jüdischen Geschichte anspricht, sondern sie im Blick auf die gesamte Menschheitsgeschichte betont.[95] An die Stelle einer polemischen Auseinandersetzung zwischen christlicher und jüdischer Sichtweise tritt ein vermittelndes Interesse. Greßmann geht es offenkundig darum, das Gemeinsame in der wissenschaftlichen Arbeit herauszustellen. Dabei kommt ihm sicher die Herkunft aus der religionsgeschichtlichen Forschung zugute sowie seine prinzipielle Offenheit bei der Suche nach neuen Methoden, die das Verständnis der biblischen Texte befördern. Mit der Vortragsreihe am Institutum Judaicum eröffnet er seinen jüdischen Kollegen die Möglichkeit, ihre Arbeitsweise für ein christliches Publikum darzustellen.

Der erste Vortrag stammt von Ismar Elbogen (1874–1943), Inhaber des Louis-Simon-Lehrstuhls an der „Hochschule für die Wissenschaft des Judenthums", und steht unter dem Titel „Esra und das nachexilische Judentum". In seiner Einleitung hebt Elbogen zunächst die Besonderheit der Vortragsreihe hervor und weist in diesem Zusammenhang darauf hin, „hier einen Standpunkt zu vertreten, der in den Räumen der Universitas literarum nicht häufig zu Gehör kommt".[96] Elbogen, der 1919 zum preußischen Professor ernannt worden ist, konzentriert sich in seinem Vortrag in der von Greßmann vorgegebenen Richtung auf die Darstellung des religiösen Lebens und der Frömmigkeit des Judentums, anstatt sich mit detaillierter Textarbeit zu befassen.[97] Sein Ziel sei es, „[d]as leere Blatt in der Bibel zwischen dem Alten und dem Neuen Testament auszufüllen."[98] Mit emphatischen Worten schildert der jüdische Gelehrte das Leben zur Zeit Esras, geht dabei nur

---

94 Greßmann, „Einführung", 11 f.
95 Greßmann, „Einführung", 12.
96 Elbogen, „Esra", 13.
97 Elbogen, „Esra", 13.
98 Elbogen, „Esra", 13.

gelegentlich auf einzelne lexikalische Probleme ein[99] und weist schließlich auf die kulturhistorische Bedeutung der alttestamentlichen Figur hin.[100]

Mit Elbogen eröffnet ein besonders renommierter Vertreter des Judentums die Reihe der von Greßmann initiierten Vorträge.[101] Neben seiner Tätigkeit als Leiter der „Hochschule für die Wissenschaft des Judenthums", wo er jüdische Literatur und Liturgie unterrichtet, tritt Elbogen vor allem durch seine intensive Herausgebertätigkeit[102] und seine Darstellungen der jüdischen Geschichte[103] hervor. Die Nähe zu Greßmanns religionshistorischem Interesse wird erkennbar, wenn Elbogen am Ende seines Vortrags über die Zeit Esras festhält:

> Diese Zeit schuf die uns vertraute vertrauliche Anrede Gottes im Hymnus, brachte den Einzelmenschen in direkte unmittelbare Beziehung zu Gott, sie schuf die Einrichtung des regelmäßigen Gebets, die Heiligung jedes Arbeitstags, die Weihe jedes Festtags durch gemeinsames oder häusliches Gebet. Welche Werte sie damit der Kulturmenschheit geschenkt hat, bedarf keiner weiteren Ausführung. Hat diese Zeit die Religion bereichert? Vielleicht nicht die Religion, sicher das religiöse Leben. Sie mag in manchen Stücken hinter den Propheten zurückbleiben, aber sie hat ihr Werk gefestigt.[104]

In diesen Bemerkungen lässt sich ein apologetischer Ton feststellen. Indem Elbogen den sittlichen Wert der Zeit Esras und ihren Einfluss auf das religiöse Leben hervorhebt, rehabilitiert er das Judentum der nachexilischen Epoche, das die christlichen Theologen als im Niedergang begriffen ansehen. Elbogen erkennt eine Kontinuität zu der Zeit der Propheten, die in ähnlicher Weise auch Greßmann konstatiert, wenn er von der „ungewöhnliche[n] Lebenskraft dieser Religion"[105] durch die Geschichte spricht. Elbogen verweist auf die Bedeutung der rabbinischen Schriften für die Beurteilung Esras und seiner Zeit,[106] womit er sich gegen die Abwertung des rabbinischen Schrifttums in der christlichen Forschung wendet. An diesem Punkt deutet sich ein Dissens mit Greßmann an, der in seinem Aufsatz zur „Aufgabe der Wissenschaft des nachbiblischen Judentums" noch

---

99 Elbogen, „Esra", 16 f.
100 Elbogen, „Esra", 26.
101 Vgl. Marx, „Ismar Elbogen".
102 Etwa die Lexika *Lehren des Judentums*, *Jüdisches Lexikon* und *Encyclopaedia Judaica*. Angaben bei Marx, „Ismar Elbogen".
103 Z. B. Elbogen, *Geschichte der Juden*.
104 Elbogen, „Esra", 25.
105 Greßmann, „Die Aufgaben der Wissenschaft des nachbiblischen Judentums", 2.
106 Elbogen, „Esra", 14.

betont: „Das Wesen des hellenistischen Judentums muß ausschließlich auf die gleichzeitige Literatur gegründet werden."[107]

Viel gewichtiger ist allerdings Elbogens Verteidigung der Tora als zentrale Lebensäußerung des Judentums, die sich nach seinen Worten nicht darauf beschränkt, ein „Grundgesetz"[108] zu sein. Obwohl „an die Stelle der unmittelbaren Eingebung Gottes ein Buch, an Stelle der Offenbarung der geschriebene Buchstabe, die erstarrte Lava der prophetischen Glut"[109] getreten sei, betont Elbogen in emphatischer Weise die Lebendigkeit des Judentums:

> Die Tora ist nicht erstorben und nicht versteinert, sie hat sich die Beweglichkeit, die Fähigkeit zu allerlei Neubildungen erhalten. Die jüdische Religion ist mit Esra und seiner Zeit nicht abgeschlossen, sie bleibt eindrucks- und wandlungsfähig, kann allerlei Fremdes aufnehmen, in sich verarbeiten und dennoch ihr Wesen behaupten, so wie ein Organismus sich ständig verändert und doch er selbst bleibt. Auch im Besitze der Tora haben die Frommen des Judentums nicht aufgehört, ihren Glauben zu erleben, ihre Fragen aufzuwerfen, ihre Zweifel zu hegen und ihre Lösungen zu suchen.[110]

Elbogens Vortrag signalisiert deutlich die Gesprächsbereitschaft des liberalen Judentums mit der protestantischen Theologie, wenngleich zahlreiche, von universitärer wie gesellschaftlicher Seite geführte Angriffe auf die Legitimität des Judentums das Verhältnis zu dieser Zeit sehr belasten. Jüdische Wissenschaftler sind in diesem Kontext vielfach abhängig von der Anerkennung durch die christliche Theologie. Hinzu kommen innerjüdische Debatten um eine liberale oder orthodoxe Ausrichtung der jüdischen Forschung. Die Bedeutung der Tora ist in diesem Zusammenhang ein zentraler Streitpunkt, den Elbogen so zu meistern versucht, dass er auf die universale Bedeutung der Tora verweist und ihre Anpassungsfähigkeit in der Geschichte hervorhebt. Damit ist ein Anknüpfungspunkt an die historische Forschung der Religionsgeschichtlichen Schule gefunden. Entsprechend lassen sich Konvergenzen mit Greßmanns kulturhistorischem Ansatz ausmachen, wenn Elbogen am Beispiel von Einzelvorschriften den zugehö-

---

107 Greßmann, „Die Aufgaben der Wissenschaft des nachbiblischen Judentums", 5.
108 Elbogen, „Esra", 20.
109 Elbogen, „Esra", 23.
110 Elbogen, „Esra", 23. Er fährt fort: „Die jüngsten Bestandteile der Bibel und erst gar die Apokryphen und Pseudepigraphen weisen eine solche Mannigfaltigkeit der religiösen Erfahrung auf, wie nur in einem lebendigen, gestaltungs- und entwicklungsfähigen Gebilde denkbar sind, und wenn auch aus Gründen, die uns heute nicht immer durchsichtig sind, die letzteren zurückgewiesen, vom Kanon ausgeschlossen wurden, so finden wir doch auch im Talmud und Midrasch eine nicht minder bunte Vielgestaltigkeit der Anschauungen, der Tast- und Lösungsversuche."

rigen geschichtlichen Kontext beleuchtet und sich in die Entstehungsgeschichte der Texte einzufühlen versucht. Das Mischehenverbot des Esra beispielsweise, mit seiner „engherzige[n] Härte, die zu der sonstigen Weitherzigkeit gerade jener Zeit so wenig stimmt",[111] erweise sich im historischen Zusammenhang als eine „Zweckmäßigkeitsfrage", die „über Partikularismus oder Universalismus der Religion nichts aussagt."[112] Eindrücklich ist Elbogens Charakterisierung des Esra, der „zwischen Extremen hin- und hergeworfen [...], bald himmelhoch jauchzt, bald in Tränen zerfließt, so wird er durch sein intensives Erleben in tiefe Erregung versetzt, die sich bis zur Ekstase steigert."[113] Die Nähe zu Greßmanns empathischem Ansatz ist hier überdeutlich und verbindet den jüdischen mit dem christlichen Forscher.

Juda Bergmann (1874–1956) geht in seinem Vortrag über „Das Judentum in der hellenistisch-römischen Zeit" implizit auf die Ungleichbehandlung der jüdischen Wissenschaftler innerhalb der Forschung ein. Wie Elbogen identifiziert auch Bergmann einen universalistischen und einen partikularistischen Wesenszug des Judentums, die insbesondere zur Zeit des Hellenismus beide nebeneinander bestanden hätten.[114] Das Judentum habe im Kontakt mit der hellenistischen Kultur nur überleben können, indem es sich auf die hergebrachten Traditionen stützte, sich aber gleichzeitig an die Umwelt anpasste, wie etwa durch die Übersetzung der Bibel in die griechische (Alltags-)Sprache, wodurch „die Bibel ein Weltbuch und ein Buch der Völker geworden"[115] sei und dabei auch Bewunderer in philosophischen Kreisen gefunden habe.[116] Selbst in Palästina, wo das Judentum nach Bergmanns Darstellung eher bestrebt war, sich von der Außenwelt abzugrenzen, hätten sich weite Teile der Bevölkerung der hellenistischen Kultur angenähert. Zwar sei diese Entwicklung von den Rabbinen kritisiert worden, dies habe aber nicht zu einer einheitlichen Abwehr der hellenistischen Lebensweise oder zu einer Apologetik der jüdischen Kultur geführt.[117]

Bergmanns Darstellung ist vor allem im Zusammenhang der öffentlichen und wissenschaftlichen Diskussion über das Verhältnis von Judentum und Christen-

---

111 Elbogen, „Esra", 18.
112 Elbogen, „Esra", 19.
113 Elbogen, „Esra", 22 f. „Beim Empfang einer ungünstigen Nachricht zerreißt er seine Kleider und rauft sich die Haare aus, er sitzt halbe Tage lang verstört da, und wenn er betet, durchzittert ihn das Gewicht der Sünden, die hochaufgetürmt sind, und der Schuld, die bis zum Himmel ansteigt, trost- und fassungslos steht er jedem neuen Rückfall gegenüber" (ebd.).
114 Bergmann, „Judentum", 27 f.
115 Bergmann, „Judentum", 29.
116 Bergmann, „Judentum", 28 f.
117 Bergmann, „Judentum", 37.

tum im Deutschen Kaiserreich und der Weimarer Republik von Bedeutung. Die jüdische Bevölkerung und mit ihr die jüdische Wissenschaft sehen sich in Deutschland in jener Zeit verstärkt mit dem Vorurteil konfrontiert, eine antichristliche Haltung zu beziehen. Wenn Bergmann explizit die kultur- und religionsgeschichtliche Leistung des Judentums betont,[118] Philos Bedeutung für das Verhältnis von Judentum und Philosophie ausführt[119] und schließlich im alexandrinischen Judentum gar „den Grundstein der Religionsphilosophie" sieht, „in der Prophet und Philosoph einander die Hand zur Versöhnung reichen",[120] mag dies als Appell zum Dialog in der Gegenwart zu verstehen sein. Noch deutlicher wird die implizite Ausrichtung auf die schwierige Lage in der Gegenwart, wenn er auf den Antijudaismus zu sprechen kommt und Ägypten als das „Geburtsland des Judenhasses"[121] bezeichnet, in dem die jüdische Gemeinschaft aus gesellschaftlichen, religiösen und wirtschaftlichen Gründen verfolgt worden sei.[122] Gegen das gängige Vorurteil betont Bergmann den „menschenfreundlichen Sinn und die Toleranz der Rabbinen".[123] Außerdem sei „die Tora ebensowenig ‚Gesetz', wie die Pharisäer in ihrer Gesamtheit nur ‚Heuchler' waren. Wer die Tora als Gesetz und die von ihr ausgehende Frömmigkeit als Werkheiligkeit und Selbstgerechtigkeit hinstellt, wird ihr nicht gerecht."[124] Bergmann wendet sich hier erkennbar an das christliche Gelehrtenpublikum, dessen Urteil er zu beeinflussen versucht. Ebenso deutlich zeigt sich ein gewisser Zwang zur Rechtfertigung seiner Darstellung, wenn er etwa zur Verteidigung des jüdischen Partikularismus in Palästina auf die Notwendigkeit einer Stärkung der inneren Struktur hinweist, mit der sich der Charakter „religiöser Wärme und lebensspendender und zukunftsverheißender Kraft"[125] verbinde.

Michael Guttmann (1872–1942) steuert einen Vortrag „Zur Entstehung des Talmuds" bei, in dem die Auseinandersetzung mit der christlichen Perspektive auf den Talmud deutlich zur Sprache kommt. Nachdrücklich betont er die Einzigartigkeit dieses Werkes, für das passende Bewertungskriterien nach seiner Auffassung fehlen, da der Talmud in Entstehung und Form die herkömmlichen

---

118 Bergmann, „Judentum", 31.
119 Bergmann, „Judentum", 32f.
120 Bergmann, „Judentum", 34.
121 Bergmann, „Judentum", 30.
122 Bergmann, „Judentum", 30: „Wegen der Abschließung von den anderen wurden die Juden des Menschenhasses angeklagt und wegen der Ablehnung der Götter gottlos genannt. Wirtschaftliche Motive trugen zur Verschärfung des Judenhasses bei."
123 Bergmann, „Judentum", 39.
124 Bergmann, „Judentum", 41.
125 Bergmann, „Judentum", 41.

Maßstäbe sprenge.[126] Er erwähnt, dass das Werk „neben rein religiösen Lehren und Ideen auch manch weltliches, profanes, folkloristisches, geschichtliches und kulturhistorisches Material"[127] enthalte, womit ein wesentlicher Anknüpfungspunkt für die Arbeit der Religionsgeschichtlichen Schule formuliert ist. Ferner verweist er auf die „mnemotechnischen Leistungen, die geradezu ans Wunderbare streifen".[128] In der Vernachlässigung dieser Charakteristika sieht Guttmann einen wesentlichen Fehler der christlichen Wahrnehmung, was er am Beispiel des für seine antijüdische Haltung bekannten Johann Andreas Eisenmenger (1654– 1704) und dessen Unverständnis für jüdische Legenden deutlich macht.[129] Guttmann plädiert für eine ästhetisch-kulturhistorische Sicht, wie es Greßmann ganz ähnlich bereits in seinen Studien zu mündlichen Vorformen der Eschatologie und zu den Moselegenden getan hat:

> Es zeugt aber andererseits von einer Verkennung des kulturhistorischen Hintergrunds, wenn man der eben zitierten Legende eine Sonderstellung zuweisen will. Die Phantasie ist auch hier von der realen Welt nicht ganz losgelöst. Die Fäden lassen sich auch hier bis in die konkrete Wirklichkeit verfolgen. Die Phantasie arbeitet mit Vorstellungen, mit Gedankenelementen, die der zeitgenössischen Wirklichkeit angehören, mit Kulturerscheinungen, die uns wohl nicht mehr vertraut sind, die aber einst Wirklichkeit waren.[130]

Angesichts der zeitgenössischen Debatte über das Wesen des Judentums ist es eine Ermunterung zur gemeinsamen Erforschung der Tradition, wenn Guttmann dem christlichen Publikum die Meinung Rabbi Meirs vorträgt, „daß ein Goy, ein Nichtjude, der sich mit der Tora, mit der jüdischen Lehre beschäftigt, so hoch zu achten sei als ein Hohepriester",[131] und damit zugleich auf eine lange innerjüdische Diskussion zu diesem Thema verweist. Er wendet sich jedoch zugleich gegen die rücksichtslose Aneignung der jüdischen Tradition durch die christliche Kirche im Altertum, die er als „Entreißung eines Erbteils"[132] bezeichnet: „Nicht die leichtfertigen Angreifer der Bibel sind es, sondern umgekehrt, die Verehrer derselben, in deren Reihe wir die Gegner zu suchen haben".[133] Die Initiative Greßmanns und des Institutum Judaicum würdigt er vor diesem Hintergrund als be-

---

126 Guttmann, „Entstehung", 44.
127 Guttmann, „Entstehung", 45.
128 Guttmann, „Entstehung", 45.
129 Guttmann, „Entstehung", 50.
130 Guttmann, „Entstehung", 50 f. Vgl. oben 2.1 und 3.1.
131 Guttmann, „Entstehung", 55.
132 Guttmann, „Entstehung", 57.
133 Guttmann, „Entstehung", 58.

sondere Leistung, weil sie jüdische Gelehrte selbst zu Wort kommen lässt und damit eine neue Perspektive auf die Schriften eröffnet.[134]

Julius Guttmann (1880–1950) betrachtet mit seinem Vortrag über „Die religiösen Motive in der Philosophie des Maimonides" das Wesen des Judentums aus religionsphilosophischer Sicht. Sehr ausführlich geht er auf die Verbindung von Judentum und Aristotelismus im Werk des Maimonides ein, beschränkt sich dabei allerdings nicht auf eine rein literarische Betrachtung, wie er es der christlichen Rezeption der aristotelischen Lehre zum Vorwurf macht.[135] Der auch als „Philosoph des Judentums"[136] bekannte Guttmann beschreibt, auf welche Weise fremdes Gedankengut aus der Antike in der jüdischen Religion aufgenommen und transformiert wurde. Das entspricht im Wesentlichen dem Vorgehen Greßmanns bei der religionsgeschichtlichen Forschung, obgleich dieser sich stärker auf den historischen Aspekt konzentriert. Guttmanns Verfahren, mit den Mitteln der Philosophie die Religion zu erforschen,[137] berührt sich mit Greßmanns kulturgeschichtlichem Ansatz, der ein möglichst weites Spektrum an Interpretationsmethoden zu integrieren versucht.[138]

Während Julius Guttmann die Kabbala aus seiner philosophischen Betrachtung ausklammert,[139] befasst sich Leo Baeck (1873–1956) mit diesem Thema in seinem Vortrag über „Ursprünge und Anfänge der jüdischen Mystik".[140] Der „Denker des Judentums",[141] der den mystischen Strömungen durchaus kritisch gegenübersteht,[142] legt für das christliche Publikum dar, wie nahezu jede Religion versucht, eine Verbindung zwischen Vergänglichem und Ewigem herzustellen. Das Judentum habe versucht, die starke ethische Ausrichtung der Propheten durch die Mystik in einen metaphysischen Horizont zu stellen. Damit sei sowohl der Individualität des Menschen Rechnung getragen als auch eine Persönlichkeit Gottes festgestellt (Schechina), die in der Tora verbunden seien. In ähnlicher Weise sei im Christentum der Messias Jesus zum Christus geworden.[143]

Eine solchermaßen skizzierte Verbindung zwischen Mystik und Ethik ist für Greßmanns Forschung von großem Interesse, arbeitet er doch zur selben Zeit an

---

134 Guttmann, „Entstehung", 60.
135 Guttmann, „Motive", 65 f.
136 So im Titel des biographischen Aufsatzes von Bamberger, „Guttmann".
137 Vgl. Wilhelm, *Wissenschaft*, 55.
138 Vgl. dazu Greßmann, „Die Aufgaben der Wissenschaft des nachbiblischen Judentums", 29 ff.
139 Vgl. dazu Meyer, *Philosophie*, 55.
140 Vgl. dazu Mayer, *Christentum und Judentum*, 168.
141 So Homolka, „Freiheit", 195.
142 So bezeichnet er die Kabbala in seiner Dissertation als einen „unter den Juden [der Zeit Spinozas] weit verbreiteten Irrwahn" (Baeck, *Einwirkungen*, 71).
143 Baeck, „Ursprünge", 95.

einer völlig neuen Gestaltung seiner Untersuchung über den *Ursprung der israe-litisch-jüdischen Eschatologie*, den er bis in hellenistische Zeit verfolgen will. Wie bereits dargestellt, bleibt dieses Werk unvollendet, aber in den Grundzügen ist der Versuch Greßmanns erkennbar, auch die Entwicklung im Judentum zu berück-sichtigen.[144] Sein enger werdender Kontakt zu jüdischen Gelehrten hat wahr-scheinlich dazu geführt, diesen Traditionslinien eine größere Beachtung zu schenken. Leo Baecks Vorschlag, religiöse Erfahrung und Ethik in der Mystik verbunden zu sehen, zeigt eine gewisse Nähe zu Greßmanns religionspsycholo-gischen Überlegungen, die dieser allerdings unter streng rationalen Gesichts-punkten vornimmt.

Insgesamt geben die Vorträge der Vertreter der „Hochschule für die Wissen-schaft des Judenthums" einen Einblick in die Bandbreite der Themen, die in der Zeit der Weimarer Republik auf jüdischer Seite diskutiert werden, allerdings eingeschränkt auf die Sichtweise des liberalen Judentums. Es sind Fragen nach der Deutung der Tora oder nach der Sittlichkeit innerhalb des Judentums, nach der schon im Titel des Sammelbandes erwähnten Bewertung der „Entwick-lungsstufen" der Religion, oder nach der Ausprägung von jüdischer Mystik und Philosophie, die in dieser Form innerhalb der christlich geprägten Wissenschaft wenig bekannt sind. Die Darstellungen lassen eine apologetische Tendenz er-kennen, was sicher dem besonderen Umstand geschuldet ist, dass die Vorträge vor einem mehrheitlich christlichen Publikum stattfinden. Der Vorwurf liegt auf der Hand, dass Greßmann die orthodoxe Seite nicht zu Wort kommen lässt, die sich in dieser Zeit mit der Gründung eigener Lehranstalten ebenfalls um wis-senschaftliche Anerkennung bemüht.

4.6 Zusammenfassung

In der forschungsgeschichtlichen Bewertung ist die Haltung Greßmanns im Streit um Boussets *Religion des Judentums* vor allem hinsichtlich der strikten Abgren-zung der Quellen und der Ausklammerung der rabbinischen Schriften kritisiert worden, zeigt sich darin doch in letzter Konsequenz ein Kampf um die christliche „Interpretationshoheit"[145] über die christlich-jüdische Geschichte.[146] Andererseits kann auf sein Wirken am Institutum Judaicum Berolinense verwiesen werden und auf den intensiven Kontakt mit jüdischen Gelehrten, der unter der Prämisse

---

144 S.o. 2.2.
145 Biere, „Billerbeck rezensiert", 293.
146 Vgl. Deines, *Pharisäer*, 9–13.

gleichberechtigter Forschungsarbeit steht. Je nach Blickrichtung rückt bei der Bewertung von Greßmanns Arbeit eher der eine oder andere Aspekt in den Vordergrund. Mit Moritz Güdemanns (1835 – 1918) Worten, die dieser bereits 1903 bei der Charakterisierung von Boussets Darstellung verwendet, ist man versucht, in dieser Frage von einem „Eiertanz"[147] zu sprechen. Die Auseinandersetzungen um Boussets Werk und die Arbeit am Institutum Judaicum gehen zeitlich ineinander über. Zu diesem Zeitpunkt liegt die Erstveröffentlichung von Boussets Studie schon einige Jahre zurück, was im Streit mit Moore und Kittel noch einmal zu missverständlichen Gewichtungen geführt haben mag.[148]

Bei näherer Betrachtung fällt auf, dass dort, wo Greßmann bei der Bearbeitung von Boussets *Religion des Judentums* in den Text eingreift, die ursprünglichen Spitzen gegen das Judentum etwas abgemildert werden. Allerdings nimmt Greßmann an der grundsätzlichen Ausrichtung der Darstellung keine Veränderung vor, was einerseits sicher der „pietätvolle[n] Anerkennung"[149] des einstigen Lehrers geschuldet ist, andererseits kommen auch bei Greßmann starke Vorbehalte gegenüber dem Quellenwert der rabbinischen Schriften zum Tragen. Der Vorwurf mangelnden fachlichen Verständnisses für die rabbinische Literatur ist nicht leicht von der Hand weisen, da Greßmann sich weder durch seine eigene wissenschaftliche Schwerpunktsetzung noch über seine Lehrer mit der Thematik auseinandergesetzt hat. Seine Forschung ist schon seit den Qualifikationsarbeiten und in zunehmendem Maße in den 1920er Jahren durch den Fokus auf die hellenistische Literatur geprägt. Die Diskussion um Boussets Buch erweckt gelegentlich den Eindruck, als versuche Greßmann im Nachhinein, die Nichtbeachtung der rabbinischen Schriften in seiner und Boussets Arbeit dadurch zu rechtfertigen, dass er sie als irrelevant ausschließt. Diese Absicht mag den aggressiven Ton der Debatte befördert haben, zu dem etwa auch der von ihm geäußerte Vorwurf einer Voreingenommenheit der jüdischen Forscher gehört. Greßmann bewegt sich in diesem Konflikt vielfach in antijüdischen Stereotypen, die in der Wissenschaft seiner Zeit teilweise offen, teilweise verdeckt vertreten werden und die er mit seiner Haltung möglicherweise unbewusst unterstützt. Die Debatte ist ein Beispiel für das asymmetrische Verhältnis von protestantischer und jüdischer Wissenschaft in der Wilhelminischen Kaiserzeit und der Weimarer Republik.

Bemerkenswert ist jedoch schließlich Greßmanns schrittweises Zugehen auf die jüdische Wissenschaft, nachdem er verstärkt mit jüdischen Forschern in

---

147 Güdemann, „Judentum", 49.
148 S. o. 4.1.
149 Greßmann, „Vorwort", V.

Kontakt kommt, und zwar insbesondere im Austausch mit der Berliner „Hochschule für die Wissenschaft des Judenthums". In diesem Zusammenhang kommt es auch zu inhaltlichen Annäherungen im Bereich der jeweiligen Forschungsgebiete. Durch seine Zugehörigkeit zur Religionsgeschichtlichen Schule steht Greßmann in Verbindung mit der christlich-liberalen Theologie, die in ihren methodischen Ansätzen Übereinstimmungen mit dem liberalen Judentum aufweist. Deshalb kann er dort mit einer Anerkennung seiner Arbeit am hellenistisch-jüdischen Schrifttum rechnen. Im Gegenzug lernt er die liberal-jüdische Forschung an der rabbinischen Literatur zunehmend zu schätzen, ohne seine Position prinzipiell aufzugeben. Nur wenige Professoren seiner Zeit haben die Annäherung an das Judentum vergleichbar konsequent und mit ähnlichen Mitteln verfolgt wie Greßmann. Es ist daher nicht verwunderlich, dass er 1927 als erster nicht-jüdischer Gastprofessor an das Hebrew Union College nach New York eingeladen wird.[150]

---

150 Vgl. das zeitgenössische Urteil bei Obermann, „Preface", IV: „He [scil. Greßmann] was by choice and conviction a universalist, a *Weltbürger.* And he was that as truly as he was a German by nature and disposition."

5 Wissenschaftspolitik und Wissenschaftsorganisation

5.1 Die Neuausrichtung der *Zeitschrift für die alttestamentliche Wissenschaft* (*ZAW*)

5.1.1 Die *Zeitschrift für die alttestamentliche Wissenschaft* vor Greßmann[1]

Das erste Halbjahresheft der *Zeitschrift für die alttestamentliche Wissenschaft* erscheint 1881, herausgegeben von Bernhard Stade (1848–1907). Stades theologisches Wirken fällt in eine Phase fachlicher Umwälzungen. Bis zur Mitte des 19. Jahrhunderts gingen mit der Etablierung der historisch-kritischen Forschung beachtliche wissenschaftliche Leistungen einher.[2] In der alttestamentlichen Wissenschaft waren durch die Analyse von Quellenschriften vor allem auf dem Gebiet der Pentateuchforschung Fortschritte erzielt worden, grundlegende neue Einsichten ergaben sich aber auch im Blick auf die Propheten und die Psalmen. Zusätzlich gelangte mit einer intensiveren Erkundung Palästinas die biblische Landeskunde stärker in den Fokus der Forschung. In der Mitte des 19. Jahrhunderts tritt dann allerdings ein „Zustand der Erschlaffung" ein, wie Gunkel die Lage der alttestamentlichen Wissenschaft in einer Ehrung Stades einmal treffend beschreibt.[3] Neuere Ansätze werden kaum mehr gefördert, zudem ist die kirchlich-politische Lage und mit ihr die Situation an den deutschen Universitäten wegen der revolutionären Bewegungen völlig verworren.[4] Eine Änderung tritt ab 1871 mit der Gründung des Deutschen Kaiserreichs ein, von der auch viele junge Wissenschaftler, besonders auf dem Gebiet des Alten Testaments, profitieren, da nun Lehrstühle wieder ordentlich besetzt werden können.[5] So wird Stade mit 28 Jahren zum damals jüngsten deutschen Ordinarius an die Universität Gießen berufen, deren strukturierte Neuordnung er gleich nach Amtsantritt übernimmt.[6] Später

---

1 Im Folgenden wird kurz die Prägung der Zeitschrift durch die beiden Herausgeber Bernhard Stade und Karl Marti dargestellt, sofern sie für die Neuausrichtung unter Greßmann von Bedeutung ist. Eine vollständige Geschichte der *ZAW* steht noch immer aus, wenngleich damit wichtige Stationen der Theologiegeschichte des 19. und 20. Jahrhunderts beleuchtet würden. Verwiesen sei hier auf eine Auswahl von Arbeiten zu einzelnen Herausgebern der *ZAW*: Smend [d.J.], „Herausgeber"; Weber, *Altes Testament*, 171–194.
2 Vgl. Gunkel, „Bernhard Stade", 1.
3 Gunkel, „Bernhard Stade", 1.
4 Vgl. Jung, *Protestantismus*, 156; Graf, „Spaltung".
5 Vgl. Gunkel, „Bernhard Stade", 2.
6 Vgl. Smend [d.J.], „Herausgeber", 2–3.

https://doi.org/10.1515/9783110669657-007

wird sich Greßmann sehr abfällig über diese Generation der in jungen Jahren berufenen Ordinarien äußern.[7]

Stade begeistert sich für die von Wellhausen angestoßene quellenkritische Forschung und lässt sich wohl zu dessen engstem Schülerkreis zählen, wenngleich auch Stades eigene Forschungsleistung nicht unterbewertet werden darf.[8] Für die Beförderung und Diskussion des literarkritischen Ansatzes gründet er die *Zeitschrift für die alttestamentliche Wissenschaft*, die sich in kürzester Zeit zu einer international anerkannten Fachzeitschrift entwickelt.[9] In den ersten zehn Jahren stammen allein 16 Aufsätze von Stade selbst, in denen er wesentliche Teile seiner Forschungsarbeiten der Öffentlichkeit zugänglich macht.[10] Außerdem stellt er in jedem Heft eine Bücherschau zusammen, bis er diese Arbeit 1904 aus gesundheitlichen Gründen an August von Gall überträgt. Deutlich erkennbar steht die Zeitschrift fest auf dem Boden der Wellhausen-Schule, wie diverse Beiträge von Karl Budde (1850–1935),[11] Carl Heinrich Cornill,[12] Wilhelm Nowack[13] und Rudolf Smend[14] gerade in der Anfangszeit zeigen. Zahlreiche dieser damals aufstrebenden Forscher legen hier ihre ersten Thesen vor. Später setzt sich vor allem der streitlustige Greßmann aus der Perspektive der Religionsgeschichtlichen Schule mit den inzwischen etablierten Größen der alttestamentlichen Wissenschaft auseinander und wird die Zeitschrift dazu nutzen, um die aus seiner Sicht einseitig geführte Literarkritik anzugreifen.

---

7 Vgl. den Familienrundbrief Greßmanns vom 26.10.1908 (abgedruckt bei Klatt, *Gunkel*, 44), in dem er sich über die vorgefundenen Verhältnisse an der Berlin Fakultät äußert: „Mummelgreise: Baudissin, Kaftan, Seeberg, Kleinert, Deutsch, Müller, Simons, Bernhard Weiß! Strack! und wie sie alle heißen. Nur keine Probleme, die die wohlverdiente Ruhe stören könnten! Diese Leute haben wohl meist Schaden daran genommen, daß sie in jungen Jahren Ordinarius in Berlin wurden, ein Glück, das ich niemandem wünschen möchte, der noch etwas leisten will. Nun sind sie satt und zufrieden, haben Orden und Einkommen, bilden sich ein, was zu können und die ‚wahre‘ Wissenschaft zu vertreten."
8 Vgl. Kraus, *Geschichte*, 283 ff.
9 Vgl. von Gall, „Bernhard Stade", X.
10 Mit einer über drei Hefte (1881/82) publizierten Untersuchung über die Eigenständigkeit von Sach 9–14 etabliert er beispielsweise die Bezeichnung „Deuterosacharja", vgl. Willi-Plein, *Sacharja*, 151 f.
11 Im zweiten Heft (1882) veröffentlicht Budde z. B. seine Forschung zum „hebräischen Klagelied", vgl. Saur, *Tyroszyklus*, 85.
12 Cornill legt 1884 erste Entwürfe zu seiner Prophetenforschung vor, Cornill, „Composition" und „Capitel 52".
13 Nowack notiert 1884 „Bemerkungen über das Buch Micha".
14 Smend stellt u. a. 1888 seine These zum „Ich der Psalmen" vor, das er mit der betenden Gemeinde identifiziert.

Neben den zahlreichen Aufsätzen zu sprachlichen und lexikalischen Fragen finden sich in Stades Zeitschrift gelegentlich auch Darstellungen über die neuesten archäologischen Entdeckungen und deren Auswirkungen auf die Interpretation des Alten Testaments, womit das Bewusstsein für die religionsgeschichtliche Bedeutung dieser Funde in der Leserschaft allgemein geschärft wird. Diskussionen gewährt Stade viel Raum, so dass sich manche Debatte über mehrere Hefte erstreckt; vereinzelt werden dabei auch Auszüge aus Briefen an die Redaktion veröffentlicht. Ab dem 22. Jahrgang (1902) sorgt Eberhard Nestle mit seinen regelmäßigen „Miscellen" für Gesprächsstoff unter den Lesern.[15] Durch die Aufnahme von französisch- und englischsprachigen Aufsätzen öffnet die Zeitschrift zudem einen internationalen Blick, wie die Entwicklungen im außerdeutschen Bereich zuweilen auch in zusammenfassenden Literaturberichten dargestellt werden.[16] Dieses umfangreiche und vielseitige Programm macht die Zeitschrift in kürzester Zeit nicht nur in Deutschland zu einem zentralen Medium der alttestamentlichen Forschung.[17]

Nach dem Tod Stades 1906 übernimmt nicht Gunkel, der Nachfolger auf dem Lehrstuhl in Gießen, die Herausgeberschaft, sondern der Schweizer Karl Marti (1855–1925), was vermutlich auf Betreiben von Budde geschieht.[18] Dass die Zeitschrift damit nicht in die Hände eines Vertreters der neuen Strömung der Religions- und Literaturgeschichte gelangt, erweist sich als eine entscheidende forschungspolitische Weichenstellung für das folgende Jahrzehnt. Im Streit der divergierenden Forschungsmeinungen ist es wohl verständlich, dem bedächtigen Marti die Herausgeberschaft zu übertragen, der jedoch erklärtermaßen Vorbehalte gegen die Gruppe um Gunkel und deren „ästhetisches Gefühl" hat.[19]

Zu Beginn der 1920er Jahre ist die Zeitschrift durch Krieg und Inflation erheblich angeschlagen und teilt damit das Schicksal anderer theologischer Zeitschriften.[20] Das inzwischen als Quartalsschrift herausgegebene Journal erscheint jetzt unregelmäßig, zwischen 1917 und 1920 werden sogar nur zwei Hefte publiziert. In der Krisenzeit während und nach dem Ersten Weltkrieg gelingt es Marti kaum, die in ihn gesetzten Erwartungen zu erfüllen. Neben den politischen und

---

15 Vgl. den „Nachruf" auf Nestle durch Marti (1913).

16 Vgl. z. B. den zweiteiligen Bericht von Moore zu den „Alttestamentliche Studien in Amerika" (1888/89).

17 So auch im Urteil der Zeitgenossen, vgl. z. B. Gunkel, „Bernhard Stade", 882.

18 Vgl. Smend [d.J.], „Herausgeber", 5.

19 Marti, *Stand und Aufgabe*, 23, vgl. auch 18 f.

20 Besonders betroffen ist etwa die *Theologische Literaturzeitschrift* (*ThLZ*), wie sich den Vorworten der betreffenden Jahrgänge entnehmen lässt, aber auch der deutsche Buchmarkt insgesamt, vgl. Conrad, *Lexikonpolitik*, 347–351.

wirtschaftlichen Schwierigkeiten, die sich im Wissenschaftsbetrieb in ganz Europa bemerkbar machen, ist es allerdings auch Martis zurückhaltender Art zuzuschreiben, dass die Zeitschrift spürbar an Bedeutung verliert. Im hundertsten Heft (1921) gibt er einen Rückblick auf die bisherige Arbeit und wagt einen recht hoffnungsvollen Ausblick, der sich allerdings stärker auf den Dialog mit der neutestamentlichen Wissenschaft richtet, weniger auf einen Ausgleich der Vielfalt alttestamentlicher Forschungspositionen:

> Man soll mir nicht entgegenhalten: Schuster, bleib bei deinem Leisten! Denn ich will mit meinen Hoffnungen nur zu intensiver Arbeit in der a[lt]t[estamentlichen] Wissenschaft ermuntern, bin aber daneben allerdings der Ansicht, daß ihre Erkenntnisse und Ergebnisse nicht als Kastengeheimnisse der Alttestamentler verwahrt werden, sondern der gesamten Theologie zugute kommen und praktische Folgen haben sollen. Darum habe ich eigentlich sogar die Überzeugung, daß die a[lt]t[estamentliche] Zeitschrift ganz besonders auch den Neutestamentlern wichtig sein müßte [...].[21]

Dass die weitere Entwicklung der Zeitschrift jedenfalls nicht unkompliziert sein wird, lässt sein letzter Satz erahnen: „Nach der vierzigjährigen Wanderung winkt nicht die מְנוּחָה, die Ruhe, sondern der Kampf, aber der Kampf um das gelobte Land der immer genauer erkannten Wahrheit.“[22]

Im selben Heft erscheint auch ein Vortrag Rudolf Kittels vom Ersten Orientalistentag in Leipzig 1921, der ein wesentlich differenzierteres Bild von der „Zukunft der Alttestamentlichen Wissenschaft“ zeichnet. Kittel setzt sich darin ausführlich mit der Religionsgeschichtlichen Schule auseinander und räumt ein: „[M]it Ruhe überblickt, kann man schwer verstehen, was eigentlich an diesem Programm an sich zu beanstanden und zu bekämpfen gewesen wäre, sobald seine Vertreter selbst es sachlich aufstellten und handhabten.“[23] Gleichzeitig stellt er fest, dass bereits auf nahezu allen Gebieten der alttestamentlichen Forschung religionsgeschichtlich gearbeitet wird.[24] Ohne Gunkel und Greßmann namentlich zu erwähnen, erkennt er den Wert ihrer „ästhetisch-folkloristischen“ Forschung an[25] und hält es dabei für entscheidend, „daß die Religionsgeschichte sich nicht in völkerkundlichen Analogien erschöpft, die Kultur- und Literaturgeschichte nicht in Sagen- und Märchenforschung und in Erhebung der Gattung.“[26] Als die

---

21 Marti, „Zum hundertsten Heft“, 107.
22 Marti, „Zum hundertsten Heft“, 107.
23 Kittel, „Zukunft“, 87.
24 Kittel, „Zukunft“, 88.
25 Kittel, „Zukunft“, 89.
26 Kittel, „Zukunft“, 89 f. Gleich im Anschluss betont Kittel außerdem die Bedeutung der „großen schriftstellerischen Persönlichkeiten und Individualitäten“ (90).

drei Hauptströmungen der alttestamentlichen Wissenschaft der zwanziger Jahre sieht er die Wellhausen-Schule, die daraus entstandene und von ihr abhängige Religionsgeschichtliche Schule und schließlich die „traditionalistische"[27] Richtung. Seine Prognose, dass die Wellhausen-Schule als literarkritisch arbeitende Schule auch ohne den Namen Wellhausen weiterbestehen und die Religionsgeschichtliche Schule schließlich mit der traditionalistischen Ausrichtung zusammengehen werde,[28] hat sich bis in die Gegenwart in gewisser Weise bestätigt.

5.1.2 Hugo Greßmann als Herausgeber der *Zeitschrift für die alttestamentliche Wissenschaft*

Auf Marti folgt 1923 Greßmann als Herausgeber der *Zeitschrift für die alttestamentliche Wissenschaft*. Marti hat die Zeitschrift über 17 Jahre geprägt und zieht sich jetzt mehr oder minder freiwillig zurück. Der neue und der alte Herausgeber betonen in einer Notiz zum Herausgeberwechsel, dass es sich dabei keineswegs um eine „Fahnenflucht"[29] handelt. Aber schon die zweimalige ausdrückliche Verwendung des Begriffs zeigt, dass der Vorwurf offenbar im Raum steht.

Greßmann äußert sich in einem Brief an Gunkel skeptisch über den Wert der Zeitschrift und hält es für offensichtlich, „daß sie zuletzt ziemlich heruntergekommen ist".[30] Tatsächlich gesteht auch Marti in seinem Abschiedswort recht offen, dass sich die Zeitschrift in einer kritischen Phase befinde, die er durch den Führungswechsel zu verbessern hoffe. Gegenüber Gunkel bringt Greßmann seine Verwunderung darüber zum Ausdruck, dass die Wahl auf ihn gefallen ist.[31] Er betont, dass sowohl Marti als auch der Verleger Alfred Töpelmann die Bitte zur Übernahme der Herausgeberschaft an ihn herangetragen hätten. Angesichts der aktuellen Schwierigkeiten stellt Greßmann die Bedingung, dass das weitere Erscheinen der Zeitschrift für mindestens zwei Jahre wirtschaftlich gesichert ist.[32]

---

27 Kittel beschreibt die „Traditionalisten" als eine Gruppe, die bestrebt sei, „das Wertvolle am Erbe der älteren in Synagoge und Kirche überlieferten Auffassung zu erhalten und zu vertiefen" („Zukunft", 90). Vgl. auch Löhr, Rez. Kittel, „Zukunft", 212.

28 Kittel, „Zukunft", 91.

29 Marti und Greßmann, „Wechsel".

30 Greßmann an Gunkel, 27.12.1923, ULB Halle, Yi 33 I G 270. Nachfolgende Generationen sprechen zurückhaltender von einem „Dornröschenschlaf" (Smend [d.J.], *Alttestamentler*, 173).

31 Greßmann an Gunkel, 27.12.1923, ULB Halle, Yi 33 I G 270: „Warum man gerade auf mich verfallen ist, weiß ich nicht genau; aber Marti hat offenbar Vertrauen zu mir."

32 Zu diesem Zweck fordert Greßmann von Töpelmann die Hinterlegung von 500 $ (Greßmann an Gunkel, 27.12.1923, ULB Halle, Yi 33 I G 270).

Marti äußert zwei nicht unbedeutende Wünsche für die Zukunft der Zeitschrift, die im Wesentlichen inhaltlicher Natur sind. Einerseits möchte er, dass sie ihre internationale Prägung behält, andererseits soll sie „nicht persönlichen Liebhabereien dienen, bei denen die Person eine größere Rolle als die Sache zu spielen pflegt, noch in einseitigen Richtungen sich verlieren [...]."[33] Dies mag durchaus im Blick auf Greßmann und dessen inzwischen recht dominante Stellung innerhalb der Religionsgeschichtlichen Schule formuliert sein, vor allem aber auch mit Bezug auf sein polarisierendes Auftreten. Greßmann nimmt diese Wünsche in seinen Antrittsworten auf und verspricht, den übernationalen und überparteilichen Charakter der Zeitschrift zu bewahren,[34] fügt allerdings hinzu, dass „neuen Fragestellungen besondere Aufmerksamkeit gewidmet werden soll".[35] Dass er bis zu einem gewissen Grad tatsächlich an einer Einbindung der verschiedenen alttestamentlichen Strömungen interessiert ist, zeigt seine Korrespondenz mit Gunkel, in der er sich aber auch noch einmal über die Hintergründe des Wechsels und die Neuausrichtung der Zeitschrift äußert:

> Und für mich versteht es sich natürlich von selbst, daß die Zeitschrift kein Organ einer einzelnen Richtung, sondern *aller* Richtungen sein muß und (wieder) die Führung in der *gesamten* alttest[amentlichen] Wissenschaft erringen muß. Es ist Ehrensache, daß jetzt – wo die Literarkritiker abgewirtschaftet haben – *wir* zeigen, was wir können. Ein anderes Gepräge soll die Z[eitschrift für die] A[lt]T[estamentliche] W[issenschaft] und muß sie durch uns erhalten; das wird wohl ganz von selbst geschehen, da mir neulich ein Kollege sagte: die Rel[igions]gesch[ichtler] haben die ganze Produktion im A[lten] T[estament] „an sich gerissen" – als ob das unser freie Wille gewesen wäre! Die (offiziellen) Gründe des Redaktionswechsels sind die wirtschaftlichen Schwierigkeiten; eine Herausgabe im Ausland ist bei dem zu teuren Porto unmöglich. Die wirklichen Gründe liegen doch in der Unfähigkeit Martis oder in den für ihn besonders ungünstigen Verhältnissen, die Fachgenossen heranzuziehen. Ein Redaktor muß das Vertrauen aller haben, und ich bitte Dich, an Deinem Teile mitzuhelfen.[36]

Greßmann ist also durchaus gewillt, die möglichst breite Ausrichtung der Zeitschrift beizubehalten, sie soll aber zugleich einen neuen religionsgeschichtlichen Schwerpunkt erhalten. Marti wirft er vor, eine konzeptionelle Gestaltung versäumt zu haben und in der Not lediglich auf bestehende Kontakte zu ihm nahestehenden

---

33 Marti und Greßmann, „Wechsel", VI.

34 Marti und Greßmann, „Wechsel", VIII.

35 Marti und Greßmann, „Wechsel", VIII.

36 Greßmann an Gunkel, 27.12.1923, ULB Halle, Yi 33 I G 270. Dort auch die Bemerkung, dass die zahlreichen Festschriften der vergangenen Jahre, namentlich auch die gerade erschienene zweibändige Festschrift für Gunkel (Schmidt, *Eucharistērion*), die meisten Alttestamentler so sehr beschäftigt hätten, dass dabei kaum noch Beiträge für die *ZAW* übrig geblieben seien.

Forschern zurückgegriffen zu haben, was Greßmann bei seiner Arbeit vermeiden möchte. Auch er versammelt allerdings einen kleinen Stab an Vertrauten um sich, die ihn bei der Herausgabe unterstützen sollen. Dazu gehören neben Gunkel auch Otto Eißfeldt (1887–1973) und Johannes Hempel (1891–1964).[37] Selbstbewusst kann Greßmann auf den Triumph der Religionsgeschichte verweisen, denn überblickt man die Veröffentlichungen der Jahre nach dem Ersten Weltkrieg, so zeigt sich ein deutliches Übergewicht auf religionsgeschichtlichen Themen, wenngleich die Autoren nicht immer erklärte Vertreter der Religionsgeschichtlichen Schule sind. Diese Entwicklung ist sicher bedingt durch den weiterhin schwelenden Bibel-Babel-Streit, der durch neue Veröffentlichungen Friedrich Delitzschs befördert wird.[38] Parallel macht sich aber allgemein ein zunehmendes Interesse für die Umwelt des antiken Israels und die Archäologie bemerkbar. Dass die „Literarkritiker abgewirtschaftet" hätten, wie Greßmann es formuliert, scheint also keine unzutreffende Beobachtung zu sein.

5.1.3 Die Prägung der *Zeitschrift für die alttestamentliche Wissenschaft* durch Greßmann

Mit dem ersten von Greßmann verantworteten Heft (1924) beginnt eine eigene Zählung als „Neue Folge".[39] Diesen Schritt versteht der neue Herausgeber als „ein mit voller Absicht gewähltes Symbol",[40] das den Neuansatz in der Geschichte der Zeitschrift illustrieren soll. Zum Einstieg präsentiert Greßmann seine Ansichten über „Die Aufgaben der alttestamentlichen Forschung", als deren übergeordnetes Ziel er „das geschichtliche Verständnis des A[lten] T[estaments]"[41] bestimmt, womit zugleich eine Festlegung auf den religionsgeschichtlichen Zugang getroffen ist. Das Programm nimmt Bezug auf den bereits erwähnten Beitrag von Rudolf Kittel über die „Zukunft der Alttestamentlichen Wissenschaft",[42] setzt aber an einigen entscheidenden Stellen andere Akzente. Wie Kittel würdigt Greßmann ausdrücklich die Leistung der Literarkritik, zeigt allerdings auch deren Grenzen auf und sieht die Zukunft der Wissenschaft in einer Synthese aus Literarkritik und

---

37 Greßmann an Gunkel, 27.12.1923, ULB Halle, Yi 33 I G 270.
38 Delitzsch, *Täuschung*.
39 Die Zählung der alten und neuen Folge läuft lange Zeit parallel. Nach dem Tod Hempels kehren die Herausgeber 1964 zur alten Zählung zurück.
40 Greßmann, „Die Aufgaben der alttestamentlichen Forschung", 1.
41 Greßmann, „Die Aufgaben der alttestamentlichen Forschung", 1.
42 Vgl. oben 5.1.1 und die ausdrückliche Erwähnung bei Greßmann, „Die Aufgaben der alttestamentlichen Forschung", 2.

Religionsgeschichte, die ihren Schwerpunkt im Bereich der religionsgeschichtlichen Forschung hat. Das von Kittel angedeutete parallele Fortbestehen der beiden Wissenschaftszweige hält Greßmann für wenig sinnvoll. Stattdessen wiederholt er seine frühere Einschätzung,[43] dass die Literarkritik eine „vorbereitende Hilfswissenschaft" sei,[44] die daher nur in Verbindung mit anderen Forschungsbereichen und nicht um ihrer selbst willen betrieben werden solle.[45]

Greßmann räumt ein, dass ihm der Begriff der Religionsgeschichte zunehmend Probleme bereite, da der inzwischen etablierte Ausdruck das von ihm befürwortete Programm zu stark einschränke.[46] Er plädiert für eine breite Einbeziehung aller in Frage kommenden Wissenschaftszweige, darunter vor allem der Literaturgeschichte, aber auch der Archäologie, Folkloristik und Psychologie. Wie Greßmann sich das Verhältnis der Disziplinen untereinander vorstellt, wird etwa daran erkennbar, dass er die Archäologie anders als die Literarkritik als „gleichberechtigte Schwester"[47] der Philologie bezeichnet. Nach Greßmanns Programm sollen die für die geschichtliche Forschung relevanten Wissenschaftszweige zu einem Konzept der „Kulturgeschichte"[48] zusammengefasst werden, ein Begriff, den er hier zum ersten Mal verwendet. Dieses Konzept beinhaltet eine Abkehr von der rein deskriptiven Forschung, die Objekte, Themen und Motive lediglich sammelt, und eine Hinwendung zu ihrer systematischen Einordnung in eine Entwicklungslinie der Geschichte Israels. Greßmann formuliert in diesem Zusammenhang den prägenden Leitsatz: „Auf das literarkritische ist das vorderorientalische Zeitalter gefolgt."[49] Seine Arbeit zielt dabei in einem sehr umfassenden Sinne darauf, „die Stufe der allgemein menschheitlichen Entwicklung zu bestimmen, auf der sich Israel befunden hat, und es so an der richtigen Stelle in den geschichtlichen Lauf der vorderorientalischen Kultur einzuordnen, zugleich aber die tiefsten Triebkräfte des israelitischen Menschen aufzuspüren, die sein Schicksal gerade so und nicht anders gestaltet haben."[50] Für dieses Ziel strebt er eine Zusammenarbeit der Disziplinen an, denn der breite Ansatz könne selbstverständlich „nicht in dem Sinne für den Einzelnen gelten, als

---

43 S. o. 3.1.
44 Greßmann, „Die Aufgaben der alttestamentlichen Forschung", 4.
45 Greßmann, „Die Aufgaben der alttestamentlichen Forschung", 4f. Als Kronzeugen für die Unterordnung benennt Greßmann Wellhausen selbst, der in seinen Arbeiten „stets aufs Ganze sah und die Einzelergebnisse in den Gesamtverlauf der historischen Entwicklung einreihte" (5).
46 Greßmann, „Die Aufgaben der alttestamentlichen Forschung", 8.
47 Greßmann, „Die Aufgaben der alttestamentlichen Forschung", 14.
48 Greßmann, „Die Aufgaben der alttestamentlichen Forschung", 14. Vgl. dazu Welten, „Ansätze".
49 Greßmann, „Die Aufgaben der alttestamentlichen Forschung", 8f.
50 Greßmann, „Die Aufgaben der alttestamentlichen Forschung", 14.

müsse er dies ganze ungeheure Gebiet selbständig beherrschen; zum Glück kennt auch die Wissenschaft eine Arbeitsteilung, die die Last zerlegt und tragbar macht."[51] Greßmanns Programm besticht durch die schonungslose Kritik an der zeitgenössischen alttestamentlichen Wissenschaft in Deutschland. Er beanstandet nicht nur ein weiteres Mal die einseitig geführte Literarkritik, sondern wendet sich zusätzlich gegen die Engführungen des Bildungssystems, dem er einen Mangel an „sinnlicher Anschauung"[52] attestiert. Vor diesem Hintergrund plädiert er für die stärkere Berücksichtigung ästhetischer Elemente in der wissenschaftlichen Arbeit, was bei den Fachgenossen durchaus auf geteiltes Echo stößt. Problematisch erscheint ferner die bekannte Hypothesenfreude Greßmanns, mit der er den Mangel an zur Verfügung stehendem biblischem Material zu kompensieren sucht: „Man muß nur lernen, aus Wenigem viel zu machen."[53] Dazu gehört sicher auch der Vorschlag, Vergleichsmaterial zu nutzen, das aus der Folkloristik stammt und den Bereich bis in die Gegenwart abdeckt.

Völlig ausgeblendet wird in Greßmanns Entwurf die theologische Frage nach dem Verständnis von Heilsgeschichte und Offenbarung, obwohl dies seit dem Ende des Ersten Weltkriegs auch für die Religionsgeschichte des Alten Testaments vermehrt diskutiert wird.[54] Im Grunde hat Greßmann an dieser Fragestellung kein Interesse, wie der spätere Streit mit Vertretern der Dialektischen Theologie zeigt.[55] Der von Marti angedeutete Weg, die Diskussion in der Zeitschrift auch auf die Verknüpfung mit der neutestamentlichen Wissenschaft auszurichten und somit eine innerbiblische Theologie vorzubereiten, wird von Greßmann nicht beschritten. Stattdessen richtet er seinen Blick verstärkt auf das nachbiblische Judentum, was sich wohl seiner Arbeit als Leiter des Institutum Judaicum Berolinense verdankt.[56] Das zielt zwar in eine ähnliche Richtung, bedeutet aber doch eine

---

51 Greßmann, „Die Aufgaben der alttestamentlichen Forschung", 17. Etwas pathetischer betont er am Schluss: „Hier will und muß die ZAW mithelfen, damit die Forscher aller Völker im gemeinsamen Ringen um tiefste Probleme nicht aneinander vorbeiarbeiten, sondern in Ehrerbietung vor jeder ernsthaften Leistung gegenseitig mit- und voneinander lernen; soviel an mir liegt, wird sie dazu beitragen, daß die Kluft zwischen Nationen durch die uns allen gemeinsame Liebe zum A[lten] T[estament] und durch das uns allen gemeinsame Streben nach Wahrheit wieder nach Möglichkeit überbrückt werde" (33).

52 Greßmann, „Die Aufgaben der alttestamentlichen Forschung", 14.

53 Greßmann, „Die Aufgaben der alttestamentlichen Forschung", 15.

54 Das Thema ist bereits im Bibel-Babel-Streit präsent, gelangt aber mit dem Siegeszug der Religionsgeschichte in veränderter Form in die exegetische Forschung.

55 S. u. 5.3.

56 Vgl. Greßmann, „Die Aufgaben der alttestamentlichen Forschung". Zur Arbeit am Institutum Judaicum oben 4.3 – 4.

Schwerpunktverschiebung. Seinem Programm folgend geht es Greßmann um eine innergeschichtliche Erforschung des Alten Testaments und der daran anschließenden Zeit. In einer ersten Reaktion auf diesen Entwurf merkt Hempel, der spätere Nachfolger als Herausgeber, kritisch an, dass das historische Verständnis nicht von der systematisch-theologischen Betrachtung losgelöst werden könne und daher auch die „Wahrheits- und Offenbarungsfrage"[57] betreffe.

5.1.3.1 Der erste Jahrgang

Mit Blick auf die wenigen Beiträge in den Jahren vor seiner Herausgeberschaft schreibt Greßmann an Gunkel, dass „alle guten + gediegenen Aufsätze" in der Zukunft für die Zeitschrift zu reservieren seien.[58] Er beginnt sogleich, bei Kollegen um geeignete Texte zu bitten, und versucht dabei, alle Forschungsrichtungen zu berücksichtigen, wenn auch zähneknirschend und nicht ganz vorurteilsfrei, wie etwa die Spannung mit Eduard König zeigt:

> Ich muß natürlich Parität wahren und die Vertreter der Literarkritik zu Wort kommen lassen – den Schwätzer Eduard König schließe ich selbstverständlich aus – aber Männer wie Budde, Hölscher + Genossen kann ich nicht mundtot machen.[59]

Greßmanns Politik lässt sich daran ablesen, dass er auf seinen programmatischen Aufsatz unmittelbar einen Beitrag Willy Staerks (1866 – 1946) „Zur alttestamentlichen Literarkritik" folgen lässt. Staerk, ein ehemaliger Wellhausen-Schüler und jetzt Anhänger der Religionsgeschichte, exerziert dort an ausgewählten Textbeispielen aus der Genesis neue Theorien der Literarkritik durch. Die freundschaftliche Verbindung zwischen den beiden Männern führt dazu, dass Greßmann Staerk zu weiteren Beiträgen für die Zeitschrift ermuntert, nachdem dieser bereits in Studienjahren einmal bei Stade veröffentlichen durfte.[60]

---

57 Hempel, Rez. Greßmann, „Die Aufgaben der alttestamentlichen Forschung", 104. Hempel formuliert den Wunsch, „daß auch den Grenzfragen zwischen alttestamentlicher und systematischer Theologie das Blatt geöffnet sei, wenn anders sie, in wissenschaftlicher Weise bearbeitet, an seine Pforten klopfen. Wer etwas häufiger katholische oder orthodox-jüdische Werke über das A[lte] T[estament] liest, wird immer von dem lebendigen Eindruck gepackt werden, daß die letzten Entscheidungen auch über literarische und historische Fragen doch auf dem Gebiete der Systematik fallen" (105).
58 Greßmann an Gunkel, 27.12.1923, ULB Halle, Yi 33 I G 270.
59 Greßmann an Gunkel, 13.1.1924, ULB Halle, Yi 33 I G 271. König veröffentlicht im ersten Heft schließlich doch einen Beitrag unter dem Titel „Stimmen Ex 20,24 und Dtn 12,13 f. zusammen?"
60 1891 veröffentlicht Staerk einen Aufsatz über den „Gebrauch der Wendung אחרית הימים im a[lt]t[estamentlichen] Kanon". Adolf Hilgenfeld (1823 – 1907), der damalige Herausgeber der

Obwohl Staerk sehr kritisch mit den Ergebnisse der Wellhausen-Schule umgeht, bleibt er methodisch auf dem Boden der Quellenscheidung.[61] Zwar zeigt er sich offen gegenüber den von Greßmann angesprochenen „grundlegenden philologisch-historischen Fortschritte[n]"[62] in der jüngsten Forschung, was ihn von der bisherigen reinen Literarkritik unterscheidet,[63] doch bleibt sein Entwurf weit entfernt von Greßmanns umfangreichem kulturwissenschaftlichen Programm und steht diesem in gewisser Weise sogar entgegen.[64]

Greßmann scheint diese Mischung unterschiedlicher Ausrichtungen im Auge zu haben, wenn er etwas kryptisch an Gunkel schreibt: „Du hast Recht, daß ich die Literarkritiker jetzt nicht angreifen darf – so mach ich es umgekehrt: ich werde die Literarkritik *verteidigen* – du wirst Dein blaues Wunder erleben."[65] Auch die Folgeartikel des ersten Heftes konzentrieren sich auf die philologische Arbeit an den Texten, bringen dabei aber zunehmend Aspekte neuerer Forschungsansätze in die Diskussion ein. Johannes Hempel schickt seinem Aufsatz über „Jahwegleichnisse der israelitischen Propheten" in diesem Sinne die einleitenden Worten voraus, dass neben den Texten „auch unmittelbare Zeugnisse des religiösen Lebens zu Rate zu ziehen und neben das geschriebene Wort das religiöse Bild zu stellen"[66] seien. Dabei greift Hempel nicht nur explizit die Forschung Lamprechts auf,[67] sondern lehnt sich zugleich an das Vorwort Greßmanns zu den *Altorientalischen Texten und Bildern* an.[68] Die große Schwierigkeit besteht nun allerdings im Mangel an archäologischen Zeugnissen. „Wo die Steine schweigen," so lautet Hempels Lösung, „muß das Buch auch für sie mitsprechen."[69] Auf diese Weise versucht Hempel, die von Wellhausen herkommende Literarkritik mit einer Pro-

---

Zeitschrift für die Wissenschaftliche Theologie, wirbt Staerk für seine Zeitschrift ab, was dieser später außerordentlich bedauert, um freudig zur *ZAW* unter Greßmann zurückzukehren, vgl. Staerk, „Willy Staerk", 170 f.

61 Vgl. dazu die Darstellung zur Gleichsetzung von Literarkritik und Quellenkritik in der Forschung bei Werlitz, *Studien*, 14 f.

62 Greßmann, „Die Aufgaben der alttestamentlichen Forschung", 6.

63 Ähnlich Werlitz, *Studien*, 15 Anm. 12.

64 Seinen Standpunkt verdeutlicht Staerk ein paar Jahre später in einer Selbstdarstellung: „Die Befreiung der biblischen Exegese aus der erdrückenden Umklammerung durch den Historismus wird sich in doppelter Weise am Gesamtgebiet der Wissenschaft vom Alten Testament auswirken. Sie weist in Zukunft der Geschichte und Archäologie ihren Platz an der Peripherie an, die biblische Theologie aber rückt sie energisch in den Mittelpunkt" (Staerk, „Willy Staerk", 192).

65 Greßmann an Gunkel, 8. 2.1924, ULB Halle, Yi 33 I G 272.

66 Hempel, „Jahwegleichnisse", 74.

67 Hempel, „Jahwegleichnisse", 74.

68 Vgl. Greßmann, *AOTB* 2, VII: „,Bilder' sind eine notwendige Ergänzung zu ,Texten'." S.o. 2.3.

69 Hempel, „Jahwegleichnisse", 75.

phetenforschung zu verbinden, die sich stark auf psychologische Elemente stützt.[70]

Über die weitere Heftgestaltung schreibt Greßmann an Gunkel: „Den englischen Aufsatz von Cooke *mußte* ich nehmen, 1) weil vor der Gesellschaft der angl[ikanischen?] Alttest[amentler] sozusagen offiziell gehalten [...], 2) weil er bereits angekündigt und erwartet war, er ist zwar mäßig, weil nichts Neues enthaltend, aber doch nicht schlecht".[71] Und weiter: „Für das 1. Heft ist charakteristisch die Mitarbeit 1) von Forschern aus Deutschland, England, Amerika, Holland + der Schweiz, 2) von Literarkritikern (Fullerton), Orthodoxen (Böhl, Caspari) und Religionsgeschichtlern."[72]

Mit dieser weiten Aufstellung versucht Greßmanns, die internationalen Beziehungen der Zeitschrift wiederherzustellen, die durch den Ersten Weltkrieg weitgehend abgebrochen waren. Eine der Hauptschwierigkeiten, mit denen Marti zu kämpfen hatte, bestand darin, die verlorenen ausländischen Abonnenten wiederzugewinnen, deren Wegfall die Zeitschrift in finanzielle Not gebracht hatte. Greßmann geht diese Herausforderung einerseits durch die verstärkte Einbeziehung ausländischer Gelehrter an,[73] andererseits eröffnet er mit den „Bemerkungen des Herausgebers" (später auch „Mitteilungen" genannt) eine neue Rubrik, die die von Marti geführte „Bibliographie" ersetzt. Hier widmen sich Greßmann und andere Autoren ausgewählten Themen aus aktuellen Veröffentlichungen, Vorträgen oder Tagungen, zu denen kurze Abrisse und Kommentare geboten werden. Zusätzlich erscheint regelmäßig eine von Greßmann verfasste Zeitschriftenschau, die sich in größerem Umfang auch dem französisch- und englischsprachigen Bereich zuwendet. Einen Schwerpunkt legt Greßmann in diesen Rubrikenbeiträgen auf die von ihm so geschätzte Archäologie[74] und Völkerkun-

---

70 Vgl. auch die zeitgenössischen Forschungen von Duhm, *Israels Propheten*, und Hölscher, *Profeten*, sowie die Darstellung bei Baltzer, *Fachdidaktik*, 95 f.
71 Greßmann an Gunkel, 17.4.1924, ULB Halle, Yi 33 I G 275. Gemeint ist der Beitrag von George Albert Cooke (1865–1939) mit dem Titel „Some Considerations on the Text and Teachings of Ezekiel 40–48".
72 Greßmann an Gunkel, 17.4.1924, ULB Halle, Yi 33 I G 275. Namentlich angesprochen sind hier die Beiträge Kemper Fullertons (1850–1946) zu den „Original Conclusions to the Book of Job", Franz Böhls (1882–1976) zu „Tud'alia I" und Wilhelm Casparis (1876–1946) zu „Neueren Versuchen geschichtswissenschaftlicher Vergewisserung über Mose".
73 Vgl. im ersten Heft neben Cooke und Fullerton z. B. noch Maurice Canneys (1872–1942) Beitrag zum „Goat-Song" und Charles Brustons Text mit dem Titel „L'inscription des deux colonnes du temple de Salomon".
74 Vgl. im Rahmen der „Bemerkungen" bereits im ersten Heft über den „Untergang Ninives" (157) oder die „Ausgrabungen der Davidstadt" durch den Palestine Exploration Fund (158).

de.[75] Ausführlich geht er auf neueste Funde ein und setzt sich kritisch mit deren Beziehungen zu biblischen Texten auseinander.[76] Hinzu kommt die eingehende Besprechung verschiedener jüdischer Zeitschriften.

Die neue Ausrichtung zeigt sich auch im zweiten Heft des ersten Jahrgangs, in dem Greßmann seine ausführliche Untersuchung über „Die neugefundene Lehre des Amen-em-ope und die vorexilische Spruchdichtung Israels" veröffentlicht.[77] Darin widmet er sich einem 1923 publizierten ägyptischen Weisheitstext aus der Übergangszeit von der 20. zur 21. Dynastie und vergleicht ihn mit dem Proverbienbuch.[78] Greßmann muss sich für seine Studie auf die Übersetzung Adolf Ermans (1854–1937) stützen, zieht aber zur Beratung dessen Schüler Kurt Sethe (1869–1934) hinzu, mit dem er den Text durchspricht. Getreu seiner Arbeitsweise geht es Greßmann nicht in erster Linie um eine ausführliche Darstellung von wörtlichen Übereinstimmungen, sondern um einen Vergleich der Ideen und Motive.[79] Eine synoptische Gegenüberstellung der deutschen Übersetzung des ägyptischen Textes mit dem hebräischen Text des Proverbienbuches soll die Verwandtschaft veranschaulichen. Gleichzeitig möchte er die „internationalen Zusammenhänge"[80] darstellen, die die Spruchdichtung des Alten Orients nach seiner Auffassung prägen, um schließlich die spezifisch israelitische Prägung des Proverbienbuches herauszuarbeiten.[81] An die Untersuchung der Lehre des Amen-em-ope schließt sich nahtlos eine weiterführende Skizze der vorexilischen Spruchdichtung Israels an. In gewohnter Weise spannt Greßmann den Bogen

---

75 Ebenfalls in den „Bemerkungen" über die „Heiligen Tänze" (159 f.) oder die Notizen über „Kultlieder" (160), die durch Mowinckels *Psalmenstudien* angestoßen werden.

76 Dazu gehört auch die Aufnahme von Artikeln über die neugefundenen Texte der Hethiter, etwa Böhl, „Tud'alia I", oder Gustavs, „Die syrischen Berge".

77 Ein Jahr später erscheint seine weiterführende Studie über *Israels Spruchweisheit* in Buchform.

78 Der Text wird bereits 1888 von Sir Ernest A. Wallis Budge (1857–1934) entdeckt und dem British Museum in London übergeben. Auf die Veröffentlichung 35 Jahre später folgt eine lebhafte Diskussion. Vgl. dazu Herzog, „Sprüche". Ausführlich setzt sich Schipper, „Lehre", mit der Forschungsgeschichte auseinander und untersucht erneut die literarischen Abhängigkeiten.

79 Greßmann, „Lehre", 274: „Es soll keineswegs überall im folgenden literarische Abhängigkeit behauptet werden; vielfach liegen nur verwandte Gedankengänge vor und in einzelnen Fällen sogar Gegensätze." Vgl. Schipper, „Lehre", 71.

80 Greßmann, „Lehre", 282.

81 Greßmann, „Lehre", 288: „von einer mechanischen Übernahme ägyptischer Spruchweisheit [kann] in Israel nicht die Rede sein [...]. Selbst wenn die Zahl der Sprüche in den Prov[erbien], die aus dem Ägyptischen stammen, sich noch beträchtlich vermehren sollte, wird sich an dem Urteil nichts ändern, daß die Israeliten nur das entlehnt haben, was ihnen kongenial war; was ihnen nicht zusagte, stießen sie ab oder prägten es um."

seiner Darstellung „von Ägypten im Westen bis nach Indien im Osten"[82] und trägt zur Illustration zahlreiche weitere Einzelbeispiele zusammen.[83] Er geht davon aus, dass Sprüche und Einzelsammlungen im Alten Orient selbstständig umliefen und dass sich die Gelehrten aller beteiligten Kulturkreise je nach individuellem Geschmack aus diesem Fundus bedienten.[84]

Mit dem Aufsatz stellt Greßmann sein Gespür für aktuelle Themen unter Beweis, wie aus der nachfolgenden Debatte in Forscherkreisen deutlich wird. Im Unterschied zu dem eher abwartenden Marti gelingt es ihm damit, der Zeitschrift die nötige Aufmerksamkeit zu verschaffen. Mit seinem Interesse an ägyptischen Quellen und den größeren Zusammenhängen innerhalb der altorientalischen Literatur tritt er einer einseitigen Festlegung der Ursprünge von Kulturentwicklungen entgegen, wie sie mit dem Panbabylonismus verbunden ist. Es zeugt allerdings von großem Selbstbewusstsein, wenn er seine sprachgeschichtliche Untersuchung ohne ägyptische Sprachkenntnisse unternimmt. Durch die Beteiligung Sethes kann er sich zwar absichern, begibt sich aber auf unsicheres Terrain, was ihn freilich nicht von weitreichenden Hypothesen abhält, die mit der Gewissheit formuliert sind, dass auf dem Gebiet der Archäologie noch viel zu erwarten ist.

Greßmann verbindet die Überlegungen zur Spruchdichtung mit Ergebnissen der Gattungsforschung und gibt auf dieser Grundlage einen großen Überblick über die altorientalische Literaturgeschichte.[85] Damit wählt er ein Verfahren, das auch Gunkel in einem für dieselbe Ausgabe der Zeitschrift erbetenen[86] Aufsatz unter dem Titel „Jesaja 22 – eine prophetische Liturgie" verwendet, um am konkreten Beispiel Teile einer alttestamentlichen Literaturgeschichte zu präsentieren. Zusammen mit Greßmanns Beitrag zu den „Aufgaben der alttestamentlichen Wissenschaft" ist damit bereits im ersten Jahrgang der Zeitschrift exemplarisch ein Dreischritt von der Darstellung der Ziele und Methoden der philologischen Forschung, der Einzelarbeit am Text und der Präsentation von Ergebnissen in Form einer Literaturgeschichte vollzogen, wie Gunkel ihn in seinem Text umreißt.

In die Reihe der literaturgeschichtlichen Einzeluntersuchungen ist auch der von Hans Schmidt verfasste Aufsatz über „Die Ehe des Hosea" einzuordnen, in dem der Allegorie als Gattung und ihrer psychologischen Wirkung nachgegangen

---

82 Greßmann, „Lehre", 285.
83 Neben dem Proverbienbuch z. B. Jer 17,5 – 8; Ps 1; Jes 10,15.
84 Eine These, die Schipper, „Lehre", 242f., aufnimmt, wenn er für den Autor des Proverbienbuches ein „Lektüreverfahren" veranschlagt, „das aus der ägyptischen Tradition stammt und seinen Ort im Schulsystem hat."
85 Vgl. Greßmann, „Lehre", 289 ff.
86 Greßmann an Gunkel, 13.1.1924, ULB Halle, Yi 33 I G 271.

wird. Greßmann lehnt die Untersuchung zunächst ab,[87] lässt sich dann allerdings noch umstimmen.[88] Die Diskussion um die Annahme dieses Beitrags lässt erkennen, dass Greßmanns inhaltliche Arbeit bis in die einzelnen Texte hineinreicht und auf ein einheitliches Programm ausgerichtet ist. Der neuerliche Erfolg der Zeitschrift ist deshalb nicht zuletzt Greßmanns hartem Regiment zu verdanken, das er als Herausgeber führt. Gezielt fragt er Wissenschaftler für Aufsätze an, fordert zur Überarbeitung von Texten auf oder verweigert deren Annahme:

> Im Übrigen bin ich sehr streng, habe fast alle M[anu]S[kripte], die mir Marti übermacht hat, ihrem V[er]f[asser] zurückgesandt und sitze nun – leise weinend – vor dem Nichts. [...] Ich bin nicht dazu da, Aufsätze zu korrigieren – gefallen sie mir nicht, so wandern sie unbarmherzig zurück für den Papierkorb. „Cäsarenwahnsinn", sagt Hanna [Greßmanns Frau], aber erst im Entstehen, füge ich hinzu. Wie das noch enden wird! Ich bin selbst neugierig![89]

Greßmann absolviert in dieser Zeit alleine für die Sichtung von Veröffentlichungen und Zeitschriften und für die Korrespondenz mit Autoren ein ungeheures Arbeitspensum.[90] Sein Einsatz wird indes schon nach kurzer Zeit belohnt, indem die Zeitschrift rasch ihre alte Anerkennung zurückgewinnt. Bei der Vorbereitung zum zweiten Jahrgang kann er Gunkel freudig berichten: „Sie [scil. die Zeitschrift] wird übrigens immer internationaler; nun kommt auch noch ein Franzose hinein

---

87 Greßmann an Gunkel, 8.2.1924, ULB Halle, Yi 33 I G 272: Schmidts „sentimentaler Roman über Hoseas Ehe hat *so* nicht Gnade gefunden vor mir – v[ie]ll[eicht] wenn er ihn in 2. Aufl[age] überarbeitet. Gespannt bin ich auf den mir angekündigten Psychoanalytiker, der Dich überzeugt haben soll; ich bin skeptisch, aber meine Meinung ist gleichgültig, wenn nur die Sache gefördert wird."

88 Dem Aufsatz ist die Diskussion noch anzumerken, wenn sich Schmidt beispielsweise zum Vorwurf der Romanhaftigkeit äußert: „Die hier aufs Neue vorgetragene Anschauung von der Ehe des Hosea ist in letzter Zeit wiederholt dem Vorwurf ausgesetzt gewesen, sie entwerfe einen ‚Roman'. Der Sinn dieses Vorwurfes ist, daß durch ‚Psychologisieren', durch das Eintragen moderner Empfindungen, die dann gerne als ‚sentimental' bezeichnet werden, an Stelle des gegebenen Textes ein Phantasiebild gestellt werde" (Schmidt, „Ehe", 271). In seinen Schlusssätzen beruft sich Schmidt zur Rechtfertigung implizit auf das Programm Greßmanns: „Ich möchte für diese Untersuchung in Anspruch nehmen, daß ihre tragenden Stützen überall auf dem im Text gegebenen festen Boden ruhen. Diese festen Punkte durch Vermutungen zu verbinden, dabei die unausgesprochenen Motive durchfühlend aufzuspüren und so den warmen Herzschlag des Lebens hinter den halbzerstörten Zeichen einer alten Urkunde erkennen zu lassen, diese Aufgabe ist – wiewohl sie der Phantasie nicht entraten kann – eine Aufgabe der Wissenschaft" (272).

89 Greßmann an Gunkel, 8.2.1924, ULB Halle, Yi 33 I G 272.

90 Im Herbst 1924 schreibt er Gunkel zu den Fortschritten und seinen Plänen für die Zukunft, fügt allerdings hinzu: „Aber ich muß erst hinaus und frische Kraft schöpfen, da ich am Ende bin. 6 Wochen Ferien! Hurrah!" (Greßmann an Gunkel, 20.8.1924, ULB Halle, Yi 33 I G 277).

(2 Holländer, 2 Engländer, 1 Amerikaner, 1 Schweizer, 4 Deutsche). Die Beziehungen zum Ausland neu zu knüpfen, macht mir große Freude."[91]

5.1.3.2 Der zweite Jahrgang

Das erste Heft des zweiten von Greßmann verantworteten Jahrgangs 1925 ist als Festgabe zu Martis siebzigstem Geburtstag geplant, wird aber unerwartet zu einem Gedenkheft, da Marti vier Tage vor seinem Geburtstag verstirbt. Greßmann eröffnet das Heft mit einem weiteren programmatischen Aufsatz, nämlich dem bereits erwähnten Text zu den „Aufgaben der Wissenschaft des nachbiblischen Judentums".[92] Damit wird deutlich, warum der Titel der Zeitschrift mit dem Beginn der Herausgeberschaft Greßmanns den Zusatz „die Kunde des nachbiblischen Judentums" erhält. Unter der Bezeichnung „nachbiblisch" fasst Greßmann das Judentum der Zeit von Alexander dem Großen bis zur Entstehung des Islams.[93] Er schlägt einen Bogen von Mose bis Jesus und erarbeitet auf diese Weise ein ausdrücklich religionsgeschichtliches Programm, das seinen kulturgeschichtlichen Entwurf zum Alten Testament aus dem ersten Jahrgang ergänzt. In dieser Perspektive befasst sich Greßmann mit der israelitischen Religion, dem „strenggläubigen Judentum",[94] dem Christentum, dem Islam und anderen Religionen, deren jeweiligen Eigenwert er ermitteln möchte.

Zu diesem Konzept fügt sich der Aufsatz des jüdischen Historikers Abraham Menes (1897–1969) über „Die sozialpolitische Analyse der Urgeschichte". Menes verbindet in dieser Untersuchung die klassische Quellenforschung mit einer sozialgeschichtlichen Frage. Man habe bei der philologischen Untersuchung „übersehen, daß die Verschiedenheit der Anschauungen ebenso sehr eine Folge verschiedener Ideenrichtungen und sozialer Zugehörigkeit sein kann und daß neben dem zeitlichen Nacheinander das soziale Nebeneinander berücksichtigt werden muß."[95] Bei der Analyse der Texte gehe es darum, die entsprechende Intention der Autoren der verschiedenen Quellenschriften herauszuarbeiten. Auch wenn diese Stoßrichtung im Einzelnen kritikwürdig erscheint, berührt sie

---

91 Greßmann an Gunkel, 6.12.1924, ULB Halle, Yi 33 I G 282.

92 S.o. 4.4.

93 Kritik am Begriff „nachbiblisch" übt Beer, Rez. Greßmann, „Die Aufgaben der Wissenschaft des nachbiblischen Judentums". Beer bemerkt, dass in dem von Greßmann definierten Zeitraum die Sammlung der biblischen Schriften stattgefunden habe, weswegen er kaum als „nachbiblisch" bezeichnet werden könne.

94 Greßmann, „Die Aufgaben der Wissenschaft des nachbiblischen Judentums", 32.

95 Menes, „Analyse", 33.

sich doch mit Greßmanns Forderung nach einer stärkeren Beachtung ästhetischer Gesichtspunkte.[96]

Ebenso bedeutsam für Greßmanns konzeptionelle Vorstellung ist der Beitrag von Wilhelm Rudolph (1891–1987) zur Gottesknechtsfigur, der unter dem Titel „Der exilische Messias" erscheint. Rudolph versucht als ehemaliger Anhänger der Wellhausen-Schule, den traditionellen literarkritischen Ansatz unter dem religionsgeschichtlichen Aspekt zu transformieren und schlägt dabei eine konservative Richtung ein.[97] In diesem Sinne bemüht er sich, die Gottesknechtslieder in die Religionsgeschichte Israels einzuordnen und nach der „Persönlichkeit dieses Messias"[98] zu fragen, worin sich Berührungspunkte mit Greßmanns eigener Forschung zur Messiasvorstellung zeigen.[99] Doch während Rudolph die konkrete Person des Gottesknechts anhand des literarischen Befundes charakterisieren möchte,[100] ist Greßmann an der Vorstellung vom Messias im Orient und der Wandlung des Motivs durch die Religionsgeschichte interessiert und verknüpft dies mit der Gattungsfrage.[101] Rudolphs Beitrag macht ähnlich wie etwa auch Rudolf Kittels Moseuntersuchung[102] deutlich, dass die religionsgeschichtliche Methode von konservativer Seite durchaus geschätzt wird, weil sie den historischen Aspekt betont und so zur Beglaubigung des biblische Zeugnisses herangezogen werden kann.[103] Offensichtlich bedient sich Greßmann dieser konservativen Stimmen, um seinen Vorbehalt gegen eine ausschließlich literarkritisch arbeitende Exegese auf eine breitere Basis zu stellen. Das Problem dieser herausgeberischen Entscheidung besteht allerdings in der unterschiedlichen systematisch-theologischen Auffassung, was spätestens mit dem Aufkommen der Dialektischen Theologie zu harten Auseinandersetzungen führt.[104] Im nächsten

---

96 Vgl. zu Greßmanns ästhetischem Interesse oben 3.1.2.

97 Vgl. Smend [d.J.], *Alttestamentler*, 214.

98 Rudolph, „Messias", 108.

99 S.o. 2.1–2.

100 Vgl. Rudolph, „Messias", 109 f., wo er die Gottesknechtslieder als „eine Art von Gelegenheitsgedichten" charakterisiert, die „unmittelbar aus der jeweiligen Lage heraus entstanden und an einen Kreis gerichtet [sind], der alles miterlebt und darum wußte, worum es sich handelte". Wie bereits der Titel seines Beitrags verrät, geht Rudolph dabei von einer exilischen Messiasgestalt aus, die schließlich den Tod gefunden hat.

101 Das zeigt schon Greßmanns Untersuchung zu Deuterojesaja, die zehn Jahre zuvor in der *ZAW* erschienen ist: „Will man Deuterojesaja in die Literaturgeschichte der israelitischen Prophetie einreihen, so darf man als charakteristisch bezeichnen, daß bei ihm die Auflösung der prophetischen Gattungen beginnt" (Greßmann, „Analyse", 295).

102 S.o. 3.1.

103 So hält Rudolph etwa an der Vorstellung von Mose als Verfasser des Dekalogs fest und schreibt den Schluss des Amosbuches dem Propheten zu. Vgl. Smend [d.J.], *Alttestamentler*, 214.

104 S.u. 5.3.

Jahrgang (1926) kritisiert Willy Staerk den Ansatz von Rudolph, betont die frühe Abfassungszeit der Gottesknechtslieder und charakterisiert Jes 52,13 ff. als ein „Mysterienlied", das „von einem Geheimnis göttlichen Waltens in der Epoche der Geschichte seines Volkes spricht, in der jener Ebed mit seinem Leiden und seiner Rechtfertigung stand, steht und noch weiter stehen soll."[105] Staerk sieht hier Ausleger und Geschichtsforscher an das Ende ihrer Arbeit gekommen und bezieht das Lied abschließend in einem „übergeschichtlichen" Sinne auf das Kreuzesgeschehen.[106] Im selben Heft bringt der jüdische Professor Arthur Marmorstein (1882–1946) die jüdische Perspektive in die Auslegung der Gottesknechtslieder ein und betont die Wirkung für das religiöse Bewusstsein des jüdischen Volkes.[107] Greßmann lässt also wie angekündigt Vertreter unterschiedlicher Forschungsperspektiven zu Wort kommen, legt dabei aber einen besonderen Schwerpunkt auf religionsgeschichtliche Betrachtungen, die durch Beiträge angesehener Fachkollegen in den Vordergrund gestellt werden.

Das zweite Jahrgangsheft 1925 setzt dieses Programm mit einem Aufsatz von Ernst Sellin fort, der sich mit der Frage der Datierung des „Moseliedes" (Dtn 32) beschäftigt. Bei der Beantwortung orientiert sich Sellin an der Religions- und Literaturgeschichte Israels[108] und verortet das Lied in Abgrenzung von Budde in der nachexilischen Zeit.[109] Er plädiert dafür, „mit kritischen Amputationen und Textänderungen eines Liedes etwas vorsichtiger zu sein, als man vielfach gewesen ist, solange man die historischen Verhältnisse, unter denen es gedichtet ist, nicht sicher kennt."[110] Die Betonung des historischen Kontexts verbindet Sellins Text mit Greßmanns religionsgeschichtlichem Interesse. Der Unterschied liegt darin, dass Greßmann bei seinen gattungsgeschichtlichen Untersuchungen von Sagen und Liedern die von Sellin geforderte Zurückhaltung gegenüber dem ursprünglichen Text gerade vermissen lässt.

Mit Johannes Hehn (1873–1932) kann Greßmann den Kreis der Autoren schließlich auch um einen katholischen Theologen erweitern. In einem Beitrag „Zum Problem des Geistes im Alten Orient und im Alten Testament" beschäftigt sich Hehn mit Geistvorstellungen im Ägyptischen, Akkadischen, Babylonischen,

---

105 Staerk, „Ebed Jahwe-Problem", 260.
106 Staerk, „Ebed Jahwe-Problem", 260: „Der Exeget und Historiker wird durch beide, durch Inhalt und Form, an die Grenzen seines hermeneutischen Könnens erinnert: ignoramus et ignorabimus. Aber das ist kein Verlust, denn Jes 52,13 ff. hat sein Verständnis im Übergeschichtlichen der Betrachtung e conspectu crucis gefunden. Und das muß uns genügen."
107 Marmorstein, „Erklärung".
108 Vgl. Sellin, „Moselied", 171 f.
109 Die Datierung von Dtn 32 ist bis heute umstritten, vgl. Seybold, *Studien*, 170 f.
110 Sellin, „Moselied", 171.

Hebräischen und Griechischen. Gegen eine rein äußerliche Betrachtung des Phänomens aufgrund von Sprachvergleichen plädiert er für die Untersuchung der „inneren Triebkräfte", die zur Verwendung bestimmter Motive geführt haben, und warnt zugleich vor einer „ungeschichtlichen Religionsmengerei".[111] Das Problem der religionsphänomenologischen Unterscheidung trifft sich mit der von Greßmann insbesondere gegen den Panbabylonismus vorgebrachten Fragestellung nach Abhängigkeiten von Motiven und Vorstellungszusammenhängen, wobei Hehn und Greßmann auch in der Forderung nach einer Analyse der spezifisch israelitischen Eigenarten in den alttestamentlichen Textzeugnissen übereinstimmen. Mit Hehn hat Greßmann einen Vertreter der Delitzsch-Schule gefunden, der deren Grundannahmen in einer für Greßmann akzeptablen Weise für die Religionsgeschichte nutzbar macht.

5.1.3.3 Der dritte Jahrgang

Im dritten und zugleich letzten von Greßmann verantworteten Jahrgang 1926 findet sich abgesehen von den Mitteilungen und der Zeitschriftenschau kein eigener Beitrag des Herausgebers.

Stattdessen wird das Heft von einem programmatischen Aufsatz aus der Feder Otto Eißfeldts eingeleitet, der sich mit dem Verhältnis von „Israelitisch-jüdischer Religionsgeschichte und alttestamentlicher Theologie" beschäftigt,[112] also in einem allgemeineren Sinne mit der Frage nach dem Zusammenhang von „Geschichte und Offenbarung".[113] Eißfeldt, ein vormaliger Anhänger Wellhausens, lässt sich durch Greßmann von der religionsgeschichtlichen Methode überzeugen und arbeitet fortan streng nach historischen Gesichtspunkten. Wie bereits erwähnt gehört er neben Hempel zum engeren Mitarbeiterkreis, den Greßmann für die Zeitschrift zusammenstellt. Eißfeldt konstatiert in seinem Beitrag, dass die Frage nach der Offenbarung in der zeitgenössischen Debatte zum zentralen Problem der alttestamentlichen Wissenschaft, mehr noch der biblischen Wissenschaft im Allgemeinen geworden sei. Aus theologischer Perspektive werde die Kritik an einer historisch arbeitenden Forschung immer lauter:

Des Historismus und Psychologismus und Relativismus der religionswissenschaftlichen Methode müde, sehnt man sich nach Offenbarung und fordert eine wissenschaftliche Behandlung der Bibel, die ihrem Anspruch, Offenbarung, absoluter Wert zu sein, gerecht wird,

---

111 Hehn, „Problem", 225.
112 Vgl. dieselbe Diskussion in den 90er Jahren des 20. Jahrhunderts exemplarisch im Sammelband Baldermann u. a., *Religionsgeschichte Israels*.
113 Eißfeldt, „Religionsgeschichte", 1.

eben die theologische. Am vernehmlichsten haben die Vertreter der dialektischen Theologie diese Forderung ausgesprochen. Aber sie sind bisher über die Kritik des Alten und die grundsätzliche Forderung eines Neuen noch wenig hinausgekommen.[114]

Damit ist ein Problem angesprochen, das Greßmann in seiner Darstellung der „Aufgaben der alttestamentlichen Forschung" ausgespart hat, was aber Ende der 1920er Jahre als Konflikt innerhalb der Wissenschaft immer stärker hervorbricht. Greßmann selbst befindet sich zu diesem Zeitpunkt in offenem Streit mit Vertretern der Dialektischen Theologie[115] und überlässt Eißfeldt das Thema wahrscheinlich mit der Absicht, die Herausgeberschaft nicht mit der Auseinandersetzung zu belasten.

Eißfeldt unterscheidet in seinem Aufsatz zwischen einer religionswissenschaftlich-historischen Erforschung des Alten Testaments, die philologisch sowie „auf Grund persönlich-nacherlebenden Sich-Einfühlens"[116] arbeitet und die Wahrheitsfrage aus der wissenschaftlichen Erörterung ausklammert, und einer theologisch-kirchlichen Auffassung, die den Glauben[117] als zentralen Schlüssel für das Verständnis des Alten Testaments ansieht und die vom Christentum aus auf die gesamte Bibel schaut. Beide Ansätze müssen aus Eißfeldts Sicht getrennt bleiben, allenfalls können sie sich an bestimmten Punkten ergänzen oder befruchten.[118] Damit hat Eißfeldt dem religionsgeschichtlichen Zugang zu den biblischen Texten im wissenschaftlichen Kontext eine privilegierte Position zugewiesen, die ganz im Sinne Greßmanns für die Ausrichtung und Methodenwahl seiner Forschung entscheidend ist.[119] Er warnt davor, die Religionsgeschichte zu einer *ancilla theologiae* zu machen.[120] Mit ähnlichen hierarchischen Begriffen versucht auch Greßmann, wie bereits gesehen, den Vorrang der Religionsgeschichte zu untermauern, um sie gegen die verschiedenen Positionen in der alttestamentlichen Wissenschaft zu einer erweiterten Kulturgeschichte auszubauen.[121]

---

114 Eißfeldt, „Religionsgeschichte", 2.
115 S.u. 5.3.
116 Eißfeldt, „Religionsgeschichte", 1.
117 Ausdrücklich unterscheidet Eißfeldt das „Sich-Einfühlen" vom „Glauben", der „ein Überwältigt- und Gebeugt-Werden und innerer Gehorsam gegen das [sei], was einen ergriffen habe" („Religionsgeschichte", 2).
118 Eißfeldt, „Religionsgeschichte", 6 ff. Der Glaube habe die Autoren des Alten Testaments getrieben, während die wissenschaftliche Erkenntnis dem Glauben dienen kann, indem sie neue Zugangsweisen zu den Texten erschließt und so eine mittlerweile fremde Welt erklärbar macht.
119 Vgl. dazu auch Rendtorff, „Gerhard von Rad", 17 f.; Weber, *Altes Testament*, 56 f.
120 Eißfeldt, „Religionsgeschichte", 5.
121 S.o. 5.1.3.

In der angezielten Richtung behandeln die weiteren Artikel des dritten Jahrgangs der „Neuen Folge" fast ausschließlich religionsgeschichtliche Themen. So widmet sich Robert Henry Pfeiffer (1892–1958) aus Harvard dem Einfluss einer „Edomitic Wisdom" auf israelitische Weisheitstexte und sieht hier ein Verbindungsstück für die Vermittlung der von Greßmann betonten ägyptischen Tradition.[122] Walter Baumgartner (1887–1970) untersucht die Abhängigkeit des Danielbuches von Textzeugnissen aus verschiedenen keilschriftlichen Funden und greift bei seinen Vergleichen, ganz im Stile Greßmanns, bis zu den modernen türkischen Märchen aus.[123]

Wie schwierig die von Eißfeldt angesprochenen Trennung zwischen einem historischen und einem theologischen Ansatz für manche Autoren ist, zeigt die Untersuchung der neu gefundenen hethitischen Texte durch den Pastor Arnold Gustavs (1875–1956) im selben Jahrgang. Gustavs möchte die pluralische Determinierung der in der Bibel vorkommenden Gottesbezeichnung אלהים als „ureigensten Besitz des Volkes Israels"[124] verteidigen und hofft, dass der in den Texten aus Boghazköi vorkommende „Gott *ilâni*Ḫabiri recht bald wieder in der Versenkung verschwinde, ehe er auf dem Gebiete der Religionsgeschichte allzuviel Unheil angerichtet hat."[125] Sein Widerspruch richtet sich gegen die 1921 ebenfalls in der *Zeitschrift für die alttestamentliche Wissenschaft* veröffentlichte These Anton Jirkus (1885–1972), der es für möglich hält, dass die pluralische Determination als Sprachmerkmal für die Bezeichnung einer Gottheit von den Hethitern nach Israel gelangt sei.[126] Gustavs will seine Auseinandersetzung „lediglich philologisch, ohne religionsgeschichtliche Seitenblicke"[127] führen, wenngleich der Eindruck entsteht, dass sein Urteil letztlich von dogmatischen Überzeugungen gelenkt ist. Jirku erhält von Greßmann im zweiten Heft des Jahrgangs die Möglichkeit zu einer Verteidigung und nutzt diese, um auf die methodischen Schwächen eines Verzichts auf die religionsgeschichtliche Perspektive hinzuweisen,[128] die im konkreten Fall nach seiner Auffassung auch zu falschen philologischen Schlussfolgerungen führt.[129]

Greßmann wird auch als Herausgeber nicht müde, die Behandlung der Mosesagen in der aktuellen Forschungsdiskussion zu halten. Nach den bereits ge-

---

122 Pfeiffer, „Edomitic Wisdom", 15 f.
123 Baumgartner, „Material", 47.
124 Gustavs, „Was heißt ilâni Ḫabiri?", 38.
125 Gustavs, „Was heißt ilâni Ḫabiri?", 37 f.
126 Jirku, „Material".
127 Gustavs, „Was heißt ilâni Ḫabiri?", 26.
128 Jirku, „Götter", 237.
129 Jirku, „Götter", 240 f.

nannten „Neueren Versuchen geschichtswissenschaftlicher Vergewisserung über Mose" von Wilhelm Caspari im ersten Heft der „Neuen Folge" erscheint jetzt ein Artikel des jüdisch-russischen Professors Solomon Luria aus Leningrad (heute St. Petersburg), der von einer „ägyptischen Bibel" einer Gruppe von Israeliten in der ägyptischen Diaspora des 8. Jahrhunderts ausgeht.[130] Mit dieser These versucht er im Wesentlichen, die von Greßmann angestellten Überlegungen zur Wanderung ägyptischen Lokalkolorits nach Israel zu stützen.[131] Auch mit Buddes Beitrag über „Das Deuteronomium und die Reform König Josias"[132] wird ein bereits von Greßmann bearbeitetes Thema aufgegriffen. Budde plädiert für ein synthetisches Zusammenspiel der einzelnen Forschungsrichtungen und führt damit den „Kampf um das Deuteronomium"[133] fort. Die Beispiele zeigen Greßmanns Gespür für aktuelle Debatten, für die er in der Zeitschrift ein Forum anbieten will.

5.1.4 Die *Zeitschrift für die alttestamentliche Wissenschaft* nach dem Tod Greßmanns

Nach dem plötzlichen Tod Greßmanns 1927 tritt Johannes Hempel die Nachfolge als Herausgeber der Zeitschrift an und behält diese Funktion bis 1959.[134] Der vierte Band der „Neuen Folge" ist dem Andenken Greßmanns gewidmet und enthält mehrere Nachrufe. Die inhaltliche Gestaltung unterscheidet sich zunächst nicht von dem durch Greßmann angestrebten Programm. Dies hängt damit zusammen, dass Greßmann wohl noch die Planung für das laufende Jahr vorangetrieben hat,

---

130 Luria, „Bibel". Zur Person Lurias vgl. Baumgarten, *Elias Bickermann*, 218 f.; Vitz-Margulis, „Solomon Luria".

131 S.o. 3.1.

132 Es handelt sich um einen Vortrag, den Budde auf dem für April 1926 geplanten Internationalen Alttestamentlertag in Leiden halten sollte (vgl. Greßmann, „Mitteilungen", 302) und zu dem er bemerkt: „Ich habe diese Aufgabe mir nicht selbst gewählt, sondern sie ist mir von dem Ausschuß, der sich für unser schönes Zusammensein gebildet hatte, gestellt worden, und so schwindelnd hoch sie auch vor mir sich türmte, so mochte ich doch das in mich gesetzte, fast mich beschämende Vertrauen nicht durch eine Ablehnung täuschen" (Budde, „Deuteronomium", 177). Wegen zu geringer Teilnehmerzahl kommt das Treffen nicht zustande und Budde bietet den Text stattdessen Greßmann zum Abdruck in der *ZAW* an, wo er ohne Umarbeitung erscheint.

133 So rückblickend Baumgartner, „Kampf". Budde selbst fühlt sich „an den Streit erinnert, der sich im Himmel erhob, da Michael und seine Engel mit dem Drachen stritten, und der Drache ist hier die De Wettesche Hypothese, die, von Wellhausen weiter ausgebildet, sich wie ein Dogma festgesetzt habe und mit dem geschichtsphilosophischen System Hegels die A[lt]T[estament]liche Wissenschaft bis in die Gegenwart hinein beherrsche" („Deuteronomium", 178).

134 Ausführlich dazu Weber, *Altes Testament*, 175–194.

bevor er bei seinem Aufenthalt in den Vereinigten Staaten im April überraschend verstirbt.

Die von Greßmann eingeführte Zeitschriftenschau und die „Mitteilungen" sollen nach Hempels Absicht als Rubriken erhalten bleiben, aber von unterschiedlichen Autoren verfasst werden. Hempel nimmt eine Umstrukturierung vor, indem er diese Kleinbeiträge auf das zweite und vierte Heft eines Jahrgangs verteilt, während das erste und dritte Heft eher den umfangreicheren Aufsätze vorbehalten sein soll.[135] Im zweiten Heft unter seiner Herausgeberschaft (1928) führt Hempel eine „Konjekturenliste" ein, in der die Verbesserungsvorschläge des Masoretischen Textes aus allen Beiträgen gesammelt werden. Das ambitionierte Unternehmen wird jedoch bereits nach einem Jahr wieder eingestellt, weil der Aufwand offenbar die Möglichkeiten der Redaktion übersteigt und die Autoren nicht ausreichend zuarbeiten.[136] Die „Bemerkungen des Herausgebers" wandelt Hempel nach kurzer Zeit in eine „Chronik" um, in der er für jedes Jahr Neuigkeiten, Informationen und Berichte zusammenfasst und dabei auch seine eigene, subjektive Haltung durchscheinen lässt.[137] Die größte Herausforderung für Zeitschrift und Herausgeber stellt schließlich das Erstarken des Nationalsozialismus dar. Hempels Engagement für die Deutschen Christen ist mit einer deutlichen Entfernung von dem durch Greßmann eingeschlagenen Weg verbunden.[138] Besonders augenfällig wird dies an der Streichung des durch Greßmann eingeführten Untertitels „Kunde des nachbiblischen Judentums" ab 1931 sowie am Ausschluss jüdischer Wissenschaftler aus dem Autorenkreis und jüdischer Zeitschriften aus der Zeitschriftenschau.[139]

Darüber, wie Greßmann sich zum Nationalsozialismus verhalten hätte, lässt sich nur spekulieren. Verbürgt sind seine Äußerungen gegen den aufkommenden Antisemitismus;[140] ebenso sein intensiver Austausch mit internationalen Fach-

---

135 Hempel, „Mitteilungen", 160.

136 Vgl. den Aufruf am Anfang und Ende der ersten Liste, Hempel, „Konjekturenliste", 73 und 75.

137 Vgl. mit Beispielen Weber, *Altes Testament*, 176. In dieser „Chronik" zeigt Hempel später eine Nähe zur nationalsozialistischen Ideologie, die ihm im Ausland viel Kritik einbringt und seine spätere Herausgeberschaft belastet.

138 Zu Hempels Herausgeberschaft während des Nationalsozialismus ausführlich Weber, *Altes Testament*, 177–194.

139 Erst als die Herausgeberschaft 1993 von Otto Kaiser zu Hans-Christoph Schmitt und Gunther Wanke wechselt, wird Greßmanns Untertitel erneut diskutiert. Die neuen Herausgeber verzichten auf die Erweiterung des Titels und machen dafür inhaltliche Gründe geltend, u. a. dass es bereits eine bedeutende Anzahl von Zeitschriften für den judaistischen Forschungsbereich gibt. Sie heben stattdessen den interreligiösen und internationalen Charakter der Zeitschrift hervor (Schmitt und Waschke, „Zum Geleit", 1 f.).

140 S. o. 4.3.

kollegen und seine Freundschaft mit amerikanischen und jüdischen Gelehrten, die ihn vor einem zu engen Volksbegriff bewahren. Eine Zusammenarbeit mit den Deutschen Christen wäre vor diesem Hintergrund wohl nicht in Frage gekommen. Wie der Streit um seinen Aufgabenbereich als Fachberater bei der zweiten Auflage des Lexikons zur *Religion in Geschichte und Gegenwart* zeigt,[141] scheut sich Greßmann nicht, seine Mitarbeit an bestimmten Projekten aufzukündigen und enge Freundschaften zu gefährden, wenn er seine wissenschaftlichen Prinzipien gefährdet sieht. Während Hempels Nähe zum Nationalsozialismus die internationalen Beziehungen der Zeitschrift später eher belastet,[142] zeigt die bis in die Gegenwart anhaltende Rezeption Greßmanns in der englischsprachigen Forschung die nachhaltige Wirkung seines religionsgeschichtlichen Programms, das offenbar weiterhin viele Anknüpfungspunkte bietet.

5.1.5 Zusammenfassung

Die Übernahme der *Zeitschrift für die alttestamentliche Wissenschaft* durch Greßmann wird öfter als „Wendepunkt"[143] bezeichnet, der einen Paradigmenwechsel in der alttestamentlichen Wissenschaft sichtbar gemacht habe. Das ist zweifelsohne richtig und sichert der Zeitschrift auch über die dreijährige Herausgeberschaft Greßmanns hinaus die Gunst der nationalen wie internationalen Leserschaft, ebenso das Vertrauen der Autoren, die hier ein sorgfältig kuratiertes Forum für die Diskussion aktueller und international relevanter Themen vorfinden.

Einen Wendepunkt stellt die Herausgeberschaft aber auch für Greßmann selbst und die Entwicklung seines religions- und kulturgeschichtlichen Pro-

---

141 Greßmann an Gunkel, 9.11.1925, ULB Halle, Yi 33 I G 291: „Wie dann, wenn sich ein ‚Bund der Unzufriedenen' zusammentut und RGG² sabotiert? Und wenn die ganze Sache in der Öffentlichkeit breit verhandelt wird? Ich habe sowieso schon allerlei gegen Siebeck auf dem Herzen; es wäre vielleicht ganz gut, wenn man diese Beschwerden zur öffentlichen Kenntnis brächte. Und ich bin gewiß nicht der einzige, der schlechte Erfahrungen mit seinem Verleger gemacht hat." Vgl. dazu Conrad, *Lexikonpolitik*, 374–378.
142 Vgl. Weber, *Altes Testament*, 184–193, dort auch mit Beispielen der Kritik an Hempel aus den Reihen der deutschen Alttestamentler.
143 Der Ausdruck geht auf Theodore H. Robinson (1881–1964) zurück, seinerzeit Sekretär der britischen Society for Old Testament Study, der den Übergang der Herausgeberschaft von Marti auf Greßmann in einem Nachruf auf Budde als „turning point" beschreibt, an dem der Wechsel in der alttestamentlichen Wissenschaft von einer streng literarkritischen Arbeitsweise hin zu einer breiten Methodenvielfalt vollzogen sei (Robinson, „Karl Budde", 301; zitiert u.a. bei Smend [d.J.], *Alttestamentler*, 173; Weber, *Altes Testament*, 173).

gramms dar. Über die Aufgaben der alttestamentlichen Wissenschaft im Rahmen eines solchen Programms denkt er bereits seit längerer Zeit nach.[144] Als Herausgeber bietet sich ihm unerwartet die Möglichkeit zur Umsetzung seiner Vorstellung auf breiter Front. Auch wenn er die prinzipielle Offenheit betont, mit der er die Zeitschrift führen will, so wird doch recht schnell die zielgerichtete Arbeit deutlich, mit der sich Greßmann ein Instrument schafft, um seinen Ansatz mit größtmöglicher Wirkung zu entfalten. Die Strenge des Konzepts zeigt sich von der Eröffnung der einzelnen Jahrgänge mit einem programmatischen Aufsatz bis hin zu der Abfolge der einzelnen Untersuchungen. Durch die gezielte Anfrage einzelner Wissenschaftler bemüht sich Greßmann, seine Vorstellung von einer Arbeitsteilung auf dem religionsgeschichtlichen Feld zu realisieren. Der Siegeszug der Religionsgeschichte, den zahlreiche Wissenschaftler in den 1920er Jahren konstatieren, ist sicher nicht zuletzt Greßmanns Engagement für die Zeitschrift zu verdanken. Ganz im ursprünglichen Sinne Stades nutzt er die Zeitschrift, um eine neue Forschungsrichtung in die breite Öffentlichkeit zu bringen, eine Diskussion zu entfachen und einer neuen Generation von Forschern ein weithin sichtbares Forum zu bieten.

5.2 Greßmann und die Religionsgeschichtliche Schule

Als Greßmann seine Forschungstätigkeit beginnt, erlebt die alttestamentliche Wissenschaft gerade das Erstarken der Religionsgeschichtlichen Schule. Über Eichhorn, Bousset und Gunkel kommt Greßmann in Kontakt mit der neuen Forschungsrichtung, beginnt diese rasch in seine eigene Arbeit zu integrieren und übernimmt bald eine führende Rolle.[145] In seiner unverblümten Art macht er schon zum Ende seines Studiums gegenüber Bousset keinen Hehl aus seinem Desinteresse für andere Ansätze: „Ich habe überdies die sonderbare Fähigkeit, von Dingen, die mich nicht interessieren, so gut wie nichts zu wissen, halte auch manches für sehr überflüssig, was in den Büchern darin steht."[146] Auf der Suche nach einem religionsgeschichtlichen Forschungsfeld für die theologische Dissertation fragt er selbstbewusst bei Adolf von Harnack an, der ihn mit der Übersetzung und Edition von Eusebs *Theophania* betraut.[147]

---

144 Greßmann an Gunkel, 16.2.1924, ULB Halle, Yi 33 I G 274.
145 S.o. Kap. 1.
146 Greßmann an Bousset, undatiert (um 1900), SUB Göttingen, Cod. Ms. W. Bousset 49, Br. 6/3.
147 S.o. 1.2.

Der Kontakt zu den religionsgeschichtlich arbeitenden Theologen in Göttingen bestimmt Greßmanns weitere theologische Arbeit. Vor allem profitiert er vom engen Austausch mit Bousset und Gunkel, die der „kleinen Göttinger Fakultät" angehören, aus der sich zu Anfang des 20. Jahrhunderts die eigentliche „Religionsgeschichtliche Schule" entwickelt.[148] Als Bousset 1903 seine Arbeit über die *Religion des Judentums im neutestamentlichen Zeitalter* veröffentlicht, setzt Greßmann sich intensiv damit auseinander und teilt Bousset seine Gedanken mit.[149] Im selben Jahr erscheint auch Gunkels Buch *Zum religionsgeschichtlichen Verständnis des Neuen Testaments*, mit dem die religionsgeschichtliche Methode auf das gesamte Neue Testament angewendet und das Konzept einer Geschichte der religiösen Ideen innerhalb der Menschheitsgeschichte dargelegt wird.[150] Auch mit Gunkel steht Greßmann in brieflichem Austausch, aus dem sich über die Jahre eine enge Freundschaft entwickelt.

In diesen ersten Jahren des neuen Jahrhunderts wird der Begriff der „Religionsgeschichtlichen Schule" geprägt, erstmals nachweisbar in einem Brief von Hermann Bousset, dem Bruder Wilhelm Boussets, an den Göttinger Verleger Wilhelm Ruprecht.[151] Greßmann, der sich als Teil dieser Bewegung versteht, möchte den Begriff der „Schule" allerdings relativieren, wie er Gunkel zu verstehen gibt:

> Ich bin Gegner jeglicher „Schule" + möchte nicht, daß die Art, wie wir die Dinge betrachten, zur Schulsache ausartet. „Schüler" sind inferior + deshalb wünsche ich mir keine Schüler. Man hat ja ein warnendes Beispiel an Wellhausen + seinen Schülern.[152]

Den älteren und erfahreneren Kollegen fragt Greßmann dennoch gerne um Rat. Gerade auch Gunkels Kenntnisse im wissenschaftspolitischen Kontext sind für Greßmann von enormer Bedeutung. In einem recht sentimentalen Brief blickt Greßmann auf die Erfolge der Religionsgeschichtlichen Schule und möchte gleichzeitig den von Zweifel geplagten Lehrer ermutigen:

> Denken Sie an die anderen ungezählten Namen von jüngeren Leuten, die Sie angeregt haben und die Ihre Ideen weiter verfolgen, wie jüngst wieder der Assyriologe Schranke. Überall trifft

---

148 Özen, „Göttinger Wurzeln", 29.
149 S. o. 4.2; vgl. zu Boussets Werk Verheule, *Wilhelm Bousset*, 91–130.
150 Vgl. Klatt, *Gunkel*, 90–99.
151 H. Bousset an Ruprecht, 26.2.1903, abgedruckt in Lüdemann und Schröder, *Die religionsgeschichtliche Schule*, 16.
152 Greßmann an Gunkel, 13.10.1912, ULB Halle, Yi 33 I G 142.

man Ihre Spuren, und auf Ihren Spuren sprießen Blumen, grünen Saaten; es keimt und sproßt und junge Bäume recken ihre Zweige. Da sollten Sie sich nicht freuen?[153]

Gefördert wird Greßmanns religionsgeschichtliche Arbeit ferner durch die Ermutigung, die er von Otto Baumgarten bei seinem Studium in Kiel erfährt. Baumgarten steht schon früh mit Albert Eichhorn in Kontakt und charakterisiert diesen als „das stille geistige Haupt der neuen ‚religionsgeschichtlichen Schule‘".[154] Greßmann lernt beide in Kiel kennen und wird Teil der zweiten Generation von jungen Forschern, die sich der Religionsgeschichtlichen Schule verpflichtet fühlen. Mitten in der Überarbeitung seiner Untersuchung über den *Ursprung der israelitisch-jüdischen Eschatologie* beschließt er 1913, eine Abhandlung über Eichhorn zu veröffentlichen, in der er sich den Anfängen der Religionsgeschichtlichen Schule widmet. Seinem Verleger in Göttingen teilt Greßmann mit, dass er ein „Charakterbild Eichhorns"[155] entwerfen möchte, der den meisten Zeitgenossen nur sehr schattenhaft bekannt sei. Zugleich möchte er die Entstehungsgeschichte der Religionsgeschichtlichen Schule darlegen und exemplarisch eine Untersuchung über das Weihnachtsevangelium[156] anschließen. Gunkel gegenüber wird Greßmann noch etwas deutlicher und betont den apologetischen Charakter der geplanten Schrift:

> Mich interessiert doch das Problem der „Religionsgeschichtlichen Schule" sehr + ich benutze die Gelegenheit, mir einmal über ihre Prinzipien klar zu werden, was gar nicht so einfach ist, wie ich mir anfangs dachte. Ich sehe nicht ein, warum immer nur die Gegner über die Rel[igions]gesch[ichtliche] Schule schreiben + uns unsere Fehler vor[halten]; es wird Zeit, daß wir umgekehrt einmal den Gegnern prinzipiell den Kopf waschen.[157]

Greßmann schreibt an zahlreiche Mitstreiter Eichhorns und bittet um Informationen. Besonderen Wert legt er auf Gunkels Meinung, auch im Blick darauf, wie

---

153 Greßmann an Gunkel, 11.6.1909, ULB Halle, Yi 33 I G 105: „Noch haben Sie die Sichel nicht an die Ernte gelegt, aber die Ernte verspricht dionysischen Ertrag. Zur Kleinmütigkeit, zu Skepsis, zum Zweifel haben Sie keinen, auch nicht den geringsten Anlaß. Mögen die Generationen nach uns entscheiden, wie weit wir Irrwege gewandelt sind, noch sehen wir das Licht der Sonne, dem wir geraden Weges zustreben. Es ist eine Lust, vorwärts und aufwärts zu dringen. Wir sind Ihnen gefolgt und lassen uns gern weiter führen; helfen Sie uns auch fernerhin, weiterzukommen! Das Bewußtsein, daß Sie treue Anhänger, nicht wetterwendische, schwankende Gestalten haben, die Sie nicht im Stiche lassen und mit Ihnen ins Neuland streben, muß Sie stärken und fest machen, Ihrer Wahrheit treu zu bleiben."
154 Baumgarten, *Lebensgeschichte*, 83.
155 Greßmann an Ruprecht, 17.10.1913, SB Berlin, NL 494 V&R G 1913, Bl. 293.
156 S. o. 2.2.
157 Greßmann an Gunkel, 27.6.1913, ULB Halle, Yi 33 I G 153.

die Religionsgeschichtliche Schule in der Öffentlichkeit dargestellt werden soll.[158] Erhalten ist ein Antwortbrief von Gunkel, in dem er ausführlich über Eichhorn schreibt.[159] Er stellt darin fest:

> Die „Religionsgeschichte" ist also nicht aus dem Eindruck der Ausgrabungen entstanden, sondern umgekehrt: eine neue Flutwelle historischen Geistes fühlte sich durch die Schranken des Kanons unbefriedigt und erkannte, daß man den *Blick auf das Ganze* zu richten habe.[160]

Gunkel berichtet Greßmann von seiner Begegnung mit einer Gruppe junger Wissenschaftler 1889 in Halle, die mit Eichhorn an der Spitze einen unverwechselbaren Charakter gehabt hätte: „Die leitende Idee bei allem war stets das wirkliche Verständnis, *geschichtliche* Verständnis der *Religion:* daher der wohl begründete, präzise die Absicht ausdrückende Name: *Religionsgeschichte.*"[161] Der Einfluss Eichhorns auf die Bildung der Religionsgeschichtlichen Schule darf nicht unterschätzt werden. Auch Greßmann ist in Kiel von dessen Persönlichkeit eingenommen. Das Buch über den *Ursprung der israelitisch-jüdischen Eschatologie* widmet er 1905 nicht nur Bousset, sondern auch Eichhorn.[162] Zehn Jahre zuvor hat auch Gunkel sein Buch zu *Schöpfung und Chaos* dem geschätzten Kollegen zugeeignet, um im Vorwort überdies dessen große Verdienste hervorzuheben.[163] Im Rückblick auf die Entstehung seiner Studie zur israelitisch-jüdischen Eschatologie fasst Greßmann die Rolle Eichhorns wie folgt zusammen:

> Sein Name ist nur selten darin erwähnt, viel seltener als ich wünschte, aber in seiner großen Bescheidenheit legte er niemals einen Wert darauf, zitiert zu werden. Ich hätte ihn auf jeder

---

158 Greßmann an Gunkel, 18.6.1913, ULB Halle, Yi 33 I G 152: „Ich weiß nicht, ob Du selbst noch einmal über die religionsgeschichtliche Schule und ihre Gründung schreiben willst, aber auch wenn Du das vorhast, wäre es doch ganz wünschenswert, daß wir uns vorher darüber verständigen, damit wir wenigstens in den Hauptsachen übereinstimmen, und uns nicht gegenseitig desavouieren und korrigieren müssen."
159 Gunkel an Greßmann, 21.6.1913, abgedruckt bei Klatt, „Brief".
160 Gunkel an Greßmann, 21.6.1913, abgedruckt bei Klatt, „Brief", 4. Greßmann übernimmt die Formulierung wörtlich in seine Darstellung (*Eichhorn*, 20 f.).
161 Gunkel an Greßmann, 21.6.1913, abgedruckt bei Klatt, „Brief", 5. Auch wenn Gunkel später ein wenig einschränkt: „Inhalt, Umfang, Bedeutung des Eichhornschen Einflusses läßt sich nicht mehr bestimmen. Die Dankbarkeit aber für ihn bleibt dieselbe" (6).
162 Vgl. auch Greßmann, *Eichhorn*, 21: „Auch ich darf mich seinem [scil. Eichhorns] Freundeskreise zurechnen und schulde ihm Zeit meines Lebens Dank nicht nur für die wissenschaftliche Ausbildung, die er vollenden half, sondern auch für die menschliche Teilnahme, die er mir entgegenbrachte."
163 Gunkel, *Schöpfung*, VII.

Seite nennen können, wenn es auch schwer war, seinen Anteil jedesmal genau abzugrenzen; denn er hat alle Probleme von Anfang bis zu Ende mit mir durchgesprochen.[164]

In seiner Darstellung der Entwicklung der Religionsgeschichtlichen Schule macht Greßmann noch einmal seine Vorbehalte gegen den Begriff der „Schule" deutlich.[165] Er betont dabei die gleichberechtigte Partnerschaft der beteiligten Gelehrten, während bei anderen Schulbildungen Name und Werk einer herausragenden Forscherpersönlichkeit im Mittelpunkt stehe, wie es etwa bei Wellhausen oder Hermann Usener (1834–1905) der Fall sei.[166] Diese Feststellung ist für Greßmann von großer Bedeutung, befand er sich doch als junger Wissenschaftler trotz der Arbeit auf Augenhöhe immer wieder in einem Abhängigkeitsverhältnis gegenüber den älteren Kollegen.

Gleichzeitig betont Greßmann den forschungsgeschichtlichen Zusammenhang, in den die Religionsgeschichtliche Schule eingebunden ist. Im Gegensatz zu früheren religionsgeschichtlichen Arbeiten, beispielsweise von Paul de Lagarde (1827–1891), blicke die Religionsgeschichtliche Schule nicht einseitig auf den Einfluss einer fremden Religion, sondern interessiere sich ebenso stark für die Entwicklung innerhalb der christlichen Religion.[167] Daneben stehe die Religionsgeschichtliche Schule in Opposition zu einer selbstgenügsam betriebenen Literarkritik, wobei sich die beiden methodischen Ansätze durchaus ergänzen könnten. Die Religionsgeschichte ermögliche einen Rückgriff auf die mündliche Überlieferungsgeschichte und helfe damit, die literarkritischen Ergebnisse zu überprüfen und gegebenenfalls zu modifizieren:[168]

[W]ie die Wörter, so haben selbstverständlich auch die Gedanken und Stoffe eine Vorgeschichte erlebt. Wer diese Vorgeschichte ignoriert oder für gleichgültig erklärt, muß notwendig zu absurden Folgerungen gelangen.[169]

Mit dieser Grundüberzeugung widmet sich Greßmann auch seinen eigenen Forschungsarbeiten, die vor allem auf die Prophetenüberlieferung und sagengeschichtliche Zusammenhänge gerichtet sind. Insbesondere mit seiner Untersuchung über die Mosesagen[170] steht Greßmann ganz unter dem Einfluss der religionsgeschichtlichen Forschung. Als er davon erfährt, dass Eduard König

---

164 Greßmann, *Eichhorn*, 22.
165 Greßmann, *Eichhorn*, 25.
166 Greßmann, *Eichhorn*, 25.
167 Greßmann, *Eichhorn*, 28.
168 Greßmann, *Eichhorn*, 31.
169 Greßmann, *Eichhorn*, 33.
170 S.o. 3.1.

(1846–1936) von der *Deutschen Literaturzeitung* für eine Rezension des Buches angefragt wird, interveniert er sogleich bei dem Herausgeber Paul Hinneberg (1862–1934). Er argumentiert mit der aus seiner Sicht offenkundigen Unfähigkeit Königs, aber auch mit der erkennbaren Tendenz in der vorherrschenden Literarkritischen Schule, den religionsgeschichtlichen Ansatz nach Möglichkeit zurückzudrängen.[171] Diese Erfahrung, die Greßmann zu seinem Einspruch bewegt, ist kein Einzelfall, auch die anderen Vertreter der neuen Forschungsrichtung werden anfangs eher abschätzig beurteilt, was etwa zur Folge hat, dass ihnen die Besetzung von Lehrstühlen größtenteils verwehrt bleibt.

Während die Untersuchung über die israelitische Eschatologie noch stark die Suchbewegung Greßmanns widerspiegelt, ist die Abhandlung über die Mosesagen schon deutlich zielgerichteter in ein religionsgeschichtliches Programm eingebettet. Dabei versucht Greßmann auch schon früh, eine eigene Position innerhalb der Religionsgeschichtlichen Schule zu beziehen. Trotz seiner großen Nähe zu und Abhängigkeit von Gunkel und dessen formgeschichtlicher Forschung hebt Greßmann immer wieder seinen eigenen Ansatz hervor. Dieser zeichnet sich insbesondere durch einen breit angelegten religionsgeschichtlichen Diskurs aus, der sich nicht nur auf literaturgeschichtliche oder archäologische Betrachtungen stützt, sondern die nationale wie internationale religionswissenschaftliche Forschung mit einbezieht und überdies Randgebiete wie etwa die Volksüberlieferung, Völkerpsychologie oder Erzählforschung berücksichtigt. Mit diesem Interesse befindet sich Greßmann in Berlin am Schnittpunkt der verschiedenen Forschungszweige, was er für seine Arbeit ausgiebig zu nutzen versteht.

5.2.1 Die Berliner Fakultät

Als Gunkel 1894 als Extraordinarius an die Berliner Fakultät kommt, ist das Eis für die Religionsgeschichtliche Schule gebrochen. Gleichwohl werden immer wieder

---

171 Greßmann an Hinneberg, 19.3.1913, SB Berlin, NL 494 V&R G 1913: „Sie wissen, daß ich der spezifisch religionswissenschaftlichen Schule des A[lten] T[estament]s angehöre. In Preußen gibt es *keinen* Ordinarius und *einen* E[xtra]O[rdinarius] – das bin ich selbst – der diese Richtung pflegt, die in der philologischen Wissenschaft heute unbestritten den ersten Platz einnimmt. Es ist uns Jüngeren daher nicht leicht gemacht, uns zu behaupten und durchzusetzen. Die waschechten ‚Wellhausenianer' tun alles, um die ihnen unbequeme Richtung zu unterdrücken, und sie haben die Macht dazu. [...] Ich verlange gewiß nicht, daß er [scil. König] meine Resultate unterschreibt, aber wohl, daß er meine Eigenarten und meinen Problemen gerecht wird; dazu ist König-Bonn nicht geeignet."

starke Vorbehalte gegen die neue theologische Forschungsrichtung laut. Als Mitglied des altpreußischen Evangelischen Oberkirchenrats und ordentlicher Professor für Dogmatik äußert etwa Hermann von der Goltz (1835–1906) seine Sorge über die „kühnen Hypothesen"[172] Gunkels, die geeignet seien, die Studentenschaft zu verunsichern.[173] Wegen dieser Vorbehalte erhält Gunkel in Berlin keine ordentliche Professur. Insgesamt bleibt die feste Etablierung in der Forschungslandschaft Preußens für die Vertreter der Religionsgeschichtlichen Schule schwierig, sie wird während der Kaiserzeit von staatlichen Stellen sogar aktiv behindert. Nach Greßmanns Erinnerung hat der preußische Kultusminister August von Trott zu Solz (1855–1938) dazu eine recht entschiedene Haltung vertreten: „Für Leute wie Bousset gibt es in Preußen kein Ordinariat."[174]

Bis 1894 steht das Berliner Seminar für Altes Testament unter der Leitung August Dillmanns,[175] der als Orientalist ein religionsgeschichtliches Verständnis mitbringt, ansonsten aber im Wesentlichen philologisch arbeitet, was sich in dieser Form auch in seinen zahlreichen Kommentaren niederschlägt.[176] Als Nachfolger soll 1895 Friedrich Baethgen (1849–1905) die Kontinuität sichern, der jedoch bald aufgrund einer Erkrankung ausscheiden muss. Für ihn kommt 1899 Wolf Wilhelm von Baudissin (1847–1926) an das Seminar und widmet sich verstärkt der religionssoziologischen Forschung.[177] Sein Forschungsschwerpunkt liegt dabei vor allem auf der semitischen Religionsgeschichte.[178] Seine Arbeiten weisen grundsätzlich in die Richtung, in die sich auch Gunkel bewegt,[179] allerdings konzentriert sich Baudissin stärker auf die Verbindung von Theologie und Religionswissenschaft, während Gunkel sich vornehmlich für die Literaturgeschichte interessiert.[180] Wenngleich Baudissins Ansatz also eine Nähe zum Programm der Religionsgeschichtlichen Schule zeigt, bleibt sein Verhältnis zu deren engeren Vertretern doch eher distanziert, was wohl auf Gegenseitigkeit beruht.[181] Gunkel charakterisiert seinen Kollegen mit Blick auf dessen Genesiskommentar

---

172 Von Gennrich, *Hermann von der Goltz*, 118.
173 Vgl. Elliger, *Fakultät*.
174 Familienrundbrief Greßmanns vom 31.7.1920, abgedruckt bei Klatt, *Gunkel*, 223.
175 Vgl. dazu Bernhard, „Geschichte".
176 Vgl. etwa Dillmann, *Exodus*.
177 Zu Baudissin siehe Eißfeldt, „Lebenswerk".
178 Baudissin hatte bereits bei Dillmann in Berlin studiert, außerdem bei Friedrich Heinrich Dieterici (1821–1903) und Johann Gottfried Wetzstein (1815–1905).
179 Vgl. von Baudissin, *Einleitung*, 3.
180 Vgl. Witte, „Das Alte Testament", 302 Anm. 4.
181 Slenczka, „Theologische Fakultät", 74, zählt Baudissin zu den „Vorläufern der Religionsgeschichtlichen Schule", Witte, „Das Alte Testament", 302, sieht ihn „im Kreis der Protagonisten der Religionsgeschichtlichen Schule".

als „trockene[n] Gelehrte[n] [...], dem die Schönheit und naive Kindlichkeit der alten Sagen nicht recht verständlich gewesen ist".[182]

Im Jahr 1907 tritt Greßmann Gunkels Nachfolge als Extraordinarius an, der seinerseits das lang ersehnte Ordinariat in Gießen erhält. Greßmann zeigt sich überrascht, dass er nach seiner Rückkehr aus Jerusalem gute Aussichten auf die Berufung nach Berlin hat:

> Glücklicherweise erfuhr ich erst nach meiner Rückkehr – in Berlin durch einen Freund – daß ich an zweiter Stelle als Ihr [scil. Gunkels] Nachfolger vorgeschlagen sei: Wer hat denn dies Wunder bewirkt? Habe ich Ihnen das zu danken? Ich wüßte sonst nicht, wer mir dazu verholfen haben könnte Baudissin?? Harnack? Kaftan?? [...] Berlin ist für mich sehr verlockend, ich kann mir nichts Schöneres denken und wäre von Herzen dankbar, sehr dankbar, wenn ich dorthin käme. Auch um Ihretwillen würde es mich freuen. Wenn ich Sie auch nicht ersetzen kann, so würde ich doch Ihre Arbeit fortsetzen.[183]

Greßmann muss sich nun mit Baudissin als Fachkollegen verständigen, wobei er mit dem dreißig Jahre älteren Professor ebenfalls seine Probleme hat. Über die Regeln am Alttestamentlichen Seminar und die Nutzung der Bibliothek geraten beide in Streit, weshalb Greßmann „dem Grafen etwas unsanft auf die Hühneraugen treten"[184] will. Es ist zu vermuten, dass die persönliche Antipathie Greßmanns und sein mangelnder Respekt vor älteren Kollegen die Zusammenarbeit nicht gerade erleichtert hat.

Allerdings lässt es sich Greßmann 1918 nicht nehmen, Baudissin zum siebzigsten Geburtstag einen Aufsatz über „Hadad und Baal nach den Amarnabriefen und nach ägyptischen Texten" zu widmen. Greßmann behandelt darin ausführlich die Frage, wie die Vorstellung des Himmelsgottes aus der ägyptischen Tradition weitergewandert ist, und demonstriert dabei die Nähe seines wissenschaftlichen Ansatzes zur Arbeit Baudissins, insbesondere zu dessen Studie über *Adonis und Esmun* (1911). Beide Forscher versuchen, mit ihrer streng historisch und interdisziplinär ausgerichteten Forschung einen religionstheoretischen Beitrag zur alttestamentlichen Theologie zu leisten.[185] Andererseits stellt sich Greßmann bei der Bearbeitung einiger Artikel für das Lexikon zur *Religion in Geschichte und Gegenwart* deutlich gegen die entsprechenden Beiträge Baudissins

---

182 Gunkel an Ruprecht, 16.3.1897, SB Berlin, NL 494 V&R G 1897.

183 Greßmann an Gunkel, 5.7.1907, ULB Halle, Yi 33 I G 96.

184 So in einem Brief von Greßmann an Gunkel vom 6.1.1911, ULB Halle, Yi 33 I G 121.

185 Vgl. die von Witte, „Das Alte Testament", 311 ff., gesammelten Aspekte zu den wissenschafts- und gesellschaftspolitischen Hintergründen und dem Beitrag, den Baudissin am Anfang des 20. Jahrhunderts dazu leistete.

aus der *Realencyclopädie für protestantische Theologie und Kirche*.[186] Schließlich
tritt Baudissin 1921 mit 74 Jahren in den Ruhestand, was Greßmann bereits seit
längerer Zeit herbeigesehnt hat, da die zahlreichen Professoren im hohen Alter
nach seiner Ansicht die Chancen für den Nachwuchs blockieren.[187] Schon 1917
hatte er entnervt an Gunkel geschrieben: „Die Berliner Theol[ogische] Fak[ultät]
wird allmählich mythologisch; Papa Weiß 90 Jahre, Kleinert 80, Baudissin 70
[...]."[188]

5.2.1.1 Auf dem Weg zum Ordinariat

Der Unwille gegen die überalterten Kollegen bezieht sich auch auf Hermann
Strack, der seit 1877 als außerordentlicher Professor für alttestamentliche Exegese
tätig ist und 1883 das Institutum Judaicum gründet.[189] Bei der Besetzung der
Lehrstühle wird auf die älteren Professoren Rücksicht genommen. Als 1894 die
Nachfolge Dillmanns zu bestimmen ist, befindet sich dafür zunächst auch Gunkel
im Gespräch. Mit Blick auf den älteren Strack will die Fakultät den jüngeren
Kollegen aber nicht bevorzugen. Strack hält man jedoch für ungeeignet für eine
ordentliche Professur.[190] Das gleiche Problem wiederholt sich zwanzig Jahre
später bei Greßmann: „Im vorigen Semester, als die E[xtra]O[rdinarien] zu
Ord[inarien] aufrücken sollten, hat sie [scil. die Fakultät] mich zwar eines
Ord[inariats] für würdig erklärt, mich aber dennoch nicht zum Ord[inarius] vorgeschlagen aus liebevoller Rücksicht auf Strack."[191] Greßmann ist zunehmend
frustriert von der Stellensituation und dem Warten auf eine ordentliche Professur.
Gunkels Schicksal vor Augen, trägt er sich schon gegen Ende des Ersten Weltkriegs mit dem Gedanken, die Berliner Fakultät wieder zu verlassen.[192] Bei einer
Bewerbung an der Philosophischen Fakultät in Göttingen wird er auf den ersten

186 Vgl. die jeweiligen Aufsätze von Greßmann und Baudissin zu Astarte und Aschera, Belial,
den Höhendienst im alten Israel, Malsteine und die Tamuzfigur.
187 Greßmann an Gunkel, 28.12.1920, ULB Halle, Yi 33 I G 246: „Ob der Graf [Baudissin] geht,
weiß ich nicht; es scheint, daß er wartet, bis man ihn zwingt. Die alten Hasen kleben merkwürdig
an ihrem Amte; ob ich auch einmal so werde?"
188 Greßmann an Gunkel, 1.7.1917, ULB Halle, Yi 33 I G 197.
189 Vgl. von der Osten-Sacken, „Liebe", 45 f.
190 Vgl. Klatt, *Gunkel*, 43.
191 Greßmann an Gunkel, 24.2.1920, ULB Halle, Yi 33 I G 226.
192 Greßmann an Gunkel, 1.7.1917, ULB Halle, Yi 33 I G 197: „Ich möchte allmählich fort aus Berlin
und in eine Stellung, in der ich auch etwas schaffen kann. Ich verstehe jetzt, wie Dir zu Mute
gewesen ist, als Du endlich einen Ruf erhieltest, und hoffe, daß Du doch im Grunde froher bist
und zufriedener, als Du hier sein konntest, wenn ich Dir auch eine größere Universität wünschte."

Platz gesetzt, vom zuständigen Ministerium aber zugunsten Alfred Bertholets (1868–1951) übergangen.[193]

Ab 1920 zeichnet sich jedoch die Möglichkeit eines Aufstiegs in ein Ordinariat an der Berliner Fakultät ab. Dies ist nicht zuletzt den guten Kontakten Greßmanns zu Carl Heinrich Becker (1876–1933) zu verdanken, der seit 1919 als Unterstaatssekretär die preußische Hochschulpolitik mitgestaltet. Der fachlichen Herkunft nach Orientalist, hat Becker ein besonderes Auge auf das Alte Testament und verhilft schon Gunkel 1919 zu einem Ruf nach Halle gegen den Widerstand der dortigen Fakultät.[194] Greßmann ist zunächst skeptisch, was Beckers Durchsetzungskraft insbesondere bei der „Entgreisung"[195] der Berliner Fakultät angeht. Deshalb will er notfalls auch auf die Unterstützung einiger Abgeordneter zurückgreifen, zu denen er Kontakte unterhält.[196] Doch im Laufe der Verhandlungen wird Greßmann deutlich, dass Becker und seinen Referenten sehr daran gelegen ist, ihn in Berlin zu halten, so dass er seine Forderungen durchsetzen kann.[197]

Mit Gunkels Wechsel nach Halle 1920 ändert sich zugleich die Situation für Greßmann. Gunkel verspricht seinem Freund, ihn für die Nachfolge in Gießen vorzuschlagen, was dieser mit großem Dank annimmt.[198] Gleichzeitig wird er von der Theologischen Fakultät in Berlin für ein Ordinariat vorgeschlagen. Dazu schreibt er an Gunkel: „Mir liegt aber ganz und gar nichts daran, jetzt mit dem großen Schube ‚par ordre du mufti' aufzurücken. Ich möchte *lieber einen Ruf* haben."[199] Gunkel bemüht sich daraufhin weiter, Greßmann auf einem guten Listenplatz für Gießen zu platzieren. Nach einigen Verzögerungen liegt Greßmann schließlich sowohl ein Ruf nach Gießen als auch ein Angebot in Berlin vor. Die Professur in Gießen bietet dabei gewisse Vorteile, da sie mit einer höheren Dotierung verbunden ist und Greßmann im Alten Testament relativ unangefochten wäre.[200] Dazu wieder an Gunkel:

---

193 Greßmann an Gunkel, 1.7.1917, ULB Halle, Yi 33 I G 197.
194 Hammann, *Gunkel*, 314–316.
195 Greßmann an Gunkel, 24.2.1920, ULB Halle, Yi 33 I G 226.
196 Greßmann an Gunkel, 24.2.1920, ULB Halle, Yi 33 I G 226.
197 Greßmann an Gunkel, 24.7.1920, ULB Halle, Yi 33 I G 237.
198 Greßmann an Gunkel, 17.4.1920, ULB Halle, Yi 33 I G 230: „Wie ich Dir jetzt schriftlich wiederhole, daß es für mich eine große Freude und Ehre wäre, von Dir als Dein Nachfolger in Gießen vorgeschlagen zu werden, darf ich doch daraus die Gewißheit entnehmen, daß ich mich hier in Berlin Deiner Nachfolge würdig entwickelt habe. Dieser Trost, der mir durch Deine freundliche Anerkennung immer zuteil geworden ist, hat mich innerlich gestärkt + aufrecht erhalten, wenn mir bisher die äußere Anerkennung manchmal zu wünschen übrig ließ. Wenn die Gießener Fakultät zustimmen sollte, wäre die Freude für mich natürlich noch größer."
199 Greßmann an Gunkel, 21.4.1920, ULB Halle, Yi 33 I G 231.
200 Greßmann an Gunkel, 6.7.1920, ULB Halle, Yi 33 I G 235.

Die Entscheidung wird mir recht schwer gemacht. Aber zunächst will ich einmal den Reiz voll auskosten, zwischen den beiden Ordinariaten in Berlin und Gießen wählen zu dürfen. Das Allerschönste wäre es, wenn ich hierbleiben und Dich dann auch noch hierherziehen könnte; wir beide nebeneinander, das müßte eine schöne Arbeitsgemeinschaft werden.[201]

Greßmann entscheidet sich für das Ordinariat in Berlin. In einem Familienrundbrief beschreibt er ausführlich die Gründe, die ihn dazu bewogen haben. Seine gute Stellung innerhalb der Berliner Fakultät und die Anerkennung bei Kollegen und Studenten möchte er ebenso wenig aufgeben wie die exzellenten Arbeitsbedingungen, zu denen aus seiner Sicht vor allem die Museen und Bibliotheken beitragen, aber auch der Kontakt mit den verschiedenen Gelehrten, die auf dem Gebiet der Religionsgeschichte arbeiten. Ausdrücklich benennt Greßmann die enge Zusammenarbeit mit dem Ägyptischen Museum.[202] In einem Brief an Gunkel wird er deutlicher, muss er doch um das Verständnis des kollegialen Freundes bitten, der sich mit großem Einsatz für die Berufung nach Gießen eingesetzt hat:

Entscheidend für meine Zusage hier zu bleiben, sind für mich meine wissenschaftlichen Arbeiten, die ich noch vorhabe: Die Erforschung der ägyptischen Denkmäler nach der Religion + Kultur der Semiten, und andere Studien, die sich nur hier erledigen lassen im Zusammenhang mit den Museen. Ich habe eine wundervolle Arbeitsgemeinschaft mit den Ägyptologen und bin überzeugt, daß kein anderer mich darin ersetzen könnte. Die Hoffnung, auf diesem Gebiet weiter arbeiten zu können, ist der Hauptfaktor meiner Entscheidung.[203]

So gibt schließlich nicht der finanzielle Aspekt den Ausschlag, sondern die Aussicht, im Netzwerk der Berliner Fachkollegen das breite, die verschiedenen Kulturen des Vorderen Orients umfassende religionsgeschichtliche Programm vorantreiben zu können. Greßmann erhält in Berlin allerdings nur ein „persönliches" Ordinariat,[204] das nach seinem Ausscheiden nicht wieder neu besetzt werden soll. Gleichzeitig steht die Fakultät schon bald vor der Frage, wie die Nachfolge Baudissins zu regeln ist. Greßmanns Ernennung zum ordentlichen Professor hat zur Folge, dass Gunkel keine Chance bei einer Bewerbung eingeräumt wird, da ein Ausgleich zu Greßmanns progressivem Charakter gesucht wird.[205] In die engere Wahl kommen gleichberechtigt Gustav Hölscher und Ernst Sellin, den Ruf erhält schließlich Sellin.[206]

---

201 Greßmann an Gunkel, 6.7.1920, ULB Halle, Yi 33 I G 235.
202 Familienrundbrief Greßmanns vom 31.7.1920, abgedruckt bei Klatt, *Gunkel*, 226.
203 Greßmann an Gunkel, 24.7.1920, ULB Halle, Yi 33 I G 237.
204 Greßmann an Gunkel, 6.7.1920, ULB Halle, Yi 33 I G 235.
205 Greßmann an Gunkel, undatiert (vermutlich Anfang 1920), ULB Halle, Yi 33 I G 247: „Ich glaube als sicher hinstellen zu dürfen, daß man Dich ehrenvoll nennen, aber nicht vorschlagen

5.2.1.2 Ernst Sellin und Hugo Greßmann

Sellin kommt aus der Schule Wellhausens, zeigt aber großes Interesse an der Arbeit der Religionsgeschichtlichen Schule. Trotzdem steht er kirchenpolitisch auf der Seite der sogenannten „positiven Theologen", die sich als konservativ verstehen und der liberalen Forschung entgegenstehen.[207] Vor seiner Berufung nach Berlin hat Sellin bereits die archäologischen Ausgrabungen in Taanach (1902– 1904), Jericho (1907–1909) und Sichem (1913–1914) geleitet. Greßmann hat 1907 bei seiner Palästinareise die Ausgrabung in Jericho besucht und von dort zahlreiches Anschauungsmaterial mitgebracht.[208] Fortan nimmt er die Berichte Sellins interessiert, aber auch kritisch wahr.[209] Beide teilen das Interesse an der israelitischen Eschatologie und den Heilsvorstellungen im Alten Testament. Sellin lässt Greßmann 1912 seine Studien über *Den alttestamentlichen Prophetismus* zukommen, der die Untersuchung ausführlich mustert.[210] Die in diesem Buch geäußerte Kritik an Greßmanns Untersuchung zum *Ursprung der israelitisch-jüdischen Eschatologie* bleibt nicht ohne Wirkung und wird bei der Neubearbeitung vielfach berücksichtig.[211]

Greßmann bemüht sich, Sellin gleich nach der Berufung für sein Arbeitsprogramm zu gewinnen und in das hochschulpolitische Engagement für ein Notprogramm zur Förderung der alttestamentlichen Wissenschaft einzubin-

---

wird, weil der oberste Grundsatz sein muß, daß man eine Ergänzung zu mir findet. Aber sicher ist mir heute noch nicht, daß Sellin auf die Liste kommt. Favorit ist Hölscher. Bertholet dagegen sehr fraglich. Na, ich bin selbst gespannt, welches Ei die Fak[ultät] ausbrüten wird." Vgl. auch den Brief Greßmanns an Gunkel vom 14.3.1920, ULB Halle, Yi 33 I G 228, in dem er unter Hinweis auf die Vertraulichkeit von den fakultätsinternen Verhandlungen berichtet: „Es herrscht Einmütigkeit darüber, daß *Du* in erster Linie in Betracht kämst, wenn ich nicht hier wäre. Ebenso einmütig waren wir der Meinung, daß dann *Hölscher + Sellin* vorzuschlagen seien; nur darüber gingen die Ansichten auseinander, wer an erster Stelle zu nennen sei. Wir haben uns schließlich verständigt, sie pari passu vorzuschlagen. Mit Ehren erwähnt wird wohl auch *Frankenberg*, gegen den aber doch starke Bedenken geäußert sind, weil er keine Lehrtätigkeit ausgeübt hat."
206 Vgl. Palmer, *Ernst Sellin*, 20 f. Die von Palmer aufgeworfene Frage nach den Berufungsvorschlägen ist durch die in der vorigen Anmerkung zitierten Briefe Greßmanns beantwortet.
207 Palmer, *Ernst Sellin*, 109–113.
208 S. o. 3.2.1.
209 Vgl. die Auseinandersetzung um die Monotheismusvorstellung in den Textfunden von Taanach, oben 2.3.3.2.
210 Greßmann an Gunkel, 21.6.1912, ULB Halle, Yi 33 I G 139. Das zugesandte Exemplar befindet sind in der Hugo-Greßmann-Bibliothek an der Humboldt-Universität zu Berlin. Die darin enthaltene Studie über „Alter, Wesen und Ursprung der alttestamentlichen Eschatologie" ist mit zahlreichen, teils anerkennenden, teils kritischen Anmerkungen Greßmanns versehen.
211 S. o. 2.2.2.

den.[212] Der neue Kollege wird Ansprechpartner bei den Orientalistentagen und Autor der *Zeitschrift für die alttestamentliche Wissenschaft*.[213] Schon bald ist Sellin der Fachkollege, mit dem Greßmann an der theologischen Fakultät am engsten zusammenarbeitet, trotz der einen oder anderen wissenschaftlichen Auseinandersetzung.[214]

Ein Jahr nach seinem Wechsel nach Berlin veröffentlicht Sellin eine Untersuchung über *Mose und seine Bedeutung für die israelitisch-jüdische Religionsgeschichte* (1922). In der Arbeit zeigen sich durchaus Berührungspunkte mit der Mosestudie Greßmanns, insbesondere bei der Kadesch-Sinai-Frage.[215] Allerdings geht Sellin auch ganz eigene Wege, indem er etwa vehement die Überzeugung vertritt, dass Mose den Märtyrertod erlitten habe.[216] Eine Nähe zur religionsgeschichtlichen Methode ist ihm nicht abzusprechen, auch wenn Sellin in seiner Arbeitsweise wohl „zu den eigenwilligsten Alttestamentlern seiner Zeit"[217] gehört.

Für die Festschrift zum sechzigsten Geburtstag Sellins (1927) schreibt Greßmann einen Aufsatz über den „Festbecher", der jedoch erst nach seinem plötzlichen Tod erscheint. In der kurzen Abhandlung untersucht Greßmann die Ideengeschichte des zu festlichen Anlässen gebrauchten Bechers im Alten Testament. Die Untersuchung, die sowohl die profane als auch die religiöse Seite berücksichtigt, dürfte ganz nach dem Geschmack Sellins gewesen sein, führt Greßmann doch auch zahlreiche archäologische Funde an. In seiner „Gedächtnisrede" nach Greßmanns Tod würdigt Sellin ausführlich die Leistung des verstorbenen Kollegen. Anerkennung zollt er vor allem Greßmanns Kombinationsgabe und Spekulationsfreude, der er sich im Interesse der Wissenschaft und ohne Rücksicht auf ein mögliches Forschungsvermächtnis hingegeben habe: „Ein Lehrbuch, einen normalen Kommentar zu schreiben, hat ihm nie gelegen, er mußte überall ungehinderten Spielraum für neue eigene Kombinationen haben."[218] Kritisch vermerkt er Greßmanns harschen, zuweilen verletzenden Umgangston mit Kollegen, die eine andere Auffassung vertraten, zeigt sich allerdings auch dankbar für die förderliche Zusammenarbeit in Berlin.[219]

---

212 Greßmann an Gunkel, 16.11.1920, ULB Halle, Yi 33 I G 242. Siehe dazu unten 5.2.2.3.
213 Greßmann an Gunkel, 10.3.1923, ULB Halle, Yi 33 I G 268.
214 Vgl. Sellin, „Gedächtnisrede", XIX.
215 S.o. 3.1.
216 Sellin, *Mose*, bes. 52 u. ö.
217 So Palmer, *Ernst Sellin*, 110.
218 Sellin, „Gedächtnisrede", XIV.
219 Sellin, „Gedächtnisrede", XIX.

5.2.2 Die Vertreter der Religionsgeschichtlichen Schule

5.2.2.1 Hermann Gunkel und Hugo Greßmann

Gunkel und Greßmann treffen sich spätestens seit 1904 zu gemeinsamen Studiensitzungen in Berlin.[220] Aus dieser Zeit sind auch erste Briefe von Greßmann an Gunkel erhalten, in denen Greßmann noch recht formal Stellung zu Gunkels Veröffentlichungen nimmt. So teilt er einige Korrekturen zur zweiten Auflage des Genesiskommentars (1902)[221] oder für die Neuauflage der *Ausgewählten Psalmen* (1905) mit.[222] Zudem verfasst er eine erste Rezension zu dieser Psalmenauslegung, in der er neben der exegetischen Kunstfertigkeit auch den ästhetischen Gewinn der Sprache Gunkels hervorhebt.[223] Beide halten Kontakt, der Briefwechsel bis zu Greßmanns Tod spiegelt die Freundschaft der beiden Gelehrten wider. So schreibt etwa Gunkel an Greßmann, nachdem er dessen Rezension erhalten hat: „Ich betrachte es als ein großes Glück meines Lebens, daß ich Sie gefunden habe. Ich freue mich Ihrer Erfolge, die Sie schon davongetragen haben, von Herzen mit und erwarte von Ihnen noch das Größte.“[224] Immer wieder tauschen sich Gunkel und Greßmann auch über hochschulpolitische Fragen aus, sprechen über neu zu besetzende Stellen, diskutieren die Kandidaten und bewerten die aufgestellten Listen.[225] Ab 1911 wechseln beide zum freundschaftlichen „Du“ und der Kontakt wird enger und vertrauter. Zur wachsenden Freundschaft gehören regelmäßige gegenseitige Besuche, gemeinsame Urlaube und familiäre Kontakte.[226] Greßmann übernimmt die Patenschaft für Gunkels jüngsten Sohn Hermann Dietrich,[227] der allerdings schon früh stirbt. Nach dem Ersten Weltkrieg wird Gunkels Tochter Erika für einige Zeit Hausmädchen bei den Greßmanns und lernt das Berliner Leben zu schätzen.[228]

---

220 Vgl. Schmidt, „Greßmann“, 158.

221 Greßmann an Gunkel, 20.2.1904, ULB Halle, Yi 33 I G 91.

222 Greßmann an Gunkel, 1.3.1905, ULB Halle, Yi 33 I G 92.

223 Greßmann, „Psalmenauslegung“.

224 Gunkel an Greßmann, 29.4.1911, abgedruckt bei Klatt, *Gunkel*, 110. Vgl. oben Kap. 3 Anm. 75.

225 So etwa bei der Besetzung des alttestamentlichen Ordinariats in Heidelberg 1910, das Georg Beer (1865–1946) erhält. Greßmann hätte Gunkel die Stelle sehr gegönnt (Greßmann an Gunkel, 28.12.1909, ULB Halle, Yi 33 I G 111). Im Blick auf den Lehrstuhl in Halle warnt Greßmann: „Sie denken hoffentlich nicht daran. Ihnen würde die Luft in Halle nicht gut tun. Gießen ist viel gesünder, fast so gesund wie Westend“ (Greßmann an Gunkel, 16.5.1910, ULB Halle, Yi 33 I G 112).

226 Großen Anteil nimmt Greßmann am Schicksal von Gunkels ältestem Sohn Werner, der als Soldat im Ersten Weltkrieg verletzt wird (Greßmann an Gunkel, 3.10.1914, ULB Halle, Yi 33 I G 170).

227 Greßmann an Gunkel, 24.10.1918, ULB Halle, Yi 33 I G 205.

228 Betroffen zeigt sich Greßmann nach dem Tod von Gunkels Frau Annemarie (Greßmann an Gunkel, 22.3.1923, ULB Halle, Yi 33 I G 269; vgl. dazu Hammann, *Gunkel*, 304).

Seit 1907 arbeiten Greßmann und Gunkel gemeinsam am Lexikon zur *Religion in Geschichte und Gegenwart*, bei dem Greßmann auf Betreiben Gunkels „Abteilungschef"[229] für den Bereich „Phänomenologie der Religion" wird. Außerdem beschäftigen sie sich zusammen mit den Oden Salomos, um den religionsgeschichtlichen Bezügen zwischen dem frühen Christentum und der hellenistischen Umwelt, aber auch den Verbindungen zum Judentum nachzugehen. In diesem Zusammenhang publiziert Greßmann einige kleinere Beiträge, hauptsächlich in der *Christlichen Welt*, eine geplante zweisprachige Edition kommt allerdings nicht zustande. Nach der Veröffentlichung neuer Textfunde durch James Rendel Harris (1852–1941),[230] die eine umfangreichere Diskussion nach sich zieht, stellen Greßmann und Gunkel ihr Vorhaben ein.[231]

Andere Arbeiten sind dagegen sehr viel fruchtbarer. Seine Studien über die Mosesagen versteht Greßmann als Fortsetzung der Arbeiten Gunkels über die Genesis, mit der er dessen gattungsgeschichtlicher Forschung zum Durchbruch verhelfen will. Beide tauschen sich intensiv über die Überlieferung von Sagen und Legenden im Alten Orient aus, wobei Greßmann eine sehr viel ausgeprägtere Vertrautheit mit der internationalen religionswissenschaftlichen Forschung erkennen lässt und dem älteren Kollegen dazu zahlreiche Hinweise geben kann. Gunkels Abhandlung über *Das Märchen im Alten Testament* (1917) verdankt sich im Wesentlichen den Anregungen Greßmanns, auch wenn über die Originalität der Ausgangsidee später Uneinigkeit herrscht.[232]

Beide Freunde schließen schon früh ein „Schutz- und Trutz-Bündnis auf Leben und über den Tod",[233] das der gegenseitigen Sicherung ihres wissenschaftlichen Erbes dienen soll. Mit dem Göttinger Verleger Ruprecht setzen sie ein entsprechendes Testament auf, in dem festgehalten wird, dass der jeweils Überlebende bei einer Neuauflage der Werke des Verstorbenen hinzuzuziehen ist. Greßmann hält ausdrücklich fest, dass sowohl Gunkel als auch seine Frau Hanna vor einer Bearbeitung seiner wissenschaftlichen Werke um Einverständnis gefragt werden müssen. Außerdem sollen seine Erben die Hälfte der vertraglich vereinbarten Vergütung erhalten.[234]

---

229 Greßmann an Gunkel, 7.10.1910, ULB Halle, Yi 33 I G 117.
230 Harris, *Christian Psalter*.
231 Vgl. zur Arbeit an den Oden Salomos auch Hammann, *Gunkel*, 294.
232 S.o. 3.1.
233 Greßmann an Ruprecht, 18.1.1912, SB Berlin, NL 494 V&R G 1912, Bl. 834.
234 Greßmann an Ruprecht, 18.1.1912, SB Berlin, NL 494 V&R G 1912, Bl. 834: „Sie werden Neuauflagen des Werkes veranstalten, solang es wissenschaftlichen Wert hat und solange Sie damit zu verdienen hoffen. Ein längeres Leben meiner Werke zu wünschen, liegt weder in meiner Macht noch in meinem Interesse. Aber ich setze voraus, daß Sie Prof. Gunkel oder mich, solange

Trotz der engen freundschaftlichen Bindung bleiben auch Verstimmungen und Konflikte nicht aus. Diese betreffen weniger die wissenschaftliche Forschung als vielmehr persönliche Eitelkeiten. Nach Greßmanns Rezension seiner *Reden und Aufsätze* (1913) beschwert sich Gunkel, dass seine Ausführungen falsch charakterisiert und einseitig auf die Literaturgeschichte des Alten Testaments festgelegt seien. Greßmann hat alle Mühe, sich zu erklären und zu entschuldigen.[235] Den Vorwurf, er stelle Gunkels Arbeitsweise falsch dar, indem er sie auf die literaturgeschichtliche Forschung reduziere, will Greßmann allerdings nicht unwidersprochen lassen:

> Ich glaube, daß sich mein Urteil als das Richtigere erweisen wird + daß man, dh. die künftigen Generationen, Dich so einschätzen wird: Dein Charisma ist und bleibt die Literaturgesch[ichte] – weniger die Rel[igions]gesch[ichte], oder diese nur soweit etc. (wie ich geschrieben habe).[236]

Bei dieser Gelegenheit zeigt sich Gunkels zuweilen dünnhäutiger Charakter. Greßmann bemüht sich gegen seine sonstige Gewohnheit um eine Entschärfung der Situation und dringt auf ein mündliches Gespräch, das schließlich eine Klärung herbeiführt. Bei der Arbeit an der zweiten Auflage des Lexikons zur *Religion in Geschichte und Gegenwart* eskaliert dann allerdings ein Streit um die Neustrukturierung des Werkes, bei der sich Greßmann vom Verlag übergangen fühlt und dies auch Gunkel zum Vorwurf macht. Es ist dem persönlichen Einsatz von Hanna Greßmann zu verdanken, dass die beiden Freunde wieder zueinander finden.[237]

Wohl auch mit Rücksicht auf die angeschlagene Gesundheit Gunkels[238] übt sich Greßmann im Allgemeinen in Nachsicht gegenüber dem älteren Kollegen, dessen Führungsrolle er anerkennt, auch wenn er an anderer Stelle die Gleich-

---

einer von uns beiden lebt, um Rat fragen werden, ob das Werk des Anderen eine Neuauflage verdient oder nicht, ehe Sie einen beliebigen Dritten auffordern, ein neues, selbständiges Werk zu schreiben."
235 Greßmann an Gunkel, 8.6.1914, ULB Halle, Yi 33 I G 167: „Ich leugne nicht, daß Du begeistert sein kannst etc. Ich leugne nur, daß Deine Stilform diese Glut der Begeisterung widerspiegele."
236 Greßmann an Gunkel, 8.6.1914, ULB Halle, Yi 33 I G 167. Gunkels Arbeit hatte Greßmann in der Rezension wie folgt beschrieben: „Es ist bezeichnend, daß alle Abhandlungen der Literaturgeschichte entnommen sind. Gewiß ergeben sich daraus auch weitere Folgerungen für die Religionsgeschichte, aber diese kommt für den Verfasser nur soweit in Betracht, als sie mit der Literaturgeschichte zusammenhängt. Neue Wege wandelt er zunächst insofern, als er die ägyptische und babylonische Literatur zum Verständnis des Alten Testaments heranzieht [...]" (Greßmann, Rez. Gunkel, *Reden*, 156).
237 Hanna Greßmann an Gunkel, November 1925, ULB Halle, Yi 33 I G (ohne Nummer).
238 Vgl. Klatt, *Gunkel*, 81 Anm. 30.

rangigkeit der Vertreter der Religionsgeschichtlichen Schule hervorhebt.[239] Schon zu einem recht frühen Zeitpunkt der Zusammenarbeit versichert Greßmann Gunkel seine Loyalität und würdigt dessen herausragende Bedeutung:

> Sie haben unsere Striemen erhalten, damit wir gehätschelt würden. Ihre bitteren Erfahrungen sind mir, uns Jüngeren, erspart geblieben und werden es hoffentlich auch in Zukunft sein. Dafür will ich gern und oft Ihnen meinen Dank bezeugen. Aber ich denke, jetzt dürfen Sie *ganz* zufrieden sein. Ihre, unsere Sache macht doch Riesenschritte, und Sie sind der allgemein geschätzte Führer! Als „Schulhengst" sind Sie der Einzige neben Wellhausen, der Ruf und Namen hat.[240]

Bei anderen Mitgliedern der Religionsgeschichtlichen Schule ist diese Vorrangstellung Gunkels allerdings weniger unumstritten. Die Konflikte treten zu Tage, als der Verlag Vandenhoeck & Ruprecht 1904 ein alttestamentliches Gegenstück zur Reihe der „Schriften des Neuen Testaments" plant und Gunkel und Greßmann mit der Führung betraut.[241]

5.2.2.2 Die „Schriften des Alten Testaments" (SAT)

Bei der Gestaltung der Kommentarreihe zu den „Schriften des Alten Testaments", die wegen ihres Erscheinungsortes auch „Göttinger Bibelwerk" genannt wird,[242] arbeiten Greßmann und Gunkel neuerlich eng zusammen. Die beiden Freunde verständigen sich nicht nur inhaltlich, sondern vor allem auch verlagspolitisch. Gunkel verweigert eine Zusammenarbeit mit Bruno Baentsch, vermutlich wegen dessen panbabylonischer Ausrichtung.[243] Nach Baentschs plötzlichem Tod kommt stattdessen Max Haller (1879–1949) in die Redaktion, der innerhalb der Reihe über *Das Judentum* (1914) schreibt.

Greßmann protestiert seinerseits gegen die Aufnahme Willy Staerks in den Herausgeberkreis und begründet dies mit dessen starkem Hang zu einem biblischen Offenbarungsbegriff. Greßmanns Haltung steht unter dem Eindruck einer Auseinandersetzung mit Staerk, in der dieser ihm vorwirft, die Fronten zwischen

---

239 S. o. 5.2.
240 Greßmann an Gunkel, 11.4.1909, ULB Halle, Yi 33 I G 105.
241 Vgl. zu diesem Projekt Ruprecht, *Väter und Söhne*, 222 ff.
242 Greßmann selbst schlägt einen anderen Namen für das Bibelwerk vor: „Das Stichwort ‚Göttinger Bibelwerk' finde ich passend, sofern es kurz ist. Allerdings weckt es v[ie]ll[eicht] falsche Vorstellungen, als ob spezielle Göttinger *Forscher* daran beteiligt oder Urheber wären. Ich schlage vor: ‚*Modernes Bibelwerk*'" (Greßmann an Ruprecht, 20.9.1909, SB Berlin, NL 494 V&R G 1909, Bl. 518).
243 Hammann, *Gunkel*, 217.

einer historischen und einer theologisch-dogmatischen Arbeitsweise innerhalb der alttestamentlichen Wissenschaft zu verschärfen.[244] Dennoch wird Staerk Mitherausgeber und übernimmt für die Reihe den Band zur alttestamentlichen *Lyrik* (1911).

Zunächst hat Gunkel wohl Bedenken gegen die Mitarbeit Greßmanns bei der neuen Reihe, weil er dessen weitreichende Hypothesen fürchtet.[245] Nach einer ersten Leseprobe kann er dem Verleger Ruprecht jedoch mitteilen: „Greßmann schreibt ausgezeichnet. [...] Ich bin stolz auf ihn."[246] Greßmann übernimmt den Kommentar „von Samuel bis Amos und Hosea" unter dem Titel *Die älteste Geschichtsschreibung und Prophetie Israels* (1910). Außerdem bearbeitet er den Band zu den *Anfängen Israels* (1914), wobei er große Teile seiner Untersuchung über *Mose und seine Zeit* in den Kommentar aufnimmt.[247] Er ist damit der einzige Mitarbeiter, der zwei Bände beiträgt.

Gunkel versteht sich dezidiert als Kopf des „Bibelwerks", womit er vor allem bei Staerk auf Widerstand stößt.[248] Er bittet Greßmann als seinen Vertrauten um Rat in dieser Angelegenheit,[249] die Antwort ist leider nicht überliefert. Allerdings versucht Greßmann in der Vorbereitung auf die zweite Auflage der Kommentarreihe zwischen Gunkel und Staerk zu vermitteln, indem er einerseits um Verständnis für Staerks Position bittet, andererseits für den äußersten Fall aber auch über eine Trennung von Staerk nachdenkt:

> Kann ich vermitteln zwischen Dir + Staerk? Übrigens darfst Du die Sache nicht tragisch nehmen, im Gegenteil, sie ist sehr schmeichelhaft für Dich. Staerk fürchtet weniger das falsche Etikett auf Bauch + Rücken – er läßt sich ja ebenso lieb von Sellin abstempeln – als durch Deine Glorie verdunkelt zu werden; er hat es in der Tat auch nötig (darin kann ich ihn durchaus verstehen), auf sein Rühmlein bedacht zu sein. Sein Blümlein ist ganz zu zart + schwach dürftig. Im Fernen ist er Choleriker, vielleicht auch überarbeitet + unterernährt – wie wir alle. Da ist mit ihm schlecht Kirschen essen. Wenn er grob wird, wirst Du wieder grob

---

244 Greßmann an Gunkel, 30.1.1914, ULB Halle, Yi 33 I G 162: „Mit Staerk kann man nicht gut verhandeln, da er starke Neigung nach rechts hin hat, er war empört über meine Rezension des Prockschen Kommentars + drückte mir sein tiefstes Mißfallen aus, weil ich (angeblich) den Graben zwischen rechts + links erneut aufrisse. Ich bin durchaus für diesen Graben + will ihn gar nicht überbrücken."

245 Klatt, *Gunkel*, 195.

246 Gunkel an Ruprecht, 11.5.1909, abgedruckt bei Klatt, *Gunkel*, 197. Vgl. auch das Urteil im Brief Gunkels an Ruprecht, 22.10.1909, SB Berlin, NL 494 V&R G 1909, Bl. 527: „Greßm[ann]s Leistungen sind wirklich brillant!"

247 Vgl. oben 3.1.1.

248 Vgl. die Darstellung bei Klatt, *Gunkel*, 198.

249 Gunkel an Greßmann, 29.4.1911, abgedruckt bei Klatt, *Gunkel*, 198.

und ironisch. Das ist noch schlimmer. [...] Dann muß Staerk im Notfall isoliert oder gar abgestoßen werden (was freilich juristisch + technisch schwierig ist.)[250]

Nach einem zunehmend verbitterten Briefwechsel zwischen Gunkel, Staerk und Ruprecht schlägt Greßmann ein persönliches Treffen aller Beteiligten vor, „um endlich aus diesem Rattenkönig von Schwierigkeiten herauszukommen".[251] Die Streitigkeiten machen Greßmann deutlich, dass seine Hoffnung, das Werk auf das ganze Alte Testament auszuweiten,[252] begraben werden muss. Seine Ideen erweisen sich als unumsetzbar, so dass die einzelnen Autoren ihre Bände zwar überarbeiten, eine neue Zuordnung und Erweiterung des Textumfangs jedoch nicht zustande kommt. Dem Gesamtwerk ist von den Unstimmigkeiten nichts anzumerken, abgesehen von einigen äußerlichen Unterschieden, beispielsweise in der Schreibung des Gottesnamens.[253]

Der Zusammenarbeit von Gunkel und Greßmann tun die harten Auseinandersetzungen um die Kommentarreihe keinen Abbruch, sie führen eher dazu, dass sich beide noch stärker solidarisieren.[254] Greßmann entwickelt bereits neue Pläne, als sich für ihn die Möglichkeit eines Ordinariats abzeichnet. Vor diesem Hintergrund empfiehlt er seinem Mitstreiter Gunkel: „Also mach kurz entschlossen einen Strich unter das Vergangene + komm mit uns, einer besseren Zukunft entgegen."[255]

Bei der Entstehung der Kommentarreihe zeigt sich die Diversität der Religionsgeschichtlichen Schule. Das große und prestigeträchtige Projekt droht aufgrund von internen Streitigkeiten zu scheitern, was die Fragilität der Bewegung unübersehbar macht. Das Fehlen eines anerkannten Schulhauptes erweist sich an diesem Punkt durchaus als Nachteil, auch wenn ansonsten gerade der Reichtum unterschiedlicher Ansätze zum Erfolg der religionsgeschichtlichen Methode beiträgt. Die sehr eigenen Forscherpersönlichkeiten lassen sich offenbar nur sehr schwer auf ein gemeinsames Projekt verpflichten. Die Konflikte werden dabei sicher auch durch die unterschiedlichen theologischen Grundüberzeugungen der

---

250 Greßmann an Gunkel, 26.8.1919, ULB Halle, Yi 33 I G 219.

251 Greßmann an Gunkel, undatiert, ULB Halle, Yi 33 I G 224.

252 In der Vorbereitung auf die zweite Auflage der Reihe erarbeitet Greßmann einen ausführlichen Entwurf einer Neuaufteilung des Stoffes (Greßmann an Gunkel, 15.6.1919, ULB Halle, Yi 33 I G 216).

253 Staerk weigert sich, den Gottesnamen „Jahve" zu gebrauchen, und verwendet stattdessen die Bezeichnung „Herr", obwohl ihn Gunkel in dieser Frage um Einheitlichkeit bittet, vgl. Klatt, *Gunkel*, 198 f.

254 Greßmann an Gunkel, 15.6.1919, ULB Halle, Yi 33 I G 216: „Auf mich kannst Du rechnen; ich sekundiere Dir und bleibe auch fort, wenn Ruprecht Deine Wünsche nicht erfüllt."

255 Greßmann an Gunkel, 15.6.1919, ULB Halle, Yi 33 I G 216.

Protagonisten befördert. Staerk zählt beispielsweise eher zu den modern-positiven Forschern, die auch für den religionsgeschichtlichen Vergleich systematisch-theologische Fragen berücksichtigen und bei der Auslegung den Blick auf die Heilsgeschichte nicht unterschlagen wollen.[256] Gunkel und Greßmann konzentrieren sich bekanntlich auf den historischen Zusammenhang der untersuchten religiösen Vorstellungen, wobei sich Greßmann stärker als Gunkel von der Frage nach dem christlichen Offenbarungsverständnis löst. Aufschlussreich ist hierzu wohl auch eine kurze Episode aus dem privaten Bereich, als es 1918 um Greßmanns Patenschaft für Gunkels Sohn Hermann Dietrich geht. Greßmann kann nicht zur Taufe erscheinen und erklärt Gunkel gegenüber lapidar: „Ich denke, daß meine schriftliche Einwilligung genügt; das Glaubensbekenntnis zu bekräftigen – ist das nicht auch Sitte bei solcher Gelegenheit? – überlasse ich Dir ebenfalls gern, da ich weiß, daß Du es mit besserem Gewissen tun kannst als ich."[257] Im wissenschaftlichen Kontext gilt Greßmann als der „Heide auf dem Lehrstuhl",[258] besonders unter den „positiven Theologen". Dennoch wird Greßmanns Forschung in den konservativen Kreisen aufgrund des historischen Ansatzes durchaus befürwortet, lässt sich dies doch auch für den Erweis der geschichtlichen Wahrheit der biblischen Erzählung heranziehen. Allerdings liegt darin sicher nicht das Hauptanliegen Greßmanns, der vielmehr ein umfassenderes historisches Verständnis der Texte fördern will und sich dabei wenig um dogmatische Fragen kümmert. Mit seiner kirchenkritischen Haltung, die gelegentlich auch kirchenfeindliche Züge annimmt, handelt er sich allerdings Misstrauen und Feindschaft ein. Greßmann nimmt in der privaten Korrespondenz mit Gunkel kein Blatt vor den Mund: „Der V[er]f[assungs]-Ausschuß der Synode macht üble Dinge und ich fürchte, daß wir aus der Kirche austreten müssen, wenn der gegenwärtige Plan durchgeht: ‚Bekenntnis zum Gekreuzigten + Auferstandenen(!) unserem Herrn(!)‘. Sollen wir diese Geschichtslügen noch länger mitmachen?"[259] Auch der aufkommenden Dialektischen Theologie kann Greßmann nicht viel abgewinnen und gerät mit einigen ihrer Vertreter sogar in offenen Streit.[260]

---

256 Vgl. Staerks Kritik an der sagengeschichtlichen Forschung Gunkels, bei der er die heilsgeschichtliche Einordnung vermisst, Staerk, „Literarkritik". Zu Staerks theologischer Position vgl. auch Lessing, *Geschichte*, 340–342; Klatt, *Gunkel*, 195 Anm. 15.
257 Greßmann an Gunkel, 24.10.1918, ULB Halle, Yi 33 I G 205.
258 So eine Aussage von Gunkels Sohn, zitiert bei Klatt, *Gunkel*, 197.
259 Greßmann an Gunkel, 21.12.1921, ULB Halle, Yi 33 I G 258.
260 S.u. 5.3.

5.2.2.3 Die Notlage der Theologie

Der Erste Weltkrieg und die Nachkriegszeit stellen die theologische Wissenschaft vor große Herausforderungen. Die internationalen Beziehungen brechen zum größten Teil ab oder erleiden erheblichen Schaden. Die Mitglieder der Religionsgeschichtlichen Schule unterhalten trotzdem weiterhin zahlreiche internationale Kontakte, besonders in den englischsprachigen Raum, aber auch in den Norden Europas, wo die religionswissenschaftliche Forschung zunehmend Anhänger findet. Noch 1916 wird Gunkel von Simon Michelet (1863–1942) nach Oslo eingeladen, um eine Reihe von Vorlesungen zu halten. Einige patriotische Bemerkungen Gunkels führen dann allerdings zu politischen Missstimmungen, gilt Norwegen doch als neutraler Alliierter.[261]

Andere Alttestamentler wie Hans Schmidt[262] und Emil Balla (1885–1956) ziehen in den Krieg, was ihre Forschungstätigkeit erheblich behindert. Greßmann zollt den Kriegsfreiwilligen seine Bewunderung, wenngleich er aus den Erfahrungen in der eigenen Familie das Schlimmste befürchtet.[263] Auch nimmt Greßmann Anteil am Schicksal seiner Kollegen, mit denen er in Berlin zusammenarbeitet. Eduard Meyer verliert einen seiner Söhne und den Schwiegersohn, Adolf Erman seinen einzigen Sohn.[264] Greßmann selbst ist als Ausgemusterter vom Kriegsdienst befreit[265] und beobachtet die Lage in Berlin:

---

261 Vgl. Hammann, *Gunkel*, 253. Auch Adolf Lasson (1832–1917) gerät in die Kritik, wie Greßmann an Gunkel berichtet: „Er [scil. Lasson] hat an einen Freund in Holland einige freche, boshafte Bemerkungen über die bequeme Neutralität in Holzpantoffeln + Schlafröcken gemacht; dieser ‚gute' Freund hat die Briefe veröffentlicht, die nun unserer Sache, wie auch ich überzeugt bin, sehr schaden. Er selbst setzt sich darüber hinweg: ‚Ich habe schon schlimmeres durchgemacht'. Das Auswärtige Amt hat ihn zur Rede gestellt etc." (Greßmann an Gunkel, 5.1.2015, ULB Halle, Yi 33 I G 171).

262 Vgl. Schmidt, *Propheten*, V: „Gestern – im bunten Herbstwald auf den Bergen östlich Lötzen – hörten wir zum ersten Mal den Donner russischer Kanonen. Gerippe verbrannter Häuser an der Straße, geflüchtete Bauern, die unsre junge Truppe mit dankbaren Gesichtern begrüßen, eine Frau, die aus den Stoppeln ein paar Feldblumen gepflückt hat und sie mir zum Sattel hinaufreicht! Wir sind erfüllt von der Freude, zum Schutz deutschen Landes ins Feld ziehen zu können."

263 Greßmann an Gunkel, 3.3.1915, ULB Halle, Yi 33 I G 172. Der jüngste Bruder seiner Frau stirbt unter schrecklichen Umständen in einem Feldlazaret nördlich der Karpaten (Greßmann an Gunkel, undatiert [1916], ULB Halle, Yi 33 I G 188).

264 Greßmann an Gunkel, undatiert (1916), ULB Halle, Yi 33 I G 153.

265 Vgl. Greßmanns briefliche Schilderung der Musterung 1902: „Von dem unglücklich-glücklichen Ende meiner kurzen 2–3-wöchigen Militärzeit wirst Du wohl schon dunkel vernommen haben. Der Leutnant schickte mich nach 8 Tagen weg: ‚Ich kann sie nicht gebrauchen'. Der Arzt sagte: ‚Ich kann sie auch nicht gebrauchen. Krank sind Sie nicht, Sie können höchstens hochgradig nervös sein.' Der Feldwebel sagt: ‚Entweder gehen Sie zum Leutnant oder zum Arzt. Wenn keiner Sie haben will, so können Sie spazieren gehen. Ich kann Sie nicht gebrauchen.' Auf die

Unsere wissenschaftliche Arbeit ist demgegenüber nicht viel mehr als Spielerei: Aber da wir doch zu nichts Anderem fähig sein, so tun wir wenigstens unsere Pflicht. Das Semester fing noch ganz gut an mit einer stattlichen Zahl von Hörern, aber es schloß mit sehr wenigen. Zum Sommer, fürchte ich, werden auch wir in Berlin vor ziemlich leeren Bänken lesen.[266]

Gleich zu Beginn des Krieges veröffentlicht Greßmann zwei Aufsätze in der *Zeitschrift für den evangelischen Religionsunterricht*, die Hermann Schuster (1874– 1965) für höhere Schulen herausgibt und in der regelmäßig wissenschaftliche Themen aufgearbeitet werden. Ohne in die allgemeine Kriegsbegeisterung im Deutschen Reich einzustimmen, beschäftigt sich Greßmann in seinem ersten Beitrag mit der Kritik der Propheten am Krieg. Zwar spricht er von der kulturschaffenden Bedeutung des Krieges, trennt den Kulturbegriff aber vom Religionsbegriff: „Der Prophet spricht nicht von der ‚Kultur'; ein solches Wort ist im Hebräischen nicht vorhanden, und wenn es vorhanden gewesen wäre, hätte Jesaja es nicht gebraucht."[267] Nach Greßmanns Auffassung betrachten die Propheten die Kultur als Gegensatz zur Religion.[268] Daraus resultiere ihre Skepsis gegenüber der politischen Führung und deren kriegerischen Unternehmungen. Mit eindringlichen Worten vergleicht er die Sachlage mit der Gegenwart im Deutschen Kaiserreich:

Man stelle sich einen frommen Fanatiker vor, der heute in einem öffentlichen Gebet – vielleicht bei einer Kaisergeburtstagsfeier – Gott bittet, Deutschland zu vernichten, weil sein Heer und seine Flotte, seine Banken und seine Industrie, seine Wissenschaft und seine Kunst, ja seine Kirchen und Gottesdienste, kurz alles, was sein Stolz und seine Freude ist, mit dem Glauben an Gott unverträglich sind und darum den Untergang verdienet haben.[269]

Im Fortgang entfaltet Greßmann seine Vorstellung der Gegensätzlichkeit von sesshafter Kultur und nomadischer Tradition. Er empfiehlt den Religionslehrern, die sittlich-religiöse Größe der Propheten hervorzuheben, der sich jeglicher Patriotismus und Nationalismus unterzuordnen habe.[270]

Weise kam ich mit guter Art davon, die anderen – mag der Teufel holen, doch ist der bairische Feldwebel beinahe ein ‚Engel', unser wenigstens hieß thatsächlich so" (Greßmann an Bousset, 7.12.1902, SUB Göttingen, Cod. Ms. W. Bousset 49, Br. 10).
266 Greßmann an Gunkel, 3.3.1915, ULB Halle, Yi 33 I G 172.
267 Greßmann, „Propheten", 312.
268 Greßmann, „Propheten", 311: „die Religion bedeutet Vertrauen auf Gott, die Kultur dagegen Vertrauen auf die eigene Kraft."
269 Greßmann, „Propheten", 312. Vgl. dazu auch Welten, „Alttestamentliche Exegese", 345.
270 Greßmann, „Propheten", 317.

Der provokante Artikel nötigt Schuster zu einer Stellungnahme, die im Anschluss an Greßmanns Beitrag abgedruckt wird.[271] Darin bemüht er sich, Greßmanns Darstellung der durchweg kulturfeindlichen Propheten die Spitze zu nehmen und gibt andere, politisch weniger anstößige Beispiele, indem er etwa auf Martin Luthers Schrift „Vom Krieg wider die Türken" (1527) Bezug nimmt.[272] Er lässt andererseits aber auch keinen Zweifel an seiner Freundschaft zu Greßmann und dessen wissenschaftlicher Autorität.

In seinem zweiten, ebenfalls dem Kriegsthema gewidmeten Artikel wendet sich Greßmann einer psychologischen Darstellung der Volksreligion zu. Nach seiner Auffassung schlägt sich der Krieg mit den Nachbarvölkern in einer Idealisierung der paradiesischen Vergangenheit nieder. Die Unterlegenheit des kleinen Israel illustriere beispielsweise die Geschichte vom Kampf des Hirtenjungen David mit dem Philister Goliat.[273] Ferner stellt Greßmann den Krieg unter dem religiös-kultischen Aspekt dar, der sich in Heiligkeit und Reinheit des Heerbanns zeige und in dem Umstand, dass der Krieg im Namen JHWHs geführt wird. Erst die Propheten hätten einen Wandel herbeigeführt, indem sie die religiöse Dimension des Krieges auf eine universalistische Stufe gehoben hätten.[274]

In einem Text, der 1916 in den *Monatsblättern für den evangelischen Religionsunterricht* erscheint, fasst Greßmann seine Überlegungen zum Krieg noch einmal ausführlich zusammen.[275] Abermals beschäftigt er sich mit Aufstellung und Größe des israelitischen Heerbanns, mit Bewaffnung, Festung und Feldzug. Seine kritische Grundhaltung behält er allerdings auch im dritten Kriegsjahr bei und verschärft den Ton sogar:

> Die Hauptabsicht im modernen Krieg ist, die waffenfähige Mannschaft des Gegners möglichst vollständig zu vernichten oder unschädlich zu machen; Wissenschaft und Technik erfinden immer grausamere Methoden, dies Ziel zu verwirklichen. Im Altertum kann man im allgemeinen fast das Gegenteil beobachten: die Hauptsache ist, daß die Schlachten möglichst unblutig verlaufen.[276]

Im selben Aufsatz stellt Greßmann auch Überlegungen zur Notwendigkeit von Bildmaterial an. Besonders in der Schule sei das „Bedürfnis nach Anschauung"[277] groß, weswegen Bilder ein wesentliches Element der Bildung, insbesondere der

---

271 Schuster, „Nachwort".
272 Schuster, „Nachwort", 320.
273 Greßmann, „Krieg", 242.
274 Greßmann, „Krieg", 247.
275 Greßmann, „Kriegswesen".
276 Greßmann, „Kriegswesen", 37.
277 Greßmann, „Kriegswesen", 33.

religiösen Bildung darstellten. Mit dem Anschauungsmaterial will er stärker an die Erfahrungswelt der Schüler anknüpfen, gleichzeitig aber auch eine Brücke zur religiösen Unterweisung schlagen. Die Aufsätze in den pädagogischen Zeitschriften zeigen, dass die Vertreter der Religionsgeschichtlichen Schule ihre Bildungsarbeit auf alle Teile der Bevölkerung auszudehnen versuchen. Nicht nur Erwachsene in und außerhalb der Universität sollen über die neuesten Forschungsergebnisse unterrichtet werden, sondern auch die Schüler, wofür den Lehrern geeignetes Material an die Hand gegeben werden muss. Den religionsgeschichtlichen Ansatz hält Greßmann für die Religionspädagogik besonders geeignet, da der historische Aspekt einen vorzüglichen Anknüpfungspunkt für das jugendliche Interesse biete.[278]

Das Ende des Krieges und die deutsche Kapitulation empfindet Greßmann als Erleichterung, in die sich die Sorge um die in Gefangenschaft geratenen Kollegen und Familienmitglieder mischt. Nüchtern stellt er fest: „Der politische Traum ist ausgeträumt. Vielleicht haben wir noch eine geistig-seelische oder wissenschaftliche Mission; augenblicklich ist es schwer, überhaupt etwas zu glauben."[279]

Für Greßmann beginnt nun eine neue Zeit. Noch 1918 erhält er vom Leipziger Teubner-Verlag eine Anfrage, ob er eine Kulturgeschichte Israels schreiben könne, was ihn augenblicklich aus der wissenschaftlichen Lethargie der Kriegsjahre befreit. Sogleich entwickelt er mit Gunkel erste Pläne zur Ausgestaltung dieser Darstellung.[280] Insgesamt bleiben die äußeren Rahmenbedingungen für die wissenschaftliche Arbeit allerdings äußerst prekär. Zu den allgemeinen Versorgungsengpässen kommt für die Wissenschaft vor allem die Papiernot als Hemmnis hinzu.[281] Aufgrund der wirtschaftlichen Situation stehen die Universitäten und Bibliotheken unter erheblichem Sparzwang. Greßmann will die Lage

---

278 Greßmann, „Kriegswesen", 33: „Im R[eligions]-U[nterricht] muß die Religion für die Schüler möglichst zart im Hintergrund bleiben, wenn auch der Lehrer dies letzte Ziel niemals aus dem Auge verlieren darf. Je weniger er von der Religion redet, um so weniger hemmt er den religiösen Sinn der Kinder, der sich am besten von selbst entfaltet und in freigewachsener Form die stärkste Widerstandskraft gegen alle kritischen Regungen bewährt. Um ihnen die Religion nicht zu verleiden, muß er wie jeder Lehrer in seinem Fach den Unterricht fesselnd gestalten."
279 Greßmann an Gunkel, 28.12.1918, ULB Halle, Yi 33 I G 203. Sehr deutlich ist Greßmanns Einschätzung der politischen Lage: „Du darfst sicher sein, daß wir Berliner, soweit sie verständig sind, den Zorn und die Entrüstung der Nicht-Berliner über Berlin völlig teilen. Wenn es möglich wäre, wäre auch unsere Losung: ‚Los von Berlin.' Aber wer befreit uns von uns selbst? Wer ist der starke Mann? Die Untugenden der Deutschen feiern in diesen Zeiten die unschönsten Auferstehungs-Triumphe."
280 Greßmann an Gunkel, 26.11.1918, ULB Halle, Yi 33 I G 207.
281 Vgl. Knappenberger-Jans, *Verlagspolitik*, 79. So auch im Brief Greßmanns an Gunkel vom 20.5.1918, ULB Halle, Yi 33 I G 199.

durch Fördervereine und -gesellschaften verbessern. Schon kurz nach dem Krieg ruft er seine Kollegen dazu auf, flächendeckend den religionswissenschaftlichen Vereinigungen beizutreten oder neue Organisationen zu gründen. Gleichzeitig sollen eigene Publikationsmöglichkeiten geschaffen werden.[282] Greßmann selbst befindet sich bereits seit der Gründung 1913 in engem Kontakt mit der Berliner Religionswissenschaftlichen Vereinigung, wo er regelmäßig Vorträge hält und hört.[283] Nach dem Ausscheiden von Edvard Lehmann (1862–1930) wird Greßmann Mitglied des Vorstands und organisiert in dieser Funktion zahlreiche Treffen und Vorträge,[284] zu denen er etwa auch Gunkel immer wieder einlädt.[285]

Schließlich setzt sich Greßmann intensiv für die Gründung einer „Gesellschaft zur Förderung deutscher evangelischer Wissenschaft" ein,[286] für die er besonders auch die Pfarrer im Blick hat, die durch einen Mitgliedsbeitrag der theologischen Forschung aufhelfen sollen. Ihm schwebt ein System von Unterstützungsleistungen vor, mit denen vor allem die Publikation von Zeitschriften und Monographien ermöglicht, aber auch die Literaturanschaffungen für Bibliotheken erleichtert werden sollen. Greßmann möchte ein Netz von lokalen Gesellschaften etablieren, die an den theologischen Fakultäten angesiedelt und in einer zentral geführten Organisation zusammengefasst sind, welche die Verwaltungsaufgaben übernimmt. Damit soll die bevorzugte Förderung einer bestimmten theologischen Richtung vermieden werden. In einer Besprechung wird dazu festgehalten, dass „jetzt [...] der Augenblick gekommen [sei], wo man eine alle theologische Disziplinen umfassende Organisation ins Leben rufen müsse, sonst

---

282 Greßmann an Gunkel, 1.5.1919, ULB Halle, Yi 33 I G 215: „Die Berliner Rel[igions]wiss[enschaftliche] Vereinigung wünscht, daß überall an den deutschen Universitäten rel[igions-] wiss[enschaftliche] Vereinigungen sich gründen, damit die rel[igions]wiss[enschaftlichen] Studien stärker gepflegt werden. Die Theologen voran – ist meine Parole. Hast Du nicht Lust, im S[ommer]S[emester] 1919 eine solche Gründung vorzunehmen? Ich schreibe gleichzeitig an Bousset eine Karte, um auch ihn zu animieren? Nein, lieber ist mir, wenn Du *selbst* nicht willst, dann sprich mit ihm und ermuntere ihn dazu! Unser Ziel ist, ganz Deutschland mit einem Netz von Vereinigungen zu überziehen, um dann alle in einer großen Gesamtorganisation zusammenzuschließen und womöglich auch eine eigene Zeitschrift zu schaffen."
283 Greßmann hält z. B. am 8. Mai 1915 einen Vortrag „Über amorritisch-phönikische Religion", vgl. Peiser, „Aus gelehrten Gesellschaften", 217.
284 Vgl. die „Sitzungsberichte der religionswissenschaftlichen Vereinigungen in Berlin" von 1914.
285 Greßmann an Gunkel, 24.7.1920, ULB Halle, Yi 33 I G 237: „Aber ein Honorar können wir nicht geben, da wir kein Geld haben + nur einen ganz geringen Beitrag von unseren Leuten erheben."
286 Vgl. die Darstellung bei Knappenberger-Jans, *Verlagspolitik*, 532–542.

komme man allmählich zu einer Zersplitterung, die eine zweckmässige Verwendung der Mittel geradezu in Frage stelle."[287]

Für die Gründung der Gesellschaft nimmt Greßmann vorbehaltlos Kontakt mit allen Theologen auf, die Bereitschaft zur Zusammenarbeit signalisieren. Die Organisation beansprucht alle seine Kräfte, dennoch wird er nicht müde, immer wieder auch Gunkel aufzufordern, tätig zu werden. „Ich leb' jetzt nur noch für diese Gesellschaft",[288] vertraut er ihm an. Um ihm den Nutzen des Engagements zu verdeutlichen, verweist er unter anderem auf das Buch des Gießener Kollegen Rudolf Bultmann (1884–1976) über die *Geschichte der synoptischen Tradition* (1921), das offenbar nur mit einem Zuschuss gedruckt werden kann.[289]

Zum Jahreswechsel 1920/21 scheint der Durchbruch erreicht. Mit Briefen und Artikeln unternimmt Greßmann eine breit angelegte publizistische Offensive, in der er auf die katastrophale Situation aufmerksam macht, in der sich die theologische Wissenschaft befindet.[290] Greßmann zählt vier Kernressourcen auf, die für die wissenschaftliche Arbeit unerlässlich sind: die Bibliotheken, die Auslandskontakte, die Zeitschriften und die Monographien. Mit drastischen Worten versucht er, das Publikum, insbesondere die Pfarrerschaft, von der Notwendigkeit seiner Initiative zu überzeugen, „denn der Untergang der evangelischen Wissenschaft bedeutet auch den Untergang der evangelischen Kirche."[291] Ein Arbeitsausschuss, dem neben Greßmann auch der Praktische Theologe Friedrich Mahling (1865–1933), der Hofprediger Bruno Döhring (1879–1961), der Missionswissenschaftler Julius Richter (1862–1940) und der Verleger Oskar Siebeck (1880–1936) angehören, konzipiert eine Werbeschrift für die Gründung der Gesellschaft.[292] Aus Berlin beteiligt sich Adolf von Harnack, der als Kirchenhistoriker nicht weniger dramatische Worte findet:

---

287 Protokoll von Oskar Siebeck über die Vorbesprechung zur Gründung der Gesellschaft am 18.12.1919, SB Berlin, NL 488 J.C.B. Mohr A 0386,3. Vgl. Knappenberger-Jans, *Verlagspolitik*, 533.
288 Greßmann an Gunkel, 20.6.1920, ULB Halle, Yi 33 I G 234: „Ich gehe am Mittwoch nach Eisenach, wo Du hoffentlich auch bist als Vertreter für Gießen!! Du schreibst gar nichts über die ‚Gesellschaft', alle Fak[ultäten] sind vertreten, sogar Halle (durch Feine), Münster (durch Smend), Jena (durch Staerk), Erlangen (durch Kunstmann[?]) usw. Was habt Ihr denn beschlossen? Bitte, mach mal etwas Dampf dahinter, obwohl (oder gerade deswegen, weil!) die Sache von mir ausgeht; Gießen darf am 24. nicht fehlen. Jetzt wird die ‚Gesellschaft', die in Berlin-Brandenburg bereits endgültig konstituiert ist, hoffentlich bald fürs ganze Reich fertig; dazu brauchen wir zunächst 7 Landesgruppen, die wir in Eisenach zu gewinnen hoffen."
289 Greßmann an Gunkel, 6.8.1920, ULB Halle, Yi 33 I G 235.
290 Etwa Greßmann, „Die wirtschaftliche Lage". Sehr ausführlich auch im Brief Greßmanns an Gunkel vom 22.12.1920, ULB Halle, Yi 33 I G 245.
291 Greßmann, „Die wirtschaftliche Lage", 72.
292 Gesellschaft zur Förderung der deutschen evangelischen Wissenschaft, *Werbeschrift*.

Die wirtschaftliche Lage ist so katastrophal, daß sie nicht trübe genug dargestellt werden kann. Wer die ganze Not übersieht, möchte schier verzweifeln. Aber das darf nicht sein, wenn man nicht die Kirche Luthers preisgeben will, die schon durch die Männer der Reformation mit der theologischen Wissenschaft aufs engste verwachsen ist. Da der Staat gegenwärtig nicht helfen kann, so tritt an die evangelische Kirche und Christenheit Deutschlands die ernste Frage heran, was sie zur Unterstützung der evangelischen Wissenschaft tun kann. „Tua res agitur."[293]

Harnack hegt allerdings auch gewisse Bedenken gegen die Gesellschaft, in der er die Gefahr der einseitigen Förderung nicht hinreichend gebannt sieht und die ihm in unnötiger Konkurrenz zu den Verlegern zu stehen scheint.[294]

Greßmann verfasst für die Werbeschrift einen Aufruf zur „Mobilmachung der Kirche und der Laien für die deutsche evangelische Wissenschaft". Darin entwirft er die Idee einer Art Patenschaft der Pfarrer für Fachzeitschriften oder für die Arbeit einzelner theologischer Seminare. Greßmann betont die engen Bande zwischen Universität und Pfarramt und schlägt sogar Gastvorlesungen von Vertretern aus der kirchlichen Praxis vor, mit denen die weggefallenen ausländischen Kontakte ersetzt werden könnten. Die Mitglieder der Gesellschaft sollen mit Vorzugspreisen bei Büchern und Zeitschriften entschädigt werden. Für die Mittelbeschaffung entwickelt Greßmann recht unkonventionelle Vorstellungen. So schlägt er etwa vor, einen Pfennig je Kirchenmitglied aus den evangelischen Gemeinden abzuführen oder Kirchenvermögen zur Unterstützung der Wissenschaft zu veräußern.[295] Mit Rücksicht auf die verschiedenen regionalen Strömungen und Interessen hält er fest, dass sich die Gesellschaft aus unabhängigen Gesellschaften an den einzelnen Universitäten zusammensetzen soll, die über eine Zentralstelle verbunden sind.[296]

Zeitgleich verschickt Greßmann gemeinsam mit Rudolf Otto (1869–1937) und Georg Wobbermin (1869–1943) ein vertrauliches Schreiben an Kontaktpersonen an den Universitäten, in dem die wesentlichen Punkte der Initiative noch einmal zusammengefasst sind. Die Verfasser erwähnen in diesem Zusammenhang auch die Gefahr, dass die Jugend für die freie und kritische Theologie verloren zu gehen drohe, wenn die theologische Wissenschaft nicht entsprechend gefördert werde.

---

293 Von Harnack, „Die wirtschaftliche Notlage", 8f.

294 Vgl. Knappenberger-Jans, *Verlagspolitik*, 534f.

295 Greßmann, „Mobilmachung", 15: „Ich denke, dem Evangelischen ist die Wissenschaft soviel wert wie dem Katholischen der Papst, und wenn ein Teil der Deutschen seine Peterspfennige nach Rom sendet, dann sollte wohl der andere Teil der Deutschen seine Studentengroschen für die Heimat übrig haben."

296 Greßmann, „Mobilmachung", 17f.: „Der Bayer gibt sein Geld lieber, wenn er weiß, daß es nach München fließt; für Berlin hat er wenig oder nichts übrig."

Gunkel warnt den Freund daraufhin vor einer zu starken Einmischung in kirchenpolitische Fragen. Greßmann entgegnet: „Vielen Dank auch für deine freundlichen Warnungen vor Kirchenpolitik; ich lasse mich nicht zu tief ein, aber ab + an muß ich schimpfen (mit der Feder)."[297]

Mit Oskar Siebeck hat Greßmann einen erfahrenen Verleger für das Projekt an seiner Seite.[298] Siebeck ist beeindruckt von Greßmanns praktischer Tatkraft und dem planvollen Vorgehen.[299] Trotz der Skepsis seines Vaters Paul Siebeck (1855 – 1920) beteiligt er sich intensiv an der Vorbereitung und schlägt einige Modifikationen vor, beispielsweise die Einsetzung von Vertrauensmännern an den Fakultäten.[300] Von Siebeck stammt auch der Vorschlag, eine große Vollversammlung aller Verleger im theologischen Bereich einzuberufen, um das Vorgehen bei der Herausgabe von Zeitschriften aus den unterschiedlichen Fachbereichen abzustimmen.[301] Von einem Zusammenschluss etwa der biblischen Zeitschriften, wie es Siebeck vorschwebt, will Greßmann allerdings nichts wissen.[302] Siebeck wiederum zeigt sich von Greßmanns Idee eines Rabattsystems für Mitglieder der Gesellschaft wenig angetan.[303] Besonders schwierig wird die Lage schließlich, als die Inflation Anfang der 1920er Jahre dramatisch zunimmt. Jede Verzögerung im Druckablauf sorgt schon bald dafür, dass die Kosten extrem ansteigen.[304] Die Frage der Finanzierung wissenschaftlicher Arbeit stellt sich vor diesem Hintergrund noch einmal mit neuer Dringlichkeit.

Neben seinem Engagement für die „Gesellschaft zur Förderung der deutschen evangelischen Wissenschaft" organisiert Greßmann aus der Not eine gemeinsame Aktion der Forscher auf dem Gebiet des Alten Testaments: „Wir brauchen zuerst *Geld Geld Geld* für Unterstützung der Z[eitschrift für die] A[lt]T[estamentliche] W[issenschaft] und der Monographien, namentlich der jüngeren Forscher, der Nachwuchs, der noch keinen Namen hat und dessen Absatz daher gering ist."[305]

---

297 Greßmann an Gunkel, 21.12.1921, ULB Halle, Yi 33 I G 258.

298 Zum Verlag J.C.B. Mohr und der religionsgeschichtlichen Forschung Conrad, *Lexikonpolitik*, 187–213.

299 Siebeck an Greßmann, 6.1.1920, SB Berlin, NL 488 J.C.B. Mohr A 0392,2.

300 Siebeck an Greßmann, 6.1.1920, SB Berlin, NL 488 J.C.B. Mohr A 0392,2. Vgl. auch Knappenberger-Jans, *Verlagspolitik*, 535 f.

301 Siebeck an Greßmann, 6.1.1920, SB Berlin, NL 488 J.C.B. Mohr A 0392,2.

302 Greßmann an Siebeck, 9.1.1920, SB Berlin, NL 488 J.C.B. Mohr A 0392,2.

303 Siebeck an Greßmann, 6.1.1920, SB Berlin, NL 488 J.C.B. Mohr A 0392,2. Zur weiteren Geschichte der Gesellschaft siehe auch Knappenberger-Jans, *Verlagspolitik*, 538 ff.

304 Ganz konkret stellt sich das Problem etwa bei der Herstellung der 1923 erscheinenden Festschrift für Gunkel (Greßmann an Gunkel, 7.9.1922, ULB Halle, Yi 33 I G 265).

305 Greßmann an Gunkel, 16.11.1920, ULB Halle, Yi 33 I G 242.

Er pocht auf eine rigorose Bündelung und Auslese bei den Fachzeitschriften, der notfalls auch etablierte Publikationsorgane zum Opfer fallen sollen.[306]

Darüber hinaus unterhält Greßmann enge Kontakte zur „Notgemeinschaft der Deutschen Wissenschaft", die 1920 gegründet wird und in einem groß angelegten Programm die Vergabe von Stipendien und sonstigen Förderleistungen an die universitäre Forschung koordiniert.[307] Adolf von Harnack ist maßgeblich an der Gründung der Notgemeinschaft beteiligt[308] und sorgt dafür, dass auch die theologischen Fakultäten namhafte Unterstützungsleistungen erhalten. Vorsitzender des theologischen Ausschusses der Notgemeinschaft wird Adolf Deißmann, mit dem Greßmann an der Berliner Fakultät engen Kontakt pflegt, gegen dessen Wahl als Fachvertreter für die Systematik er allerdings große Bedenken hat, „da er weder systematischer noch praktischer Theologe ist."[309] Durch ihr umfangreiches Unterstützungsprogramm wird die Notgemeinschaft innerhalb kurzer Zeit zu einem tragenden Pfeiler der wissenschaftlichen Institutionen in der Weimarer Republik.[310] Zahlreiche theologische Zeitschriften und Monographien profitieren von den finanziellen Zuwendungen. Auch Greßmann erhält einen Zuschuss von 6.000 Mark für die Publikation der überarbeiteten Studie zum *Ursprung der israelitisch-jüdischen Eschatologie* in Aussicht gestellt,[311] die Veröffentlichung scheitert dann offenbar aufgrund der einsetzenden Inflation und kommt, wie oben dargestellt, erst nach dem Tod Greßmanns zustande.[312]

5.3 Die Auseinandersetzung mit der Dialektischen Theologie

Der Umbruch im Deutschen Reich nach dem Ersten Weltkrieg geht auch am theologischen Diskurs nicht spurlos vorbei. Die massive Krisenerfahrung macht sich unter anderem in einer Skepsis gegenüber den historischen Untersuchungen der liberalen Theologie bemerkbar.[313] Unter der Bezeichnung „Wort-Gottes-

---

306 Greßmann an Gunkel, 16.11.1920, ULB Halle, Yi 33 I G 242: „eine Zeitschrift wie die ‚Stud[ien] + Krit[iken]' hat mE kein Existenzrecht. Auch die ‚Neue kirchl[iche] Z[ei]tschr[ift]' geht uns nichts an; Sellin soll in der Z[eitschrift für die] A[lt]T[estamentliche] W[issenschaft] schreiben."
307 Vgl. Notgemeinschaft, *Bericht*; Flachowsky, *Notgemeinschaft*, 46–109; Knappenberger-Jans, *Verlagspolitik*, 516–531.
308 Flachowsky, *Notgemeinschaft*, 62f.
309 Greßmann an Gunkel, 20.2.1922, ULB Halle, Yi 33 I G 259: „Mir scheint es unerhört, daß man einen solchen Vorschlag überhaupt zu machen wagt."
310 Flachowsky, *Notgemeinschaft*, 108.
311 Notgemeinschaft, *Bericht*, 75.
312 S.o. 2.2.
313 Hammann, *Gunkel*, 335.

Theologie" entsteht ab den 1920er Jahren eine theologische Strömung, die bald als Dialektische Theologie bezeichnet wird. Kurz vor Greßmanns Tod 1927 kommt es zu einer Auseinandersetzung mit führenden Vertretern dieser neuen Schule, die bezeichnend für die unterschiedlichen theologischen Standpunkte ist.[314]

Der Zürcher Alttestamentler Ludwig Köhler (1880 – 1956) veröffentlicht 1926 einen Aufsatz, in dem er die „Geschichte vom Sündenfall" nach religionsgeschichtlichen Grundsätzen untersucht und den ätiologischen Charakter der Erzählung hervorhebt. Damit verbindet sich eine grundlegende Kritik am paulinischen Sündenverständnis: „Es ist nur noch zu sagen, daß kein Alttestamentler von Ruf es heute mehr auf sich nimmt, die Geschichtlichkeit des Sündenfalls zu vertreten [...]. Das heißt aber, daß der Verkündigung des Paulus eine wesentliche Grundlage entzogen ist."[315] In einer Entgegnung kritisiert Emil Brunner (1889 – 1966), der an der Universität Zürich die Professur für Systematik und Praktische Theologie innehat, an der Auslegung Köhlers die Nichtbeachtung der in der Erzählung in Gen 3 angelegten Erbsündenlehre und die Reduktion auf den ätiologischen Gehalt des Mythos.[316] Daraufhin ergreift Greßmann das Wort und legt in einem Aufsatz unter dem Titel „Paradies und Sünde" noch einmal ausführlich die religionsgeschichtliche Sicht auf die Erzählung dar und betont vor allem deren psychologischen Aspekt.[317] Die Frage nach der „Wahrheit" betrachtet Greßmann dabei als zentralen Streitpunkt zwischen alttestamentlicher Exegese und systematischer Theologie:

> Aber wenn man diese Wahrheit erfassen will, muß man zuvor festgestellt haben, was die Erzählung will, und sie interpretieren. Das erst nennen wir Alttestamentler Ehrfurcht im Gegensatz zu der „Ehrfurchtlosigkeit" und der „schulmeisterlichen Herablassung", mit der ein Systematiker die Exegese verachtet und den Text nach seiner Willkür vergewaltigt.[318]

---

314 Vgl. zu der im Folgenden skizzierten Debatte ausführlich Schmid, „Geschichte"; Levin, „Das Alte Testament", 323 ff.

315 Köhler, „Geschichte", 106.

316 Brunner, „Erde".

317 Greßmann, „Paradies", 844: „Der erste Trieb, der im Menschen erwacht, ist der Neid auf die Vorzüge des Herrn. Warum hat dieser dem Diener nicht auch das Leben und das Wissen verliehen, die kostbarsten Güter, die er selbst besitzt? Der Neid führt den Menschen zum Ungehorsam, und der Ungehorsam zieht den Verlust seiner Paradies-Stellung nach sich. Das ist psychologisch sehr fein beobachtet, aber von einem ‚seligen Urstand' kann ich nichts darin finden."

318 Greßmann, „Paradies", 845: „Der Systematiker kommt mit seinem fertigen Schema, und das Schema heißt Sünde und Gnade. In Gen 3 ist aber weder von Sünde noch von Gnade die Rede; die Ausdrücke fehlen mit Recht, denn sie passen in die Erzählung nicht hinein. Sünde ist – im Gegensatz zu der Anschauung Brunners – ein ausschließlich ethischer Begriff, der nur auf Unrecht gegen die Menschen angewendet werden kann. Eine andere Sünde gibt es nicht, und Gott kann man unmittelbar überhaupt kein Unrecht antun."

Die Auseinandersetzung erinnert an die Debatten mit Vertretern der heilsge-
schichtlich orientierten Exegese beim Aufkommen der Religionsgeschichtlichen
Schule am Ende des 19. Jahrhunderts. Es geht um die grundsätzliche Bedeutung
der Bibel und ihrer Inhalte in der christlichen Theologie. Greßmann fasst seinen
Standpunkt sehr pointiert zusammen: „Brunner steht hier wie Barth, aber Barths
Theologie ist nicht christlich, aber höchstens halbchristlich: sie stammt aus dem
4. Esra und ist bezeichnend für eine Zeit des Zusammenbruchs und der Inflation."[319]

In einem zweiten, sehr viel grundsätzlicheren Artikel zur „Bibel als Wort
Gottes" kommt Greßmann noch einmal auf die systematische Dimension der
Auseinandersetzung zu sprechen.[320] Darin stellt er den „orthodoxen" Ansichten
Brunners die Notwendigkeit einer historisch arbeitenden Exegese gegenüber:

> Selbstverständlich gehört zur wissenschaftlichen Auslegung einer religiösen Schrift, daß
> auch die in ihr wirksamen sittlich-religiösen Gedanken und Kräfte zum Ausdruck gebracht
> und wieder lebendig gemacht werden müssen, genau so wie die zeitgeschichtlichen Vor-
> aussetzungen und die kulturell-sozialen Bedingungen, unter denen der Schriftsteller schuf,
> oder die literarischen Formen, deren er sich bediente; denn sie alle unterliegen der histo-
> rischen Entwicklung.[321]

Greßmann hält der Dialektischen Theologie vor, dass sie in blindem Eifer an einer
verantwortbaren wissenschaftlichen Interpretation der biblischen Texte vorbei-
gehe und stattdessen modernes Gedankengut und religiöse Anliegen der Gegenwart in die biblische Zeit hineintrage. Damit spielt er die gleichlautende Kritik
der Dialektischen Theologie an der religionsgeschichtlichen Forschung wieder
zurück. Gleichzeitig betont Greßmann, dass Objektivität zwar das Ziel aller wissenschaftlichen Bemühungen sei, die Subjektivität des individuellen Exegeten
allerdings immer berücksichtig werden müsse.[322] In diesem Zusammenhang gibt
Greßmann einen sehr persönlichen Einblick in seine eigene Glaubensauffassung,

---

319 Greßmann, „Paradies", 845.
320 Greßmann, „Bibel", 1050; der Beitrag ist explizit als „Antwort an D. Brunner" gekennzeichnet.
321 Greßmann, „Bibel", 1051. Kritisch fährt Greßmann fort: „Zweifellos hat die Exegese gerade in
dieser Beziehung vielfach versagt und versagt noch gegenwärtig vielfach, wenn man am Buchstaben kleben bleibt und den Geist tötet."
322 Greßmann, „Bibel", 1050, vgl. 1051: „Denn die Objektivität des Historikers schließt subjektive
Werturteile keineswegs notwendig aus. Selbstverständlich kann er zu den von ihm dargestellten
Gedanken oder Ereignissen jederzeit das Wort nehmen oder sogar Partei ergreifen; er wird das
allerdings nur sehr selten tun, schon um nicht das Vertrauen in seine Objektivität zu gefährden."

indem er seine lutherischen Wurzeln betont.[323] Den offenen Worten schickt Greßmann kurze Zeit später ein Bekenntnis zur „Absolutheit des Christentums" hinterher, das mit einem umfassenden Religionsbegriff verbunden ist.[324]

Der Streit hindert ihn nicht, den Hauptvertretern der Dialektischen Theologie auch eine gewisse Achtung zu zollen, da sie aus seiner Sicht in einer Zeit des Umbruchs die religiösen Werte gegen die Gefahr der Beliebigkeit ins Bewusstsein der Gesellschaft rufen, wenngleich ihm dieses Bemühen wie die einseitige Theologie Israels in der Zeit nach dem babylonischen Exil erscheint.[325] Da sich Greßmann der tiefen Kluft zwischen den unterschiedlichen Zugangsweisen bewusst ist und er keinen Weg der Verständigung sieht, schlägt er eine strikte Trennung von Exegese und Dogmatik vor und fordert die Vertreter der Dialektischen Theologie auf, ganz auf die Exegese zu verzichten, womit er freilich indirekt die biblische Grundlage der Dialektischen Theologie in Frage stellt. Wahrscheinlich ist dies auch der Grund, warum die öffentliche Diskussion daraufhin abbricht. Vertraulich schreibt Karl Barth (1886–1968) an Martin Rade, den Herausgeber der *Christlichen Welt*, in der die Beiträge Greßmanns erschienen sind:

> Greßmann ist kein Theologe, in keinem Sinn, und mit demselben „sittlichen Zorn", mit dem er sich als bewusst heidnischer Geschichtswissenschaftler über meine Exegese aufregt, bekenne ich, daß ich an seine bona fides, sich Theologe nennen zu dürfen, aufgrund dieses Artikels nicht glaube. Es ist Lüge, sich Theologe zu nennen und in einer theologischen Fakultät zu sitzen, wenn man wie er für theologische Fragen kein Verständnis und für theologische Aufgaben kein Interesse, sondern seine ganze Liebe als Wissenschaftler nur bei der Geschichtswissenschaft hat. Sunt certi denique fines, und die sind bei Greßmann überschritten. Der Artikel deckt auf – und darin liegt sein trauriges Verdienst –, daß die Geister tatsächlich und endgültig „auseinanderfahren". Es steht zwischen Greßmann und „uns" so,

---

323 Greßmann, „Bibel", 1051 f.: „Zunächst glaube ich nicht, daß die Bibel das Wort Gottes sei ‚im Unterschied zu allen anderen Religionsdokumenten'. Da Gott für mich eine lebendige Wirklichkeit ist, so muß ich ihn als eine universale Größe denken. […] Wie Luther in der Bibel, den Anschauungen seiner Zeit entsprechend, nur das als göttlich anerkennen wollte, was ‚Christum treibet', so werden wir heute, unserer veränderten Auffassung entsprechend, ‚Gottes Wort' nur da anerkennen können, wo durch dasselbe göttliche Kräfte auch in uns entbunden werden, die uns aus der Welt des Scheins und der Lüge in die Welt des Seins und der Wahrheit, kurz zu Gott führen."
324 Greßmann, „Ergänzungen", 1275: „Ich begreife nicht, wie bei Brunners Auffassung eine Mission möglich sei. Denn wenn man die Absolutheit der Religion leugnet, indem man den Nichtchristen des ‚Wort Gottes' [sic] oder jegliche Offenbarung abspricht, kann man auch die Absolutheit des Christentums nicht behaupten. *Für mich als gläubigen Christen ist die Absolutheit des Christentums selbstverständlich*; da für mich das Christentum *die* Religion ist, so erkenne ich damit zugleich die Absolutheit der Religion an und muß folglich in allen Religionen eine Teiloffenbarung Gottes finden."
325 Greßmann, „Bibel", 1053.

daß wir uns nichts, gar nichts mehr zu sagen haben, und ich hoffe nur das Eine: daß Brunner nun schweigt. Er könnte ja wirklich ebenso gut mit einem Holzpflock diskutieren wie mit diesem Mann, der über die Frage: Was ist Theologie? noch keine fünf Minuten nachzudenken für nötig gehalten hat. Und an diesen Mann selbst hätte ich auch keinen anderen Wunsch als den, daß er uns in Ruhe ließe und sich mit den Philologen über ihre Probleme unterhielte.[326]

Die fundamentale Kritik Barths ist bei Rade allerdings wohl an die falsche Adresse gerichtet, da Greßmann und Rade nicht nur eine Freundschaft, sondern auch eine ähnliche theologische Denkweise verbindet.[327] So schließt Barth die Debatte mit den resignativen Worten: „der Gressmann-Brunner-Streit war *nur* unerbaulich".[328]

Es ist aufschlussreich, dass die Religionsgeschichtliche Schule zur Zeit dieser Auseinandersetzung von den Vertretern der Dialektischen Theologie als die „heute maßgebende alttestamentliche Wissenschaft"[329] wahrgenommen wird.[330] Anders als in der Auseinandersetzung mit der Wellhausen-Schule um eine einseitig geführte Literarkritik, in der sich die Religionsgeschichtlichen Schule als Erneuerin der historisch-kritischen Exegese etablieren konnte, geht es im Streit mit der Dialektischen Theologie grundsätzlich um die Frage der Wissenschaftlichkeit, die Greßmann den Gegnern schlechterdings abspricht. Als bestimmender Unterschied zwischen der liberal eingestellten Religionsgeschichtlichen Schule und der antiliberalen Haltung von Barth und Brunner erweist sich der hermeneutische Zugang zu den biblischen Texten.[331] In der Krisenzeit des Nationalsozialismus und nach dem Zweiten Weltkrieg wird sich in Deutschland die Dialektische Theologie gegen den religionsgeschichtlichen Ansatz durchsetzen.[332]

326 Barth an Rade, 7.11.1926, abgedruckt bei Schwöbel, *Briefwechsel*, 218.
327 Barth an Rade, 13.11.1926, abgedruckt bei Schwöbel, *Briefwechsel*, 222f.: „Den Greßmann-Brief hätte ich dir natürlich nicht schreiben sollen. Ich sehe ja wohl, wie sehr ich ‚auf Granit beiße', wenn ich von dir verlange, das mit mir als einen Skandal zu empfinden, was die ganze ‚gute Gesellschaft' der Theologen eurer Generation nicht gehindert hat, auf eure Historiker so stolz zu sein – die Tatsache, daß diese Historiker, sobald sie das Glatteis der wirklichen *Theologie* betreten, sich benehmen wie Kinder, Barbaren oder Heiden."
328 Barth an Rade, 13.11.1926, abgedruckt bei Schwöbel, *Briefwechsel*, 223.
329 Brunner, „Erde", 994.
330 Vgl. auch Schmid, „Geschichte", 342f.
331 Vgl. Schmid, „Geschichte", 352–354.
332 Vgl. dazu Klatt, *Gunkel*, 269f.

5.4 Zusammenfassung

Den größten Teil seiner Arbeitskraft verwendet Greßmann in den Jahren nach dem Ersten Weltkrieg für die Organisation verschiedener öffentlicher und privater Förderinitiativen zugunsten der notleidenden theologischen Wissenschaft. Seine Bestrebungen, möglichst viele theologische Forschungsbereiche in diese Arbeit einzubinden, führen zu beachtlichen Erfolgen, da den meisten Wissenschaftlern die Zwangslage unmittelbar vor Augen steht und die steigende Inflation der 1920er Jahre die Buch- und Zeitschriftenproduktion spürbar beeinträchtigt. Er tritt in dieser Zeit als einer der führenden Köpfe der Religionsgeschichtlichen Schule auf und es gelingt ihm mit Weitsicht und Pragmatismus innerhalb kürzester Zeit eine große Anzahl von Fördergesellschaften zu gründen. Den einzelnen Fakultäten, an die die Gesellschaften angebunden sind, wird dabei ein großes Maß an Selbständigkeit bei der Mittelvergabe zugesichert, was schließlich auch die Zweifler überzeugt. Der Erfolg des Unternehmens verdankt sich nicht zuletzt dem gründlichen Einblick Greßmanns in den Zustand der theologischen Wissenschaft und der kirchlichen Strukturen. Gleichzeitig hält er Kontakt zu anderen Institutionen, wie etwa der „Notgemeinschaft der Deutschen Wissenschaft", und baut auf diese Weise ein dichtes Netz an Kontakten zu deutschen Theologen auf. Diese Kontakte führen auch dazu, dass sich die Religionsgeschichtliche Schule ab den 1920er Jahren als Hauptströmung innerhalb der alttestamentlichen Forschung etablieren kann, woran Greßmann einen maßgeblichen Anteil hat. Als er die Herausgeberschaft der *Zeitschrift für die alttestamentliche Wissenschaft* und die Leitung des Institutum Judaicum übernimmt, kann er seine organisatorische Erfahrung für den gezielten Aufbau nationaler und internationaler Verbindungen nutzen. Sein Verhandlungsgeschick und seine wissenschaftliche Begabung tragen dazu bei, dass die alttestamentliche Forschung Deutschlands im Laufe der 1920er Jahre auch wieder zu internationalem Ansehen gelangt. Für die aufkommende Dialektische Theologie hat Greßmann kein Verständnis. Aus dem Blickwinkel des Historikers ordnet er die neue Strömung in den zeitgeschichtlichen Kontext der deutschen Nachkriegsgesellschaft der Weimarer Republik ein, kann in ihren Beiträgen aber keine brauchbaren Ergebnisse für das Verständnis biblischer Texte erkennen.

6 Schluss

Vier Jahre nach Greßmanns Tod formuliert Otto Eißfeldt folgendes Urteil über den zu früh verstorbenen Kollegen:

> Im weiteren Sinne könnte man also wohl den Begriff „religionsgeschichtliche Bewegung" auf alle Theologen ausdehnen, die in den letzten vier Jahrzehnten [vor 1931] an der geschichtlichen Erforschung der biblischen Religion gearbeitet haben. Hugo Gressmann dürfte dann vielleicht als Typus dieser umfassenderen Gruppe genannt werden. Er, der die entscheidenden Anregungen der im engeren Sinne so genannten Religionsgeschichtlichen Schule verdankt, stand doch im Begriff, über sie hinauszuwachsen und alle die Gebiete und Methoden religionsgeschichtlicher Arbeit an der Bibel sich zu erobern, von denen wir sahen, daß sie außerhalb der Schule stehenden Forschern ganz oder vornehmlich gehörten: Arabisches Heidentum und kanaanäisch-phönizische Religion, archäologische Erforschung der von Israel vorgefundenen Kultur und Erhellung biblischer Phänomene durch Analogie aus der Allgemeinen Religionsgeschichte usw. Wäre ihm längeres Leben vergönnt, so hätte er gewiß all die verheißungsvollen Ansätze zur Reife gebracht.[1]

In der Tat bildet Greßmann einen Sonderfall innerhalb der Religionsgeschichtlichen Schule. Er selbst lehnt den Ausdruck „Schule" und die Hierarchie von Lehrer und Schülern ausdrücklich ab. Stattdessen sieht er sich als Teil einer Gemeinschaft von Forschern aller Couleur,[2] die sich zum Ziel gesetzt hat, die Bibelwissenschaft am Ende des 19. Jahrhunderts und Anfang des 20. Jahrhunderts mit einer Kombination unterschiedlicher Methoden zu ergänzen und zu bereichern.

Als junger Student begegnet Greßmann im Bereich der exegetischen Forschung zunächst der Literarkritik, wie sie insbesondere von Julius Wellhausen geprägt ist. Der Kontakt zu stärker religionsgeschichtlich orientierten Universitätslehrern veranlasst Greßmann allerdings, diese Methode zunehmend zu hinterfragen und nach Ergänzungen für die rein literarische Analyse zu suchen, wo sie nach seiner Meinung an ihre Grenzen stößt. Der Ausgangspunkt dieser Entwicklung liegt in Göttingen, wo Greßmann durch die enge Verbindung mit seinem Mentor Wilhelm Bousset in den Kreis der religionsgeschichtlich arbeitenden Forscher aufgenommen wird. Bereits die Qualifikationsarbeiten zeigen das Bemühen um eine methodische Neuausrichtung der exegetischen Arbeit. Greßmann verfolgt konsequent einen historischen Ansatz, bei dem die Erhellung der geschichtlichen Zusammenhänge im Vordergrund steht. Gleichzeitig fragt er nach der Intention der Verfasser der biblischen Texte und versucht, sich in das See-

---

1 Eißfeldt, „Werden", 258.
2 Murrmann-Kahl, *Heilsgeschichte*, 305, spricht im Blick auf die Religionsgeschichtliche Schule von einer „scientific community".

https://doi.org/10.1515/9783110669657-008

lenleben der Autoren und Leser bzw. Hörer der Texte zu versetzen. Bei diesem Verfahren kommen recht bald auch soziokulturelle Aspekte in den Blick, die das aus der literarischen Analyse gewonnene Bild bereichern. Der Gegensatz zur traditionellen literarkritischen Forschung tritt besonders deutlich bei der Kieler Habilitationsschrift über *Musik und Musikinstrumente im Alten Testament* (1903) zu Tage. Greßmann zeigt dort die Grenzen literarischer Vergleiche auf und bezieht zusätzlich religionsgeschichtliche, psychologische und künstlerische Gesichtspunkte in seine Betrachtungen ein. Die Erweiterung des Blickfelds birgt allerdings zugleich die Gefahr, mit reinen Analogieschlüssen weit ins Hypothetische auszugreifen. Greßmann ist sich dieses Problems durchaus bewusst und zeigt sich immer wieder bereit, seine Annahmen zu revidieren, sofern sich triftige Gegengründe angeben lassen.

Sein erstes großes Hauptwerk über den *Ursprung der israelitisch-jüdischen Eschatologie* (1905) deutet die Eigenständigkeit und Originalität Greßmanns an. Der aus dieser Untersuchung resultierende erste große Konflikt mit der Literarkritischen Schule führt zu Greßmanns entschiedener Abkehr von der traditionellen Ausrichtung der Bibelwissenschaft. Immer vehementer streitet er in der Folgezeit gegen eine einseitig betriebene literarkritische Betrachtung der Texte. Stattdessen favorisiert er zunächst die von Gunkel eingebrachte Frage nach der Bedeutung von Gattungen und den historischen Entstehungssituationen der Texte („Sitz im Leben"). Er selbst konzentriert sich in seiner Arbeit vor allem auf Motive und Motivverbindungen, deren Entwicklung er bis in die vorliterarische Stufe zurückverfolgen möchte. So versucht Greßmann den Nachweis zu führen, dass eschatologische Vorstellungskomplexe die prophetische Verkündigung beeinflusst haben und eine weitaus längere Traditionsgeschichte besitzen, als die Wellhausen-Schule bis dahin annimmt. Er entwickelt Kriterien, um die Motivkomplexe in der Religionsgeschichte einzuordnen, wagt es dann aber wiederum nicht, große Entwicklungslinien aufzuzeigen. Die vielfältigen methodischen Anleihen aus den Nachbarwissenschaften führen dazu, dass Greßmanns Darstellung hier streckenweise etwas unstrukturiert erscheint; es entsteht zuweilen der Eindruck, dass er Beobachtungen und Material lediglich sammelt.[3] Gleichwohl gelingt es ihm, durch die konsequente Infragestellung des literarkritischen Verfahrens eine weitreichende wissenschaftliche Diskussion auszulösen. Die zweite,

---

3 In Briefen an seinen Freund und Lehrer Bousset verweist Greßmann beispielsweise auf die Werke von Frazer, *Golden Bough*, und Lang, *Magic and Religion*; vgl. Greßmann an Bousset, 7.12. 1902, SUB Göttingen, Cod. Ms. W. Bousset 49, Br. 10. Greßmann teilt das einfache Entwicklungsschema Magie – Religion – Wissenschaft nicht, sondern plädiert für einen differenzierten Blick auf die Entwicklungslinien, die nach seiner Auffassung keine evolutionäre Sichtweise im Frazer'schen Sinne zulassen. Zur Kritik an Frazer vgl. Wißmann, „James George Frazer".

stark überarbeitete Auflage dieser Studie, die erst 1929 nach seinem Tod erscheint (*Der Messias*), zeigt dann eine sehr viel konzentriertere Bündelung des Materials, die die Entwicklung von einzelnen Motivkomplexen über geschichtliche Epochen hinweg erkennbar macht und zu einer Art Ideengeschichte verbindet.

Seit der Studienzeit ist Greßmann innerhalb der Religionsgeschichtlichen Schule eng mit Lehrern, Kollegen und Freunden verbunden und pflegt einen intensiven inhaltlichen, häufig auch persönlichen Austausch. Als besonders prägend erweist sich neben dem frühen Kontakt zu Bousset vor allem die anhaltende Freundschaft mit Hermann Gunkel. Der über zwanzig Jahre andauernde Briefwechsel der beiden Gelehrten gibt einen unschätzbaren Einblick in die Arbeit und Denkweise der Forschergeneration zu Beginn des 20. Jahrhunderts, am Ende des Wilhelminischen Kaiserreiches, während des Ersten Weltkriegs und in der Weimarer Republik.

Trotz der engen Verbindungen geht Greßmann ganz eigene Wege und ist bemüht, sich aus dem Schatten der älteren Generation zu befreien. Anders als Gunkel und Bousset hat er zu Beginn seiner Laufbahn die Möglichkeit, als Gast des Deutschen Evangelischen Instituts für Altertumswissenschaften des Heiligen Landes Palästina zu bereisen (1906/07). Die reale Anschauung der Gegebenheiten vor Ort verändert seinen Blick auf die biblischen Texte und prägt seine Forschungsarbeit auf nachhaltige Weise. Niederschlag finden die vielfältigen Eindrücke unter anderem in der zweibändigen Sammlung der *Altorientalischen Texte und Bilder zum Alten Testament* (1909), die stark von Gustaf Dalman, dem Direktor des Jerusalemer Instituts, beeinflusst ist. Das Werk erscheint 1926 in zweiter Auflage, die den Fortschritt in der Entwicklung von Greßmanns religionsgeschichtlichem Programm dokumentiert. Anders als in ähnlichen älteren Sammlungen dienen Greßmann die bildlichen Quellen nicht als Beiwerk und Illustration, sondern sie erhalten einen gleichrangigen Platz neben den Texten und werden weitestgehend ohne interpretative Zusätze präsentiert. Die beiden Bände sind für eine breite Öffentlichkeit bestimmt, so dass neben Studenten auch interessierte Laien einen direkten Zugang zu den maßgeblichen Quellen aus dem Vorderen Orient erhalten. Mitten in der großen Debatte über die Bedeutung des Panbabylonismus am Anfang des 20. Jahrhunderts (Bibel-Babel-Streit) gelingt es Greßmann mit dieser Quellensammlung, den Blick auf das ägyptische Material zu lenken und so die Weichen für die künftige Auseinandersetzung zu stellen. Zwar ist er zu diesem Zeitpunkt noch weit von einem eigenen religionsgeschichtlichen Programm entfernt, aber die Edition eines so umfassenden Quellenbandes unter Mitwirkung zahlreicher Kollegen zeigt Greßmanns strategischen Weitblick.

Inspiriert von seinem Palästinaaufenthalt, widmet sich Greßmann außerdem der Sagengeschichte, indem er die Moseerzählungen analysiert (1913) und sich in diesem Zusammenhang wiederum mit den mündlichen Vorformen der biblischen

Texte beschäftigt. Seine Herangehensweise an die biblischen Erzählungen ist immer stärker von einem ästhetischen Interesse gelenkt. Darüber hinaus versucht er, von der Archäologie und der gelebten Alltagsreligion Verbindungslinien in die biblische Zeit zu ziehen. Diese beiden Punkte unterscheiden Greßmanns Ansatz von der eher literaturgeschichtlich orientierten Methode seines Freundes und Kollegen Gunkel. Greßmann nimmt die gattungsgeschichtliche Forschung bei der Untersuchung der Sagen zwar ebenfalls auf und verlässt damit wie Gunkel die eingefahrenen Wege der Literarkritischen Schule, öffnet sich daneben aber auch anderen Zugängen aus der vergleichenden Forschung, etwa der Religionssoziologie, aber auch der Völkerpsychologie, um mit Hilfe psychologischer Gesetzmäßigkeiten die Bedeutung von Sprache und Mythos im geschichtlichen Zusammenhang zu erklären. Große Bedeutung gewinnt ferner die Erforschung des Volkslebens, bei der Greßmann an Ergebnisse der Folkloristik anknüpfen und sie für die religionsgeschichtliche Arbeit auswerten kann.

Seine Hypothesenfreudigkeit bringt Greßmann immer wieder viel Kritik ein, gleichwohl zeigt er mit seinen Ideen ein erstaunliches Gespür für die Zusammenhänge in und zwischen den Texten. Schon die wissenschaftlichen Qualifikationsarbeiten machen Greßmanns Begabung für die religionsgeschichtliche Methode deutlich, nicht ohne Grund finden sie durchaus Anklang in der Forschungswelt. Auf die Ergebnisse benachbarter Wissenschaften wie der Ägyptologie, der Altorientalistik und vor allem der Geschichtswissenschaft greift Greßmann in seinen Forschungen intensiv zurück, wobei ihm die persönlichen Kontakte zu Forschern aus dem Berliner Wissenschafts- und Museumsbetrieb zugutekommen, die er nach dem Antritt des Extraordinariats an der Berliner Universität 1907 vermehrt pflegt. Mit großem Geschick erweitert er die Exegese der biblischen und außerbiblischen Texte um unterschiedliche Zugangsweisen, wobei die Auswahl der Methoden gelegentlich etwas beliebig erscheint. Die Beschreibung von Analogien und Vergleiche auf der Textebene wechseln sich ab mit archäologischen Erörterungen, die wiederum an vielen Stellen durch psychologische Erklärungen ergänzt werden. Die Psychologie dient Greßmann dazu, Verhaltensweisen der biblischen Protagonisten über die zeitliche und kulturelle Kluft zur Gegenwart verständlich zu machen. Sie erlaubt ihm ferner einen Blick auf die Psyche der Autoren, um auf diese Weise die Intention bei der Entstehung der Texte nachzuvollziehen. Schließlich bringt er auch die Ausbildung bestimmter Textgattungen mit allgemeinen psychologischen Gesetzmäßigkeiten in Verbindung. Greßmanns vielgestaltige Anregungen führen wie beabsichtigt zu einer Öffnung der exegetischen Forschung und zu lebhaften Diskussionen auch über die Grenzen der deutschsprachigen Theologie hinaus. Ein einheitliches religionsgeschichtliches Programm als Gegenüber zur traditionellen Literarkritik hat Greßmann dabei nicht im Blick. Vielmehr möchte er die Literarkritik um verschiedene religionsgeschichtliche Perspektiven ergänzen und so eine einseitige Textarbeit verhindern.

Als Greßmann 1921 das lang ersehnte Ordinariat an der Berliner Universität erhält, arbeitet er zunehmend wissenschaftspolitisch. Diese Ausrichtung führt zu einer intensiveren Auseinandersetzung mit den programmatischen Grundlagen seiner Forschung. In seinem Aufsatz über „Die Aufgaben der alttestamentlichen Forschung", den er 1924 im ersten Heft der *Zeitschrift für die alttestamentliche Wissenschaft* unter seiner Herausgeberschaft veröffentlicht, plädiert Greßmann für eine Weiterentwicklung der Religionsgeschichte in eine Kulturgeschichte. Dies steht zweifelsohne damit im Zusammenhang, dass die konservativen Strömungen der Theologie inzwischen ebenfalls die religionsgeschichtliche Perspektive für sich entdeckt haben, um den Wahrheitsgehalt der biblischen Texte und ihres Offenbarungsanspruchs zu bestätigen. Greßmann dagegen hat zunehmend Mühe, die erzählte biblische Geschichte als Tatsachenbericht zu begreifen, obgleich er an ihren geschichtlichen Fundamenten keinen Zweifel hat. Aber die Untersuchung mündlicher Überlieferung etwa in einem Bogen von der historischen Figur des Mose bis zur Entstehung der biblischen Exoduserzählung sieht er nun eher skeptisch. Stattdessen widmet er sich den größeren Traditionszusammenhängen und entwickelt die Idee einer umfassenden Literatur- und Geistesgeschichte für die altorientalische Literatur, die über die biblischen Texte hinausgeht.[4] Ansätze dazu lassen sich in seinem posthum veröffentlichten Werk *Der Messias* erkennen, das er nicht hat vollenden können, weswegen es an vielen Stellen lückenhaft und widersprüchlich bleibt. Mit der großen Aufgabe ist Greßmann allein überfordert. Er ist deswegen bestrebt, möglichst viele Forscher auch aus anderen Fächern in die gemeinsame Arbeit einzubeziehen. Tatsächlich kann Greßmann im Bereich der Interdisziplinarität und fächerübergreifenden Zusammenarbeit großen Erfolg erzielen.

Sein Organisationstalent stellt Greßmann bei der Neukonzeption der *Zeitschrift für die alttestamentliche Wissenschaft* unter Beweis, der er im Laufe seiner dreijährigen Herausgeberschaft bis zu seinem Tod die internationale Geltung wiederverschafft, die sie zwischenzeitig verloren hatte. Bei anderen Projekten, wie dem Lexikon zur *Religion in Geschichte und Gegenwart* und der Kommentarreihe über „Die Schriften des Alten Testaments", ist seine eigensinnige Haltung und Arbeitsweise allerdings oftmals eher hinderlich. Häufiger Streit mit und persön-

---

4 Vgl. etwa die programmatische Aussage Greßmanns über die religionsgeschichtliche Bedeutung der Mythen: „Der Ursprung des Mythus, der in die prähistorische Periode zurückreicht, muß oft dunkel bleiben; eine sehr viel lohnendere Aufgabe ist die literarhistorische Analyse der antiken Mythen, die bisher noch kaum in Angriff genommen worden ist" (Greßmann, „Mythen", 621).

liche Vorbehalte gegen Kollegen führen dazu, dass Greßmann sich aus diesen Unternehmungen zurückzieht, wenngleich er sie nachhaltig prägt. Mit der *Zeitschrift für die alttestamentliche Wissenschaft* entwickelt Greßmann allerdings ein Instrumentarium, mit dem er seine Interessen sehr viel uneingeschränkter verwirklichen kann, indem er die Auswahl der Autoren und Autorinnen(!) sowie der Themen und Texte selbst trifft und dafür die wissenschaftliche Leitlinie vorgibt, die seinem Verständnis eines religionsgeschichtlichen Programms entspricht. Sein herausgeberisches Engagement, zu dem auch der Aufbau einer engen transatlantischen Vernetzung gehört, führt dazu, dass die deutsche alttestamentlichen Wissenschaft Mitte der 1920er Jahre wieder eine beträchtliche internationale Aufmerksamkeit erfährt.

Mit ähnlichem Tatendrang bemüht sich Greßmann in der wirtschaftlichen Krisenzeit der frühen 1920er Jahre, Mitstreiter und auch Mitstreiterinnen aus unterschiedlichen Disziplinen und Fachbereichen für sein Programm einer Synthese von Literarkritik und Religionsgeschichte zu gewinnen. Dies geschieht im Rahmen der Gründung der in mehrere regionale Vereinigungen gegliederten „Gesellschaft zur Förderung deutscher evangelischer Wissenschaft". Auch wenn der erwartete Erfolg an dieser Stelle ausbleibt, sorgen die zahlreichen Kontakte, die auf diese Weise entstehen, für eine zunehmende Verbreitung und Vernetzung der religionsgeschichtlichen Forschungsrichtung, an der nun auch immer weitere Publikationsorgane ausgerichtet werden. Greßmann setzt sich persönlich für die von ihm verantwortete *Zeitschrift für die alttestamentliche Wissenschaft* und für die Planung von Teilen des Lexikons zur *Religion in Geschichte und Gegenwart* ein, spricht Forscher gezielt für die Mitarbeit an und greift sogar stilistisch und sachlich in die einzelnen Beiträge ein. Darüber hinaus verfolgt er mit großer Aufmerksamkeit die Besetzung von Lehrstühlen und die wissenschaftliche Laufbahn der Kollegen an den Universitäten im deutschsprachigen Raum.

Die einzigartigen Möglichkeiten zur Zusammenarbeit mit den Berliner Akademien und Museen erweist sich für Greßmanns interdisziplinären Ansatz als enormer Vorteil. Aus diesem Grund lehnt er 1920 die Berufung nach Gießen auf den zuvor von Gunkel besetzten Lehrstuhl ab. Der Kontakt zu jüdischen Forschern über das Berliner Institutum Judaicum, dessen Leitung Greßmann Anfang der 1920er Jahre zusätzlich übernimmt, führt zu einem für damalige Verhältnisse singulären wissenschaftlichen Austausch, der sich auch in Greßmanns religionsgeschichtlichen Überlegungen niederschlägt. Unbeeindruckt vom Antisemitismus in seiner Umgebung gibt Greßmann seine antijüdische Haltung aus der Studienzeit auf und entwickelt eine zunehmende Hochachtung für die wissenschaftliche Leistung seiner jüdischen Kollegen, mit denen er im Rahmen der Institutsarbeit auf Augenhöhe verkehrt.

Greßmann lässt sich vor diesem Hintergrund als Paradebeispiel eines intensiv vernetzten Forschers beschreiben; sein umfangreicher Briefwechsel gibt vielfältige Einblicke in den Austausch innerhalb des Wissenschaftssegments, in dem er sich für seine Arbeit bewegt. Seine Kontakte reichen bis nach Skandinavien und in die englischsprachige Forschung, damit verbunden sind auch Besuche in England und den USA. Der persönliche Austausch trägt nach dem Ersten Weltkrieg dazu bei, das erschütterte Vertrauen vieler ausländischer Forscher in die deutsche Wissenschaft wiederherzustellen. Das betrifft nicht nur die alttestamentliche Wissenschaft, sondern weite Teile der theologischen Forschung insgesamt. Der weitere Verlauf der Forschungsgeschichte zeigt allerdings, dass der spezifische religionsgeschichtliche Ansatz Greßmanns erst wieder in der sozialgeschichtlichen Exegese der zweiten Hälfte des 20. Jahrhunderts aufgenommen wird.

Wie andere Vertreter der Religionsgeschichtlichen Schule bemüht sich auch Greßmann in vielerlei Hinsicht, die Ergebnisse seiner Forschungen einer breiten Öffentlichkeit zugänglich zu machen. Seine Zielgruppe sind dabei die interessierten Laien, aber auch Studenten, Lehrer und Erzieher. Er setzt sich für verschiedene Bildungsinitiativen ein und schreibt Aufsätze, die es den Lehrern im Schulunterricht erleichtern sollen, die Forschungsergebnisse möglichst verständlich zu präsentieren. Die Religionsgeschichtliche Schule befördert dadurch auch einen religionspädagogischen Paradigmenwechsel, der das historische Bewusstsein in den Religionsunterricht und damit in die Bevölkerung insgesamt hineinträgt.[5] Greßmann nutzt die neu entstehenden Veröffentlichungsorgane für die Breitenwirkung der theologischen Forschung und achtet dabei auf die Schärfung des religionsgeschichtlichen Profils.

Die Überführung seiner religionsgeschichtlichen Forschung in einen kulturwissenschaftlich geprägten Ansatz bringt es mit sich, dass Greßmann zunehmend auch die Schranken der Konfessionen und Religionen hinter sich lässt. Er interessiert sich für die geschichtliche Entfaltung und Wirkung religiöser Idee oder Motive ohne Rücksicht auf bestimmte konfessionelle Engführungen. Dabei geht er weit über eine rein literarkritische und gattungsgeschichtliche Untersuchung hinaus. Das bringt Greßmann nicht nur Kritik aus den eigenen Reihen ein, sondern vor allem auch aus der kirchlich-positiven Richtung und von Vertretern der neu aufkommenden Dialektischen Theologie, deren Siegeszug er nicht mehr miterlebt. Gegen Mitte der 1920er Jahre beginnt die Religionsgeschichtliche Schule an geschlossenem Profil zu verlieren, was sich beispielsweise in der Anlage der zweiten Auflage des Lexikons zur *Religion in Geschichte und Gegenwart*

---

5 Vgl. Dieterich, *Religionslehrplan*, 218 f.

zeigt, die ihren einheitlichen Gesamtcharakter aufgibt.[6] Schließlich tritt die historische Fragestellung innerhalb der deutschen Bibelwissenschaft immer stärker in den Hintergrund. Die Auseinandersetzung mit den biblischen Texten wird mehr und mehr von einem dezidiert theologisch-systematischen Interesse geleitet.[7]

Erst ab den 1970er Jahren kehrt die Religionsgeschichte wieder in den Methodenkanon der exegetischen Forschung zurück.[8] Mit Nachdruck wird sie 1992 von Rainer Albertz (geb. 1943) aufgenommen, der die Forderung aufstellt, dass „[e]ine ‚Religionsgeschichte Israels' [...] heute neben der politischen Geschichte (J. Wellhausen) endlich auch die Sozialgeschichte Israels mit einbeziehen"[9] müsse und das sie „religionsvergleichend"[10] zu arbeiten habe. Beides berührt sich eng mit den Vorstellungen Greßmanns zur Ausrichtung der religionsgeschichtlichen Forschung.

In den Jahrzehnten nach Greßmanns Tod hat sich das Bild durch zahlreiche neue archäologische Funde und durch eine andere Datierung und Einordnung der meisten biblischen Texte gewandelt. Nicht wenige Hypothesen Greßmanns

---

6 Vgl. dazu Özen, „Religion", 297 f.

7 Ein Beispiel dafür ist die 1933 erscheinende *Theologie des Alten Testaments* von Walther Eichrodt (1890 – 1978), deren Zielrichtung der Autor wie folgt beschreibt: „In der Tat ist es hohe Zeit, daß auf dem Gebiet des Alten Testament einmal mit der Alleinherrschaft des Historismus gebrochen und der Weg zurückgefunden wird zu der alten und in jeder wissenschaftlichen Epoche neu zu lösenden Aufgabe, die alttestamentliche Glaubenswelt in ihrer strukturellen Einheit zu begreifen und unter Berücksichtigung ihrer religiösen Umwelt einerseits, ihres Wesenszusammenhangs mit dem Neuen Testament andererseits in ihrem reifen Sinngehalt zu deuten" (Eichrodt, *Theologie*, 5, mit ausdrücklichem Verweis auf Kittel, „Zukunft").

8 Beispielsweise in Georg Fohrers (1915 – 2002) *Geschichte der israelitischen Religion* (1969). Fohrer konstatiert, dass der „a[lt]t[estament]l[ichen] Wissenschaft durch den Verzicht auf eine religionsgeschichtliche Betrachtungsweise, das Absehen von einer angemessenen Erfassung der Eigenart auch der israelitischen Religion und die Wiederbelebung der allegorisch-typologischen Auslegung des A[lten] T[estaments] großen Schaden zugefügt [wurde]" (6).

9 Albertz, *Religionsgeschichte Israels*, Bd. 1, 31.

10 Albertz, *Religionsgeschichte Israels*, Bd. 1, 31 f.: „Eine ‚Religionsgeschichte Israels' muß religionsvergleichend orientiert sein. Der religiöse Diskurs Israels fand nicht in einem geschlossenen Raum statt, sondern in seiner mehr oder weniger offenen vorderorientalischen Umwelt, unter fortwährender Aufnahme, Abwandlung und Abstoßung dort schon längst geprägter religiöser Deutungs- und Verhaltensmuster." Außerdem fordert Albertz einen Verzicht auf „dogmatische Gliederungs- und Auswahlprinzipien", wie sie in den „Theologien des Alten Testaments" herangezogen würden, eine wertungsfreie Offenheit gegenüber der Geschichte des Judentums und des Christentums gleichermaßen und eine Einbeziehung der „Wechselwirkung zwischen der politischen und sozialen Entwicklung auf der einen und der religiösen und kultischen Entwicklung auf der anderen Seite" (ebd., 30).

müssen deswegen als überholt oder zumindest als sehr fragwürdig gelten.[11] Seine methodische Herangehensweise, in der sich Religionsgeschichte, Kulturwissenschaft und Soziologie verbinden, ist dagegen von vielen Forschern anerkannt und aufgegriffen worden, wenngleich es ihm nicht gelungen ist, ein einheitliches Programm aufzustellen. Von Greßmann und seiner Arbeit bleibt die Idee einer breit vernetzten Forschung, die bereit ist, über die Grenzen ihres eigenen Fachbereiches hinauszuschauen und sich im Dialog mit Nachbardisziplinen fortzuentwickeln. Zu dieser interdisziplinären Offenheit gehört auch ein engagierter interreligiöser Dialog auf wissenschaftlicher Ebene, der die Sichtweise der jeweils anderen Religion zu berücksichtigen versteht und sich stärker institutionalisiert. Bedingung ist eine unabhängige Forschung, die sich weder von religiösen Dogmen noch von strukturellen Abhängigkeiten beeinflussen lässt. Die religionsgeschichtliche Frage erscheint heute in Anbetracht der kaum mehr zu überblickenden Zahl an Funden aus dem Alten Orient, die fortlaufender Sichtung und Auswertung bedürfen, aktueller denn je. Vieles von dem, was in der heutigen Exegese selbstverständlich geworden ist, haben Hugo Greßmann und die Forscher der Religionsgeschichtlichen Schule schon zu Anfang des 20. Jahrhunderts gesehen und damit die Bibelwissenschaft nachhaltig geprägt.

---

11 Dies betrifft insbesondere Greßmanns Thesen zur mündlichen Überlieferung der Mosesagen, vgl. dazu die Kritik bei Kirkpatrick, *Old Testament*, 26.98.101.

Anhang

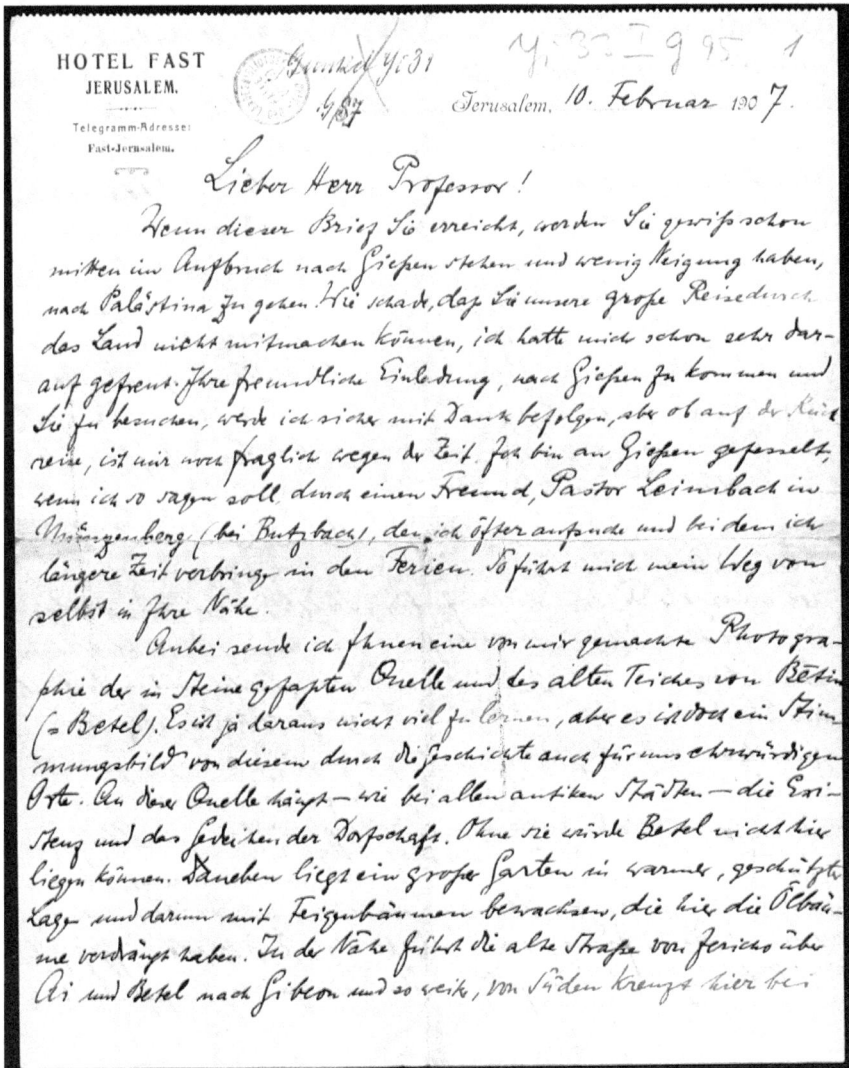

Abb. 1: Brief von Hugo Greßmann an Hermann Gunkel vom 10. Februar 1907 aus Jerusalem (Auszug). Greßmann bedauert darin, dass Gunkel nicht selbst nach Jerusalem kommen kann und weist auf den Wert seiner vor Ort gemachten Photographien hin (ULB Halle, Nachlass Hermann Gunkel, Yi 33 I G 95).

https://doi.org/10.1515/9783110669657-009

Abb. 2: Aufnahme während der Exkursion nach Petra (Ostjordanland) vom 20. Oktober bis
23. November 1906: Hugo Greßmann (rechts), Gustaf Dalman (Mitte); weitere Teilnehmer der
Reise: Kaiserlich Deutscher Konsul Schmidt mit Gemahlin, K.K. Österreichisch-ungarischer
Konsul Ritter von Zepharovich, Dr. theol. Ehrlich, Rektor des österreichisch-katholischen Hos-
pizes in Jerusalem (originale Bildunterschrift: Südblick von ain negel – erster Blick auf den nebi
harun; Fotoalbum im Privatbesitz von Peter Welten, Berlin).

Abb. 3: Aufnahme während der Exkursion nach Petra (Ostjordanland) vom 20. Oktober bis 23. November 1906: Hugo Greßmann (links hinten), Gustaf Dalman (rechts), Frau Konsul Schmidt (2. von rechts), Konsul Schmidt (Mitte?), Dr. Ehrlich (links vorne?) (originale Bildunterschrift: Frühstückstafel; Fotoalbum im Privatbesitz von Peter Welten, Berlin).

E. Glaubach
GREIFSWALD.

Abb. 4: Hugo Greßmann als Student in Greifswald (1896/97) (Deutsches Evangelisches Institut für Altertumswissenschaft des Heiligen Landes in Jerusalem, Nachlass Hugo Greßmann).

Abb. 5: Hugo Greßmann (1916/17) (handschriftlicher Vermerk: Greßmann, Hugo 21.3.1877 1916/
17; Stempel: 79. Polizeirevier Berlin-Zehlendorf; Deutsches Evangelisches Institut für Altertumswissenschaft des Heiligen Landes in Jerusalem, Nachlass Hugo Greßmann).

Abb. 6: Hugo Greßmann (1926) (handschriftlicher Vermerk: Das letzte Passbild! 1926!; Deutsches Evangelisches Institut für Altertumswissenschaft des Heiligen Landes in Jerusalem, Nachlass Hugo Greßmann).

Literaturverzeichnis

Die bibliographischen Abkürzungen folgen Siegfried M. Schwertner, *IATG³ – Internationales Abkürzungsverzeichnis für Theologie und Grenzgebiete*, Berlin ³2016.

1 Ungedruckte Quellen

Archiv der Berlin-Brandenburgischen Akademie der Wissenschaften Berlin (BBAW)
Korrespondenz Hugo Greßmann mit Adolf von Harnack, Arbeitsstelle Kirchenväter-Kommission Nr. 4.

Deutsches Evangelisches Institut für Altertumswissenschaft des Heiligen Landes in Jerusalem
Nachlass Hugo Greßmann (ohne Signatur).

Niedersächsische Staats- und Universitätsbibliothek Göttingen (SUB Göttingen)
Dokumente zum Promotionsverfahren Hugo Greßmanns, Dekanatsakten der Philosophischen Fakultät, 184b, 40.
Korrespondenz Hugo Greßmann mit Wilhelm Bousset, Nachlass Wilhelm Bousset, Cod. Ms. W. Bousset 49.

Privatbesitz Sascha Gebauer
Handschriftliche Rezension (unveröffentlicht) von Hugo Greßmann zu Eduard König, *Die Poesie des Alten Testaments* (Wissenschaft und Bildung. Einzeldarstellungen aus allen Gebieten des Wissens 11), Leipzig 1907.

Staatsbibliothek zu Berlin Preußischer Kulturbesitz (SB Berlin)
Korrespondenz Hugo Greßmann mit Wilhelm Ruprecht etc., Archiv des Verlages Vandenhoeck & Ruprecht, NL 494 V&R.
Korrespondenz Hugo Greßmann mit Oskar Siebeck etc., Archiv des Verlages J.C.B. Mohr (Paul Siebeck), NL 488 J.C.B. Mohr.

Universitäts- und Landesbibliothek Sachsen-Anhalt in Halle/Saale (ULB Halle)
Korrespondenz Hugo Greßmann mit Hermann Gunkel, Nachlass Hermann Gunkel, Yi 33 I G 91– 313a.

Universitätsbibliothek der Humboldt-Universität zu Berlin
Hugo-Greßmann-Bibliothek in der Zweigbibliothek Theologie.

Universitätsbibliothek der Justus-Liebig-Universität Gießen (UB Gießen)
Photoalbum von Hugo Greßmann, Nachlass Wilhelm Bousset, Hs. 165/50.

Universitätsbibliothek der Philipps-Universität Marburg (UB Marburg)
Korrespondenz Hugo Greßmann bzw. Hermann Gunkel mit Martin Rade, Nachlass Martin Rade, Ms. 839, Mappe „Manuskripte, Notizen".

https://doi.org/10.1515/9783110669657-010

2 Zitierte Veröffentlichungen von Hugo Greßmann

1898
*Über die in Jes. c. 56–66 vorausgesetzten zeitgeschichtlichen Verhältnisse. Eine von der
philosophischen Fakultät der Universität Göttingen gekrönte Preisschrift*, Göttingen 1898.

1901
Rez. zu Nestle, *Kirchengeschichte* (1901), *ThLZ* 26 (1901), 641–645.

1903
Musik und Musikinstrumente im Alten Testament. Eine religionsgeschichtliche Studie
(RVV 2/1), Gießen 1903.
Studien zu Eusebs Theophanie (TU NF 8/3), Leipzig 1903.

1904
Eusebius Werke, Bd. 3/2: *Die Theophanie. Die griechischen Bruchstücke und Übersetzung der
syrischen Überlieferungen* (GCS 11/2), Leipzig 1904.
„Gunkels Psalmenauslegung", *MKP* 4 (1904), 229–235.

1905
Der Ursprung der israelitisch-jüdischen Eschatologie (FRLANT 6), Göttingen 1905.

1906
„Wincklers altorientalisches Phantasiebild", *ZWTh* NF 14 (1906), 289–309.

1907
„Ein biblisch-archaeologisches Desiderium", *Die Studierstube* 5 (1907), 545–552.
„Ein prähistorisches Grab auf dem Grundstück der Kaiserin Auguste Viktoria-Stiftung bei
Jerusalem", *PJ* 3 (1907), 72–75.

1908
Die Ausgrabungen in Palästina und das Alte Testament (RV 3/10), Tübingen 1908.
„Der Felsendom in Jerusalem", *PJ* 4 (1908), 54–66.
„Durch das Ostjordanland", *PJ* 4 (1908), 101–104.
„Erwiderung auf Prof. F. Giesebrechts Besprechung von H.G.s ‚Ursprung der israel.-jüd.
Eschatologie'", *ThStKr* 81 (1908), 307–317.
Rez. zu Benzinger, *Archäologie* (²1907), *GGA* 170 (1908), 737–755.
Rez. zu König, *Poesie* (1907), *DLZ* 29 (1908), 716.

1909
Altorientalische Texte und Bilder zum Alten Testament, in Verbindung mit Arthur Ungnad und
Hermann Ranke, 2 Bde., Tübingen 1909.
Palästinas Erdgeruch in der israelitischen Religion (Kultur und Leben 8), Berlin 1909.
„Dolmen, Masseben und Napflöcher", *ZAW* 29 (1909), 113–128.
Art. „Aschera", *RGG* 1 (1909), 724–725.
Art. „Belial", *RGG* 1 (1909), 1021–1022.

1910

Die älteste Geschichtsschreibung und Prophetie Israels. Von Samuel bis Amos und Hosea (SAT 2/1), Göttingen 1910.

„Der Eckstein", *PJ* 6 (1910), 38–45.

„Die alttestamentliche Forschung 1908/09", *MERU* 3 (1910), 86–94.

„Sage und Geschichte in den Patriarchenerzählungen", *ZAW* 30 (1910), 1–34.

1911

„Mose", *Deutsche Rundschau* 2 (1911/12), 357–370.

Rez. zu Jeremias, *Panbabylonisten* (^{2}1907), *ThLZ* 36 (1911), 36–38.

1912

„Die Kunst der Interpretation", *ChW* 26 (1912), 442–448.

„Die mosaische Religion", *PrM* 16 (1912), 121–133.

Art. „Höhendienst im alten Israel", *RGG* 3 (1912), 79–80.

1913

Mose und seine Zeit (FRLANT NF 1), Göttingen 1913.

„Gehen wir einer Umwälzung auf dem Gebiet der Pentateuchkritik entgegen?", *DLZ* 34 (1913), 1221–1227.

Art. „Malsteine", *RGG* 4 (1913), 111–112.

Art. „Märchen, religionsgeschichtlich", *RGG* 4 (1913), 13–17.

Art. „Mythen und Mythologie, religionsgeschichtlich", *RGG* 4 (1913), 618–621.

Art. „Sagen und Legenden, religionsgeschichtlich", *RGG* 5 (1913), 174–179.

Art. „Tamuz", *RGG* 5 (1913), 1069–1070.

1914

Albert Eichhorn und Die religionsgeschichtliche Schule, Göttingen 1914.

Das Weihnachtsevangelium auf Ursprung und Geschichte untersucht (RG 8), Göttingen 1914.

Die Anfänge Israels. 2. Mose bis Richter und Ruth (SAT 1/2), Göttingen 1914.

„Der Krieg und die israelitische Volksfrömmigkeit", *ZEvRU* 26 (1914/15), 240–247.

„Der Messiasglaube in der Geschichte der Völker", *Deutsche Rundschau* 3 (1913/14), 396–415.

„Die literarische Analyse Deuterojesajas", *ZAW* 34 (1914), 254–297.

„Die Propheten und der Krieg", *ZEvRU* 26 (1914/15), 308–318.

Rez. Gunkel, *Reden und Aufsätze* (1913), *Deutsche Rundschau* 4 (1914), 155–156.

1916

„Das jüdische Weihnachtsevangelium", *ChW* 30 (1916), 182–183.

„Der verborgene Messias", *ChW* 30 (1916), 171–172.

„Kriegswesen und Kriegskunst im Alten Testament", *MERU* 9 (1916), 33–51.

1917

„Die Christusidee des Alten Testaments", *PrJ* 168 (1917), 173–202.

1918

„Hadad und Baal nach den Amarnabriefen und nach ägyptischen Texten", in: Wilhelm
  Frankenberg und Friedrich Küchler (Hg.), *Abhandlungen zur semitischen Religionskunde
  und Sprachwissenschaft. Wolf Wilhelm Grafen von Baudissin zum 26. September 1917
  überreicht von Freunden und Schülern* (BZAW 33), Gießen 1918, 191–216.

1920

„Der aussätzige Messias", *ChW* 34 (1920), 663–668.
„Der Messias", *ChW* 34 (1920), 758–761, und *ChW* 35 (1921), 139–142.
„Die Mobilmachung der Kirche und der Laien f. d. deutsche evangelische Wissenschaft", in:
  Gesellschaft zur Förderung der deutschen evangelischen Wissenschaft (Hg.), *Werbeschrift
  zur Gründung einer Gesellschaft zur Förderung der deutschen evangelischen
  Wissenschaft*, Görlitz 1920, 10–20.
„Die wirtschaftliche Lage der theologischen Wissenschaft", *ChW* 34 (1920), 70–72.
„Messiasperlen. Übersetzungen aus AT, NT, äth. Henoch und 4. Esra", *ChW* 34 (1920),
  673.689.705.737.753.769.785.809.825, und *ChW* 35 (1921), 1.25.41.57.73.97.

1923

Tod und Auferstehung des Osiris nach Festbräuchen und Umzügen, Leipzig 1923.
„Hellenistisches oder rabbinisches Judentum?", *ThBl* 2 (1923), 144–146.
(mit Karl Marti) „Zum Wechsel in der Herausgabe der Zeitschrift", *ZAW* 41 (1923), V–VIII.

1924

„Bemerkungen des Herausgebers", *ZAW* 42 NF 1 (1924), 156–163.
„Die Aufgaben der alttestamentlichen Forschung", *ZAW* 42 NF 1 (1924), 1–33.
„Die neugefundene Lehre des Amen-em-ope und die vorexilische Spruchdichtung Israels",
  ZAW 42 NF 1 (1924), 272–296.
„Messias und Erlöser", *Geisteskultur* 33 (1924), 97–116.

1925

Israels Spruchweisheit im Zusammenhang der Weltliteratur (Kunst und Kultur 6), Berlin 1925.
„Die Aufgaben der Wissenschaft des nachbiblischen Judentums", *ZAW* 43 NF 2 (1925), 1–32.
„Mitteilungen", *ZAW* 43 NF 2 (1925), 275–302.

1926

„Die Bibel als Wort Gottes. Eine Antwort an D. Brunner", *ChW* 40 (1926), 1050–1053.
„Ergänzungen und Berichtigungen – 6", *ChW* 40 (1926), 1275.
„Götterkind und Menschensohn", *DLZ* 47 (1926), 1917–1928.
„Paradies und Sünde", *ChW* 40 (1926), 842–846.
„Vorwort", in: Wilhelm Bousset, *Die Religion des Judentums im späthellenistischen Zeitalter*
  (HNT 21), Tübingen ³1926, V–VI.
Rez. zu von Gall, *ΒΑΣΙΛΕΙΑ* (1926), *DLZ* 47 (1926), 2031–2040.
Rez. zu Kittel, *Probleme* (1926), *DLZ* 47 (1926), 1437–1440.

1927
„Der Festbecher", in: William F. Albright (Hg.), *Sellin-Festschrift. Beiträge zur*
  Religionsgeschichte und Archäologie Palästinas. Ernst Sellin zum 60. Geburtstage
  dargebracht, Leipzig 1927, 55–62.
„Einführung", in: Leo Baeck (Hg.), *Entwicklungsstufen der jüdischen Religion* (Vorträge des
  Institutum Judaicum an der Universität Berlin 1), Gießen 1927, 1–12.

1929
Der Messias (FRLANT 43), Berlin 1929.

1930
Die orientalischen Religionen im hellenistisch-römischen Zeitalter. Eine Vortragsreihe, hg. von
  Walter Horst und Kurt Galling, Leipzig 1930.

3 Sonstige Literatur

Albertz, Rainer, *Religionsgeschichte Israels in alttestamentlicher Zeit*, 2 Bde. (GAT 8),
  Göttingen 1992.
Avemarie, Friedrich, *Tora und Leben. Untersuchungen zur Heilsbedeutung der Tora in der*
  frühen rabbinischen Literatur (TSAJ 55), Tübingen 1996.
Baeck, Leo, *Spinozas erste Einwirkungen auf Deutschland*, Berlin 1895.
Baeck, Leo (Hg.), *Entwicklungsstufen der jüdischen Religion* (Vorträge des Institutum Judaicum
  an der Universität Berlin 1), Gießen 1927.
Baeck, Leo, „Ursprünge und Anfänge der jüdischen Mystik", in: Leo Baeck (Hg.),
  Entwicklungsstufen der jüdischen Religion (Vorträge des Institutum Judaicum an der
  Universität Berlin 1), Gießen 1927, 91–103.
Baedeker, Karl, *Palaestina und Syrien, nebst den Hauptrouten durch Mesopotamien und*
  Babylonien. Handbuch für Reisende, Leipzig ⁶1904.
Baentsch, Bruno, *Altorientalischer und israelitischer Monotheismus. Ein Wort zur Revision der*
  entwicklungsgeschichtlichen Auffassung der israelitischen Religionsgeschichte, Tübingen
  1906.
Baldermann, Ingo u. a. (Hg.), *Religionsgeschichte Israels oder Theologie des Alten Testaments?*
  (JBTh 10), Neukirchen-Vluyn 1990.
Ball, Charles James, *Light from the East, or The Witness of the Monuments. An Introduction to*
  the Study of Biblical Archaeology, London 1899.
Baltzer, Jürgen, *Alttestamentliche Fachdidaktik. Gesammelte Studien* (Theologie 11), Münster
  1996.
Bamberger, Fritz, „Guttmann, Julius. Philosoph des Judentums", in: Robert Weltsch (Hg.),
  Deutsches Judentum, Aufstieg und Krise. Gestalten, Ideen, Werke. Vierzehn Monographien
  (Veröffentlichung des Leo Baeck Instituts), Stuttgart 1963, 85–119.
Barnes, Timothy D., *Constantine and Eusebius*, Cambridge 1981.
Baudissin, Wolf Wilhelm Graf von, Art. „Astarte und Aschera", RE³ 1 (1897), 147–161.
Baudissin, Wolf Wilhelm Graf von, Art. „Belial", RE³ 1 (1897), 548–549.
Baudissin, Wolf Wilhelm Graf von, Art. „Höhendienst der Hebräer", RE³ 8 (1900), 177–195.

Baudissin, Wolf Wilhelm Graf von, *Einleitung in die Bücher des Alten Testamentes*, Leipzig 1901.

Baudissin, Wolf Wilhelm Graf von, Art. „Malsteine", *RE³* 12 (1903), 130–146.

Baudissin, Wolf Wilhelm Graf von, Art. „Tammuz", *RE³* 19 (1907), 334–377.

Baudissin, Wolf Wilhelm Graf von, *Adonis und Esmun. Eine Untersuchung zur Geschichte des Glaubens an Auferstehungsgötter und an Heilgötter*, Leipzig 1911.

Baumgarten, Albert, *Elias Bickerman as a Historian of the Jews. A Twentieth Century Tale* (TSAJ 131), Tübingen 2010.

Baumgarten, Otto, *Meine Lebensgeschichte*, Tübingen 1929.

Baumgartner, Walter, „Neues keilschriftliches Material zum Buche Daniel?", *ZAW* 44 NF 3 (1926), 38–56.

Baumgartner, Walter, „Der Kampf um das Deuteronomium", *ThR* 1 (1929), 7–25.

Baumgartner, Walter, „Wellhausen und der heutige Stand der alttestamentlichen Wissenschaft", *ThR* 2 (1930), 287–307.

Bechert, Heinz, „Hermann Oldenberg (1854–1920)", in: Karl Arndt u.a. (Hg.), *Göttinger Gelehrte. Die Akademie der Wissenschaften zu Göttingen in Bildnissen und Würdigungen 1751–2001*, Göttingen 2001, 320.

Becker, Uwe, *Jesaja. Von der Botschaft zum Buch* (FRLANT 178), Göttingen 1997.

Beer, Georg, Rez. zu Greßmann, „Die Aufgaben der Wissenschaft des nachbiblischen Judentums" (1925), *ThLZ* 51 (1926), 369–370.

Benzinger, Immanuel, *Hebräische Archäologie* (GThW 2/1), Freiburg i.Br. 1894 (Tübingen ²1907).

Bergmann, Juda, „Das Judentum in der hellenistisch-römischen Zeit", in: Leo Baeck (Hg.), *Entwicklungsstufen der jüdischen Religion* (Vorträge des Institutum Judaicum an der Universität Berlin 1), Gießen 1927, 27–42.

Bericht über die Lehranstalt für die Wissenschaft des Judentums 29 (1911).

Bericht über die Lehranstalt für die Wissenschaft des Judentums 32 (1914).

Berlejung, Angelika, „Briefe aus dem Archiv von Taanach", in: Angelika Berlejung u.a., *Texte aus der Umwelt des Alten Testaments*, Bd. 3: *Briefe*, Gütersloh 2006, 230–234.

Bernhard, Karl-Heinz, „Die Geschichte des Berliner Lehrstuhls für Altes Testament", *WZ(B).G* 34,7 (1985), 527–532.

Biere, Christina, „Billerbeck rezensiert. Der ‚Kommentar zum Neuen Testament aus Talmud und Midrasch' im Spiegel der zeitgenössischen Kritik", in: Christfried Böttrich, Judith Thomanek und Thomas Willi (Hg.), *Zwischen Zensur und Selbstbesinnung. Christliche Rezeptionen des Judentums* (GThF 17), Frankfurt a.M. 2009, 289–319.

Bitterli, Urs, *Die „Wilden" und die „Zivilisierten". Grundzüge einer Geistes- und Kulturgeschichte der europäisch-überseeischen Begegnung*, München ²1991.

Böhl, Franz, „Tud'alia I, Zeitgenosse Abrahams, um 1650 v.Chr.", *ZAW* 42 NF 1 (1924), 148–153.

Böklen, Ernst, *Die Verwandtschaft der jüdisch-christlichen mit der parsischen Eschatologie*, Göttingen 1902.

Bousset, Wilhelm, *Die Religion des Judentums im neutestamentlichen Zeitalter*, Berlin 1903 (²1906; Tübingen ³1926, hg. und bearbeitet von Hugo Greßmann).

Bousset, Wilhelm, *Volksfrömmigkeit und Schriftgelehrtentum. Antwort auf Herrn Perles' Kritik meiner „Religion d. Judentums im N.T. Zeitalter"*, Berlin 1903.

Braun, Joachim, *Die Musikkultur Altisraels/Palästinas. Studien zu archäologischen, schriftlichen und vergleichenden Quellen* (OBO 164), Göttingen 1999.

Brunner, Emil, „Die Erde dreht sich. Eine Erwiderung", *KBRS* 41 (1926), 113–116.

Bruston, Charles, „L'inscription des deux colonnes du temple de Salomon", *ZAW* 42 NF 1 (1924), 153–154.

Büchler, Adolf, Rez. zu Greßmann, *Musik* (1903), *DLZ* 25 (1904), 1336–1340.

Budde, Karl, „Das hebräische Klagelied", *ZAW* 2 (1882), 1–52.

Budde, Karl, „Das Deuteronomium und die Reform König Josias", *ZAW* 44 NF 3 (1926), 177–224.

Budde, Karl, „Noch einmal die Paradiesesgeschichte", *ChW* 41 (1927), 10–19.

Burkitt, Francis Crawford, „A New Translation of the Theophania of Eusebius", *ClR* 19 (1905), 62–63.

Canney, Maurice, „The Goat-Song", *ZAW* 42 NF 1 (1924), 145–148.

Caspari, Wilhelm, „Neuere Versuche geschichtswissenschaftlicher Vergewisserung über Mose", *ZAW* 42 NF 1 (1924), 297–313.

Conrad, Ruth, *Lexikonpolitik. Die erste Auflage der RGG im Horizont protestantischer Lexikographie* (AKG 97), Berlin 2006.

Cooke, George A., „Some Considerations on the Text and Teaching of Ezekiel 40–48", *ZAW* 42 NF 1 (1924), 105–115.

Cornill, Carl Heinrich, „Die Composition des Buches Jesaja", *ZAW* 4 (1884), 83–105.

Cornill, Carl Heinrich, „Capitel 52 des Buches Jeremia", *ZAW* 4 (1884), 105–107.

Cornill, Carl Heinrich, *Der israelitische Prophetismus*, Straßburg ³1900.

Dahse, Johannes, *Textkritische Materialien zur Hexateuchfrage*, Gießen 1912.

Dalman, Gustaf, „Mitteilungen", *PJ* 1 (1905), 9–10.

Dalman, Gustaf, „Jahresbericht des Deutschen evangelischen Instituts für Altertumswissenschaften des heiligen Landes für das Arbeitsjahr 1906/1907", *PJ* 3 (1907), 1–14.

Dalman, Gustaf, *Petra und seine Felsheiligtümer. Mit Ansichten, Plänen, Grundrissen, Panoramen*, Leipzig 1908.

Dalman, Gustaf, „Einst und jetzt in Palästina", *PJ* 6 (1910), 27–37.

Dalman, Gustaf, *Arbeit und Sitte in Palästina*, 7 Bde. (SDPI), Gütersloh 1928–1942.

Deines, Roland, *Die Pharisäer. Ihr Verständnis im Spiegel der christlichen und jüdischen Forschung seit Wellhausen und Graetz* (WUNT 101), Tübingen 1997.

Delitzsch, Friedrich, *Babel und Bibel. Erster Vortrag*, Leipzig 1902.

Delitzsch, Friedrich, *Die große Täuschung*, Stuttgart 1920.

Delitzsch, Friedrich, *Die große Täuschung. Zweiter Teil*, Stuttgart 1921.

Dieterich, Veit-Jakobus, *Religionslehrplan in Deutschland (1870–2000). Gegenstand und Konstruktion des evangelischen Religionsunterrichts im religionspädagogischen Diskurs und in den amtlichen Vorgaben* (ARPäd 29), Göttingen 2007.

Dillmann, August, *Die Genesis erklärt* (KEH 11), Leipzig ⁶1892.

Dillmann, August, *Der Prophet Jesaja*, hg. und bearbeitet von Rudolf Kittel (KEH 5), Leipzig ⁶1898.

Dillmann, August, *Die Bücher Exodus und Leviticus*, nach August Knobel neu bearbeitet (KEH 12), Leipzig ²1880.

Dillmann, August, *Exodus und Leviticus*, hg. von Viktor Ryssel (KEH 12), Leipzig ³1897.

Duhm, Bernhard, *Das Buch Jesaja*, Göttingen 1892.

Duhm, Bernhard, *Israels Propheten* (Lebensfragen 26), Tübingen 1916.

Ebeling, Erich, *Das Verbum der El-Amarna-Briefe*, Berlin 1909.

Eichrodt, Walther, *Theologie des Alten Testaments. Gott und Volk*, Leipzig 1933.

Eißfeldt, Otto, „Israelitisch-jüdische Religionsgeschichte und alttestamentliche Theologie", *ZAW* 44 NF 3 (1926), 1–12.

Eißfeldt, Otto, Art. „Religionsgeschichtliche Schule", *RGG²* 4 (1930), 1898–1905.

Eißfeldt, Otto, „Vom Lebenswerk eines Religionshistorikers", in: ders., *Kleine Schriften*, Bd. 1, Tübingen 1962, 115–142.

Eißfeldt, Otto, „Werden, Wesen und Wert geschichtlicher Betrachtung der israelitisch-jüdisch-christlichen Religion" (1931), in: ders., *Kleine Schriften*, Bd. 1, Tübingen 1962, 246–265.

Elbogen, Ismar, *Geschichte der Juden seit dem Untergang des jüdischen Staates*, Leipzig 1919.

Elbogen, Ismar, „Esra und das nachexilische Judentum", in: Leo Baeck (Hg.), *Entwicklungsstufen der jüdischen Religion* (Vorträge des Institutum Judaicum an der Universität Berlin 1), Gießen 1927, 13–26.

Elliger, Walter, *150 Jahre theologische Fakultät Berlin. Eine Darstellung ihrer Geschichte von 1810 bis 1960 als Beitrag zu ihrem Jubiläum*, Berlin 1960.

Engnell, Ivan, *Studies in Divine Kingship in the Ancient Near East*, Uppsala 1943.

Fischer, Irmtraud, *Wo ist Jahwe? Das Volksklagelied Jes 63,7–64,11 als Ausdruck des Ringens um eine gebrochene Beziehung* (SBB 19), Stuttgart 1989.

Flachowsky, Sören, *Von der Notgemeinschaft zum Reichsforschungsrat. Wissenschaftspolitik im Kontext von Autarkie, Aufrüstung und Krieg* (Studien zur Geschichte der Deutschen Forschungsgemeinschaft 3), Stuttgart 2008.

Fohrer, Georg, *Geschichte der israelitischen Religion*, Berlin 1969.

Frankenberg, Wilhelm, Rez. zu Greßmann, *Studien* (1903), *ThLZ* 31 (1906), 11–16.

Frazer, James George, *The Golden Bough. A Study in Magic and Religion*, 3 Bde., London ²1900.

Fullerton, Kemper, „The Original Conclusions to the Book of Job", *ZAW* 42 NF 1 (1924), 116–135.

Gall, August von, „Bernhard Stade. Ein Nachruf", *ZAW* 27 (1907), I–XV.

Gall, August von, *ΒΑΣΙΛΕΙΑ ΤΟΥ ΘΕΟΥ. Eine religionsgeschichtliche Studie zur vorkirchlichen Eschatologie* (RWB 7), Heidelberg 1926.

Galling, Kurt, „Nachwort", in: Hugo Greßmann, *Die Orientalischen Religionen im hellenistisch-römischen Zeitalter. Eine Vortragsreihe*, Berlin 1930, 177.

Gebauer, Sascha, „Historische Palästinabilder und ihre wissenschaftliche Bedeutung. Zur Sammlung der historischen Palästinabilder an der Theologischen Fakultät der Humboldt-Universität zu Berlin", *ArZs* 92 (2012), 161–173.

Gebauer, Sascha, „Hugo Greßmann als Palästinaforscher", *ZDPV* 129,2 (2013), 217–233.

Gebauer, Sascha, „Von Menschen und Menschenbildern. Der Orient im Spiegel früher Fotografien", in: Sascha Gebauer, Rüdiger Liwak und Peter Welten, *Pilger – Forscher – Abenteurer. Das Heilige Land in frühen Fotografien der Sammlung Greßmann* (SKI NF 8), Leipzig 2014, 43–54.

Gebauer, Sascha, Rüdiger Liwak und Peter Welten, *Pilger – Forscher – Abenteurer. Das Heilige Land in frühen Fotografien der Sammlung Greßmann* (SKI NF 8), Leipzig 2014.

Gennrich, Paul von, *Hermann von der Goltz. Ein Lebensbild als Beitrag zur Geschichte der deutschen evangelischen Kirche im 19. Jahrhundert. Zum hundertjährigen Gedenktage seiner Geburt am 17. März 1935*, Göttingen 1935.

Gerdmar, Anders, *Roots of Theological Anti-Semitism. German Biblical Interpretation and the Jews, from Herder and Semler to Kittel and Bultmann* (Studies in Jewish History and Culture 20), Leiden 2009.

Gesellschaft zur Förderung der deutschen evangelischen Wissenschaft (Hg.), *Werbeschrift zur Gründung einer Gesellschaft zur Förderung der deutschen evangelischen Wissenschaft*, Görlitz 1920.

Giesebrecht, Friedrich, Rez. zu Greßmann, *Ursprung* (1905), *ThStKr* 80 (1907), 619–630.

Golling, Ralf, „Das Institutum Judaicum Berolinense", in: Ralf Golling und Peter von der Osten-Sacken (Hg.), *Hermann L. Strack und das Institutum Judaicum in Berlin. Mit einem Anhang über das Institut Kirche und Judentum* (SKI 17), Berlin 1996, 70–122.

Graf, Friedrich Wilhelm, „Die Spaltung des Protestantismus. Zum Verhältnis von evangelischer Kirche und Gesellschaft im frühen 19. Jahrhundert", in: Wolfgang Schieder (Hg.), *Religion und Gesellschaft im 19. Jahrhundert* (Industrielle Welt 54), Stuttgart 1993, 157–190.

Gregor, Birgit, „Zum protestantischen Antisemitismus. Evangelische Kirchen und Theologen in der Zeit des Nationalsozialismus", in: Fritz-Bauer-Institut (Hg.), *„Beseitigung des jüdischen Einflusses ..." Antisemitische Forschung, Eliten und Karrieren im Nationalsozialismus* (Jahrbuch zur Geschichte und Wirkung des Holocaust 1998/99), Frankfurt a.M. 1999, 171–200.

Greßmann, Hugo, s. o. 2 (Zitierte Veröffentlichungen von Hugo Greßmann).

Güdemann, Moritz, „Das Judentum im neutestamentlichen Zeitalter in christlicher Darstellung", *MGWJ* 47 (1903), 38–53.120–136.231–249.

Gunkel, Hermann, *Schöpfung und Chaos in Urzeit und Endzeit. Eine religionsgeschichtliche Untersuchung über Gen. 1 und Ap. Joh. 12*, Göttingen 1895.

Gunkel, Hermann, „Aus Wellhausen's neuesten apokalyptischen Forschungen. Einige principielle Erörterungen", *ZWTh* 42 (1899), 581–611.

Gunkel, Hermann, *Genesis* (HK 1/1), Göttingen 1901 (^{2}1902; ^{3}1910).

Gunkel, Hermann, *Zum religionsgeschichtlichen Verständnis des Neuen Testaments* (FRLANT 1), Göttingen 1903.

Gunkel, Hermann, *Ausgewählte Psalmen, übersetzt und erklärt*, Göttingen 1904 (^{2}1905).

Gunkel, Hermann, Rez. zu Jeremias, *Das Alte Testament* (1904), *DLZ* 26 (1905), 780–785.

Gunkel, Hermann, *Die Religionsgeschichte und die alttestamentliche Wissenschaft*, Berlin 1910.

Gunkel, Hermann, *Die Urgeschichte und die Patriarchen* (SAT 1/1), Göttingen 1911.

Gunkel, Hermann, Art. „Moses", *RGG* 4 (1913), 516–524.

Gunkel, Hermann, Art. „Stade, Bernhard", *RGG* 5 (1913), 882–883.

Gunkel, Hermann, *Reden und Aufsätze*, Göttingen 1913.

Gunkel, Hermann, „Bernhard Stade. Charakterbild eines modernen Theologen", in: ders., *Reden und Aufsätze*, Göttingen 1913, 1–10.

Gunkel, Hermann, „Ziele und Methoden der Erklärung des Alten Testaments", in: ders., *Reden und Aufsätze*, Göttingen 1913, 11–29.

Gunkel, Hermann, *Das Märchen im Alten Testament* (RV 2), Tübingen 1917.

Gunkel, Hermann, „Die Komposition der Joseph-Geschichten", *ZDMG* 76 (1922), 55–71.

Gunkel, Hermann, „Jesaja 33 – Eine prophetische Liturgie. Ein Vortrag", *ZAW* 42 NF 1 (1924), 177–208.

Gunkel, Hermann, *Einleitung in die Psalmen. Die Gattungen der religiösen Lyrik Israels* (HK 2), Göttingen 1933.

Gustavs, Arnold, „Die syrischen Berge Sa-ri-ja-na und Bi-i-sa-i-sa in den Boghazköi-Texten",
    ZAW 42 NF 1 (1924), 154.
Gustavs, Arnold, „Was heißt ilâni Ḫabiri?", ZAW 44 NF 3 (1926), 25–38.
Guthe, Hermann, Kurzes Bibelwörterbuch, Tübingen 1903.
Guttmann, Julius, „Die religiösen Motive in der Philosophie des Maimonides", in: Leo Baeck
    (Hg.), Entwicklungsstufen der jüdischen Religion (Vorträge des Institutum Judaicum an der
    Universität Berlin 1), Gießen 1927, 61–90.
Guttmann, Michael, „Zur Entstehung des Talmuds", in: Leo Baeck (Hg.), Entwicklungsstufen
    der jüdischen Religion (Vorträge des Institutum Judaicum an der Universität Berlin 1),
    Gießen 1927, 43–60.
Haarmann, Volker, JHWH-Verehrer der Völker. Die Hinwendung von Nichtisraeliten zum Gott
    Israels in alttestamentlichen Überlieferungen (AThANT 91), Zürich 2008.
Haller, Max, Das Judentum. Geschichtsschreibung, Prophetie und Gesetzgebung nach dem Exil
    (SAT 2/3), Göttingen 1914.
Hamacher, Elisabeth, Gershom Scholem und die allgemeine Religionsgeschichte (RVV 45),
    Berlin 1999.
Hammann, Konrad, „Hermann Gunkel und das Judentum seiner Zeit", in: Hans-Joachim
    Waschke (Hg.), Hermann Gunkel (1862–1932), Neukirchen-Vluyn 2013, 41–67.
Hammann, Konrad, Hermann Gunkel. Eine Biographie, Tübingen 2014.
Harnack, Adolf von, Die Aufgabe der theologischen Facultäten und die allgemeine
    Religionsgeschichte. Rede zur Gedächtnisfeier des Stifters König Friedrich Wilhelm III. in
    der Aula derselben am 3. August 1901, Berlin 1901.
Harnack, Adolf von, „Die wirtschaftliche Notlage der deutschen evangelischen Wissenschaft",
    in: Gesellschaft zur Förderung der deutschen evangelischen Wissenschaft (Hg.),
    Werbeschrift zur Gründung einer Gesellschaft zur Förderung der deutschen evangelischen
    Wissenschaft, Görlitz 1920, 5–9.
Harnack, Adolf von, Protokollbuch der Kirchenväter-Kommission 1897–1928, hg. von Christoph
    Markschies und Stefan Rebenich, Berlin 2000.
Harris, J. Rendel, An Early Christian Psalter, London 1909.
Hatscher, Christoph R., Alte Geschichte und Universalhistorie. Weltgeschichtliche Perspektiven
    aus althistorischer Sicht (Historia 169), Stuttgart 2003.
Hehn, Johannes, „Zum Problem des Geistes im Alten Orient und im Alten Testament", ZAW 43
    NF 2 (1925), 210–225.
Hempel, Johannes, „Jahwegleichnisse der israelitischen Propheten", ZAW 42 NF 1 (1924),
    74–104.
Hempel, Johannes, Rez. zu Greßmann, „Die Aufgaben der Wissenschaft des nachbiblischen
    Judentums" (1925), ThLZ 50 (1925), 102–105.
Hempel, Johannes, „Gedächtnisworte", ZAW 45 NF 4 (1927), XXI–XXIV.
Hempel, Johannes, „Bemerkungen", ZAW 45 NF 4 (1927), 160.
Hempel, Johannes, „Mitteilungen", ZAW 45 NF 4 (1927), 230–231.
Hempel, Johannes, „Konjekturenliste", ZAW 46 (1928), 73–75.
Hermann, Theodor, Art. „Sünde", CBL (1885), 912–915.
Herzog, D., „Die Sprüche des Amen-em-ope und Proverbien Kapp. 22,17–24,35", ZS 7 (1929),
    124–160.

Hjelde, Sigurd, *Das Eschaton und die Eschata. Eine Studie über Sprachgebrauch und Sprachverwirrung in protestantischer Theologie von der Orthodoxie bis zur Gegenwart* (BEvT 102), München 1987.

Hjelde, Sigurd, *Sigmund Mowinckel und seine Zeit. Leben und Werk eines norwegischen Alttestamentlers* (FAT 50), Tübingen 2006.

Hock, Klaus, *Einführung in die Religionswissenschaft* (Einführung. Theologie), Darmstadt 2002.

Höffken, Peter, *Jesaja. Der Stand der theologischen Diskussion*, Darmstadt 2004.

Hoffmann, Heinrich, *Das Gesetz in der frühjüdischen Apokalyptik* (StUNT 23), Göttingen 1999.

Hoffmeister, Karl, *Die Weltanschauung des Tacitus* (Beiträge zur wissenschaftlichen Kenntniß des Geistes der Alten 1), Essen 1831.

Holl, Karl, „Urchristentum und Religionsgeschichte", *ZSTh* 2 (1925), 385–430.

Hölscher, Gustav, *Die Profeten. Untersuchungen z. Religionsgeschichte Israels*, Leipzig 1914.

Hölscher, Gustav, *Die Ursprünge der jüdischen Eschatologie* (VTKG 41), Gießen 1925.

Hölscher, Gustav, Rez. zu Greßmann, *Messias* (1929), *DLZ* 50 (1930), 1729–1744.

Homolka, Walter, „Der lange Weg zur Errichtung des Faches Jüdische Theologie an einer deutschen Universität", in: Walter Homolka und Hans-Gert Pöttering (Hg.), *Theologie(n) an der Universität. Akademische Herausforderung im säkularen Umfeld*, Berlin 2013, 53–78.

Homolka, Walter, „Was Freiheit für Juden bedeutet", in: Martin Thurner (Hg.), *Freiheit. Begründung und Entfaltung in Philosophie, Religion und Kultur* (Eugen-Biser-Lectures 3), Göttingen 2017, 193–201.

Horowitz, Wayne und Takayoshi Oshima, *Cuneiform in Canaan. Cuneiform Sources from the Land of Israel in Ancient Times*, Jerusalem 2006.

Hübinger, Gangolf, *Kulturprotestantismus und Politik. Zum Verhältnis von Liberalismus und Protestantismus im wilhelminischen Deutschland*, Tübingen 1994.

Hühn, Eugen, *Die messianischen Weissagungen des israelitisch-jüdischen Volkes bis zu den Targumin historisch-kritisch untersucht und erläutert nebst Erörterung der alttestamentlichen Citate und Reminiscenzen im Neuen Testamente*, Freiburg i.Br. 1899.

Jampel, Sigurd, „Die neuesten Aufstellungen über Moses und sein Werk", *MGWJ* NF 17 (1909), 641–656.

Jantsch, Johanna, *Die Entstehung des Christentums bei Adolf von Harnack und Eduard Meyer* (Habelts Dissertationsdrucke. Reihe Alte Geschichte 28), Bonn 1990.

Jeremias, Alfred, *Das Alte Testament im Lichte des alten Orients*, Leipzig 1904 (²1906).

Jeremias, Alfred, *Die Panbabylonisten. Der Alte Orient und die Aegyptische Religion* (Im Kampfe um den alten Orient 1), Leipzig ²1907.

Jirku, Anton, „Neues keilinschriftliches Material zum Alten Testament", *ZAW* 39 (1921), 144–160.

Jirku, Anton, „[Götter]Ḫabiru oder Götter der Ḫabiru?", *ZAW* 44 NF 3 (1926), 237–242.

Johanning, Klaus, *Der Bibel-Babel-Streit. Eine forschungsgeschichtliche Studie* (EHS.T 343), Frankfurt a.M. 1988.

Jung, Martin H., *Der Protestantismus in Deutschland von 1815 bis 1870* (KGE 3), Berlin 2000.

Junginger, Horst, *Von der philologischen zur völkischen Religionswissenschaft. Das Fach Religionswissenschaft an der Universität Tübingen von der Mitte des 19. Jahrhunderts bis zum Ende des Dritten Reiches* (Contubernium 51), Stuttgart 1999.

Jüttemann, Wilhelm, *Wundts anderes Erbe. Ein Missverständnis löst sich auf*, Göttingen 2006.

Kierkegaard, Sören, *Gesammelte Werke*, Bd. 12: *Der Augenblick*, hg. von Eugen Diederichs, Jena 1909.

Kippenberg, Hans G., *Die Entdeckung der Religionsgeschichte. Religionswissenschaft und Moderne*, München 1997.

Kippenberg, Hans G., „William Robertson Smith (1846–1894)", in: Axel Michaels (Hg.), *Klassiker der Religionswissenschaft. Von Friedrich Schleiermacher bis Mircea Eliade*, München 1997, 61–76.

Kirkpatrick, Patricia, *The Old Testament and Folklore Study* (JSOTS 62), Sheffield 1988.

Kittel, Gerhard, *Die Probleme des palästinischen Spätjudentums und des Urchristentums* (BWANT 37), Stuttgart 1926.

Kittel, Gerhard, *Urchristentum, Spätjudentum, Hellenismus. Akademische Antrittsvorlesung gehalten am 28. Okt. 1926*, Stuttgart 1926.

Kittel, Rudolf, *Geschichte des Volkes Israel*, Bd. 1: *Palästina in der Urzeit. Das Werden des Volkes* (Handbücher der Alten Geschichte), Gotha ³1916 (⁵1923).

Kittel, Rudolf, „Die Zukunft der alttestamentlichen Wissenschaft. Vortrag auf dem Ersten Deutschen Orientalistentag in Leipzig am 29. September 1921", *ZAW* 39 (1921), 84–99.

Klatt, Werner, „Ein Brief von Hermann Gunkel über Albert Eichhorn an Hugo Greßmann", *ZThK* 66 (1969), 1–6.

Klatt, Werner, *Hermann Gunkel. Zu seiner Theologie der Religionsgeschichte und zur Entstehung der formgeschichtlichen Methode* (FRLANT 100), Göttingen 1969.

Klostermann, August, *Geschichte des Volkes Israel bis zur Restauration unter Esra und Nehemia*, München 1896.

Klostermann, August, *Deuteronomium und Grágás. Rede*, Kiel 1900.

Klostermann, August, *Der Pentateuch. Beiträge zu seinem Verständnis und seiner Entstehungsgeschichte*, Leipzig 1907.

Knappenberger-Jans, Silke, *Verlagspolitik und Wissenschaft. Der Verlag J.C.B. Mohr (Paul Siebeck) im frühen 20. Jahrhundert* (Mainzer Studien zur Buchwissenschaft 13), Wiesbaden 2001.

Köhler, Ludwig, „Die Geschichte vom Sündenfall", *KBRS* 41 (1926), 105 f.

König, Eduard, *Die Poesie des Alten Testaments* (Wissenschaft und Bildung. Einzeldarstellungen aus allen Gebieten des Wissens 11), Leipzig 1907.

König, Eduard, „Stimmen Ex 20,24 und Dtn 12,13 f. zusammen?", *ZAW* 42 NF 1 (1924), 337–346.

Kr. G. [der Autor ist als Chiffre geführt], Rez. zu Greßmann, *Theophanie* (1904), *LZD* 55 (1904), 1641–1643.

Kratz, Reinhard, *Die Komposition der erzählenden Bücher des Alten Testaments. Grundwissen der Bibelkritik* (UTB 2157), Göttingen 2000.

Kratz, Reinhard, „Noch einmal: Theologie im Alten Testament", in: Christoph Bultmann, Walter Dietrich und Christoph Levin (Hg.), *Vergegenwärtigung des Alten Testaments. Beiträge zur biblischen Hermeneutik. Festschrift für Rudolf Smend zum 70. Geburtstag*, Göttingen 2002, 310–326.

Kratz, Reinhard, „Reste hebräischen Heidentums am Beispiel der Psalmen", *NAWG.PH* 2 (2002), 25–65.

Kraus, Hans-Joachim, *Geschichte der historisch-kritischen Erforschung des Alten Testaments*, Neukirchen-Vluyn ²1969.

Kreuzer, Siegfried (Hg.), *Taanach/Tell Ta'annek. 100 Jahre Forschungen zur Archäologie, zur Geschichte, zu den Fundobjekten und zu den Keilschrifttexten* (Wiener alttestamentliche Studien 5), Frankfurt a.M. 2006.

Kübel, Paul, *Metamorphosen der Paradieserzählung* (OBO 231), Göttingen 2007.

Kusche, Ulrich, *Die unterlegene Religion. Das Judentum im Urteil deutscher Alttestamentler. Zur Kritik theologischer Geschichtsschreibung* (SKI 12), Berlin 1991.

Lagerlöf, Selma, *Jerusalem* (Sammlung Phönix 12), Berlin 1924.

Laminski, Adolf (Hg.), *Eusebius. Werke*, Bd. 3/2: *Die Theophanie. Die griechischen Bruchstücke und Übersetzung der syrischen Überlieferungen* (GCS 11/2), Berlin ²1992.

Lang, Andrew, *Magic and Religion*, New York 1901.

Lang, Bernhard, „Der Orientreisende als Exeget", in: Gisela Ecker und Susanne Röhl (Hg.), *In Spuren reisen. Vor-Bilder und Vor-Schriften in der Reiseliteratur*, Berlin 2006, 31–61.

Lauenstein, Diether, *Der Messias. Eine biblische Untersuchung*, Stuttgart 1971.

Lee, Samuel, *Eusebius, Bishop of Caesarea, On the Theophania or Divine Manifestation of Our Lord and Saviour Jesus Christ. Translated into English with Notes from an Ancient Syriac Version of the Greek Original Now Lost*, Cambridge 1943.

Lehmann, Reinhard, *Friedrich Delitzsch und der Babel-Bibel-Streit* (OBO 133), Göttingen 1994.

Lehmkühler, Karsten, *Kultus und Theologie. Dogmatik und Exegese in der religionsgeschichtlichen Schule* (FSÖTh 76), Göttingen 1996.

Lessing, Eckhard, *Geschichte der deutschsprachigen evangelischen Theologie von Albrecht Ritschl bis zur Gegenwart*, Bd. 1: *1870–1918*, Göttingen 2000.

Levin, Christoph, „Das Alte Testament und die Predigt des Evangeliums. Theologie und Exegese im Konflikt", in: ders., *Gesammelte Studien zum Alten Testament*, Bd. 2: *Verheißung und Rechtfertigung* (BZAW 431), Berlin 2013, 322–333.

Liwak, Rüdiger, „Bibel und Babel. Wider die theologische und religionsgeschichtliche Naivität", *BThZ* 15 (1998), 206–233.

Löhr, Max, Rez. zu Kittel, „Zukunft" (1921), *ThLZ* 47 (1922), 212.

Lüdemann, Gerd, „Einleitung", in: Gerd Lüdemann und Martin Schröder, *Die religionsgeschichtliche Schule in Göttingen. Eine Dokumentation*, Göttingen 1987, 7–12.

Lüdemann, Gerd, „Die Religionsgeschichtliche Schule", in: Bernd Moeller (Hg.), *Theologie in Göttingen. Eine Vorlesungsreihe*, Göttingen 1987, 325–361.

Lüdemann, Gerd (Hg.), *Die „religionsgeschichtliche Schule". Facetten eines theologischen Umbruchs* (Studien und Texte zur religionsgeschichtlichen Schule 1), Frankfurt a.M. 1996.

Lüdemann, Gerd, „Die ‚Religionsgeschichtliche Schule' und die Neutestamentliche Wissenschaft", in: ders. (Hg.), *Die „religionsgeschichtliche Schule". Facetten eines theologischen Umbruchs* (Studien und Texte zur religionsgeschichtlichen Schule 1), Frankfurt a.M. 1996, 9–22.

Lüdemann, Gerd und Alf Özen, Art. „Religionsgeschichtliche Schule", *TRE* 28 (1997), 618–624.

Lüdemann, Gerd und Martin Schröder, *Die religionsgeschichtliche Schule in Göttingen. Eine Dokumentation*, Göttingen 1987.

Luria, Solomon, „Die ägyptische Bibel (Joseph- und Mosesage)", *ZAW* 44 NF 3 (1926), 94–135.

Lux, Rüdiger, *Prophetie und Zweiter Tempel. Studien zu Haggai und Sacharja* (FAT 65), Tübingen 2009.

Männchen, Julia, *Gustaf Dalman als Palästinawissenschaftler in Jerusalem und Greifswald 1902–1941* (ADPV 9), Wiesbaden 1993.

Marmorstein, Arthur, „Zur Erklärung von Jes. 53", *ZAW* 44 NF 3 (1926), 260–265.

Marti, Karl, *Stand und Aufgabe der alttestamentlichen Wissenschaft in der Gegenwart. Rektoratsrede gehalten an der 77. Stiftungsfeier der Universität Bern am 25. November 1911*, Bern 1912.

Marti, Karl, „Nachruf an E. Nestle", *ZAW* 33 (1913), 151.

Marti, Karl, „Zum hundertsten Heft der Zeitschrift für die Alttestamentliche Wissenschaft", *ZAW* 39 (1921), 100 – 107.

Marti, Karl und Hugo Greßmann, „Zum Wechsel in der Herausgabe der Zeitschrift", *ZAW* 41 (1923), V–VIII.

Marx, Alexander, „Ismar Elbogen. Eine Würdigung", in: Ellen Littmann (Hg.), *Ismar Elbogen. Ein Jahrhundert jüdischen Lebens*, Frankfurt a.M. 1967, 8 – 16.

Mayer, Reinhold, *Christentum und Judentum in der Schau Leo Baecks* (StDel 6), Stuttgart 1961.

Menes, Abraham, „Die sozialpolitische Analyse der Urgeschichte", *ZAW* 43 NF 2 (1925), 33 – 62.

Merk, Otto, „Wilhelm Bousset", in: ders., *Wissenschaftsgeschichte und Exegese*, Bd. 1: *Gesammelte Aufsätze zum 65. Geburtstag* (BZAW 95), Berlin 1998, 159 – 174.

Meyer, Eduard, *Zur Theorie und Methodik der Geschichte. Geschichtsphilosophische Untersuchungen*, Halle 1902.

Meyer, Eduard, *Die Israeliten und ihre Nachbarstämme. Alttestamentliche Untersuchungen*, Halle 1906.

Meyer, Thomas, *Zwischen Philosophie und Gesetz. Jüdische Philosophie und Theologie von 1933 bis 1938* (The Journal of Jewish Thought and Philosophy, Supplements 7), Leiden 2009.

Moore, George Foot, „Alttestamentliche Studien in Amerika", *ZAW* 8 (1888), 1 – 42.

Moore, George Foot, „Alttestamentliche Studien in Amerika", *ZAW* 9 (1889), 246 – 306.

Moore, George Foot, „Christian Writers on Judaism", *HTR* 14 (1921), 197 – 254.

Moore, George Foot, *Judaism in the First Centuries of the Christian Era. The Age of the Tannaim*, Bd. 3, Cambridge 1930.

Mowinckel, Sigmund, „Tronstigningssalmerne og Jahves tronstigningsfest", *NTT* 18 (1917), 13 – 79.

Mowinckel, Sigmund, *Psalmenstudien*, 6 Bde. (SVSK.HF), Kristiana 1921 – 1924.

Mowinckel, Sigmund, *Han som Kommer. Messiasforventningen i det Gamle Testament og på Jesu tid*, Copenhagen 1951.

Mowinckel, Sigmund, *He That Cometh*, Oxford 1956 (engl. Übersetzung von Mowinckel, *Han som Kommer*).

Mowinckel, Sigmund, *Erwägungen zur Pentateuch Quellenfrage*, Trondheim 1964.

Mühling, Andreas, *Karl Ludwig Schmidt – „und Wissenschaft ist Leben"* (AKG 66), Berlin 1997.

Müller, Hans-Peter, *Ursprünge und Strukturen alttestamentlicher Eschatologie* (BZAW 109), Berlin 1969.

Murrmann-Kahl, Michael, *Die entzauberte Heilsgeschichte. Der Historismus erobert die Theologie 1880 – 1920*, Gütersloh 1992.

Näf, Beat, „Eduard Meyers Geschichtstheorie. Entwicklung und zeitgenössische Reaktionen", in: William Calder und Alexander Demandt (Hg.), *Eduard Meyer. Leben und Leistung eines Universalhistorikers* (Mnemosyne 112), Leiden 1990, 285 – 310.

Nestle, Eberhard, *Die Kirchengeschichte des Eusebius. Aus dem Syrischen übersetzt* (TU 6/2), Leipzig 1901.

Nestle, Eberhard, Rez. zu Greßmann, *Theophanie* (1904), *BPhWS* 37 (1904), 1161 – 1163.

Neumann, Klaus, *Das Fremde verstehen. Grundlagen einer kulturanthropologischen Exegese. Untersuchungen zu paradigmatischen mentalitätengeschichtlichen, ethnologischen und soziologischen Zugangswegen zu fremden Sinnwelten*, 2 Bde. (Theologie 18), Münster 2000.

Noort, Edward, *Das Buch Josua. Forschungsgeschichte und Problemfelder* (EdF 292), Darmstadt 1998.

Norden, Eduard, *Die Geburt des Kindes. Geschichte einer religiösen Idee* (SBW 3), Leipzig 1924.

Notgemeinschaft (Hg.), *Bericht der Notgemeinschaft der Deutschen Wissenschaft über ihre Tätigkeit bis zum 31. März 1922*, Wittenberg 1922.

Noth, Martin, *Das Buch Josua* (HAT 1/7), Tübingen ²1953.

Noth, Martin, *Könige* (BKAT 9), Neukirchen-Vluyn 1968.

Nowack, Wilhelm, „Bemerkungen über das Buch Micha", *ZAW* 4 (1884), 277 – 291.

Nowack, Wilhelm, *Die Entstehung der israelitischen Religion*, Straßburg 1895.

Nowack, Wilhelm, Rez. zu Greßmann, *Musik* (1903), *ThLZ* 29 (1904), 531 – 532.

Nowack, Wilhelm, Rez. zu Greßmann, *AOTB* (1909), *ThR* 14 (1911), 351 – 371.

Obermann, Julian, „Preface", in: Hugo Greßmann, *The Tower of Babel* (StroL), New York 1928, III–XVI.

Oelze, Berthold, *Wilhelm Wundt. Die Konzeption der Völkerpsychologie* (Waxmann-Portrait), Münster 1991.

Olrik, Axel, „Epische Gesetze der Volksdichtung", *ZDA* 51 (1909), 1 – 12.

Osswald, Eva, *Das Bild des Mose in der kritischen alttestamentlichen Wissenschaft seit Julius Wellhausen* (ThA 18), Berlin 1962.

Osten-Sacken, Peter von der, „Liebe, mehr noch: Gerechtigkeit. Hermann L. Strack und das Institutum Judaicum in Berlin in ihrem Verhältnis zum Judentum", *Jud.* 66 (2010), 40 – 71.

Özen, Alf, „Die Göttinger Wurzeln der ‚Religionsgeschichtlichen Schule'", in: Gerd Lüdemann (Hg.), *Die „religionsgeschichtliche Schule". Facetten eines theologischen Umbruchs* (Studien und Texte zur religionsgeschichtlichen Schule 1), Frankfurt a.M. 1996, 23 – 64.

Özen, Alf, „‚Die Religion in Geschichte und Gegenwart' als Beispiel für Hoch-Zeit und Niedergang der ‚Religionsgeschichtlichen Schule' (II. Teil: RGG²)", in: Gerd Lüdemann (Hg.), *Die „religionsgeschichtliche Schule". Facetten eines theologischen Umbruchs* (Studien und Texte zur religionsgeschichtlichen Schule 1), Frankfurt a.M. 1996, 243 – 298.

Palmer, Ulrich, *Ernst Sellin. Alttestamentler und Archäologe* (BEAT 58), Frankfurt a.M. 1983.

Peiser, Felix, „Aus gelehrten Gesellschaften", *OLZ* 18 (1915), 217.

Perles, Felix, *Bousset's Religion des Judentums im neutestamentlichen Zeitalter kritisch untersucht*, Berlin 1903.

Perles, Rosalie, „Das Judentum in christlicher Darstellung", *Ost und West. Illustrierte Monatsschrift für das gesamte Judentum* 22 (1922), 93 – 102.151 – 174.203 – 220, und *Ost und West* 23 (1923), 19 – 26.

Pfeiffer, Robert H., „Edomitic Wisdom", *ZAW* 44 NF 3 (1926), 13 – 25.

Pfleiderer, Otto, „Die Bedeutung der Religionsgeschichte in der Gegenwart", *Zeitschrift für Missionskunde und Religionswissenschaft* 21 (1906), 1 – 16.

Pritchard, James, *Ancient Near Eastern Texts Relating to the Old Testament*, Princeton 1950.

Pritchard, James, *The Ancient Near East in Pictures Relating to the Old Testament*, Princeton 1954 (²1969).

Rad, Gerhard von, Art. „βασιλεύς κτλ.", *ThWNT* 1 (1933), 563 – 569.

Rad, Gerhard von, *Theologie des Alten Testaments*, 2 Bde. (EETh 1), München 1957–1960.

Rebenich, Stefan, *Theodor Mommsen und Adolf von Harnack. Wissenschaft und Politik im Berlin des ausgehenden 19. Jahrhunderts*, Berlin 1997.

Reitzenstein, Richard, *Das iranische Erlösungsmysterium. Religionsgeschichtliche Untersuchungen*, Bonn 1921.

Renan, Ernest, *Histoire générale et système comparé des langues sémitiques*, Paris 1855.

Rendtorff, Rolf, „Gerhard von Rad und die Religionsgeschichte", in: Manfred Oeming u. a., *Theologie in Israel und in den Nachbarkulturen. Beiträge des Symposiums „Das Alte Testament und die Kultur der Moderne" anlässlich des 100. Geburtstags Gerhard von Rads* (Altes Testament und Moderne 9), Münster 2004, 17–24.

Rese, Martin, „Antisemitismus und neutestamentliche Forschung. Anmerkungen zu dem Thema ‚Gerhard Kittel und die Judenfrage'", *EvTh* 39 (1979), 557–570.

Robinson, Theodore H., „Karl Budde", *ET* 46 (1934/35), 298–301.

Rollmann, Hans, „Zwei Briefe Hermann Gunkels an Adolf Jülicher zur religionsgeschichtlichen und formgeschichtlichen Methode", *ZThK* 78 (1981), 276–288.

Rosenmüller, Ernst, *Das alte und neue Morgenland; oder Erläuterungen der heiligen Schrift aus der natürlichen Beschaffenheit, den Sagen, Sitten und Gebräuchen des Morgenlandes*, 6 Bde., Leipzig 1818–1820.

Rousseau, Jean-Jacques, *Abhandlung über den Ursprung und die Grundlagen der Ungleichheit unter den Menschen* (1755), Frankfurt a.M. 1986.

Rudolph, Kurt, „Wellhausen as an Arabist", *Semeia* 25 (1982), 111–155.

Rudolph, Wilhelm, „Der exilische Messias", *ZAW* 43 NF 2 (1925), 90–114.

Rudolph, Wilhelm, Rez. zu Greßmann, *Messias* (1929), *ThLZ* 55 (1930), 318–325.

Ruprecht, Wilhelm, *Väter und Söhne. Zwei Jahrhunderte Buchhändler in einer deutschen Universitätsstadt*, Göttingen 1935.

Ruszkowski, Lesek, *Volk und Gemeinde im Wandel. Eine Untersuchung zu Jesaja 56–66* (FRLANT 191), Göttingen 2000.

Ryssel, Viktor, Rez. zu Greßmann, *Studien* (1903), *ThLZ* 29 (1904), 139–141.

Saalschütz, Joseph Levin, *Geschichte und Würdigung der Musik bei den Hebräern*, Berlin 1829.

Sæbø, Magne, „Zum Verhältnis von Messianismus und Eschatologie im Alten Testament. Ein Versuch terminologischer und sachlicher Klärung", *JBTh* 8 (1993), 25–55.

Sæbø, Magne, Art. „Mowinckel, Sigmund (1884–1965)", *TRE* 23 (1994), 315–320.

Sæbø, Magne, *On the Way to Canon. Creative Tradition History in the Old Testament* (JSOTS 191), Sheffield 1998.

Sanders, E.P., *Paulus und das palästinische Judentum. Ein Vergleich zweier Religionsstrukturen* (StUNT 17), Göttingen 1985.

Sandler, Aron, Rez. zu Greßmann, *Erdgeruch* (1909), *MGWJ* 54 (1910), 129–158.

Saur, Markus, *Die Königspsalmen. Studien zur Entstehung und Theologie* (BZAW 340), Berlin 2004.

Saur, Markus, *Der Tyroszyklus des Ezechielbuches* (BZAW 386), Berlin 2008.

Schipper, Bernd, „Die Lehre des Amenemope und Prov 22,17–24,22", *ZAW* 117 (2005), 53–72.232–248.

Schlesier, Renate, „Religion als Gegenbild. Zu Eduard Meyers Geschichtstheorie", in: dies., *Kulte, Mythen und Gelehrte*, Frankfurt a.M. 1994, 65–122.

Schmid, Konrad, „Die Geschichte vom Sündenfall zwischen historischer Bibelkritik und Theologie. Die Kontroverse zwischen Ludwig Köhler, Emil Brunner und Hugo Greßmann aus dem Jahr 1926", in: Martin Kessler und Martin Wallraff (Hg.), *Biblische Theologie und historisches Denken* (Studien zur Geschichte der Wissenschaften in Basel 5), Basel 2008, 335–355.

Schmidt, Hans, *Die großen Propheten, übersetzt und erklärt* (SAT 2/2), Göttingen 1915.

Schmidt, Hans (Hg.), *Eucharistērion. Studien zur Religion und Literatur des Alten und Neuen Testaments. Hermann Gunkel zum 60. Geburtstage, dem 23. Mai 1922*, 2 Bde., Göttingen 1923.

Schmidt, Hans, „Die Ehe des Hosea", *ZAW* 42 NF 1 (1924), 245–272.

Schmidt, Hans, „Hugo Greßmann in memoriam", *ThBl* 6 (1927), 157–162.

Schmitt, Hans-Christoph und Ernst-Joachim Waschke, „Zum Geleit", *ZAW* 105 (1993), 1–2.

Schneider, Christina, *Wilhelm Wundts Völkerpsychologie. Entstehung und Entwicklung eines in Vergessenheit geratenen, wissenschaftshistorisch relevanten Fachgebietes* (APPP 224), Bonn 1990.

Schneider, Hermann, *Die Entwicklung der Jahureligion und der Mosesagen in Israel und Juda*, Leipzig 1909.

Schrader, Eberhard, *Studien zur Kritik und Erklärung der biblischen Urgeschichte. Drei Abhandlungen, mit einem Anhange: Die Urgeschichte nach dem Berichte des annalistischen und nach dem des prophetischen Erzählers*, Zürich 1863.

Schrader, Eberhard, *Die Keilinschriften und der Alte Testament*, Gießen 1872 (Berlin ³1903).

Schroer, Silvia, Art. „Biblische Ikonographie", *NBL* 2 (1995), 219–223.

Schuster, Hermann, „Nachwort der Schriftleitung", *ZEvRU* 26 (1914/15), 318–320.

Schwöbel, Christoph (Hg.), *Karl Barth – Martin Rade. Ein Briefwechsel*, Gütersloh 1981.

Sellin, Ernst, *Tell Taʻannek. Bericht über eine mit Unterstützung der Kaiserlichen Akademie der Wissenschaften und des K.K. Ministeriums für Kultus und Unterricht unternommene Ausgrabung in Palästina* (DÖAW.PH 50/4), Wien 1904.

Sellin, Ernst, „Melchisedek. Ein Beitrag zur Geschichte Abrahams", *NKZ* 16 (1905), 929–951.

Sellin, Ernst, Rez. zu Greßmann, *Ausgrabungen* (1908), *DLZ* 30 (1909), 2702–2705.

Sellin, Ernst, *Einleitung in das Alte Testament* (EvThB 2), Leipzig 1910.

Sellin, Ernst, *Der alttestamentliche Prophetismus. Drei Studien*, Leipzig 1912.

Sellin, Ernst, *Mose und seine Bedeutung für die israelitisch-jüdische Religionsgeschichte*, Leipzig 1922.

Sellin, Ernst, „Wann wurde das Moselied Dtn 32 gedichtet?", *ZAW* 43 NF 2 (1925), 161–173.

Sellin, Ernst, „Gedächtnisrede", *ZAW* 45 NF 4 (1927), VII–XX.

Seybold, Klaus, *Studien zu Sprache und Stil der Psalmen* (BZAW 415), Berlin 2010.

Siahaan, Sountilon Mangasi, *Die Konkretisierung der Messiasvorstellung nach dem Zusammenbruch Jerusalems*, Hamburg 1973.

Siegele-Wenschkewitz, Leonore, *Neutestamentliche Wissenschaft vor der Judenfrage. Gerhard Kittels theologische Arbeit im Wandel deutscher Geschichte* (TEH 208), München 1980.

„Sitzungsberichte der religionswissenschaftlichen Vereinigungen in Berlin", *Religion und Geisteskultur* 8 (1914), 234.

Slenczka, Notger, „Die Theologische Fakultät 1880–1945", in: Heinz-Elmar Tenorth (Hg.), *Geschichte der Universität Unter den Linden 1810–2010*, Bd. 5: *Transformation der Wissensordnung*, Berlin 2010, 53–106.

Smend, Rudolf [d.Ä.], „Über das Ich der Psalmen", *ZAW* 8 (1888), 49–147.

Smend, Rudolf [d.Ä.], *Festrede im Namen der Georg-August-Universität zur akademischen Preisvertheilung am VIII. Juni MDCCCXCVIII gehalten*, Göttingen 1898.

Smend, Rudolf [d.Ä.], *Die Erzählung des Hexateuch auf ihre Quellen untersucht*, Berlin 1912.

Smend, Rudolf [d.J.], *Das Mosebild von Heinrich Ewald bis Martin Noth* (BGBE 3), Tübingen 1959.

Smend, Rudolf [d.J.], „Die älteren Herausgeber der Zeitschrift für die alttestamentliche Wissenschaft", *ZAW* 100 (1988), 2–21.

Smend, Rudolf [d.J.], *Deutsche Alttestamentler in drei Jahrhunderten*, Göttingen 1989.

Smend, Rudolf [d.J.], *Bibel und Wissenschaft. Historische Aufsätze*, Tübingen 2004.

Smend, Rudolf [d.J.], *Kritiker und Exegeten. Porträtskizzen zu vier Jahrhunderten alttestamentlicher Wissenschaft*, Göttingen 2017.

Smith, George, *The Chaldean Account of Genesis. Containing the Description of the Creation, The Fall of Man, The Deluge, The Tower of Babel, The Times of the Patriarchs, and Nimrod*, London 1876.

Smith, William Robertson, „Animal Worship and Animal Tribes among the Arabs and in the Old Testament", *JP* 9 (1880), 75–100.

Smith, William Robertson, *Lectures on the Religion of the Semites*, Edinburgh 1889.

Smith, William Robertson, *Religion der Semiten*, Freiburg i.Br. 1899 (dt. Übersetzung von Smith, *Lectures*).

Spoer, Hans H., „Versuch einer Erklärung des Zusammenhangs zwischen Dolmen, Mal- und Schalensteinen in Palästina", *ZAW* 28 (1908), 271–290.

Stade, Bernhard, „Deuterosacharja", *ZAW* 1 (1881), 1–96, und *ZAW* 2 (1882), 151–172.275–309.

Staerk, Willy, „Zum Gebrauch der Wendung באחרית הימים im at. Kanon", *ZAW* 11 (1891), 247–253.

Staerk, Willy, *Lyrik. Psalmen, Hoheslied und Verwandtes* (SAT 3/1), Göttingen 1911.

Staerk, Willy, „Zur alttestamentlichen Literarkritik. Grundsätzliches und Methodisches", *ZAW* 42 NF 1 (1924), 34–74.

Staerk, Willy, „Zum Ebed Jahwe-Problem", *ZAW* 44 NF 3 (1926), 242–260.

Staerk, Willy, „Willy Staerk", in: Erich Stange (Hg.), *Die Religionswissenschaft der Gegenwart in Selbstdarstellungen*, Bd. 5, Leipzig 1929, 159–206.

Steck, Odil Hannes, *Studien zu Tritojesaja* (BZAW 203), Berlin 1991.

Thenius, Otto, *Die Bücher der Könige* (KEH 9), Leipzig 1849.

Thiel, Winfried, „Zum 100. Geburtstag Hugo Greßmanns", *Standpunkte* 5 (1977), 302–303.

Troeltsch, Ernst, „Die ,kleine Göttinger Fakultät' von 1890", *ChW* 34 (1920), 281–283.

Valerio, Karolina de, *Altes Testament und Judentum im Frühwerk Rudolf Bultmanns* (BZAW 71), Berlin 1994.

Verheule, Anthonie, *Wilhelm Bousset. Leben und Werk. Ein theologieschichtlicher Versuch*, Amsterdam 1973.

Vieweger, Dieter, „Hugo Gressmann und seine fotografische Orient-Sammlung an der Theologischen Fakultät der Humboldt-Universität zu Berlin", *JbDEI* 4 (1995), 48–55.

Vieweger, Dieter, *Archäologie der biblischen Welt* (UTB 2394), Göttingen 2003.

Vitz-Margulis, Bronislav, „Solomon Luria and His Contribution to the Study of Antiquity", *SCI* 22 (2003), 273–276.

Vogt, Peter, *Kontingenz und Zufall. Eine Ideen- und Begriffsgeschichte*, Berlin 2011.

Volz, Paul, *Jüdische Eschatologie von Daniel bis Akiba*, Tübingen 1903.

Volz, Paul, Rez. zu Jeremias, *Das Alte Testament* (1904), *ThLZ* 30 (1905), 609–611.

Volz, Paul, Rez. zu Greßmann, *Ursprung* (1905), *ThLZ* 31 (1906), 673–676.

Volz, Paul, Rez. zu Greßmann, *AOTB* (1909), *ThLZ* 35 (1910), 33–35.

Vriezen, Theodore, „Prophetie und Eschatologie", in: Horst Dietrich Preuß (Hg.), *Eschatologie im Alten Testament* (WdF 480), Darmstadt 1978, 88–128.

Wagner, Andreas, „Annäherungen an den israelitischen Hofstil", in: Rolf Gundlach und Andrea Klug (Hg.), *Der ägyptische Hof des Neuen Reiches, seine Gesellschaft und Kultur im Spannungsfeld zwischen Innen- und Außenpolitik. Akten des Internationalen Kolloquiums vom 27.–29. Mai 2002 an der Johannes-Gutenberg-Universität Mainz* (Königtum, Staat und Gesellschaft früher Hochkulturen 2), Wiesbaden 2006, 217–230.

Wahl, Harald Martin, *Die Jakobserzählungen. Studien zu ihrer mündlichen Überlieferung, Verschriftung und Historizität* (BZAW 258), Berlin 1997.

Wallace-Hadrill, David Sutherland, *Eusebius of Caesarea*, London 1960.

Wanke, Gunther, Art. „Eschatologie (AT)", *NBL* 1 (1991), 588–591.

Waubke, Hans-Günther, *Die Pharisäer in der protestantischen Bibelwissenschaft des 19. Jahrhunderts* (BHTh 107), Tübingen 1998.

Weber, Cornelia, *Altes Testament und völkische Frage. Der biblische Volksbegriff in der alttestamentlichen Wissenschaft der nationalsozialistischen Zeit, dargestellt am Beispiel von Johannes Hempel* (FAT 28), Tübingen 2000.

Weidmann, Helmut, *Die Patriarchen und ihre Religion im Licht der Forschung seit Julius Wellhausen* (FRLANT 94), Göttingen 1968.

Weippert, Helga und Manfred Weippert, „Jericho in der Eisenzeit", *ZDPV* 92 (1976), 105–148.

Weippert, Manfred, *Historisches Textbuch zum Alten Testament* (ATD Ergänzungsreihe 10), Göttingen 2010.

Weiß, Johannes, *Das Urchristentum*, Bd. 2, hg. und ergänzt von Rudolf Knopf, Göttingen 1917.

Wellhausen, Julius, „Die Komposition des Hexateuch", *JDTh* 22 (1877), 407–479.

Wellhausen, Julius, *Muhammed in Medina*, Berlin 1882.

Wellhausen, Julius, *Skizzen und Vorarbeiten*, Bd. 5: *Die kleinen Propheten*, Berlin 1892.

Wellhausen, Julius, *Israelitische und jüdische Geschichte*, Berlin 1894 (³1897; ⁷1914).

Wellhausen, Julius, *Prolegomena zur Geschichte Israels*, Berlin ⁴1895 (⁵1899).

Wellhausen, Julius, *Reste arabischen Heidenthums*, Berlin ²1897.

Wellhausen, Julius, „Music of the Ancient Hebrews", in: ders., *The Book of Psalms. Critical Edition of the Hebrew Text with Notes. A New English Translation* (SBOT 14), Stuttgart 1898, 217–234.

Wellhausen, Julius, *Skizzen und Vorarbeiten*, Bd. 6: *Prolegomena zur ältesten Geschichte des Islams. Verschiedenes*, Berlin 1899.

Wellhausen, Julius, „Israelitisch-jüdische Religion", in: Julius Wellhausen u. a., *Die Kultur der Gegenwart*, Bd. 4/1: *Geschichte der christlichen Religion*, Berlin ²1909, 1–41.

Welten, Peter, „Alttestamentliche Exegese in Berlin. Anfänge kultur- und sozialgeschichtlicher Fragestellungen", in: Gerhard Besier und Christof Gestrich (Hg.), *450 Jahre Evangelische Theologie in Berlin*, Göttingen 1989, 333–347.

Welten, Peter, „Ansätze sozialgeschichtlicher Betrachtungsweise des Alten Testaments im 20. Jahrhundert", *BThZ* 6 (1989), 207–221.

Welten, Peter, „Nikolaus Müller (1857–1912) als Jüdisch-Christlicher Archäologe", in: Hartmut Kühne und Erdmute Nieke (Hg.), *Kirche – Kunst – Kultur. Beiträge aus 800 Jahren Berlin-Brandenburgischer Geschichte. Festschrift für Gerlinde Strohmaier-Wiederanders zum 65. Geburtstag*, Frankfurt a.M. 2008, 193–200.

Werlitz, Jürgen, *Studien zur literarkritischen Methode. Gericht und Heil in Jesaja 7,1–17 und 29,1–8* (BZAW 204), Berlin 1992.

Wiese, Christian, *Wissenschaft des Judentums und protestantische Theologie im wilhelminischen Deutschland. Ein Schrei ins Leere?* (SWALBI 61), Tübingen 1999.

Wilhelm, Kurt, *Wissenschaft des Judentums im deutschen Sprachbereich*, Bd. 1 (SWALBI 16/1), Tübingen 1967.

Willi-Plein, Ina, *Haggai, Sacharja, Maleachi* (ZBK 24/4), Zürich 2007.

Winckler, Hugo, *Keilinschriftliches Textbuch zum Alten Testament*, Leipzig 1892 (²1903; ³1909).

Winckler, Hugo, *Himmels- und Weltenbild der Babylonier als Grundlage der Weltanschauung und Mythologie aller Völker* (AO 3), Leipzig 1901.

Winckler, Hugo, *Der Alte Orient und die Bibel. Nebst einem Anhang: Babel und Bibel – Bibel und Babel* (EOLux 2/1), Leipzig 1906.

Winckler, Hugo, *Die babylonische Geisteskultur in ihren Beziehungen zur Kulturentwicklung der Menschheit* (Wissenschaft und Bildung 15), Leipzig 1907.

Wißmann, Hans, „James George Frazer (1854–1941)", in: Axel Michaels (Hg.), *Klassiker der Religionswissenschaft*, München 1997, 77–89.

Witte, Markus, „‚Vom Geist der Ebräischen Poesie'. Johann Gottfried Herder als Bibelwissenschaftler", in: Wilhelm-Ludwig Federlin und Markus Witte (Hg.), *Herder-Gedenken. Interdisziplinäre Beiträge anlässlich des 200. Todestages von Johann Gottfried Herder*, Frankfurt a.M. 2005, 171–187.

Witte, Markus, „Von der Analyse zur Synthese. Historisch-kritische Anmerkungen zu Hermann Gunkels Konzept einer israelitischen Literaturgeschichte", in: Ute Eisen und Erhard Gerstenberger (Hg.), *Hermann Gunkel Revisited. Literatur- und religionsgeschichtliche Studien* (Exegese in unserer Zeit 20), Münster 2010, 21–51.

Witte, Markus, „Das Alte Testament und die Religionsgeschichte. Notizen zu einer Rektoratsrede von 1912", in: Stefan Alkier und Hans-Günter Heimbrock (Hg.), *Evangelische Theologie an staatlichen Universitäten. Konzepte und Konstellationen evangelischer Theologie und Religionsforschung*, Göttingen 2011, 300–321.

Witte, Markus, „Hugo Gressmann (1877–1927). Ein Leben für die Geschichte der Religion", *BN* NF 179 (2018), 107–120.

Wohlenberg, Dieter, *Kultmusik in Israel. Eine forschungsgeschichtliche Untersuchung*, Hamburg 1967.

Wolfradt, Uwe, *Ethnologie und Psychologie. Die Leipziger Schule der Völkerpsychologie*, Berlin 2011.

Wundt, Wilhelm, *Völkerpsychologie. Eine Untersuchung der Entwicklungsgesetze von Sprache, Mythos und Sitte*, 10 Bde., Leipzig 1900–1920.

Wundt, Wilhelm, „Märchen, Sage und Legende als Entwicklungsform des Mythos", *ARelG* 11 (1908), 200–222.

Wünsch, Richard, „Albrecht Dietrich", in: Albrecht Dietrich, *Kleine Schriften*, Leipzig 1911, IX–XLII.

Zenger, Erich u.a., *Einleitung in das Alte Testament* (KStTh 1), Stuttgart ⁷2008.

Zillessen, Alfred, „‚Tritojesaja' und Deuterojesaja. Eine literarkritische Untersuchung zu Jes 56–66", *ZAW* 26 (1906), 231–276.

Personenregister

https://doi.org/10.1515/9783110669657-011